アメリカ超能力研究の真実

国家機密プログラムの全貌

アニー・ジェイコブセン　加藤万里子訳

PHENOMENA

THE SECRET HISTORY OF THE U.S. GOVERNMENT'S INVESTIGATIONS INTO EXTRASENSORY PERCEPTION AND PSYCHOKINESIS

太田出版

PHENOMENA

The Secret History of the U.S. Government's Investigations into Extrasensory Perception and Psychokinesis

by Annie Jacobsen

This edition published by arrangement with
Little, Brown and Company, New York, New York, USA
through Tuttle-Mori Agency, Inc., Tokyo.

ケヴィン、フィンリー、ジェットに捧げる。

世界には剣と精神というふたつの力しかない。
剣は常に最後は精神に打ち負かされる。

ナポレオン・ボナパルト

人はふた通りの方法で騙される。
ひとつは、真実ではないことを信じることによって。
もうひとつは、真実を信じないことによって。

セーレン・キルケゴール

目次

プロローグ

本書は、国家機密プロジェクトにかかわった科学者と超能力者《サイキック》たちについて書かれている。アメリカ政府が数十年にわたって超常現象に関心を寄せていたことを明らかにするものだ。超常現象には、超感覚的知覚（ＥＳＰ）〔テレパシー、透視、予知など五感以外による知覚の総称〕、サイコキネシス（念動力、ＰＫ）、マップ・ダウジング〔占い棒を使って地下水や鉱物、人工物体を見つけること〕などの直感的な認知が含まれる。どれも科学界では疑似科学とされ、認められていない。かつては魔法、神秘主義、超自然現象、オカルトと呼ばれたが、現在は〝パラノーマル〔科学的に説明できない現象〕〟と呼ばれている。これらを実践する者は、あるときはもてはやされ、またあるときは誹謗中傷《ひぼうちゅうしょう》の的《まと》となり、最悪の場合、火あぶりの刑に処せられた。第二次世界大戦終結から数年後、アメリカ政府は超常現象が軍事と諜報の効果的なツールになると考え、秘密作戦に利用する道を探りはじめた。本書は、その取り組みと現代までの軌跡を明らかにする。

研究が実際にはじまったのは一九七二年、中央情報局（ＣＩＡ）が将来有望な数人の若き科学者に接触し、サイキック（〝霊感のある人間《センシティヴ》〟）の研究プログラムを立ち上げたときだ。スタンフォード研究所（ＳＲＩ）〔現ＳＲＩインターナショナル〕という国防総省《ペンタゴン》が資金を提供するアメリカ第二の独立研究施設が契約を請け負った。科学者はまず、五感を使わずに物事を知覚するESPと、精神力のみで物体を動かすサイコキネシスを研究室で実証し、再現できるかどうか調べるように命じられた。もし再現ができるなら、これらの能力を敵にどう使えば冷戦に勝つことができるだろうか？　CIAはそれを見きわめようとしていた。

結果は驚くべきものだった。「数々の確かな実験証拠により、ESPが本物の現象として存在すると認めざるを得ない」。CIAは、一九七五年にそう結論づけている。軍と諜報機関も結果に注目し、プログラムへの参加を求めた。なかには海軍、空軍、陸軍（情報保全コマンド、開発・即応部隊など）をはじめ、沿岸警備隊、国防情報局、国家安全保障局、さらには麻薬取締局、アメリカ関税局、シークレット・サービス、統合参謀本部も含まれていた。ときがたつにつれて大統領、議員、国家安全保障会議のメンバーの多くもブリーフィングを受けるようになった。

ところが、この現象が理論的に解釈できないことが判明すると、ただならぬ緊張が生まれた。テクノロジーが目覚ましい発達をとげた戦後、科学界は超自然的（超常的）な考えをいっさい認めようとしなかった。彼らは次のように主張した。ESPとマップ・ダウジングは、占いを近代的なことばに言い換えたにすぎない。要するに、未来の情報や未知の事柄を超自然的な方法で探ろうというわけだ。サイコキネシスも錬金術《れんきんじゅつ》に似たプロトサイエンス（未科学）的な風習だ。元になっているのは、魔法を使って物事に影響をあたえられるという架空の想定にすぎない。アメリカ政府はなぜそんなものを容認できるのか？

第二次世界大戦中の一九四二年、ハーバード大学博士号を保有するガートルード・シュマイドラーという実験心理学者が、ニューヨーク市立大学の心理学専攻学生たちと超常現象の実験をおこなった。事前アンケートで、シュマイドラーはＥＳＰとＰＫに対する被験者の意見を調べた。データを分析した結果、ＥＳＰとＰＫを信じる者を指す「ヒツジ」と、そうでない者を指す「ヤギ」ということばが生まれた。第二次世界大戦以降、アメリカの軍と諜報コミュニティの上層部では、ヒツジとヤギの激しい意見の衝突が続いてきた。本書は、彼らのストーリーにも光を当てる。

ヒツジとヤギの問題はアメリカ社会全体にも存在するが、ヤギのほうが明らかに少数派だ。同国最大の調査会社ギャラップの世論調査と、ピュー研究所〔宗教に関する世論調査機関〕の調査によれば、今日のアメリカ人の大多数は超常現象を信じている。七三パーセントが超常現象または超自然現象を実際に経験したことがあり、五五パーセントがサイキックやスピリチュアルなヒーリングを信じると答えている。さらに、ＥＳＰを信じる者（四一パーセント）、宇宙人が地球を訪れていると信じる者（一九パーセント）も多く、一八パーセントが幽霊を見たことがあった。一方、超自然現象をいっさい信じない者は二七パーセントと少数だ。このなかには科学的懐疑論者も含まれる。彼らもまた、この物語の重要な登場人物だ。

政府のプロジェクトに協力したサイキックは、天賦《てんぷ》の能力に恵まれた予言者なのか、それとも手練《てだ》れのマジシャンなのか？　また、彼らを調査した科学者の多くは現在も研究を続けているが、あと少しでこの謎を解明するところにいるのだろうか？　彼らは、数千年にわたる科学の謎を解いたガリレオ、パスツール、キュリー夫人のような現代科学の革命家なのか？　それとも、ＥＳＰとＰＫの研究は無駄骨《むだぼね》にすぎないのか？

理性の人々である科学者、そしてサイキック自身はこの不可解なテーマにどう取り組んでいるのか？　また、アメリカ政府はこれらの極秘プログラムのために誰を雇ったのか？　雇われた者は自分の仕事をどのように説明するのか？　本書を調査・執筆するにあたって、私はアメリカ政府のプログラムに協力した科学者とサイキック五五人に取材をおこなった。なかには、初期のプログラムに従事したＳＲＩとＣＩＡの中心メンバー、軍のプロジェクトの中心グループをはじめ、国防科学者、元軍情報部員、それに政府が雇用したサイキック、物理学者も含まれている。ほかに生物学者、神経生理学者、人工頭脳学者、天体物理学者、軍関係者、ノーベル賞受賞者、アポロ計画の宇宙飛行士にも話を聞いた。これは彼らの物語だ。

第一部

初期

原因は目に見えない。
結果は万人に明らかである。

オウィディウス

第一章
スーパーナチュラル

スーパーナチュラル——科学や自然の法則では説明できない現象。魔法や神に関連する、あるいはそれらによって引き起こされるように見える現象。

メリアム＝ウェブスター辞典

一九四一年五月一〇日。第二次世界大戦中のこの日は、超自然現象《スーパーナチュラル》がかかわる信じがたい出来事が起きたために歴史に刻まれることになった。第三帝国の副総統ルドルフ・ヘスは、ミュンヘン郊外のハルラヒングの自宅で目を覚ますと、おかかえ占星術師の助言に従って、この日に秘密の計画を決行すると決めた。星図によれば、その日は六つの惑星が金牛宮《きんぎゅうきゅう》に重なり、満月になるとされていた。ヘスは朝食を取り、妻と短い会話を交わしたあと、運転手にアウクスブルクのメッサーシュミット航空施設まで連れていくよう告げた。そして午後六時少し前、Ｂｆ１１０戦闘爆撃機に乗りこむと、北を目指した。レーダーに探知されぬように低空を飛びながらライン川へ進み、オランダ沿岸を横切り、北海へ出てスコットランドに向かった。離陸からおよそ五時間半後、ヘスは機体からパラシュートで降下し、グラスゴーの南のイーグルシャム村に近いフロアーズ・ファームという農場に降り立った。

彼がのちに語ったところによれば、このイギリス行きの目的は、ダンガヴェル城に向かい、ウィンストン・チャーチル首相と親しいハミルトン公を仲介役にしてイギリスと和平を結ぶことだったという。ところがそうはならずにヘスはイギリスに逮捕され、拘留された。その後おこなわれた尋問の内容はイギリス諜報機関によって機密扱いとされており、二〇四一年まで知ることはできない。しかし、事の真相をめぐっては、さまざまな話や説が囁《ささや》かれている。ヒトラーに心酔する副司令官は、占星術師の助言によって本当にナチスを裏切ったのだろうか？　それともイギリス諜報機関がヘスを捕らえるために、彼のスーパーナチュラル信奉を利用して巧妙に罠を張りめぐらせたのだろうか？

数年後、ヘスはシュパンダウ刑務所で服役中、第三帝国の元軍需・戦時生産大臣アルベルト・シュペーアに動機を明かした。「ヘスは、あの考えは超自然的な力をもって夢のなかで暗示されたのだ、と真剣な面持《おもも》ちで確言した」と、シュペーアは自著『第三帝国の神殿にて』（品田豊治訳、中央公論新社）に書いている。ヘスのふたりのおかかえ占星術師、カール・クラフトとエルンスト・シュルテ＝シュトラハウスが、宇宙の法則に従って五月一〇日が単独飛行決行日にふさわしい、と信じこませる星図を作ったとされている。

しかし二〇〇二年に英国放送協会（ＢＢＣ）が、この話のもうひとつのバージョンを明らかにした。それによれば、イギリス諜報機関が〝イギリスでもっとも有名な魔女〟シビル・リークという女性を使って、「占星術を信じるドイツ人に偽の占星図《ホロスコープ》を提供していた」という。「彼女はナチスのルドルフ・ヘスをイギリスへ飛行させ、そこで逮捕されるようにホロスコープを作成したようだ」。結局のところ、リークの星図はヘスの取り巻きグループに偽情報をしこむ道具であり、彼の行動に影響をあたえ、信念を助長させたというわけだ。フロリダ在住の彼女の息子、ジュリアン・リークはこう述べる。「母はヘスの事件について死ぬまで口を閉ざしていた。この件は今も機密扱いとされていて、(二〇〇二年に)この話を明かした人物は南アフリカへ引っ越してメールにも返事をよこさないらしい」

ヘスが和平交渉のために独断でイギリスへ飛んだことは、第三帝国にとって大失策となった。ヒトラーはヘスが精神に異常をきたしていたと発表し、ドイツ国内でのオカルトにかかわる活動を禁じる「スペシャル・アクション・ヘス」という政令を発布した。これによりドイツ国内の占星術師、占い師、透視能力者、信仰治療師など、六〇〇人以上が大量検挙された。タロット・カード、水晶占い《スクライイング》に使う黒鏡や水晶玉などの占い道具が没収され、神秘主義について記載された蔵書一切も押収された。「オカルト文献はすべて発禁となった」と、このとき逮捕された占星術師ヴィルヘルム・ヴルフは書いている。さらに、「タロット・カード占い、星占い、運星の解釈、前兆や夢の解釈を含め、将来起こることの予言、現在や過去の出来事の占いなど、自然な知覚作用に基づいていないあらゆる啓示」を違法とする政令が発布された。ヴルフを含め、魔術を実践する者はゲシュタポの尋問を受け、多くが強制収容所へ送られた。

そのあいだも、第三帝国のオカルト依存はひそかに続いていた——ヒトラーの命令ではなく、タイム誌が「ナチス・ヨーロッパの警察長官」と呼んだ親衛隊全国指導者ハインリッヒ・ヒムラーがスーパーナチュラルを活力源としていたからだ。このようなヒムラーの信仰にヒトラーが困惑していたことを示す記述が、少なくともひとつある。

「なんとばかな！」。総統がアルベルト・シュペーアにそう吐《は》き捨てたことが『第三帝国の神殿にて』に記されている。「われわれはいっさいの神話を乗り越えた時代にきているではないか。なのに、ヒムラーは歴史を初めからやり直している。それだったら、もうじきわれわれも教会に行くことになるぞ」

戦後、ヒムラーのおかかえ占星術師だったヴルフが語ったところによれば、占星術は「ひと握りの人間の特典であり、一般大衆のものではなかった」という。第三帝国は戦争に対する民意を統制するために、ナチス以外の強力な信仰は抑えこむ必要があった。しかし、完全にというわけではない。ナチスの国外諜報局局長だったヴァルター・シェレンベルク親衛隊少将は、神秘主義信仰の力についてヴルフに重要な指摘をしている。「神秘主義信仰は、政治思想の普及と国民の政治的支配にぴったりの手段である」。つまり、占星術は宣伝運動に大きな効果があるというわけだ。

アメリカ国内でも、同じような操作がおこなわれていた。一九四一年夏、ルイ・ド・ウォールというドイツ生まれのハンガリー人が、オハイオ州クリーヴランドで開催されるアメリカ科学的占星術師連盟の年次総会でおこなうスピーチの準備をしていた。眼鏡をかけ、ぽっちゃりしたイギリス市民のド・ウォールは、欧米でもっとも有名な占星術師のひとりだった。ロンドンの彼の崇拝者には、イギリス外務大臣のハリファックス卿やスペイン大使のアルバ公もいた。その年の占星術師会議に敬意を表して、地元紙のクリーヴランド・ニュースは「占星術にはいかさま師が多すぎる」という全段見出しとともに、第一面にド・ウォールを特集した。彼は自分のアメリカでの使命を、占星術からオカルトの烙印《らくいん》を取り払い、「占星哲学」という領域に昇格させることだ、と述べている。

ヨーロッパ中で戦争の嵐が吹き荒れていた当時、ド・ウォールはアメリカの多数の新聞に同時配信する「スターズ・フォーテル」というコラムで、終始ナチスの脅威を力説していた。そこには、「ヒトラーの卑《いや》しい下働きが暴力の家に入りつつある。ヒトラー暗殺計画が進行している」という予言も書かれていた。ヘスの事件があったちょうどひと月後の一九四一年六月から、予言はきわめて具体的になり、彼が言ったことが当たりはじめた。「ドイツ人でもナチスでもないヒトラーの強力な協力者が暴力的な精神障碍に陥るだろう。その人物は南米か中米にいる。おそらくカリブ海近くだ」。そう予言した三日後、アメリカのニュースサービスがフランス領西インド諸島に駐留するヴィシー政権の高等弁務官ジョルジュ・ロベール海軍大将が精神に混乱をきたし、職員が彼を取り押さえなければならなかった、と報じた。全米の新聞編集者から「ド・ウォールに独占インタビューの依頼が殺到した」と、ニューヨーク・ポスト紙が書いている。

ド・ウォールの人気が一気に上昇したため、連邦通信委員会は思い切った行動に出た。一九四一年八月、長らく禁じていた占星術師の出演を解禁し、「現代のノストラダムス」と評判のこの男の独占インタビューを放送したのだ。その後、全米史上初めて、占星術師がニュース映画の取材を受けた。

ド・ウォールのマネジャーは、「八月二八日、パテ・ニュース〔イギリスの大手ニュース制作配信会社。アメリカ部門もあった〕がニュース映画初となるド・ウォールの予言を公開し、全米で三九〇〇万人が審判員兼目撃者としてそれを見た」と、プレスリリースで発表した。ただし、どれも真実ではなかった。ド・ウォールのアメリカでの華々しいキャリアはイギリス諜報機関が仕立て上げたもので、彼のマネジャーはウィリアム・スティーヴンソン卿という諜報員たちの管理者で、ウィンストン・チャーチルが「イントレピッド（勇猛《ゆうもう》果敢《かかん》な男）」という暗号名で呼んだことで有名だった。占星術は政治思想の普及手段になる、というヴァルター・シェレンベルク親衛隊少将のことばは正しかったというわけだ。

ド・ウォールは確かに熱心な占星術師だったが、イギリス諜報機関のアメリカ国内の作戦部門であるイギリス安全保障調整局（ＢＳＣ）の協力者でもあった。機密解除されたド・ウォールの諜報ファイルによれば、彼のコラム、インタビュー、それに予言もすべて念入りに仕組まれた偽情報作《ブラック・プロパガンダ》戦の一部であり、「アメリカの世論をイギリス支援に誘導するため」のものだった。アメリカ科学的占星術師連盟とその一九四一年の総会すら、イギリス情報局秘密情報部（ＭＩ６）がでっち上げたものだった。じつに見事な手際であった。まずド・ウォールに情報を流し、それを彼がコラムで取りあげる。それから偽情報を流せば、第三帝国に確認を取れないアメリカの報道機関は事実として報道するというわけだ。たとえば、ヴィシー政権の高等弁務官の件も偽情報だったのだ。

ＣＩＡ歴史編纂《へんさん》室によれば、ド・ウォールの連絡係《ハンドラー》が、アメリカの諜報員のトップだったウィリアム・ドノヴァン大佐とともに、「アメリカの情報収集と分析を調整し監督した」という。ＣＩＡの前身である戦略諜報局（ＯＳＳ）がまだ創設される前のことだ。イギリス諜報機関は、連合軍がナチスを打ち負かすには、ヨーロッパの戦争にアメリカも参戦させる必要があると考えていた。ド・ウォールのまやかしの予言は、アメリカの世論を動かして、当時の孤立主義政策から転換させるためのものだった。策略は功を奏した。機密解除されたある覚書には、マネジャーのスティーヴンソンがド・ウォールについてこのように書いている。「彼の超自然的な力の信者は増えていく一方だ」

三カ月後、日本が真珠湾を攻撃し、アメリカは日本に宣戦布告をした。一二月一一日、今度はヒトラーがアメリカに宣戦を布告した。こうしてアメリカは第二次世界大戦に参戦し、役目を終えたド・ウォールはイギリスへ帰国したのだった。

その後五年間、彼はハインリッヒ・ヒムラーが活用する占星術とオカルトの対抗手段として、連合国のために働いた。達人的なプロパガンディスト、セフトン・デルマーの指揮のもとで、本物そっくりの星座表を作って特定のナチス将官の死を予言したり、ヒトラーが側近に裏切られると述べたりした。これらの偽造された星図とホロスコープは、禁書となったドイツの占星術雑誌ツェニートをほぼ完璧《かんぺき》に複製したものに掲載されていた。偽雑誌は、ドイツにこっそり運びこんで地下で流通させるために作られた。占星術禁止令を無視するドイツ人オカルト信奉者たちがドイツ国内でひそかに出版しているように見せかけるためだ。もっとも、ヴルフが戦後したためた回想録で詳述しているように、偽雑誌はシュテッテンという港湾都市でゲシュタポに没収されていたが。

本来、社会におけるオカルトは手の空いた時間にする趣味にすぎなかった。それがナチスの国家安全保障機構と絡み合うと、人々に大きな影響を及ぼすようになった。ハインリッヒ・ヒムラーは、親衛隊全国指導者として、すぐれたドイツ人を意味する「超人《ユーバーメンシュ》」神話を助長させるさまざまな疑似科学プロジェクトを推進した。大学時代からオカルトに魅せられていた彼は、一九二五年にナチス党の地区指導者になると、オカルト関連の助言役としてカール・マリア・ヴィリグートという六六才の退役陸軍大佐を雇った。ヴィリグートは、ルーン文字〔ゲルマン人が用いた古代のアルファベット〕とチュートン〔ゲルマン〕語のシンボルの専門家（親衛隊の髑髏《どくろ》リング「トーテンコプフ」も彼がデザインした）、そして予言者（霊媒《ミディアム》）でもあり、紀元前一二〇〇〇年の古代アーリア人部族と交信できると主張していた。親衛隊少将に出世したあともヒムラーの個人スタッフとして仕えていたが、一九二三年に精神病院に収容され、法的に精神障碍と宣言されていたことが親衛隊情報将校たちによって発覚した。これをうけて一九三六年に親衛隊の命令系統から外されたが、少なくとも一九四一年までヒムラーはひそかに彼と会い続けていた。これは、戦後に連合軍が押収したヒムラーの日記に記されていた事実である。

ヴィリグートが排除されたころ、ヒムラーはすでに「アーネンエルベ（祖先の遺産アカデミー）」というナチスの大がかりな科学アカデミーを創設し、自ら総裁として君臨していた。連合国の諜報機関によれば、アーネンエルベの使命は「ナチスの理念が古代のチュートン文化を直接継承するものであり、したがってほかのすべての理念よりもすぐれていると証明する」ことだった。ヒムラーはこのつながりを神秘主義とオカルトによって実証しようとしていた。

アーネンエルベの科学者は、さまざまな大陸に派遣され、神秘主義およびスーパーナチュラル思想に傾倒していた先史時代の遺跡を発掘した。アトランティスのような失われた大陸や聖杯、磔《はりつけ》にされたキリストのあばらを刺したと言われる聖なる槍《やり》のような伝説的な品を求めて、イスタンブールからイラクまで世界中を調査した。また親衛隊将校たちもヒムラーの命令により、ドイツの占領地でオカルトに関連する書庫を強制捜索したり、魔術に関連する出土品を探しては略奪した。ポーランド、ウクライナ、クリミアでは、博物館の神秘主義の文献コレクションがまるごと木箱に詰められ、アーネンエルベの所有物として差し押さえられた。なかでもヒムラーがのどから手が出るほど欲しがったのは、三〇〇年に及ぶ魔女狩りを奇跡的に生き延びた古代チュートン民族の魔術用の品々だったという。

アーネンエルベは壮大な規模を誇り、潤沢《じゅんたく》な資金を使うことができた。五〇もの部門に分かれ、考古学、地質学、天文学といった広範な自然科学分野を網羅していた。その一方で、岩石層と地質学的な出来事の年代を測定する地質年代学や洞窟の調査と探検をおこなう洞窟学のようなきわめて特殊な部門もあった。「オカルト科学なるものの調査」という部門では、超感覚的知覚（ＥＳＰ）、占星術、マップ・ダウジング、霊魂とのチャネリングなどの超常現象《パラノーマル》と占いの研究がおこなわれた。ソ連とアメリカの超能力をめぐる軍拡競争のはじまりは、アメリカと赤軍が別々に押収した、アーネンエルベの超常現象に関する公式文書がきっかけだった。

一九四五年六月、ヨーロッパでの第二次世界大戦は終結した。ナチスは敗れ、第三帝国の思想も打ち破られた。死者総数は五〇〇〇万人に達した。しかし、同盟国だったアメリカとソ連による戦利品の争奪戦は、まだはじまったばかりだった。第二次世界大戦の終わりは冷戦という新たな戦争の幕開けであり、それとともに壮大な軍拡競争の火ぶたが切って落とされた。第二次世界大戦中、ナチスは技術的に世界でもっとも進んだ兵器のいくつかを生み出していた。その科学技術に魔術とスーパーナチュラルがかけ合わされていたことは、一九四五年にはうっすらとしかわかっていなかった。しかし、第三帝国がひた隠しにしていたその秘密は、ほどなくして冷戦の軍拡競争の一部となる。

ベルリンがソ連に支配されてから一〇週間後、アメリカの精鋭による科学情報収集任務〈アルソス作戦〉のメンバーは、ベルリン南西のダーレムで爆撃を受けて焼け落ちた大きな屋敷に侵入しようとしていた。郊外の高級住宅地だったこの地区には、ナチスの科学機関が多数置かれていた。屋敷はピュックラー通り一六番地にあり、「ゲシュタポの科学者は、わたしたちが到着する前に全員逃げ出していた。何人かは放棄した家に十分な手がかりを残していたので、あとで見つけ出すことができた」と、アルソス作戦リーダーの素粒子物理学者サミュエル・ゴーズミットは回想している。この屋敷は住居ではなく、ヒムラーが統括するアーネンエルベの元本部だった。

ゴーズミットたちは、この機関の研究についてまだ漠然としか知らなかった。ほんの数週間前に、アーネンエルベが応用軍事研究という部門を通してドイツ空軍《ルフトヴァッフェ》やほかの軍機関に強制収容所の囚人を人体実験用に提供していたことが明らかになったばかりだった。よって、ヒムラーがスーパーナチュラルとオカルトをナチスの戦争遂行努力の一環としてどう使っていたのかは、まだ知らなかった。

「この奇妙なアカデミーの活動は神秘のベールに包まれており、きわめて重要な何かが隠されているかもしれない。そこで、この組織を徹底的に調べさせることにした」。のちにアーネンエルベについて議論したとき、ゴーズミットはそう説明した。

屋敷の地下室へ降りていくと、研究所の遺物が入った小さな貯蔵庫を見つけた。「気味の悪いチュートン民族のシンボルや儀式の残骸《ざんがい》、一見いけにえのように見える奇妙な人体模型があった。隅には灰の詰まった穴があって、そのなかで幼児の頭蓋骨《ずがいこつ》を見つけた」。ヒムラーは黒魔術をおこなっていたのだろうか？　いったいここで何があったんだ？　ゴーズミットは不思議に思った。

ナチスの残していったものはおぞましく得体《えたい》も知れなかったが、差し迫った脅威には思えなかった。アルソス作戦のチームにはもっと急を要する任務があり、一カ所にとどまってじっくり調べている余裕はなかった。アメリカ軍は、V‐2ロケット〔第三帝国の世界最新鋭の飛行兵器〕、それにサリンやタブン・ガスのような致死的な化学兵器など、ナチスの貯蔵兵器を自国で利用するためにひそかにドイツから大量に運び出していたからだ。

アーネンエルベのような不審な場所を調べるとき、アルソス・チームにとって何よりも重要なのは、そこで得る情報がソ連の手に渡らないようにすることだった。やがて明らかになるように、連合国がナチスの科学情報の収集に躍起になっているのと同じくらい、ソ連もナチスの科学をわがものにしようと血眼《ちまなこ》になっていた。戦争が終結する前に、第三帝国はもっとも厳重に保管していた強力兵器を箱詰めして、連合軍の爆撃が及ばない東方——ポーランドのようなソ連の占領地域——へ移送していた。ソ連とアメリカの新しい競争――西側と東側、共産主義と資本主義の戦い――は敵を出し抜く争いであり、相手より優位にあることを確認するテクニックや行為だった。冷戦の不動の目標は、相対的なものとしてはじまった。つまり、ランク、知識、兵器技術において、新たな敵より常に先を行くことだ。一九四五年のこのとき、一挙手一投足《いっきょしゅいっとうそく》においてソ連をしのぐ、という目標はまだ確立されていなかった。それでアーネンエルベの遺品はひとまず箱に詰められ、フランクフルトのアメリカ陸軍本部へと送られた。アルソスは次の目的地へ急いだ。

第二次世界大戦が終わるとすぐに、米ソ両政府は人間の行動に影響をあたえコントロールする新しい方法を研究しはじめた。ここで初めて、アーネンエルベの科学がナチス・ドイツ以外の場所で活用されることになった。アメリカ側の研究を指揮したのは、創設されたばかりのCIAだ。初期の計画のひとつは、自白剤の開発だった。魔法の薬と魔法使いの呪文《じゅもん》が関連する、古くから探求されてきたテーマである。この秘密のプロジェクトは、メリーランド州エッジウッドの陸軍化学センターで陸軍の科学者とともに進められ、最初は〈ブルーバード〉、次に〈アーティチョーク〉、最後は〈MKウルトラ〉と呼ばれた。CIAは、研究のためにマジシャンや催眠術師のほか、〝イギリスでもっとも有名な魔女〟シビル・リークまで雇い入れた。

これらのプログラムの主導者のひとりに、モース・アレンという男がいた。欺瞞《ぎまん》を見抜くことと嘘発見器の専門家で、一九五二年に〈プロジェクト・アーティチョーク〉の指導者に昇進した。彼の仕事はＣＩＡが諜報活動に利用できる、もっとも効力のある薬を世界中から探し出すことだった。ナチスのアーネンエルべは、第二次世界大戦中にこの種の研究をすでにはじめていた。強制収容所で人間の生理機能を極限状態に置き、その結果を測定し記録できるようにしていたのだ。相手の計画から自国を守るために必要な対抗手段だと主張して、ＣＩＡとソ連の国家保安委員会（ＫＧＢ）はそれと同様の実験に手を染めようとしていた。

一九五二年一〇月、アレンはメキシコに人間を変性意識状態〔夢、催眠、瞑想、幻覚剤などで引き起こされる、通常とは異なる意識状態〕に置くハラタケ科の食用キノコがあることを知った。テオナナカトル（神の肉）というその菌類増殖は、古代アステカ族の伝説で特定の〝霊感のある人間《センシティヴ》〟、つまり超能力者《サイキック》に超自然的な能力をあたえると言われていた。「メキシコ先住民の部族の一部がおこなう儀式を記した大昔の記述に、宗教行事の際に幻覚を引き起こしたり、極度の興奮状態を生み出すためにこのキノコが使われた、とある」。現存する〈プロジェクト・アーティチョーク〉の希少な覚書〔この計画の関連文書は、一九七三年にリチャード・ヘルムズＣＩＡ長官によってすべて破棄された〕で、アレンは担当将校にそう述べている。食した者が予言能力――未来や未知のものに関する情報――を得ることもあったようだ。また、自白剤のように、不本意ながら本当のことを告白してしまう作用もあった。「その文献によれば、呪術医（〝占い師〟）は、ある種のキノコを使って自白を引き出したり、盗まれたものを見つけたり、未来を予見したりしていた」と、アレンは書いている。

一九五三年初め、ＣＩＡはキノコのサンプルを集めるために科学者のひとりをメキシコに派遣した。しかし、〝神の肉〟を見つけるのは容易ではなかった。人里離れた渓谷に自生するうえ、何カ月も雨

1950年代、プハーリッチはメリーランド州エッジウッドの陸軍化学センターで人間を変性意識状態に置き、超能力を拡張できる薬物を探す機密プロジェクトに従事していた
U.S.Army

が降り続いたあとの暑い夏にしか育たないからだ。科学者は空手で戻ってきたが、アレンはいつか手に入ると確信していた。そこで部下にキノコ探しを続行させる一方で、彼自身もアメリカのキノコ栽培の中心地であるペンシルヴェニア州のタフケナモンという町を訪れ、町いちばんのキノコ栽培農家と契約を交わした。テオナナカトルのサンプルを見つけたら、大量生産するためだ。

〝神の肉〟を探し求めるプロジェクトは、〈MKウルトラ、サブプロジェクト58〉と改称された。しかし、何の成果も得られないまま二年が過ぎた。一九五四年の夏、アレンは〈MKウルトラ〉に協力する軍組織のひとつ、陸軍化学センターのある陸軍大尉が、やはり人間に予知能力をあたえる幻覚性キノコを探していると知った。彼の名前は、ヘンリー・

カレル・〝アンドリア〟・プハーリッチ。研究科学者で医師でもあり、トランス状態の専門家でもあった。

プハーリッチは、メイン州の田舎にあるラウンド・テーブル財団という民間施設で、潤沢な資金と受賞歴のある科学者、医師、技術者とともに一九四七年より一風変わった研究に打ちこんでいた。また、ずいぶん前から超常現象を信じており、子供時代にテレパシーを経験したとさえ主張していた。さっそくブリーフィングのために呼んだところ、魔術、神秘主義、スーパーナチュラル、オカルトの研究について当時のアメリカ国内のどの科学者よりくわしいことが明らかになった。プハーリッチは、より高レベルの保全許可〔政府の一定の秘密区分の情報にアクセスする許可〕をあたえられ、人間を変性意識状態に置いて精神機能を拡張できる薬物を見つけるという陸軍化学センターの機密プロジェクトの説明を受けた。

政府の関心が多くの機関で深まり、冷戦の行方を左右する薬物があと少しで手に入る可能性が高まった。これにより、いよいよ本格的な競争がはじまろうとしていた。

第二章
プハーリッチ理論

ヘンリー・カレル・〝アンドリア〟・プハーリッチは、一九一八年二月一九日にシカゴで貧しいユーゴスラヴィア系移民の息子として生まれた。粗野で暴力的な父親は、密航者としてアメリカにやってきた。主婦である母親は、ひとり息子を育てるためにできるかぎりのことをした。シカゴのスラム街で育った子供時代、プハーリッチはボーデンズ・デイリー・ファーム〔アメリカの食品会社〕の牛乳配達として働き、そのときに彼がのちに超感覚的知覚（ＥＳＰ）と呼ぶ、五感を使わずに物事を知覚する能力を初めて体験した。ある日、いつも配達で通る道で獰猛《どうもう》な番犬に追い詰められた。鋭い歯で噛《か》みちぎられると思うと恐怖でパニックに陥ったが、逃げ道はどこにもなかった。「それで、落ち着いた穏やかな〝念〟をイヌに送ったんだ」と、のちに彼は振り返った。驚いたことにイヌはおとなしくなり、おすわりをした。この出来事から、イヌの心へ送ったテレパシーが「攻撃を止めた」と信じるようになった。この経験に魅了され、力づけられた少年は、医師になってＥＳＰという謎めいた自然の力を生物学的に解明すると誓ったのだった。

十代になると両親が離婚し、母親とイリノイ州ガーターの農園に移り住んだ。夜と週末は果樹園で働き、ラバを駆って果樹の世話をした。並外れた観察力を持ち、快活で好奇心旺盛《おうせい》な少年は自然界の虜《とりこ》になり、植物や動物に深い意味を見出すようになった。それまでの多くの研究科学者と同じように、自然界は彼の最初の実験室になったのだ。

高校時代は、文武ともに秀でていた。生徒会の会長を務め、グリークラブで歌い、大学のアメリカンフットボール・チームではクォーターバックとして活躍した。大学進学の時期になると、ノースウェスタン大学から三つの奨学金の申し入れがあった。入学後は哲学と医学部進学課程を選択し、卒業後は同大学メディカルスクールへ進んだ。学費を稼ぐために樹木医として働き、枯れ枝を刈《か》ったり、虫が食った穴をふさいだりした。人間の神経系は木の根系と似ている、と彼はのちに書いている。さらに、検視のパイオニアであるアレッサンドロ・ベネデッティなど中世の医師の文献を丹念に調べ、脳科学の歴史に精通するようになった。そのうちに、人間の心の仕組みについて独自の見解を立てはじめた。なぜ人間は考えるのだろうか？　意識とは何だろうか？　脳と心のちがいとは何なのだろうか？

「おそらく他人の心を完全に知ることはできないだろう。また、自分の心を本当に知っている人間はほとんどいないのではないだろうか」と、一九四二年の日記には書かれている。生物学的観点から見ると、何が人間に考えさせるのだろう、と彼は不思議に思った。知覚はどのように働くのか？　意識とは人間の内側から生じるのだろうか？　それとも外側からくるのだろうか？　また、人と人のあいだに生じるエネルギーはどのように説明したらよいのだろうか？「ぞくぞくさせたり、浮き浮きさせたりできる人々がいる一方で、うんざりさせたり疲れさせる人々もいる」。この形のない力は何だろうか？

答えを求めて、医学、文学、科学のすぐれた文献を隅々まで読みあさった。しかし、満足できる説明はどこにもなかった。「心という複雑な世界に腰を据えて取り組み、それを解明できたら、人類の偉大な一歩になるにちがいない」。メディカルスクールに進むと、人間の思考の生物学的プロセスを探求しはじめ、「人間の意識の性質を一生かけて理解する」と宣言した。

同世代の若者の多くと同じように、第二次世界大戦がはじまるとプハーリッチも軍に入隊した。まだ医学生だった一九四三年に、アメリカ陸軍医療部隊の少尉に任命された。慢性中耳炎を患《わずら》っていたため、国外の戦地へは派遣されなかった。ほどなくして陸軍省の秘書をしていたヴァージニア・〝ジニー〟・ジャクソンというウィスコンシン州の著名な医師の娘と出会い、結婚した。一九四七年に医学の学位を取得すると、シカゴの影響力のある医師の何人かと肩を並べて働きはじめた。指導をあおいだアンドリュー・C・アイヴィー博士は、ドイツのニュルンベルク医師裁判での熱のこもった証言で全米に知られた医師のひとりだった。

プハーリッチは医学研修期間をカリフォルニア州オークランドのパーマネンテ研究財団で過ごし、さまざまな薬物が脳にあたえる影響について多くの論文を発表した。さらに、神経伝導と未知のエネルギーに関する最初の主要な理論を導き出し、「プハーリッチ理論」と名づけた。この理論を、彼は次のように説明している。「脳と神経系は細胞につながっており、エネルギーの形状をした指示がそのあいだを流れている。私が証明したいのは、脳に身体の細胞エネルギーが集中するということだ。この細胞エネルギーを〝ダイナミクス〟と名づけよう」。ダイナミクスはすべての動物と昆虫に内在し、電磁スペクトラムのどこかに放射されているが、人間はまだそれを測定し記録する技術を発明していないと、プハーリッチは信じていた。この理論は国内の医師たちに受け入れられ、「寛大に受けとめられ、じっくりと検討された」。数カ月後、イエール大学のふたりの科学者ロイド・H・ベックとウォルター・S・マイルズがハチの嗅《しゅう》神経が赤外線スペクトルにエネルギーを放射していることを初めて報告すると、彼の理論のひとつが正しいことが証明された。医学会はさらなる研究に期待を寄せた。

プハーリッチ自身のエネルギーは、まるで尽きることがないようだった。目の覚めるようなハンサムな顔立ちのうえ、カリスマ性があり、話しやすい人物だと誰もが口をそろえた。短く刈った黒髪と彫りの深い青い瞳は、まるで白衣をまとったゲイリー・クーパーさながらだった。女性の熱い視線を一身に集め、男性も彼を絶賛した。ノーベル賞受賞者の注意をたやすく引くのと同じくらい、部屋でいちばん内気な人間の心を開くことができた。彼の性格と魅力の本質はそういうところにあった、と友人たちは述べている。

一九四七年一〇月九日に開かれたあるパーティーで、プハーリッチはポール・ド・クライフという伝説的な微生物学者で、当時きわめて人気を博した科学書『微生物の狩人』（秋元寿恵夫訳、岩波書店）の著者に会った。ド・クライフは「プハーリッチ理論が持つ重要な意味に強い関心を持っている」と話し、東海岸へ行って国内の医師と科学者に講演するように勧めた。

次の数週間、ふたりは何度も手紙を交わした。ド・クライフはプハーリッチの背中を押すとともに、未来を暗示する次のような警告をした。「科学をはじめあらゆる創造は、前例に戦いを挑むことだ。科学は頭脳の競い合いから、また独自のアイデアに夢中な人たちを次々と打ち負かすことから生まれなければならない。科学者にとって、順応は死を告げる鐘と同じだ。支配者層に用心したまえ！」

新しい友人の勧めどおり、プハーリッチは東海岸へ赴《おもむ》き、ハーバードやイエール大学の同業者にプハーリッチ理論について講演した。演壇からさまざまなアイデアを存分に語り、それらを哲学、神秘主義、科学と融合させた。「神と核エネルギーのあいだの現象を人間に深く考えさせるプロセスは何だろうか」と、彼は問いかけた。インスピレーションやイマジネーション、そしてアインシュタインのような独創力は人間の内側から生じるのだろうか？　それとも、外部からもたらされるのだろうか？　自然のなかに出ていき、観察するように彼は聴衆に呼びかけた。「渡り鳥の長い移動経路をよく見てみよう。伝書バトが迷わずに帰巣する様子や、産卵のために必死で川を遡《さかのぼ》る魚、アリの大群の秩序正しい動き、ハチの特殊な性質に目を凝《こ》らしてみよう」。この世界の神秘は自然界に明らかにされているのだから、と。人間について言えば、「こうした問いの答えは神経系の特性、さまざまな力に対する感受性にあると確信している。そのいくつかはすでに知られているが、ほとんどはまだわかっていない」。プハーリッチの考えは、医学と神秘主義を融合したものだった。「私はずっと、社会の慣行に従った行動や〝事実〟という縛りから逃れて、プラトンの哲学やニュートンの科学、キリストの精神、ヘンリー・ソロー、ウォルト・ウィットマン、ウィリアム・ジェイムズ、キリル・ギブランの心理的洞察を生み出す直感力について知りたいと思ってきた。この問題を深く調べることが私のライフワークだ」

プハーリッチの理論と考えに大いに魅了された出席者のなかに、裕福な篤志家《とくし》のジョイス・ボーデンとズラトゥコのバロコーヴィッチ夫妻がいた。妻のジョイスはボーデン・デイリー・フォーチュンの筆頭株主、ズラトゥコは世界的に有名なユーゴスラヴィア出身の名バイオリニストで、グアルネリウスやストラディバリウスの楽器の世界最大のコレクションを所有していた。夫妻はたちまち彼に関心を持ち、今後のプロジェクトへの協力を申し出た。プハーリッチの日記には、「ハーバードでの講演後、友人たちからメイン州のカムデンにくるよう誘われ、その招待に応じた」と書かれている。この新しい友人たちが、バロコーヴィッチ夫妻だった。

カムデンは、シカゴのスラム街と農園育ちの男にとって夢のような場所だった。メイン州の雄大な海沿いにあり、アメリカの支配階級であるエリート——遺産相続という昔ながらのやり方で富を享受する黄金時代の実業家の子供たち——の避暑地として知られていた。夏のコテージは、守衛詰所から馬車置場、ボート小屋、馬小屋まである約一〇〇〇平方メートルの広々とした家ばかりだった。住人は夏のあいだ、日中はヨットで遊び、夕方は木製のベランダに置かれた籐椅子《とう》でくつろぎ、カクテルを飲みながら絶景を堪能した。夜はサロンや書斎で、偉大な文学作品や国家安全保障、世界の宗教などさまざまなテーマについて話し合った。ジョイス・ボーデン・バロコーヴィッチのテーマは、ESPだった。彼女は、メイン州にプハーリッチ理論の研究所を作ることを提案した。彼にその気があれば夫婦で喜んで寄付をするし、友人の多くもそうするだろうと請け合った。さらに、それを証明するために、確実に後援者になってくれそうな友人のアリス・アスター・ブーヴェリーを紹介した。

ブーヴェリーは女相続人で慈善家であり、毛皮貿易で財を成したアスター一族のジョン・ジェイコブ・アスター四世のひとり娘だった。世界有数の資産家だった父親がタイタニック号の沈没で亡くなったときは、まだ一〇歳だった。父は娘に五〇〇万ドル、二〇一七年の相場に換算して約一億二〇〇〇万ドルを遺した。彼女もまた、ジョイス・ボーデンと同じようにESP、とりわけ父親から知識を得たテレパシーに興味を持っていた。ジョン・ジェイコブ・アスター四世は世界に名だたる企業家、投資家、不動産王だったが、じつはESPに関するSF小説も書いていた。一八八四年に出版された『別世界への旅』という作品では、宇宙旅行をする主人公たちがテレパシーでやりとりしている。「どうして私が考えていることに答えられたのか教えてくれ」と、ある登場人物が尋ねると、「きみの脳の灰白質の振動が、きみの唇が動くのと同じくらいはっきりと見えるんだ。それどころか、生まれたばかりの思考が具体化していくのが見える」という答えが返ってくる。一九四八年、ブーヴェリーはプハーリッチの研究を支援した大勢の資産家の第一号となった。最初に切った小切手の額面は一〇万六〇〇〇ドル、二〇一七年の換算なら一〇〇万ドル以上に相当する。この投資により、彼は最初の研究財団を立ち上げた。

仲間は次第に増えていき、しばらくして三人目の女性後援者が紹介された。名前は、マルセラ・ミラー・デュポン。化学薬品と兵器製造の複合企業《コングロマリット》を営むデュポン一族の一員だ。やはりＥＳＰに熱中しており、プハーリッチの研究に出資したいと望んでいた。この三人の女性資産家が、新しい財団の名称を考えるのを手伝った。その結果、アーサー王の伝説とその王に仕えた魔術師マーリン、剣、宝石、聖杯にちなんで「円卓《ラウンド・テーブル》財団」に決定した。もっとも、プハーリッチの円卓に騎士道的な序列はなく、男性も女性も平等だった。エリートの秘密結社ほど反体制的でもなかった。アリス・ブーヴェリーが初代副会長に就任し、ジョイス・ボーデン・バロコーヴィッチが財務を担当した。マルセラ・デュポンには「魔術の母」という名誉称号があたえられた。

　これは本書で初めて明らかにされる事実だが、アメリカ議会図書館の文書によれば、最初に政府上層部の関心をラウンド・テーブル財団に引きつけたのはデュポンだった。たとえば、原子力委員会の安全保障と情報を担当する有力者ジョン・Ｅ・ギングリッチについて、デュポンは弟に宛《あ》てた手紙に次のように書いている。「私の素晴らしい友人のジョン・ギングリッチ大将が、ラウンド・テーブルの実験からわかるであろう重要な事実のいくつかを海軍に活用することを考えています」。ギングリッチは一九五三年から一九五四年に海軍装備コマンドを率い、海軍の調達活動を担当していた。もうひとりの海軍軍人、イエール大学の博士号を持つ元海軍情報部少佐のレクスフォード・ダニエルズも、よくラウンド・テーブル財団のポーチに一杯飲みに立ち寄っていた。当時予備役だったダニエルズはカムデンの近くに夏の別荘があり、無線周波数とマイクロ波技術という、一九四〇年代末の先端分野について軍将校に助言していた。潜水艦の長距離通信に使える手段としてＥＳＰに関心を寄せており、軍上層部と東海岸の上流階級の両方のメンバーとして、やがてプハーリッチとこれらの世界の橋渡し役となる。

資金は続々と流れこんできた。裕福な後援者が次々と財団に加わった。銀行業のフォーブス一族のルース・フォーブス・ヤングとその夫のアーサー・ミドルトン・ヤングもいた。アーサーはプリンストン大学の数学者のほか、哲学者、宇宙学者、占星術師の肩書を持ち、一九四二年にベル・エアクラフト社のヘリコプター第一号「ベル30」を設計したことで有名だ。また、石油起業家ヘンリー・Ｂ・ペインの娘で、オハイオ州初の女性議員のフランセス・ペイン・ボルトン下院議員も支持者であり後援者であった。アメリカ南部の老舗百貨店〈ベルク〉のヘンリー・ベルクは、財団の会議に出るためにわざわざプライベート・ジェット機でメイン州まで飛んできた。ボストン・ブラーミン〔アメリカ最古の名門貴族の末裔〕であるヘンリー・カボット・ペイン、それに外交官で鉱山技師のジョン・ヘイズ・ハモンド・シニアの息子ジョン・〝ジャック〟・ヘイズ・ハモンド・ジュニアもあとに続いた。ハモンド・ジュニアは、アメリカ海軍初の魚雷となるハモンド魚雷の発明者でもあった。

このようにラウンド・テーブル財団は、資産家の哲人と科学者、外交官と兵器設計者、詩人と神秘主義者が入り混じった独特なメンバーで構成された。全員がありあまるほどの富と、体制におもねない考えの持ち主だった。彼らの共通の絆は、ＥＳＰへの興味を通して築かれていた。ＥＳＰは人間の意識の基本要素なのだろうか？　神経伝導の産物なのだろうか？　あるいは、ほかの未知のエネル

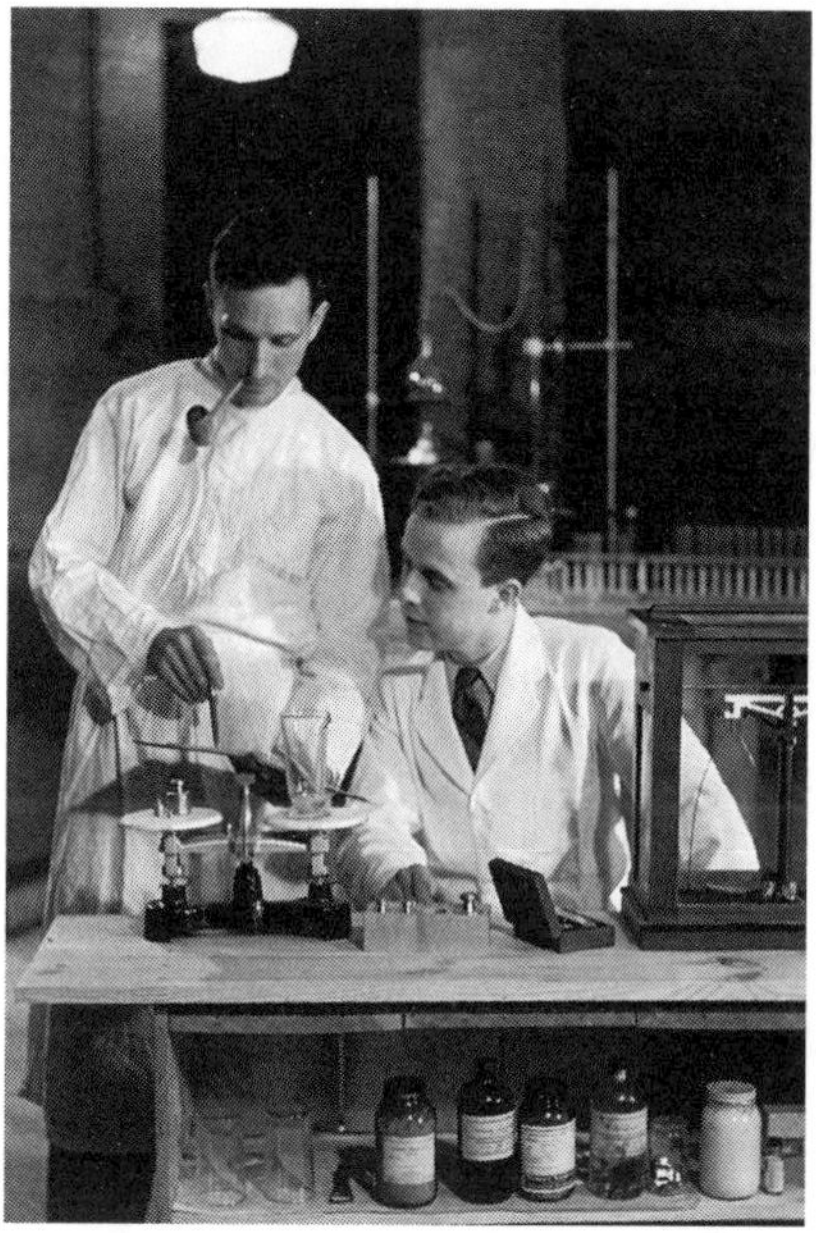

研究室のプハーリッチ(左)。1948年ごろ、ラウンド・テーブル財団にて。ESPをもたらす未知のエネルギー源を探求するプハーリッチの研究は国防総省の目にとまる
Collection of Andrew Puharich

ギーなのか？　財団の目的は、その答えを見つけ、プハーリッチ理論を推測から仮説に導き、科学的理論へと進化させる研究資金を賄《まかな》うことだった。

新しい友人や仲間から莫大な資金を得たプハーリッチは、家族をカリフォルニアからメイン州へ呼び寄せ、グレン・コーヴの海辺の大邸宅に居を移した。妻のジニーは、最初の子供を出産したばかりだった。一九四九年、この場所で研究が本格的にはじまった。同じころ、約九六〇キロ離れたワシントンで中央情報局法が可決され、ＣＩＡの権限と力が拡大した。ほどなくして、ラウンド・テーブル財団での民間の研究とＣＩＡによる国家安全保障という目的が交錯する。

ウォレントン屋敷と呼ばれるプハーリッチ

の新居と研究施設は、贅《ぜい》を凝らした作りによって財団の神秘的な趣《おもむき》にひと役買った。母屋《おもや》の設計は、ボザール建築の著名な建築家スタンフォード・ホワイトが手がけ、四五の部屋と八つの暖炉、それにバスルームが一二もあった。建物の外側をポーチがぐるりと取り囲み、三階までそびえる玄関、図書室や大広間のほかビリヤード室までそなえていた。三階の小塔からはオウルズ・ヘッド湾を一望することができ、空を飛びまわるカモメや優雅に泳ぐ白鳥、海を進むヨットが堪能できた。約二六万平方メートルの広大な敷地には手入れの行き届いた芝生が広がり、ツゲの木の生垣に菜園や花壇があった。母屋から続く小道をたどると、ペノブスコット湾のプライベート・ビーチが広がっていた。母屋に隣接した尖塔《せんとう》のあるそうそうたる建物が、プハーリッチの研究所となった。なかでは大勢の研究助手が五感に関する実験と、とらえどころのない第六感の探求にいそしんでいた。ラウンド・テーブル財団は、次のような行動計画を打ち立てた。まず、ESPとそれに関連する研究の先駆者として不動の地位を築く。その後、さまざまな国立科学財団、企業、政府から際限なく研究助成金を引き出すのだ。

最初に取りかかった実験は、音波と人間の聴覚に関するものだった。人間の正常な聴覚閾値《いきち》は二〇ヘルツから二〇キロヘルツだが、この閾値をはるかに超える聴覚を持つ人間もいることをプハーリッチは知っていた。そこにESPとの類似性はあるだろうか？　実験を手伝うために、ニューヨークのサミュエル・ローゼンという耳外科医が雇われた。ローゼンは、遺伝性難聴は外耳道《がいじどう》で特定の音波の方向を変える方法がわかれば治癒《ちゆ》できるかもしれない、と主張していた。ニューヨークでは人間の聴覚と外耳道に関連する従来方式の手術をしていたが、ラウンド・テーブル財団でのフェローシップ中は、プハーリッチの助手としてヤギとイヌの実験的手術に携わった。きわめて有益な経験だったが、ほどなくしてニューヨークの医療業務に戻るときがきた。

数カ月後、法的な聴覚障碍者の定型手術中、ローゼンはアブミ骨という、中耳にある馬のあぶみの形をした小さな骨をうっかり叩《たた》いてしまった。手術が終わると、驚くべきことが起きていた。患者の耳が聴こえるようになっていたのだ。この偶然の出来事は医学史を変える発見だった。以降、「ローゼンのアブミ骨」手術と呼ばれる画期的な外科的処置は、世界中で数千万という聴覚障碍者を治癒してきた。ローゼンと提携していたことは、財団にとって思いがけない幸運だった。プハーリッチはこの発見に直接かかわっていなかったが、功績を自分の手柄にした。おかげで大口寄付者から巨額の助成金が流れこみ、ゼネラルフーヅ・コーポレーションやケタリング財団〔アメリカの発明家であり実業家のチャールズ・ケタリングが創設した財団〕まで支援者に名を連ねた。こうした超心理学以外の研究資金のおかげで、財団は破綻《はたん》せずに存続することができた。その一方で、プハーリッチは神秘主義とスーパーナチュラルへの傾倒を深めはじめた。

この時期に彼の人生に大きな影響をあたえた人物に、ジャック・ハモンド・ジュニアがいる。ハモンドはアメリカの発明家でESP支持者でもあり、プハーリッチより二〇歳年上だった。国内で誰よりも多くの特許を保有し、なかには自分の名前を冠した魚雷もあった。アメリカ海軍初の無線操縦の水中ミサイルは、彼に巨額の富をもたらした。もっとも、水中での無線操縦という概念はハモンドが考案したものではなく、彼の師である未来学者にして物理学者の発明家ニコラ・テスラのアイデアだった。同じく注目すべきは、数十年前にハモンドが教えをあおいだ有力な師はテスラだけではなかったことだ。実業家と外交官を輩出した裕福な一族に生まれたハモンドは家族の強力な人脈により、一九世紀でもっとも有名な三人の発明家トーマス・エジソン、アレクサンダー・グラハム・ベル、テスラの全員から指導を受けていた。

資産家のジャック・ハモンドは周囲の高い尊敬を集めており、神秘主義とスーパーナチュラルが実在すると確信していた。マサチューセッツ州グロスターの海辺にある中世風の居城には、世界中から集めた古代の遺物がところ狭しと並んでいた。彼は占星術とテレパシーを実践し、幽霊が存在するとも信じていたが、科学的手法を用いる発明家としての成功と数々の異端的なアイデアのバランスを取ることに長《た》けていた。ウォレントン屋敷で議論を重ねるうちに、ふたりは徐々に絆を深めていった。プハーリッチの日記には、次のように書かれている。「ジャックは私の師となり、どんな本よりも人生の機微を教えてくれた。発明の術《すべ》について、そして彼のアイデアがどのように夢と空想から生まれてきたかも教わった」

ハモンドは先達のニコラ・テスラと同じように、科学的なひらめきは未知のエネルギーによって、夢という形でもたらされると信じていた。その前にも同じことを考えた人々がいて、なかにはふたりのノーベル賞受賞者と現代有機化学の創始者のアウグスト・ケクレがいる。ベンゼンの発見者であるケクレは、一九八〇年にドイツでおこなわれた科学シンポジウムで、古代のシンボルのウロボロスのようにヘビが自分の尾を嚙んで輪状になっている夢を見て、ベンゼン環《わ》（亀の甲羅型）の構造を着想したと明らかにした。また、一九二〇年に当時無名だったフレデリック・G・バンティングというカナダ人外科医は、「栄養の流れを止めるために、糖尿病のイヌの膵臓《ひぞう》管を外科的に結紮《けっさつ》する（縛る）」ように告げる夢を見た。これによって糖尿病をインスリン注射で治療できることを発見し、一九二三年にノーベル生理学・医学賞を受賞した。さらに、アセチルコリン（夢を見ることに関係する神経伝達物質）を発見したドイツ人薬理学者オットー・レーヴィは、あるとき夢の途中で目が覚めて、紙にいくつかのメモを手早く書きつけてから、また眠りに落ちた。そのとき見た夢から、神経細胞伝達が電気ではなく化学物質によっておこなわれていることを発見し、一九三六年にノーベル生理学・医学賞を受賞している。

一九四〇年末から一九五〇年初めにかけて、プハーリッチとハモンドはあかあかと燃える暖炉の火の前で、テスラが唱えたさまざまな理論を幾晩も話し合った。科学では探求《サーチ》し続けなければ研究《リサーチ》とは呼べないのだ、と同じ思いを抱いていた。ハモンドの研究アイデアのひとつに、ESPがある種の精神の無線チャネル《メンタル・ラジオ》に働きかけるかどうか、つまり電波のように個人間で伝達されるかの見きわめがあった。テスラは子供のころにESPを経験したと回想録に記しており、ESPが極低周波（ELF）で移動しているのかもしれないと話していた。ELFの波長は並外れて長く、数千キロに及ぶ。自然界では、激しい雷雨、稲妻、地球の磁場の自然攪乱《かくらん》によって生じる。

ふたりはテスラのアイデアを広げて科学的にテストするため、ファラデー・ケージという床から天井まである大きな箱を作った。金属製で細い銅線を網目状に内張りしてあるため、ケージのなかに坐った者は、ELFを除くあらゆる静電波と電磁波から遮断される。プハーリッチとハモンドは世界的に有名なサイキックたちを雇い、ウォレントン屋敷で彼らをケージに入れてテストした。実験は、〈プロジェクトⅠ〉と名づけられた。

　最初に雇ったサイキックはアイリーン・ギャレットというアイルランド人の霊媒師で、ニューヨークの超心理学グループでは有名な存在だった。ギャレットはラウンド・テーブル財団に住みこみ、プハーリッチが雇った研究者が一度につき数週間、ファラデー・ケージの中と外で、ゼナー・カードという伝統的なＥＳＰテスト用カードを使って、超能力をテストした。ゼナー・カードは五枚一組で、それぞれのカードの片面に五つの簡単なシンボル（円、四角、波線、十字、星）が印刷されている。ケージのなかにいるときのギャレットのＥＳＰスコアは「通常の状態でのスコアよりもずっと高くなった」とプハーリッチは書いており、電磁波の遮断が超能力にプラスの影響をあたえることを示唆《しさ》している。これらの結果にはげまされ、テストの対象はテレパシー、マップ・ダウジング、占星術の予言、手相といった心霊現象まで拡大された。

　そのあいだも音波の室内実験は続いていた。プハーリッチは正気の人間の可聴域〔人に聞こえる周波数の範囲〕異常と呼ばれる、頭のなかで「声が聞こえる」と主張するが、精神病の検査では異常がない人々に興味をそそられていた。この条件の被験者を得るために、友人でニューヨークのベルヴュー精神病院の医師ウォーレン・Ｓ・マカロックに連絡を取った。サイバネティックス運動（動物と機械における制御と通信の科学）の創始者のひとりであるマカロックは有力な体制派科学者であり、ＣＩＡの協力者だった。そのため、〈ＭＫウルトラ計画〉の秘密の資金調達ルートであるメイシー財団で、さまざまな会議の議長を務めていた。ＣＩＡがプハーリッチに注目したのは、マカロックとの協力がきっかけと思われる。

プハーリッチは、ベルヴュー病院で幻聴の症状によって初めて精神病棟に収容された患者を見つけてほしいと頼んだ。その結果、突然可聴域に異常が起きたという以外、精神病の既往歴がまったくない機械製作工が見つかった。声が聴こえはじめる前、機械製作工に精神病の症状はいっさいなかった。

一九五〇年代の医師の多くは精神障碍と判断しただろうが、プハーリッチと彼の財団はちがった。この男は電波に乗って流れる声を聴いているのかもしれない、と考えたのだ。要は、ほかの人間には聞こえない特定の無線周波数を、どういうわけか「受信している」ということだ。「われわれは、診断のカギがこの男の仕事にあることを発見した」と、プハーリッチは書いている。

男が働く機械工場の日常業務は、「金属ケーシングをカーボランダム〔炭化ケイ素〕・ホイールで一度に数時間研磨する」ことだった。プハーリッチの研究チームは、男の歯の検診をおこなった。「すると、金属の詰め物が、半導体であるカーボランダムの粉塵《ふんじん》（炭化ケイ素）」で覆われていることがわかった。「カーボランダムが、一九二〇年代の古い鉱石ラジオ受信機〔鉱石検波器により検波をおこなう無電源のラジオ受信機〕のクリスタル整流器〔特殊な半導体〕のように作用していたのだ」。被験者をファラデー・ケージに入れると、すべての電気信号と無線信号が取り除かれた。「すると、声がやんだ」ことが確認された。「男の歯を覆う半導体の粉塵を除去すると、〝精神医学上の〟問題はなくなった」。男は、精神病ではなかったのだ。「もっと正確に言えば、ニューヨークのラジオ放送局ＷＯＲに精密に同調して（声が聴こえて）いたことがわかった」。これはラウンド・テーブル財団が達成したもうひとつの医学的大発見であった。

財団の研究に、ニューヨーク・タイムズ紙が目をとめた。一九五一年夏、同紙のもっとも有名な記者のひとりが財団を取材した。アーサー・クロックという元ワシントン支局長でピューリッツァー賞も受賞したコラムニストは、そこでおこなわれていることに深い感銘を受けた。「ゼネラルフーヅが味覚の生理学を理解するためにプハーリッチの協力を求め、グッゲンハイム財団もその他のプロジェクトに注目している」。そう書いて、この秘密めいた組織に信用できるイメージを植えつけ、世間の興味を引きつけた。アンドリア・プハーリッチが「実践的な夢想家」であり、真にアメリカ社会のために尽くしていると持ち上げ、「理想を追う彼の熱意は、多くの政府と人々の救いとなるだろう。彼が追求する秘密は、ESPという五感では感知できない人間と動物が触知できるものが関係している」と伝えた。同年秋にニューヨーク・タイムズ紙に掲載されたESPの記事に、軽蔑的なところは微塵《みじん》もなかった。さらに驚くべきことに、記事はプハーリッチの探求をルイ・パスツールの研究になぞらえていた。細菌に関する理論に貢献して医学を一変させ、予防接種の原理を発見したフランスの科学者にして微生物学者のパスツールに。クロックは、プハーリッチがアメリカ政府、とりわけ海軍に協力していることを初めて明らかにした人物としても記録されている。

プハーリッチの深遠な研究には、国防総省《ペンタゴン》も関心を高めていた。一九五二年夏、陸軍心理戦部長室のジョン・B・〝ジャック〟・スタンリー中佐がメイン州の財団を訪れた。数カ月前に創設されたばかりの彼の部署の目的は共産主義のソ連、中国、北朝鮮による心理戦の脅威に対抗することだった。機密解除された記録によれば、スタンリーは陸軍でCIAとの連絡係も務めていた。プハーリッチは科学理論においては反体制的だったかもしれないが、政府との安全保障の取り決めは尊重していた。彼がこの会合について公《おおやけ》に述べたのは、「スタンリーが、わたしたちが開発中のESPを高める装置にいたく興味を示した」ことだけで、ほかにはひとことも語っていない。

しかし、裏ではじつに多くのことが進行していた。すべては極秘プログラムと機密プロジェクトのなかでおこなわれ、日の目を見るまでに数十年の月日を要する。三カ月後の一九五二年一一月二四日、プハーリッチはワシントンへ赴き、心理戦部長室のメンバーに秘密のブリーフィングをおこなった。メイン州に戻ると、わずか二週間後に陸軍から軍務に復帰するよう通知がきた。彼にとって重大な転機だった。ラウンド・テーブル財団で探求していたことの多くは、秘密めいた非体制的なテーマであり、科学的な監視や厳しい実験室管理の枠からはるかに逸脱したところにあったからだ。「支配者層に用心したまえ！」。ポール・ド・クライフはかつてそう警告した。それなのにプハーリッチは政府の仕事に呼び戻され、裕福な後援者にもどうすることもできなかった。

その翌週、不思議なことが起きた。プハーリッチはそれを運命だったとのちに語る。自分にはどうにもできない、ある種の超自然的な力が働いたと。今になってみれば、彼の人生が危険な方向へ、多くのESP擁護者がはまった落とし穴へと舵《かじ》を切ったのはこのときだった。認知科学者と心理学者は、それを確証バイアスと呼ぶ。自分が深く信じる既成の信念を裏づけるデータばかりを探し求め、それを解釈して重んじることだ。

陸軍での長期休暇への出発準備中、彼はアイルランド人サイキックのアイリーン・ギャレットのパーティーに出るためにニューヨークを訪れた。そこでロータリー・クラブにレクチャーをおこなうためにアメリカを訪れていたD・G・ヴィノッドという神秘主義のヒンズー教学者に会った。プハーリッチの記述によれば、「そのとき、私の右手の薬指の真ん中の関節を、彼の右手の親指と人差し指で持ってよいかと訊かれて驚いた。そうやって相手の過去と未来を読むと言われた」。興味を引かれて承諾すると、ヴィノッドはプハーリッチの指を一分ほど持ちながら「基準となる正しい音高《おんこう》を探すように、歯のあいだから音を出していた。それから椅子に背をもたせかけると、一時間にわたって、まるで本を読んでいるように私の身の上を細かいことまで言い当てた。尋常ではない正確さだった」。プハーリッチは占いの最古の形態、手相占いに強い衝撃を覚え、驚きのあまりその場から動けなかった（将来を告げることを予知、通常の方法では知ることができない過去を告げることを逆行認知という）。

陸軍に戻る前にヴィノッドをラウンド・テーブル財団に連れていこう。そう決意すると、一九五二年一二月三一日、ふたりで小型航空機に乗ってニューヨークからメイン州へ飛んだ。州都オーガスタに着くと、ヘンリー・ジャクソンというウォレントン屋敷の管理人が出迎えた。「わたしたちは、降りしきる雪のなか、田舎道を走り続け、そのあいだずっと話に興じていた」。屋敷に着くと、ヴィノッドは、ぶあつい コートを脱ぎもせず、黙って研究所の大広間に入っていった。「ヘンリーと私は彼のあとを追った。椅子に腰を下ろしたとき、彼がトランス状態に入っていることに気がついた」

その日は大晦日《おおみそか》で、屋敷の母屋には誰もいなかった。プハーリッチとジャクソンはヴィノッドをじっと見つめた。ヴィノッドは相変わらずひとこともしゃべらず、腰を下ろしたままぴくりとも動かなかった。「午後九時きっかりに、彼の口から太くて低い声が朗々と響いてきた。その声は、いつもの強いインド訛《なま》りがある高くて穏やかな声とはまるで違っていた」。ジャクソンとプハーリッチは、ヴィノッドのことばを記録しようと、懸命にメモを走り書きした。九〇分ほど話し続けたあと、ヴィノッドはトランス状態から覚め、たった今起きたことは何も覚えていないと言った。プハーリッチはこの状況を客観的に見ることなく、ヴィノッドが超自然的な力と交信していたのだと思いこんだ。その力の名前を教えてほしいと頼むと、「九つの原理と力」という、九つの存在からなるグループだと告げられた。

さっそく裕福な後援者を呼び集め、このメンバーでもう一度交霊会をしてほしいとヴィノッドに頼んだ。参加者にはラウンド・テーブルの後援者であるアリス・ブーヴェリー、マルセラ・デュポン、ルース・フォーブス、数学者、哲学者にしてベル・ヘリコプターの発明者のアーサー・M・ヤングもいた。このときのセッションでは、超自然的な力が再び現れて、ESP、サイコキネシス（PK）から瞬間移動《テレポーテーション》、錬金術にいたるまで幅広い神秘主義的な概念について語ったという。また、〝九つの存在〟はアインシュタイン、イエス・キリスト、核兵器、宇宙線〔宇宙空間から絶えず地球に入ってくる高速度の微粒子〕にも言及した。アメリカ議会図書館が所蔵するマルセラ・デュポンの手紙には、ヴィノットとの交霊会に参加したことが記されている。

裕福な後援者たちがヴィノットのことばを謎めいたもの、あるいは隠喩《いんゆ》的なものととらえたとすれば、プハーリッチは一字一句真実と受け取った。以降、この経験が彼の頭を占領し、研究のアイデアを形作りはじめる。一九四九年にラウンド・テーブル財団を立ち上げたとき、彼は謎めいた未知のエネルギーが人間の神経系のなかに存在する、と考えていた。それが三年後の陸軍復帰前夜には、このエネルギーが人間の身体の外にあるもの、ある種の地球外知的生命だと確信するようになっていた。不合理のきわみと言えるアイデアに確証バイアスをかけてしまったのだ。もしこれからペンタゴンとCIAに二〇年も協力しようとしていなければ、ばかげた考えに憑《と》りつかれた変わり者としてすぐに世間から忘れられたことだろう。ところがそうはならず、ペンタゴンの依頼により、巡回講演に向かうこととなった。メリーランド州からテキサス州にいたる全米の軍事・諜報コミュニティに秘密のブリーフィングをおこない、自分の仮説を論じるためだ。

プハーリッチはこの説を、死の間際まで追求することになる。

第三章
懐疑論者とペテン師とアメリカ陸軍

一九五二年、サイエンス・ライターのマーティン・ガードナーが『奇妙な論理』（市場泰男訳、早川書房）を出版して、たったひとりで現代の科学的懐疑主義運動に火をつけた。懐疑論者の目的は、嘘を触れ回る厄介者やいかれた人間、ペテン師をあぶり出すことだと、ガードナーは宣言した。また、「ヒロシマ上空で原子爆弾が爆発して以来、アメリカでは科学の威光はそれこそキノコ雲のように急激に拡大した。高校でも大学でも、科学分野を生涯の職業に選ぶ学生が急増した。軍事予算のうち、これほど途方もない額が科学研究に割り当てられたことはかつてなかった」と褒めたたえる一方で、「知識にとぼしい一般大衆」と「数えきれないほど多くの中高年の主婦」が疑似科学という「センセーショナルな発見とてっとり早い万能薬に騙されている」と嘆き、「ドイツの疑似科学のルネサンスは、ヒトラーの興隆と並行していた」と警告を発した。

ガードナーは、自著でプハーリッチには触れていない。国防総省《ペンタゴン》がこの神経生物学者を雇い、高官たちに超感覚的知覚（ＥＳＰ）に関する秘密のレクチャーをさせていようとは思ってもいなかったからだ。その代わりに、世間一般に科学としてまかり通っている説にメスを入れた。たとえば、聖職者のウィルバー・グレン・ヴォリヴァの地球平坦説、ウィーンの鉱山技師ハンス・ヘルビガーの宇宙氷理論〔空に見える星はガス状の氷が太陽の光を反射しているにすぎないという考え〕、サイエントロジーの創設者Ｌ・ロン・ハバードが提唱するダイアネティックス〔すべての精神障碍はエングラムという無意識状態にあったときの記憶によって起きるという考え方〕という独特の精神治療法などだ。この本は、一八世紀に使われた「疑似科学」（もともとは、魔術を基盤にした中世の化学である錬金術を表す）を大衆に再び提示して、これらは科学的方法に基づいていない信念群で、科学ではないと断じた。

一七世紀以降ずっと、科学的方法は科学研究の柱であり、さまざまな現象を調べるときの中心的なテクニックとして信頼されてきた。この方法には観察、仮説、予測、実験、結論という五つの基本的なステップがある。実験を再現できなければ、元の仮説を洗練させるか修正するか、あるいは拡大または否定しなければならない。ＥＳＰ実験への反論はこの点をついており、ＥＳＰに取り組む軍の科学者を数十年間悩ませることになる。実験の再現性は科学的方法の要《かなめ》である。懐疑論者はＥＳＰとサイコキネシス（ＰＫ）が気まぐれな現象だという主張を認めていない。

一九二〇年代に最初にＥＳＰを世に広めたのは、近代アメリカのＥＳＰ実験の創始者ジョセフ・バンク・〝Ｊ・Ｂ〟・ラインだ。ラインと妻のルイーザは、デューク大学超心理学研究所〔現ライン研究センター〕で、主にゼナー・カードとサイコロを使って何万回というＥＳＰテストを実施した。おかげでＥＳＰ研究がブームになり、一九四〇年代には彼の研究がハーバード大学の心理学入門に取り入れられたほどだった。しかし、一九五二年、マーティン・ガードナーは『奇妙な論理』の最終章をまるまる費やしてラインの研究を偽りと証明し、「巨大な自己欺瞞」の産物と結論づけた。

この本で重要なのは、ガードナーがラインの研究とESPの研究全般に浴びせた非難だった。それは研究が（1）ルーズな実験管理システムのもとでおこなわれた、（2）データに統計上のゆがみが生じている、（3）実験者の態度が被験者または超能力者《サイキック》に否定的な影響をあたえうる、というものだった。三つ目の主張は、この現象が再現しにくい口実の定番だと述べている。超能力研究者はガートルード・シュマイドラーのヒツジとヤギをしばしば引き合いに出し、サイキックはヤギ（ESP否定派）がいるとマイナスの影響を受ける、と主張するからだ。ガードナーは、一九四九年に発表されたラインの研究論文の次のことばを引用した。「ごくかすかな影響が、これらの超能力の作用を邪魔しているようだ。科学者がESPを信じない場合、被験者の超能力の繊細な作用が乱される」。科学的方法には、こうした解釈が入りこむ余地はまったくない。ガードナーは、「ESPとPKは、実験が比較的ぞんざいにおこなわれ、ESPを強く肯定する実験者に監督されている場合のみ現れる」と結論づけた。そのうえで、これは科学ではない、科学者が自分の固く信じる疑似科学を確かめているにすぎない、と断言した。

ガードナーが知らなかったのは、彼の本が広く読まれていた時期に、プハーリッチと同じように、ラインもまたペンタゴンで多くの秘密のESP研究計画に取り組んでいたことだ。機密解除された文書によると、一九五二年に陸軍はラインが設立したデューク大学超心理学研究所で、ESPと動物を用いた極秘プログラムをはじめていた。陸軍の司令官が、「イヌは通常の知覚の手がかりがなくても、水中に仕掛けられた地雷を見つけられるだろうか?」と考えたのだ。北カリフォルニアのあるビーチで四八回のテストを実施すると、フォート・ベルヴォアの陸軍技術調査開発研究所の科学者は驚きを隠せなかった。「(目下のところ)イヌが水中の地雷を発見できた理由は、ESP以外に考えられない」と結論づけている。しかし、二度目の八七回に及ぶテストの結果、「偶然だと説明できる」ことが判明した。その後実施した三日間のプログラムは、「イヌが(魚雷発見時の)警戒態勢を取ろうとしなくて」「完全な失敗」に終わった。

それでも陸軍は別の研究プログラムを立ち上げ、ラインが引き続き監督をした。このときは、「ハトの帰巣行動」を調べるために、ドイツのマックス・プランク研究所の世界的な鳥類学者、グスタフ・クラーマーとの共同予備実験を主導した。依頼人は、ニュージャージー州フォート・モンマスにあるアメリカ陸軍通信科鳩センターだった。機密解除された文書によれば、「伝書バトはどのように伝書するのか」、鳥は極端に長い距離を飛びながら、どのように家に帰る道を見つけるのか、さらに「一部のハトが道に迷うのはなぜか」を解明しようとしていた。クラーマーとライン、そして研究者チームは二カ月かけてこの問題に取り組んだが、結局のところ、答えは「わからなかった」。陸軍は忍耐強く、別の実験に取りかかるよう命じた。「数百年も謎だった母なる自然のミステリーは、そう簡単に解き明かせない」と、陸軍の科学者は記している(二〇一七年現在も、ハトの帰巣行動の謎は解決されていない。鳥類学者が合意する一般理論もまだ見つかっていない)。

三つ目のプログラムはネコを使った。担当したのは、カーリス・オシスという〝臨終の光景〟を専門とするラトヴィア生まれの研究者だった。一九四〇年代、オシスは四年かけてアメリカとインド北部を回り、死ぬ直前に幻影を見たという患者を知る医師と看護師数千人にインタビューした。調査を終えたあとは、輪廻《りんね》思想を信仰するインド人の患者のほうが、この教養をあまり支持しないアメリカ人よりも臨終期に幻視体験をする確率がはるかに高い、という仮説を立てている。

ネコを使った実験では、人間がネコとテレパシーで交信できるかどうかを調べた。餌《えさ》を入れたふたつの皿を用意し、一方の皿の餌を食べるよう心のなかでネコに命じる、というものだ。報告書には、「まず、実験者がネコに影響をあたえようと試みた」と、書かれている。これを二〇〇回続けたあと、ラインはオシスの実験結果が「きわめてとらえどころがなく、根拠が弱い……目を瞠《みは》るようなものではない」と判断した。それでも、ESPの研究をあきらめないようペンタゴンのパートナーたちに働きかけ、次のように書いた。「軍事の基礎研究プログラムの活用範囲は広い。諜報だけでなく、ESP研究のカテゴリーで人間と動物に応用できる可能性を秘めている」

一方、理想郷のようなラウンド・テーブル財団から引き離されたプハーリッチにとって、ペンタゴンの仕事は天と地ほどの差があった。一九五三年一月末にサンアントニオに足を運び、アメリカ空軍の艦隊海兵部隊衛生兵学校の将校たちにESPについて秘密のブリーフィングをおこなった。二月にはワシントンのペンタゴンへ飛び、今度は心理戦および非正規戦の顧問グループに二度目のブリーフィングをすませた。機密から外れたCIAとペンタゴンの文書からこれらの事実が確認されたが、詳細は紛失したか機密扱いとなっている。一九五三年三月、プハーリッチはメリーランド州エッジウッドの陸軍化学センターに到着し、そこで二年間勤務した。

この時期についてわかっているのは、彼がエッジウッドで駐屯地の診療所を運営し、兵士の健康全般を監督していたことだ。診療所近くの研究所では、人間の行動や知覚を低下させたり修正できる化学剤を兵器化する、陸軍のさまざまな機密プロジェクトが進行していた。プハーリッチは、そのうちの少なくともひとつにかかわっていた。公開された機密文書には、彼が「ESPを拡張させる可能性を秘めた薬物を見つける」研究プロジェクトに従事したと示唆されている。CIAが敵のスパイの口を割らせる自白剤を探していたように、陸軍もまた、照明のスイッチのようにESPを有効・無効にできる薬物を求めていたのだ。

上官との議論で、プハーリッチは「この（ESP）能力を引き出して、普通の人々が思いのままに制御できる薬物を見つける」よう挑まれた。彼がCIAのESPプログラムにひそかに関与していたかどうかはわからない。新たに公開された文書によれば、この時期にCIAは幻覚誘発性キノコの研究計画に新しい暗号名をつけている。以後、この計画は〈MKウルトラ、サブプロジェクト58〉と呼ばれるようになる。

プハーリッチの日記から明らかになったことがひとつある。すぐに軍隊生活に不満を覚えるようになったことだ。ラウンド・テーブル財団とその深遠な研究、仲間意識、反骨精神が恋しくてたまらなかった。陸軍は厳格で伝統を重んじるうえに、常に指揮系統に従わなければならなかった。贅沢三昧《ぜいたくざんまい》に暮らす裕福で変わり者の友人たちがなつかしかった。それに輪をかけて、他人には言えない個人的な問題も抱えていた。妻が重度のうつ病を患い、症状が悪化していたのだ。ジニーは精神に障碍があるのではないか、とひそかに案じていた。

陸軍の契約が一五カ月目に入った一九五四年六月一七日、アリス・ブーヴェリーからの電話によって、彼は軍の生活から晴れて抜け出すことになる。ブーヴェリーは、前の晩にニューヨークの自宅で開催したディナー・パーティーで事件が起きた、と告げた。彼女はヒンズー教学者のヴィノッドと同じような力を持つチャネラー〔異次元の意識を人に伝える媒介者〕を見つけていた。ハリー・スタンプというオランダ出身の彫刻家だ。プハーリッチも数カ月前にブーヴェリー邸で会ったことがあり、そのときのことを覚えていた。スタンプは招待客にテレパシーをはじめ、いくつかのESPを披露していた。

「昨晩、彼とガールフレンドがまたディナーにやってきたの。彫刻家という職業柄、私は彼がうちの所蔵品に興味があるかもしれないと思った」。所蔵品とは、亡き父から受け継いだ博物館並みの宝石コレクションだ。彼女が三四〇〇年前のエジプトの象形《しょうけい》文字が刻まれたスカラベの形のネックレスを渡したところ、スタンプは「部屋のなかをよろよろと歩いたかと思うと、椅子に倒れこんだ」。何かの発作を起こしていると思い、ブーヴェリーはキッチンに駆けこんでグラスに水を注ぎ、そのあいだ客たちがスタンプを介抱した。「部屋に戻ると、彼は背筋をしゃんと伸ばして椅子に坐り、目をかっと見開いて、遠くをじっと見つめていた。それから紙と鉛筆をくれるように言うと、エジプトの象形文字を書きはじめた」

スタンプはしわがれた声で英語とどこの国かわからないことばを交互にしゃべった。まるで古代エジプトの人間の口寄せをしているようだったという。このトランス状態のなかで、「人間の霊能力を促進する薬物」が登場した。プハーリッチは、スタンプが書いたものを見せてほしいと言った。ブーヴェリーは快諾し、もっと素晴らしいことに客のひとりがこの予期せぬ交霊会の内容を書き取っていたので、すぐにそのメモを送ると約束した。

プハーリッチはいつも通り回診をおこなったが、電話で聞いた話が頭から離れなかった。仕事を終えると、陸軍からあてがわれたアパートメントへ歩いて帰った。エッジウッドは殺風景でひどく退屈な場所だった。ウォレントン屋敷とは何もかも正反対だ。ここで陸軍という冷戦機構の歯車として過ごすのがたまらなくいやだった。夕方、ひと泳ぎして憂《う》さを晴らそうと、ジニーと三人の幼い娘を連れてエッジウッド内のプールに向かった。夕食を外ですませてアパートメントに戻ると、ドアの呼び鈴が鳴った。配達業者がニューヨークからブーヴェリーの速達小包を届けにきたのだ。

プハーリッチは大きな封筒を開けると、安楽椅子に腰を落ち着けた。ジニーには、先に休むように告げた。ページをパラパラとめくりながら、オランダ人彫刻家がトランス状態で書きつけた未知のシンボルに目を瞠った。スタンプは、石造りの寺院やイヌの頭をした彫像、「頭にはさみがあるシロアリ」を用いた古代の医療措置について語っていた。さらに、霊能力を刺激するという薬物の絵も描いていた。それはかさに斑点のある何の変哲もないキノコで、絵の下には「キノコ」と丁寧な字の英語で書いてあった。

疑わしいとまでは言わないが、考えられないような偶然だった。ＥＳＰを自在に制御できる薬物を探すよう命じられたら、裕福な友人が開いたディナー・パーティーで、夢遊性トランス状態になった客が謎めいた薬物を教えてくれたのだ。しかし、一九五四年当時、幻覚性キノコはまだアメリカの植物学者にも、キノコを必死に探していたＣＩＡの科学者にも特定されていなかった。あらゆることを超自然的な力と結びつけるプハーリッチの傾向を考えれば、胡散《うさん》臭いと無視するのは簡単だ。しかし、そのオランダ人彫刻家が、ＣＩＡが数年にわたって探し求め、発見できずにいたテオナナカトル（神の肉）の重要な手がかりをあたえたことはまちがいない。

　スタンプのチャネリング能力を知れば知るほど、プハーリッチの興味は募っていった。同時に、幻覚性キノコへの執着も強くなる一方だった。マサチューセッツ州のボストン菌学会に手紙を書いたところ、スタンプが述べたキノコが一七五三年にスウェーデンの植物学者カール・リンネが初めて確認したベニテングダケだとわかった。ベニテングダケは、北欧やドイツのおとぎ話にしばしば出てくる毒キノコだ。魔法の薬、魔女、小鬼《ゴブリン》、トロール〔洞窟などに隠れ住む巨人、いたずら好きな小人〕とともに登場するのもそのせいなのだろう。彼はもっとくわしい情報を探ることにした。幻覚作用が確認できたら、陸軍化学センターの上官に伝えるつもりだったと、のちに書いている。そのために、まずはブーヴェリーの協力をあおいだ。

　ブーヴェリーはニューヨーク公立図書館へ赴き、希少本コレクションから思わぬ手がかりをつかんだ。アレンツ・タバコ・コレクション・ルームの植物学コーナーを調べていると、司書が市の重要な慈善家である彼女に気づき、手伝いが必要か尋ねた。ブーヴェリーは、あるハラタケ科のキノコの文献を探していると告げた。すると司書は、どうやら同じものを探している人がもうひとりいて、最近ここを訪れて同じことを頼んだと教えてくれた。その人物は、Ｊ・Ｐ・モルガン・アンド・カンパニー銀行〔現Ｊ・Ｐ・モルガン・チェース銀行〕の副頭取、Ｒ・ゴードン・ワッソンだという。

さっそくブーヴェリーの自宅でワッソンと会う約束が取りつけられた。ワッソンは、プハーリッチとブーヴェリーに次のように説明した。以前から小児科医の妻ヴァレンティーナと一緒にキノコを使ったメキシコの宗教的儀式を調べている。探すのが困難なキノコだが、絶対に見つけるつもりでいる。すでにメキシコまで二度足を運び、現在三度目の遠征を計画しているところだ。メキシコ人は、このキノコがスーパーナチュラルを引き起こすと信じている。単なる幻覚性キノコではなく、占いによる予見能力があると言われている。世界中でシャーマニズムを信仰する多くの部族が、キノコには超自然的な性質があり、人間の意識を肉体から分離させて短期間身体と別に活動させることができると信じている。この体脱体験（ＯＢＥ）〔意識を身体の外側に出すこと。体外離脱、幽体離脱ともいう〕は、旅行透視《トラベリング・クレアボヤンス》とも呼ばれ、有史以来、神秘主義の文献に書かれてきた。ワッソンは、そのキノコがテオナナカトル（神の肉）だと認めた。

ワッソンをキノコ探しに駆り立てるのは純粋にシャーマニズム的な儀式への興味だったが、プハーリッチには願ってもないチャンスだった。「人間が遠く離れた場所まで旅（精神的に）をして、情報を手に入れて戻ってくるというアイデア」は陸軍にとってきわめて重要な意味を持つ、と書いている。一連の驚くべき偶然により、陸軍とＣＩＡが探しているものを見つけたのだ。これで上官を説得できると確信し、ワッソンにこの情報を共有してもいいか尋ねた。ワッソンは、愛国心から承諾した。こうして一九五四年八月、プハーリッチは陸軍にテオナナカトルの概要を伝え、どれほど貴重な情報かを次のように強調した。「これまで世界中で何年もキノコを探してきたワッソンは、メキシコの聖なるキノコ〔宗教儀式で使われる幻覚を引き起こすキノコ〕を使う儀式は自分が発見するまで知られていなかったと断言している。聖なるキノコの伝説は、作者不詳の日記や古代写本で散見されるものの実証されていなかった」

陸軍は興味を引かれ、プハーリッチが持つ秘密の「サイコ・ケミカル研究プログラム」の保全許可レベルを引き上げた。同時に、こうも告げた。やはりキノコに関連する研究プログラムがもうひとつ進行中だが、内容をくわしく知るにはさらに高レベルの保全許可が下りるまで待たなければならないと。そのプログラムが、どうやらテオナナカトルを探すＣＩＡの失敗続きの計画〈ＭＫウルトラ、サブプロジェクト58〉だったようだ。

一九五四年、ＣＩＡの二年越しの努力はまだはかばかしい成果をあげられずにいた。アレンは、メキシコ国内のテオナナカトルの自生場所を見つけるために、ジェイムズ・ムーアという若い化学者を東海岸のさまざまな菌学グループに潜入させた。現存する〈ＭＫウルトラ〉文書にあるように、裕福な教授を装ったムーアは、じつはＣＩＡの頭脳兵器プログラムの重要な資金源であるワシントンのゲシュチクター医療研究基金から支援を受けていた。テオナナカトルを見つけるために、彼は個人のキノコ探索遠征に資金を提供したいと触れ回った。ＣＩＡ技術支援スタッフの責任者シドニー・ゴットリーブは、「（ムーアは）天然物化学〔生物が産生する物質を扱う有機化学〕に関心があるため、収集している植物の標本は自分のために使うと嘘をついていた」と書いている。すでにＥＳＰをさんざん研究してきたプハーリッチは、政府の機密ＥＳＰプロジェクトで働くことを夢見て、保全許可が下りるのを辛抱強く待ち続けた。しかし、その期待は裏切られた。陸軍化学センターからワッソンのことを聞いたＣＩＡは、プハーリッチを飛び越えて、おとりのムーアに直接接触させることにしたのだった。プハーリッチは用済みとなり、保全許可は認められなかった。

そんなこととは露《つゆ》知らず、彼は依然としてオランダ人サイキックのハリー・スタンプと、その超自然的な力に憑りつかれていた。平日はエッジウッドの陸軍化学センターで患者を診察し、週末はニューヨークのブーヴェリーの家を訪れ、スタンプにＥＳＰ実験をおこなった。一方、プライベートは手におえない状況に陥っていた。ジニーの精神状態が悪化し、彼の日記によれば一九五四年に治療を受けるために精神病院に収容された。当時はアメリカ医学史における精神障碍治療の暗黒時代で、ジニーはインスリン・ショック療法を施された。患者に毎日大量のインスリンを注入して、数週間ときに最長二カ月間も昏睡《こんすい》状態にさせるという処置だ。夫のメモと日記の数カ所で言及されている以外、この入院についてわかっていることはほとんどない。

プハーリッチは、キャリアの岐路《きろ》に立たされていた。陸軍での二年間の職務の査定時期がきて、昇進を打診されていた。「ＥＳＰ研究と医療行為にしか関心がない」と上官にはっきり伝えたところ、軍の答えも同じくらい率直だったと振り返っている。「こうしたテーマに興味を持つ者はたちどころに頭がおかしいと見なされる。よって軍でこの種の研究をするのはきわめて困難だ、と説明された」

そこで、ブーヴェリーにこう提案した。スタンプをラウンド・テーブル財団に常勤させたらどうだろうか？　そうすればウォレントン屋敷に住み、研究所でテストを受けながら、彫刻を作ったり絵を描いたりする時間がたっぷりある。ブーヴェリーは素晴らしい考えだと賛成し、喜んで資金を出すと告げた。

プハーリッチは、陸軍化学センターで上官と会った。「打診された昇進にはもう関心がないと指揮官に告げた。制約の多い陸軍より、メイン州のほうがはるかに研究を続けやすいと思ったからだ。こういう研究は、政府職員のように服従を求められる環境ではうまくいかない」。こうして一九五五年四月一日、彼は除隊書類にサインし、正式にアメリカ陸軍と決別した。ブーヴェリーから得た資金を手に、退院したジニーと三人の娘、ペットのネコの荷物をまとめると、一家はメリーランド州エッジウッドから、メイン州グレン・コーヴに向けて一週間のドライブに出発した。

プハーリッチの胸は興奮で高鳴っていた。これでようやく、以前のようにESP研究に専念できる。この現象を引き起こす未知のエネルギーを探し続けることができるのだ。それからわずか数週間後、オランダ人彫刻家のハリー・スタンプも合流した。

有史以来、肉体のない霊と交信し、死者と話せると主張する人々は多くの文献に登場する。すべての霊媒師がいかさまをしたり、意図的に詐欺を働いているわけではない。多くは自分がしていることを事実だと信じている。一九世紀末、チャネリングの副産物である自動筆記〔霊や無意識の心に導かれて筆記すること〕が巷《ちまた》で流行した。もっともよく知られる例が、キャサリン＝エリーズ・ミューラー、通称エレーネ・スミスというフランス人女性だ。プハーリッチの思いこみについては、本人の私的な日記や回顧録よりも彼女の話を検証するほうがよくわかる。

一八九四年から一八九八年まで、テオドール・フルルノワという心理学教授が、スイスのジュネーヴ大学でエレーネ・スミスを調べた。スミスは自らトランス状態（自己催眠状態）に陥り、ヴィクトル・ユゴーやマリー・アントワネットなど歴史的な人物の人生をこと細かに語った。また、イタリア語、フランス語、ヒンズー語や特定できない言語を流暢《りゅうちょう》に話した。さらに注目すべきことに、火星に意識を飛ばしてその場所の景色を描いたり、火星の言語を話したり書いたりできると主張した。彼女が書いた火星の人々の奇妙な象形文字は、フルルノワがスミスを徹底的に研究した四四七ページの著書『インドから火星へ』に掲載されている。

フルルノワは、スミスが〝潜伏記憶《クリプトムネシア》〟を披露していると結論づけた。潜伏記憶とは彼が考案した呼び方で、学者、懐疑論者、米国心理学会でも認められている。彼の主張はこうだ。スミスが交霊会で話した内容は、彼女の「意識下の想像の産物で、主に幼児期の読書によって得た知識など、自分では覚えていない記憶から派生している」。人間の脳は驚くべき離れ業《わざ》をやってのける。ときに数十年も前にほんの短時間耳にしただけの外国語を操ることもありうるのだ。火星語は、昔からある異言《グロッソラリア》――宗教的恍惚《こうこつ》状態で発する意味不明のことば――のせいだ。新約聖書の「コリント人への第一の手紙」で、使徒パウロが神からのメッセージを伝えるのも同様の状態だ。「異言を語る者は、人に向かって語るのではなく、神に向かって語るのである。それは誰にもわからない」。この調査結果について、フルルノワは「科学は人間の潜在意識の隠れた働きを明らかにした」と高らかに宣言した。彼の著書は一〇万部以上を売り上げた。これは一八九九年当時では驚くべき数字である。

後年、潜伏記憶は世間の注目を集めた二件の剽窃《ひょうせつ》を弁護するために使われた。ある著者（剽窃者）が別の著者から知的財産を引き出したのは無意識のなかであり、それは自分のものだと潜在的に「記憶した」からだと主張されたのだ。もっとも有名な例はヘレン・ケラーだ。一八九二年、一二歳のケラーは点字で書いた『霜《しも》の王様』という短い童話を盗作と非難された。この事件は、それ以前に出版されたマーガレット・T・キャンビーの『バーディー・アンド・ヒズ・フレンズ』の一篇「霜の妖精」の一部をケラーが盗んだと世間を大いに騒がせた。実際、ケラーの童話のなかの文章は、キャンビーの物語とそっくり同じであった。小説家のマーク・トウェインはすぐに弁護を買って出た。「ケラーは、記憶の底に埋めこまれた話を、無意識のうちに再び語っていたのだ。その結果、オリジナルに近づきすぎてしまったのだろう」。キャンビーも同意した。「目が見えず、耳も聞こえない子供が、物語の複雑なプロットをこれほどきっちりと再現し、自分のものにできたことは素晴らしい。それを盗作呼ばわりするとは、なんて意地が悪いんでしょう。これは記憶が成し遂げた偉業です」

カール・ユングも同じような例を発見し、一九〇三年に「クリプトムネシア」という論文で説明した。ここで取り上げられたのは、ドイツ人哲学者のフリードリヒ・ニーチェだ。宇宙の活動と同じように人の生も永遠に繰り返されるとする永劫回帰《えいごうかいき》の神秘的な概念をテーマにした彼の著作『ツァラストラかく語りき』（佐々木中訳、河出書房新社）は有名だが、ユングはそのなかの四ページにわたる部分が、五〇年以上前に出版されたある本とまったく同じだと認識した。ニーチェの妹のエリーザベト・フェルシター＝ニーチェに手紙を書いたところ（ニーチェはすでに精神を病み、亡くなっていた）、子供のころにその部分を兄と一緒に読んだことを覚えていた。ユングはこれを「心の奥に積み重なった無意識の働き」と述べ、それをきっかけに「人間の集合的無意識」に関する独自の考えを発展させた。

プハーリッチがインド人数学者のヴィノッドと「九つの原則と力」という超自然的なグループとのチャネリングを発表する三〇年前、イギリスのタルボット・マンディという冒険小説家が『ザ・ナイン・アンノウン』という小説を出版している。一九二二年にアドベンチャー誌に連載されたこの小説は、紀元前二七〇年の古代インドを舞台に、マウリヤ朝の歴史的人物、アショカ王統治時代の秘密結社のグループ「ザ・ナイン・アンノウン」の活躍を描いている。九人の架空の登場人物は、超自然的力から秘密と重要な知識が記された本を守るよう告げられる。この秘密の知識を守って発展させ、知識を破壊しようとする邪悪な力から隠すことが、彼らの使命なのである。

プハーリッチはペテン師だったのだろうか？　妄想に憑りつかれていたのだろうか？　他人の作品を剽窃して自分のものだと主張していたのか、あるいは潜伏記憶のせいだったのか？　今となってはわからない。わかっているのは、彼が軍務から解放され、望むことを心ゆくまでできるようになったことだ。潤沢な資産を持つ後援者は、超常現象《パラノーマル》に関係することはすべて超自然的な力によって起きている、という彼の仮説を後押しし、惜しみなく資金をあたえた。

もし状況がちがっていたなら、アメリカ政府のＥＳＰとＰＫ研究史の一エピソードとして、彼はここで退場したかもしれない。しかし、そうはならなかった。機密解除された彼のＦＢＩファイルによれば、ＦＢＩがメイン州ラウンド・テーブル財団のＥＳＰ実験を監視し、追跡することになったのだ。

第四章
疑似科学

一九五五年四月、メイン州のラウンド・テーブル財団に戻ると、プハーリッチはそよ風が吹くのどかな美しい海辺で実験に打ちこんだ。「マツの木とトウヒのぴりりとした匂い、湿り気を帯びた潮の香り、オウルズ・ヘッドの霧笛《むてき》のボウーッという響き」に気持ちが明るくなった、と書いている。もっとも寒さが厳しい冬の数カ月間、研究所は一時的に閉鎖されたが、雪解けから数週間が過ぎた今は再び活気を取り戻していた。新しい環境になってジニーも調子がよさそうなので、以前のようにまた家族と時間を過ごしはじめた。一家は、コケモモの実がなる野原でピクニックを楽しみ、モホーク族が昔通った小道を散策した。自然豊かなカバノキとベイツガの森では、たくさんのヤマアラシ、ウッドチャック、シカを見ることができた。岩を覆う苔《こけ》は鮮やかな新緑色に変わり、すべてがおごそかで神秘的な雰囲気に包まれていた。

CIAのジェームズ・ムーアはまだ教授のふりをしてゴードン・ワッソンに取り入ろうとしていたが、成果はあがっていなかった。しかしプハーリッチのほうは、銀行家のワッソンが三度目のメキシコ遠征の準備をするあいだ、密に連絡を保っていた。一九五五年六月二九日、ワッソンはニューヨーク社交界の写真家アラン・リチャードソンとともに、メキシコ南部のオアハカ州ワウトラ・デ・ヒメネスの辺鄙《へんぴ》な村に到着した。現地ガイドが、雨の多い春のあとにテオナナカトルがどっさり生えている深い峡谷にふたりを案内した。「アランと私は、幻覚性キノコを食べた史上初の白人である」と、ワッソンはのちに書いている。激しい幻覚を見たが、占いによる予見能力は現れなかったという。神秘的な経験ののち、段ボール箱ひと箱にキノコをぎっしりつめてアメリカへ戻った。帰国すると、ひそかに持ち帰ったキノコをメイン州のプハーリッチの研究所に送った。

プハーリッチは、さっそくキノコの毒性の化学分析をおこなった。その結果、キノコに含まれる三つの化学物質、ムスカリン、アトロピン、ブフォテニンが幻覚効果を引き起こすことがわかった。この情報をもとに解毒剤の製造に取りかかった。ハリー・スタンプにキノコをあたえて、〝神の肉〟が特定の人間に予見能力をあたえる、という伝説を調べるためだ。しかし、まずはプハーリッチ自ら幻覚性キノコを試してみることにした。どうやら、ブーヴェリーと研究所の「ほかの何人か」も試したようだ。結果がどうだったのか記録は残っていない。自らを実験台にした科学者は彼が初めてではない。アイザック・ニュートンは砒素《ひそ》を味見したし、ニコラ・テスラにいたっては二五万ボルトの電流を自らの身体に流した。ジークムント・フロイトは、多量のコカインを摂取した。プハーリッチの場合、幻覚性キノコが入りこむ前の財団がどう管理されていたにしろ、そんなものはいまや忘れられたようだ。

スタンプを被験者にしてキノコの実験をするにあたっては、特別な証人を探した。プハーリッチの目標を理解していると思える人物、友人のオルダス・ハクスリーが適任だった。ディストピア小説の傑作『すばらしい新世界』（大森望訳、早川書房）で知られる著名な作家である。ハクスリーもまた、自然界に関する目に見えない情報を集める手段としてトランス状態に興味を持っていた。シャーマニズムを信じる人々について広範に研究および執筆するかたわら、一九五三年にはロサンゼルスの自宅で薬物によるトランス状態を自己実験していた。イギリス人の精神科医ハンフリー・オズモンドの監督下で、サボテンの一種であるペヨーテから分離したムスカリンという幻覚剤を〇・四グラム摂取し、八時間にわたる体験を記録したのだ。それが一九五四年に発表された『知覚の扉』（河村錠一郎訳、平凡社）だ。わずか六三ページのこの本は激しい議論を引き起こし、多くの非難を浴びた。とりわけ作家仲間からの風当たりは強く、トーマス・マンは彼の行為を現実逃避と呼んだ。イギリスの小説家クリストファー・イシャーウッドは「行きすぎた異端」というレッテルを貼《は》った。また、哲学者のマーティン・ブーバーには、「違法であり、現実からの逃亡だ」と糾弾された。一方、ミュージシャンのジム・モリソンは、この本を読んで自分のバンド名をドアーズと名づけた〔『知覚の扉』の原題は『ザ・ドアーズ・オブ・パーセプション』〕。ともあれ、『知覚の扉』は数十万部を売り上げ、現在にいたるまで一度も絶版になっていない。

ハクスリーは、一九五五年八月にラウンド・テーブル財団に到着した。世紀の変わり目にイギリスで生まれた彼は、眼の病気を患って三年近くほとんど失明状態が続いて以降、亡くなるまで片目が半分見えなかった。第六感というものに強い興味を抱くようになったのは、五感のひとつを奪われたせいだと述べている。三週間の滞在中、彼は何通か手紙を書いた。弟のジュリアンには、「今、私はこの世でいちばん美しい場所にいる。この財団を率いる若き友人のプハーリッチ博士は、ＥＳＰと超自然的な力を強化する物理的、化学的、精神的な手段を研究している」と書き送っている。

また、屋敷に居合わせた風変わりな面々に好奇心をそそられ、彼らについて「プハーリッチが呼び集めた奇妙な生活集団で、テレパシーを使った推測が驚くほど当たる多彩な超能力者《サイキック》がいる」と記した。「ナロドニー氏というゴキブリ男は、人間の昆虫に対するテレパシー効果をテストする実験を準備している」と書き、「アリス・ブーヴェリーとプハーリッチ夫人は仲が悪く、明らかにうわべだけ親しげにふるまっている」ことにも気がついた。もっとも気が合ったのは、ハリー・スタンプだ。「彼はオランダ人の彫刻家で、ファラデー・ケージに入ってトランス状態になり、エジプトの象形文字を自動筆記する」。スタンプもハクスリーに好感を持った。スタンプの未発表の自伝には、ハクスリーと「心を通じ合わせながら敷地を散歩する」のを楽しんだ、とある。

プハーリッチのメモによると、スタンプは一九五五年八月七日、プハーリッチとハクスリーのためにテレパシーを実演中に「深いトランス状態に陥った」。「エジプト人の人格」が現れたので、プハーリッチはテオナナカトルをあたえる絶好の機会だと判断した。しかし、結果は期待とはほど遠かった。「ハリーは少しのあいだ眠りこんだかと思うと、突然目を覚ました。そしてオルダスと私を見ると、酒を飲ませたのかと弱々しい声で尋ねた」。スタンプは酔っぱらってわけがわからないようだった。そのうちにただならぬ様子になり、「まるで泥酔しているみたいによろよろと歩きはじめた」。ハクスリーが、解毒剤をあたえるようにプハーリッチに言った。「私がアントロピンを注射器に入れているあいだ、オルダスはスタンプから目を離さなかった」。しかし、解毒剤の準備ができたころには症状が治まったので、そのままテストを続け、サイキック・パワーが強化されるかどうか見ることにした。まずは、サイトレス・リーディングという実験からはじめた。布で覆《おお》った小さなスーツケースくらいの大きさの箱が、ハクスリーとスタンプのあいだのテーブルに置かれた。箱のなかには、多くの品物が隠されていた。プハーリッチによれば、スタンプは記録的な速さでなかに入っているものを特定したという。しかし、もしプハーリッチが超自然的な存在との接触を期待していたとすれば、そういうものは現れなかった。ハクスリーは、本人が知らないうちに薬を盛るのは道義に反する、そろそろ解毒剤をあたえなければならない、と執拗《しつよう》に主張した。プハーリッチが従うと、スタンプはたちまちトランス状態から覚めた。意識が普通の状態に戻ると、催眠状態にあったことは覚えていないようだった。

ほどなくしてハクスリーはカリフォルニアへ戻った。それからスタンプのサイキック・パワーは衰えはじめた。エジプト人の人格はもうまれにしか現れなかった。翌月の一九五五年九月八日、プハーリッチによれば、スタンプは釣りをするために海辺へ出かけ、記録に残る最後のトランス状態に陥った。財団のメンバーが見つけたときは、ビーチに坐りこんで海をじっと見つめていたという。炭のかけらを見つけたらしく、海岸の岩にエジプトの象形文字が書かれていた。プハーリッチがそのメッセージをブラウン大学のエジプト学教授に翻訳してもらったところ、次のような意味だったという。

「永遠が見守っている。霊魂のための扉は開かれている。万事順調だ」。この話が本当かは誰にもわからない。知っているのはプハーリッチだけだ。

ラウンド・テーブル財団は、万事順調とはいかなかった。ジニーの精神的健康がまたしても急速に悪化していた。後援者のジョイスとズラトゥコ・バロコーヴィッチ夫妻の招待により、ジニーは夫妻の私的な客用宿泊施設に移されることになった。ひとりでゆったり過ごせば快方に向かうかもしれない。そう考えてのことだった。ところが病状はさらにひどくなり、一九五六年三月、とうとう父親が地元の病院で医局長を務めるウィスコンシン州マディソンの実家に送られることになった。ウォレントン屋敷に残された三人の幼い子供の世話係として、ブーヴェリーはベップ・ヘルマンズという二二歳のオランダ人のオーペア〔言語習得のために、宿泊と食事と引き換えに家事を手伝う若い外国人留学生〕を手配した。一九五五年三月末にヘルマンズがやってくるとほぼ同時に、プハーリッチは彼女と性的関係を持ちはじめた。その一方で、スタンプがふさぎがちになった。彼のトランス・パワーはもう消えていた。覚醒状態で象形文字を書こうとしたができなかった。本業の彫刻と絵画も憂鬱な気分ではいっこうにはかどらなかった。

この時期に研究所を訪れた投資家で百貨店王のヘンリー・ベルクは、偶然見つけたフランスの週刊誌パリ・マッチの記事から、あることを思いついた。記事は、当時超能力でヨーロッパを席巻中のピーター・フルコスを特集していた。第二次世界大戦の強制収容所を生き抜いたこの四七歳の塗装業者は、先ごろロンドン警視庁とパリ・メトロ・ポリスで事件を解決したという。一五年前の一九四一年、フルコスはハーグのビルを塗装中に三階のベランダから落ちて、外傷性脳損傷を負った。その後三日間、昏睡《こんすい》状態のまま病院のベッドに横たわっていたが、目覚めたときは超能力がそなわっていたという。得意とするのはサイコメトリーという、ある物に触れてそれに関係する情報を見抜くことだ。ベルクは、フルコスを財団に連れてきて、研究所でテストしようと考えたのだ。そういうわけで、一九五六年秋、ピーター・フルコスがウォレントン屋敷にやってきた。

「フルコスは、ハリー（・スタンプ）に初めて自信をあたえたの」と、元オーペアのヘルマンズは振り返った。「ハリーはおとなしい性格だったけど、ピーターは騒々しくて破天荒《はてんこう》だった」。それに、一メートル九〇センチもある大男で、活気にあふれていた。「いつ見ても機嫌がよくて、冗談を言うのが大好きだった。特に、卑猥《ひわい》な冗談がお気に入りだったわ。性格がまったくちがうのに、ふたりはとても仲がよくて、素晴らしいテレパシー・チームになったの」。彼女はフルコスのサイコメトリーを実際に見たことがあり、度肝《どぎも》を抜かれたという。目隠しをして「時計や指輪などをさわると、持ち主について驚くほどくわしく語ることができた」。

プハーリッチの私生活に問題はあったものの、ラウンド・テーブル財団の運営は上向きはじめた。金庫に現金が次々と流れこんだ。ふたつ目のファラデー・ケージが完成した。取材に訪れた日曜版大衆紙パレードの記者は、フルコスとスタンプのＥＳＰ実験は「画期的な成果」を生んだ、と書きたてた。ふたりの科学者と研究者が増員され、管理スタッフによって四半期ごとの進捗《しんちょく》状況報告書が作成された。しかしその後、裏切りが発覚した。一九五六年春、プハーリッチはＣＩＡが彼を飛び越えて銀行家兼キノコ・ハンターのゴードン・ワッソンに直接連絡を取り、ワッソンのグループに潜入していたことを知った。激怒した彼は被害妄想に陥ったと、ヘルマンズは振り返る。「CIAが自分の研究を盗もうとしてると思いこんだの」

プハーリッチが陸軍化学センターを去ったあとも、CIAはESPを拡張する薬物となるものを探し続けていた。ジェームズ・ムーアは依然として教授を演じながら二〇〇〇ドルの報奨金をちらつかせ、とうとうワッソンのキノコ狩りの遠征に同行する約束を取りつけた。CIAの〈MKウルトラ、サブプロジェクト58〉の一九五六年三月二一日の公式請求書には、「幻覚発現性キノコの調査および収集を目的とする遠征」費用が記されている。メキシコのオアハカ州の秘密の峡谷への遠征は「一九五六年六月と七月に実施される」。プハーリッチがことの次第を知ったときは、遠征計画はもうかなり進行していた。

皮肉なことに、この任務はCIAのムーアにとってトラウマ的な経験となった。ワッソンはのちにこう語っている。「彼は初めて航海に出た船員のようだった。胸がムカムカすると言って、すこぶる機嫌が悪かった」。あるとき、一行の小型航空機が重量オーバーと見なされ、積荷を減らすために予定外の場所に立ち寄らなければならなかった。パイロットはムーアを道端に置いていくことを決め、地元の先住民に世話を頼むと、あとで迎えに戻ると約束した。のちに約束通り戻ってきたが、そのころまでにムーアは下痢《げり》を発症し、神経がひどく昂《たか》ぶっていた。「この一件でわたしたちの関係はこじれてしまった」と、ワッソンは振り返る。ムーアはどうにか任務を遂行し、CIAの研究所で分析するために袋いっぱいのテオナナカトルとともに帰国した。〈MKウルトラ〉の責任者シドニー・ゴットリーブはすっかり満足した。以下は彼の記述だ。事によると、これらのキノコから「まったく新しい化学剤を作れるかもしれない」。ただし、この幻覚剤を「CIAだけの秘密にしておかなければならない」。

しかし、その考えは甘かった。遠征から戻ったあと、ワッソンがライフ誌と契約を交わし、「魔法のキノコを求めて」という見出しの一二ページの体験記を書き上げたのだ。そこではCIAの関与には触れていないが、食べるとESP能力が得られ、それを増強できると言われるキノコの効能が強調されていた。「先住民は、このキノコがESPを授けてくれると信じている」と、ワッソンは書いた。キノコを食べると、神託のように未来や未知のことを答えることができた。「たとえば、盗まれたロバについて尋ねると、ロバがどこにいるか、誰が盗んだかがわかるのだ」。ワッソンはそう主張し、もし愛する者が行方知れずになったら、「(その人物が)刑務所にいるのか結婚したのか、厄介な状況にあるのか成功しているのかをキノコを食べた者が告げてくれる」と説明した。これが白人によって語られる初めてのキノコ探しの旅であること、その白人がたまたまJ・P・モルガン・アンド・カンパニー投資銀行の副頭取であったことから、記事は一大旋風を巻き起こした。おかげでキノコを軍情報部の管理下に置き、極秘超能力兵器にするというCIAの思惑は見事に外れた。一時の快楽を求める者たちが、〝神の肉〟を食べるために群れをなしてメキシコへ押し寄せた。

メイン州のラウンド・テーブル財団は、キノコが根を下ろすにつれて雲行きがあやしくなっていた。ワッソンは、遠征から帰国すると幻覚性キノコをもうひと箱送った。プハーリッチはフルコスにしょっちゅう薬物をあたえるようになり、彼自身も実験対照〔実験的観察において結果を比較するための標準〕と称して摂取するようになった。フルコスは宇宙にただならぬ執着を示し、空を眺め回しながら、深夜に敷地をうろつきはじめた。ある夜、彼はオウルズ・ヘッドの浜に空飛ぶ円盤が着陸したと言い出した。宇宙人が現れるまでにそう時間はかからなかった。それは「とても小さくて、若者の身体をした年寄りだった……ひとこともことばを発さず、ただじっと私を見ていた」という。ほどなくして幽霊も見るようになり、予兆〔悲惨な災害などが起きようとしているという超常的な予感〕を感じはじめた。

一九五六年七月一七日の日記によると、自分用のサンドイッチを作り、ポットでコーヒーを沸かしにウォレントン屋敷のキッチンへ降りていったフルコスは、上階の自室に戻る途中、ポルターガイスト〔騒霊。いろいろな物音をたてて自らの存在を知らせる霊〕を見た。「それが私のそばを通ったとき、冷たい風が顔を撫《な》でるのを感じた。恐ろしさのあまり震えたので、トレーがコーヒーでびちゃびちゃになってしまった」という。翌朝、屋敷の電話が鳴った。アリス・ブーヴェリーの息子からで、母親が前の晩に就寝中に亡くなったと伝えた。

プハーリッチは打ちのめされた。ブーヴェリーが亡くなり、命綱とも言える資金源が断たれたのだ。また、この一件で幽霊が本当に存在すると確信するようになった。「誰を信じてよいかわからなくなり、被害妄想が進んだわ。酒に溺《おぼ》れ、次から次へとタバコを吸っては、突然怒りを爆発させ、もう誰も信用できないとわめき出した」と、ヘルマンズは思い起こす。スタンプは屋敷を去り、プハーリッチとフルコスは、荷造りをするとメキシコへ出発した。〝神の肉〟をもっとたくさん見つけるためだ。

プハーリッチは、どこまでも強運の持ち主だったと言ってよい。ふたりはメキシコから土産《みやげ》話とキノコをどっさり携えて帰還した。危機的な状況にもかかわらず、財団はなんとか潤沢な資金を維持し続けた。その結果、一九五七年春になるころには、十数人の科学者とサイキックがウォレントン屋敷に住みこみ、研究所は再び活気がみなぎっていた。この時期は、テレパシー、マップ・ダウジング、手相術、アイレス・サイト〔目を使わずに見ること〕などの実験もおこなわれた。

そして一九五七年八月二七日、もうひとつ注目すべきことが起きた。今度は現実に基づいた出来事だ。ふたりの政府職員が財団にやってきて、謎の多いプハーリッチの人生はさらに不思議な展開を見せる。彼のＦＢＩファイルの文書によると、ふたりは国防総省《ペンタゴン》の人間だった。ひとりはアメリカ空軍科学研究局（ＡＦＯＳＲ）のハーヴィー・Ｅ・セイヴリー。もうひとりのウィリアム・Ｊ・フライは、イリノイ大学陸軍研究所の生物物理学の責任者だった。男たちはウォレントン屋敷に二泊三日し、プハーリッチと三人だけで話し合いをした。それからひと月後、ラウンド・テーブル財団は唐突に閉鎖された。

いまや公然の恋人同士となったプハーリッチとヘルマンズは、ニューヨークに引っ越してしばらくそこに滞在し、その後カリフォルニアへ移った。二〇一五年に情報公開法を通じて入手した資料によると、プハーリッチはアメリカ陸軍に雇われ、カリフォルニア州モントレーのフォート・オード基地病院研究所で「キノコの毒性学コンサルタント」として働いていた。妻のジニーはまだウィスコンシン州で療養中だったが、精神状態は悪くなる一方だった。一九五七年末、彼女は離婚に同意する。一九五八年一二月二〇日、プハーリッチとヘルマンズは、フォート・オードへ向かう途中にラスヴェガスで結婚した。翌月の一九五九年一月二四日、ジニーことヴァージニア・ジャクソン・プハーリッチは、父親が医局長を務める七階建てのメソジスト病院の屋上から身を投げて死んだ。

プハーリッチは髪を長く伸ばし、体重が二五キロも増えた。カーメル・ヴァレーの陸軍基地から約一五キロ南に所有する牧場でESP研究を続けていたが、新たな裕福な出資者を見つけた。それと同時に、常用する薬物量が増えはじめた。厳格な社会的道徳観が支配するメイン州では、保守的な人々に異端児扱いされていたが、カリフォルニアは自由だった。カーメルでの常軌《じょうき》を逸《いっ》した日々は、ヘルマンズのことばからもうかがえる。「あるとき、アンドリアと後援者のポールが、招待客限定のマッシュルーム・パーティーを企画したの。私も観察者兼記録係として招かれた。会場に入ると、すでに宴はたけなわだったわ。でも、その光景に仰天した。精神科医の中年のカップルが、みんなの前で恥ずかしげもなく激しく交わっていた。女性のほうは、開いた両足を盛大に蹴《け》り上げながら、愛が地球を破滅から救うと大声でわめいていた。ポールはひどく具合が悪く、そこらじゅうに吐きまくるし、もうひとりは初めて見る男だったけど、オペラの〈アイーダ〉のアリアを朗々と歌っていた」。このときヘルマンズは最初の子を妊娠中で、生活を改めなければすぐにでも別れる、とプハーリッチを脅さなければならなかった。

しかし、妻の願いなど意に介さず、彼は再びキノコ狩りの旅に出発した。今度の目的地は、メキシコ・シティから三二〇キロほど南のオアハカ州のフキラという人里離れた村だった。九人で出発した遠征隊は、メンバーが次々と体調を崩し、無事に戻ってきたのはプハーリッチだけだった。妻のヘルマンズによれば、彼は呪術医を見つけて占いによる予見能力をテストするために、ひとりで探索を続けたという。二〇一五年に情報公開法を通じて得た資料によれば、遠征資金を出したのはアメリカ陸軍化学部隊だった。翌年実施された二度目の旅はワシントン大学薬理学部が出資し、プハーリッチは一四人からなる科学的探検隊を連れてフキラに戻った。このときはアメリカのテレビ局ＡＢＣ放送のテレビクルーが同行し、超常現象《パラノーマル》をテーマにしたテレビ番組〈ワン・ステップ・ビヨンド〉〔一九五九年より放送〕のために旅の様子を撮影した。

一九六一年、ふたり目の子供を宿していたヘルマンズは、夫に最後通牒《つうちょう》を突きつける。三カ月で生活を落ち着ける方法を考えてほしい、さもなければ子供を連れてヨーロッパへ帰ると宣言したのだ。だから、「一九六一年五月のある晩、ニューヨークの実業家グループが補聴器の研究に三〇万ドルを投資してくれた、と聞かされたときは本当に驚いた」とヘルマンズは述べている。公開された機密文書によれば、出資者は実業家ではなく、原子力委員会（ＡＥＣ）医学研究部門の当局者だった。プハーリッチは「触視力《スキン・リーディング》〔皮膚で色や形を知覚する能力〕」というＥＳＰ研究プロジェクトの一環として売りこんだが、ＡＥＣは「触覚以外で感覚を伝達する皮膚の新たな機能」としてとらえたのだ。

新たな金を手に入れたプハーリッチは、ウェストチェスター郡オッシングのホークス街八七番地に大きな家を購入し、家族とともに再びニューヨークに引っ越した。一〇の寝室といくつもの暖炉、建物を取り巻くポーチ、それに美しい景観をそなえた屋敷は、ラウンド・テーブル財団のミニ・バージョンと言ってよかった。けれど、深遠な研究に無尽蔵《むじんぞう》に金を注《つ》ぎこんでくれた裕福な後援者はもういない。新たなパトロンとなったアメリカ政府は、彼らとはまったくちがった。

ＡＥＣとの機密契約でプハーリッチのハンドラーを務めたのは、〈マンハッタン計画〉〔第二次世界大戦中のアメリカの原爆開発計画〕以降、アメリカの原子爆弾および核エネルギー計画にかかわってきた医師ポール・Ｓ・ヘンショウだった。プハーリッチのＥＳＰ研究は人間の生物学的潜在力の未開拓分野とかかわっており、ヘンショウはそのさまざまな要素に関心を持っていた。彼はプハーリッチの提案を引用して、「情報などの生物学的記憶が細胞のなかの分子レベルで保存されていたら、生物は皮膚を通して情報の送受信ができるかもしれない」と、書いている。

ＤＮＡの二重らせん構造の発見からまだ八年しかたっていない一九六一年では、急進的なアイデアだった。この種の仮説はその後の六〇年でかなり一般的になったが、当時はほとんどの専門家には想像もつかないことだった。それでもヘンショウはプハーリッチのアイデアにＡＥＣが資金を提供する手はずを整え、結果については前もって明言することを避けた。「プハーリッチの主張は斬新《ざんしん》すぎるため、正しいかどうかは疑わしい」と述べている。ところが、この変わり者の神経生物学者と一緒に実験すると、意見が一変した。機密解除された文書によれば、被験者は一六歳と三六歳の聴覚障碍の女性だった。ふたりとも他人の唇は読めるが、音を聴くことはできなかった。研究所で音を聴かせて生理学的なテストをしたときは、ふたりとも聴こえていなかった。ところが、皮膚——顎《あご》に近い所定の場所——に電極を取りつけると、聴こえているように見えた。人間が皮膚を通して〝聴こえる〟ように思えたのだ。

しかし、落とし穴がないわけではなかった。ヘンショウはＡＥＣの同僚に、不正を防げる保証はないと伝えた。「女性たちは合図されていたかもしれない。ひょっとしたら、金銭がからんでいた可能性もある」。はっきりさせるために、プハーリッチの研究所にヘンショウが自ら選んだ聴覚障碍者を連れていきたいと提案した。彼の個人的な知り合いで、確実に耳が聞こえない人間だ。プハーリッチは承諾し、ＡＥＣが資金を出した。ヘンショウがロバート・ケースという聴覚障碍の男性（ボストン大学の学長に期せずしてなった同業者の息子だと、彼は書いている）を連れていき、テストをしたところ、プハーリッチが正しいと確信した。「このときの実験で、彼への疑いは晴れた。人間が皮膚を通して音を聴くことは生物学的に可能である」と、書いている。ＡＥＣは追加出資をおこなった。アメリカの核兵器機関は、「一定の条件下で、皮膚が耳のように機能する現象に関心を引かれた」のだ。

プハーリッチは、まるでスフィンクスのように謎めいた人物だった。得体が知れず、何を考えているかわからないため、完全に理解することは不可能だ。頭のなかには、時代のはるか先を行く発明とアイデアがあふれていた。また、なぜ原子力委員会がスキン・ヒアリングという新しい概念を追求していたのかも同じくらい謎である。プハーリッチの研究について、それ以上くわしい文書は今も機密扱いのままだ。その後数年間、彼はオッシングの研究所で政府との超常現象に関する秘密の契約任務を続行した。なかには、アメリカ航空宇宙局（ＮＡＳＡ）の生命工学・人間研究部門、空軍システム軍団、ローム航空開発センターからの依頼もあった。オランダ人のサイキック、ピーター・フルコスとともにサウスカロライナ州チャールストンで開かれた第六回海軍区人員会議に参加し、潜水艦乗組員にESPとサイコメトリー（トークン・オブジェクト・リーディングとも言う）を実演したこともあった。

しかし、政府の委託研究にいそしんだのもしばらくのあいだだけだった。彼にしてみれば、疑似科学の追求のほうがはるかに興味をそそられたのだ。一九六三年初め、昔からの出資者ヘンリー・ベルクが、魅力的な研究命題を携えてオッシングの屋敷に到着した。今度の舞台はブラジルのジャングルだった。研究対象はアリゴーという心霊治療者で、伝えられるところでは、ポケットナイフを使って麻酔なしで大手術ができるという。手術後の縫合も抗生物質も必要なく、患者は痛みを感じない。プハーリッチはふたつ返事で話に乗った。ヘルマンズはこんな生活にもう耐えられず、荷物をまとめると子供を連れてヨーロッパへ去った。ベルクとプハーリッチは、ブラジルへと出発した。

それから七年間、プハーリッチはあるときはベルクと一緒に、あるときはひとりで、オッシングとブラジルのあいだを幾度となく往復した。アリゴーの心霊手術が本物だと確信し、この賛否両論の信仰治療師を憑りつかれたように観察して、〝手術〟を八ミリ・フィルムで記録した。さらに、軍の顧客にも売りこもうと、「戦場での心霊療法」の可能性をまとめた提案書を多数作成した。政府の後援者は誰も食いつかなかったが、彼はあきらめなかった。一九七〇年夏のある晩に、オッシングで今後の研究目標を紙に記した。目標はふたつあった。ひとつは、「ESP研究の理論的基盤」を確立すること。ふたつ目は、アリゴーのような超自然的な力を持つ治療師を世界中で探し回り、「研究室の管理下でテストすること」だ。これらの「スーパーノーマルズ（超常的な人々）」に関する政府お墨つきのデータが得られれば、研究が正当化されると考えていた。

一九七〇年秋、プハーリッチはニューヨークのライで開催された「人間のエネルギー場の探求」という会議に参加した。出席者には、アーサー・ヤングやチャールズ・T・タート〔変性意識研究の第一人者〕など、ラウンド・テーブル財団の元仲間の顔もいくつかあった。晩餐会《ばんさんかい》では、外科的に埋め込んだ脳内チップに電気的な刺激をあたえるマインド・コントロールの研究で有名なCIAの協力者、ホセ・デルガードが演説者を務めた。三日間の会議中、プハーリッチはイスラエルのロケット科学者で生体医工学者でもあり、「意識の構造」に関する著作のあるイツァク・ベントフの講義に出席した。ベントフは、驚くべきサイコキネシス（ＰＫ）とテレパシーを発揮すると評判の二三歳のイスラエル人男性の話をした。イスラエルのテクニオン工科大学でおこなったデモンストレーションでは、壊れた腕時計を止めたり動かしたりしたほか、静止した方位磁石《じしゃく》の針を動かし、金属を精神力だけで曲げてみせたという。

プハーリッチはがぜん興味をかき立てられた。講義が終わると、もっとくわしい情報を知りたいとベントフに頼んだ。その結果、その人物がテルアヴィヴ郊外の港湾都市ヤッファに住む元イスラエル軍落下傘部隊員だとわかった。名前は、ユリ・ゲラー。プハーリッチの新たな情熱を注ぐ対象が見つかった。どうにかしてこの男と会わなければ、と彼は思った。厳格な条件を設定した研究室でテストできれば、政府と研究契約を結べるにちがいない。契約先の候補は、CIAだった。

プハーリッチの申し出はCIAに真剣に受けとめられた。それればかりか、長官のリチャード・ヘルムズにまで伝わることになる。

第五章
ソ連の脅威

アメリカ政府が心霊現象を軍事利用しようとしていることは、一九五九年までほとんど世間に知られていなかった。ところが、同年一二月、フランスの科学誌コンステラシオンが、アメリカ政府の極秘ESP研究計画の記事を掲載した。「想念伝達――戦争の兵器か」というタイトルの記事を書いたのは、ジャーナリストでフランスのレジスタンスの元スパイ、ジャック・ベルジェだ。ベルジェは諜報コミュニティと深いつながりがあり、スーパーナチュラルに関心を持っていた。また、予言、陰謀、ナチスとオカルティズムに関する本も執筆中だった。

記事の内容は、以下の通りだ。前年に世界初の原子力潜水艦、アメリカのノーチラス号でESPテストがおこなわれた。ノーチラス号は、北極の氷冠の下を潜航する偉業を成し遂げ、世界で初めて北極点を通過した船でもある。実験の目的は、数千キロに及ぶ海水や北極のぶあつい氷、潜水艦の金属壁などの障害物を通して、テレパシーで長距離通信ができるか調べることだった。そのために送信者と受信者がゼナー・カードを使って意思疎通をする、というシンプルなテストが実施された。送信者はノーチラス号に乗船した水兵が務め、実験中は船室に隔離された。受信者は地上にいる技術者で、アメリカ東海岸のウェスティングハウス社のフレンドシップ研究所で待機していた。この海・空軍共同ESP実験を監督したのは、空軍研究機関生物学部門の責任者、ウィリアム・H・バウアーズ空軍大佐である。一九五八年七月二五日から一六日間にわたって、送信者と受信者がテレパシーで交信した。

当初、この記事はフランス国外でほとんど注目されなかった。ところが一九六〇年二月にフランスの科学誌、科学と生活《シアンス・エ・ヴィ》に、「ノーチラス号の秘密」という見出しの拡大版の記事が掲載された。執筆者は明らかにされなかったが、編集長のジェラール・メサディエは、複数の情報源が匿名を条件に真実だと認めたと語った。記事によれば、このプロジェクトは、一九六〇年代初期に国防総省《ペンタゴン》でESPと動物を用いた実験をおこなったデューク大学超心理学研究所の民間科学者J・B・ラインが担当し、「テレパシー実験は約七五パーセントが成功したと言われている」。これに対し、海軍はでっち上げだとコメントした。

真偽をめぐっては、今も議論が交わされている。しかし、この記事が一九六〇年当時の現実世界に影響を及ぼしたことはまちがいない。もっとも重大なのは、ソ連がこのニュース記事を自国の戦略に利用したことだろう。「ノーチラス号の報道は、レニングラードに水中爆雷並みの衝撃をあたえた」と、機密解除されたペンタゴンの文書に記されている。「ソ連の超心理学研究は、一九六〇年にアメリカの原子力潜水艦ノーチラス号についてフランスが報じたことで活発化した」。後年、ソ連はES

Ｐ研究計画に着手したのはノーチラス号の実験を知ってからだと主張するが、アメリカの情報アナリストはそれがソ連のプロパガンダだとわかっていた。その証拠に、同国の主導的ＥＳＰ研究者レオニッド・Ｌ・ワシリエフは、一九六〇年四月にレニングラードに集められた科学者にこう述べている。「われわれはスターリン政権下で、今までまったく報じられていなかった研究を広範にわたっておこなった。アメリカ海軍は原子力潜水艦でテレパシー実験に乗り出した。ソ連の科学者は、四半世紀以上前にきわめて多くのテレパシー・テストを実施して成功を収めている。今こそ偏見をかなぐり捨てて、国家の存亡にかかわるこの分野をただちに探求するのだ」

　ワシリエフが述べた偏見とは、ひとことで言えば、グリゴリー・ラスプーチンの物語だ。二〇世紀のソヴィエト・ロシア〔ロシア・ソヴィエト連邦社会主義共和国の略〕では、神秘主義、魔術、スーパーナチュラルに手を出すことは、彼をめぐる訓話をいやでも思い起こさせた。ラスプーチンは、眼力で男や女、国家をも操ったと言われるロシアの怪僧だ。一九一〇年、当時の皇帝ニコライ二世は、血友病の息子の出血を止めたとされる出来事に感銘を受け、得体の知れないシベリア出身の信仰治療師を宮廷に引き立てた。このときから、国政について怪僧が皇帝に助言するようになり、第一次世界大戦の戦略にも口を出した。何度も暗殺されかけながら、そのたびに生きながらえて神秘性が増したが、とうとう正体不明の共謀者グループに毒を（二度）盛られたうえ、銃で撃たれたあげく、念を入れてネヴァ川で溺死《できし》させられた。一九一七年にロシア革命が起こると、新政権は心霊治療師や妖術師を違法とし、ＥＳＰ研究は取り締まりの目を逃れてこっそりおこなわれるようになった。

マルクス主義のドクトリンでは、宗教のような神秘主義は大衆にとってのアヘンのようなものと見なされた。その一方で、科学技術は生産力の象徴だった。ＥＳＰ研究でアメリカを追い抜こうと決意したソ連のＲ・Ｊ・マリノフスキー国防相は、一九六三年のクレムリン法令でテレパシーは科学技術に基づいていると言明し、レニングラード大学に生体伝達現象特別研究所の創設を命じた。所長にはワシリエフが就任した。ペンタゴンのアナリストによれば、研究所の目標は「テレパシー通信を科学的に実証」し、「テレパシーを生み出す脳内エネルギーの性質を特定する」ことだった。ワシリエフは、「テレパシー通信の可能性を研究し、活用するため」にモスクワのベクテレフ脳研究所と提携した。ペンタゴンは、ソ連が秘密兵器として脳に目を向けていることに注目した。「テレパシー通信を可能にするエネルギーを突きとめれば、原子力エネルギーの発見に匹敵する大発見になるだろう」。ワシリエフは、そう高らかに宣言した。機密解除された文書によれば、ロシア人科学者が一九六三年に立てた有力な仮説は、「テレパシーの誘導要因は、サイバネティック・システム内の情報の断片とともに発せられる」というものだった。

　きわめて科学的に聞こえる仮説だが、そこが肝心なところだった。クレムリン法令からもわかるように、ソ連のＥＳＰに関する専門用語は、過去のオカルトとのつながりを断ち切るために技術的な響きのあるものに書き換えられていた。テレパシーは、「長距離生体信号伝送」に、サイコキネシス（ＰＫ）は「人体から発せられる非電離、特に電磁放射線」に変わった。あげくの果てに、生体伝達《バイオコミュニケ》現象《ーション》の説明に「サイコトロニック〔意識工学〕兵器」ということばが登場すると、アメリカの情報アナリストは途方に暮れた。サイコトロニック兵器は、ソ連の科学誌に「非生物源から高貫通放出物を発生する」電磁兵器と記載されていたからだ。

当初、ソ連の超能力研究はふたつの別個の分野に分かれているように見えた。ひとつは従来のESPとPK研究、もうひとつは最先端技術に基づいた急進的な新種の兵器の開発だ。二〇一一年になってようやく、このふたつがもとはひとつに組み合わさっていた理由が明らかになった。この研究は、第二次世界大戦終結時にソ連が入手したナチスのアーネンエルベの文書から生まれたのだ。「最初のプログラムもふたつ目のプログラムも、公開されている部分と、機密扱いの部分があった」と、シュトゥットガルト大学の先進ロボット工学・環境科学研究センター「サイバートロニカ・リサーチ」の所長、ゼルシュ・ケルンバッハ教授は説明する。どちらのプログラムも、「NS（国家社会主義）政権下で盛んに研究されたマイクロ波放射の精神生理学的影響」に関するアーネンエルベの研究から派生していた。ソ連の研究所では、もしESPと長距離テレパシー通信が科学的事実だと証明されたら、「人間の増強された知覚および認知」に分類することになっていた。人間の知覚と認知を低下させるか破壊する電磁兵器は、有用な対抗策になる。それを実現するために、マリノフスキー国防相は共産党中央委員会のP・N・デミチェフ書記に「超常的な人間能力と生物学的放射線の調査」特別委員会の設置を命じた。そして一九六二年、ソ連の致死的な電磁兵器のひとつが実用化され、戦場に投入された。標的は、モスクワのアメリカ大使館だった。

一九六二年、モスクワのアメリカ大使館の安全点検でアメリカ軍の技師が盗聴器を探索中、奇妙な電磁信号を感知した。アメリカの科学者は最初、新しい盗聴手段ではないかと分析した。しかし捜査が進むうちに、ソ連が主に大使館の中央棟上階に向けて、大幅に変動する不規則なパターンのマイクロ波ビームを複数の周波数で照射していることが判明した。中央棟上階には、大使と諜報当局幹部の執務室がある。CIAには、ソ連が大使館職員の行動に支障をきたす電磁波を開発している、と信じるだけの理由があった。

マイクロ波ビームは、大使館から約一〇〇メートル西のチャイコフスキー通りの向かいにある建物の一〇階の一室から、大使館西側、特に三階から八階にもっとも強く照射されていた。信号（電力密度二・五ギガヘルツから四・〇ギガヘルツと断定された）は、MUTS（モスクワ未確認テクニカル・シグナル）という暗号名があたえられた。照射は一九五六年から続いていたと思われた。ペンタゴンは対策を講じるために、高等研究計画局（ARPA）にモスクワ・シグナルの影響を再現する秘密プログラムを立ち上げるよう命じた。

公開された機密文書によれば、監督を任されたのはジョン・ホプキンス大学応用物理研究所の科学者たちだった。彼らはウォルター・リード陸軍研究所フォレスト・グレン別館に精巧な施設を作り、そのなかの無響室（電磁波と音波の反射を完全に吸収するように設計された残響のない部屋）で、サルにモスクワ・シグナルと同じ電力密度のマイクロ波ビームを照射した。〈パンドラ計画〉と呼ばれるこのプロジェクトを指揮したのは、ARPAのリチャード・S・セサロだった。サルにシグナルを照射して数カ月もたたないうちに、彼はシグナルの有害性を確信するようになり、霊長類の脳をはじめ内臓器官に悪影響をあたえると結論づけた。「わたしたちは実験で新しいことをいくつかやってみた。私の考えでは、マイクロ波で脳の内部に入りこめることはまちがいない」と、のちに述べている。後年になって、マイクロ波ビームはアルツハイマー病を引き起こすことが判明した。

　モスクワのアメリカ大使館職員には、謎めいた電磁ビームのことはいっさい伝えられなかった。代わりに、国務省が〈細胞発生テスト・プログラム〉――暗号名「モスクワ・ヴァイラル・スタディ」――という機密プロジェクトを開始し、ひそかに彼らの遺伝子検査をおこなった。担当医師はセシル・ジェイコブソンだ。国務省はモスクワ・シグナルに晒《さら》された職員の血液サンプルを集めて、白血球の染色体損傷を分析できる対照群〔対照実験で実験処理をおこなわないグループ〕を作ろうとしたのだ。職員には、モスクワではやっているありふれたウイルス感染のテストをしている、とだけ告げられた。民間人の高官たちが〈モスクワ・ヴァイラル・スタディ〉のブリーフィングを受けたのは、それから二年もたってからだ。高官たちが職員への秘密の検査に深刻な懸念を表明すると、プロジェクトは打ち切られた。

　国務省は、最善の対応策として一〇階建ての大使館の建物を巨大なファラデー・ケージに変えることを勧められた。機密解除された一九六五年四月三日の覚書で、ある顧問が「適切な銅の遮蔽物《しゃへいぶつ》を選んで、窓の開口部すべてを覆う」ことを提案している。

　国防科学者のあいだでは、「分別のなさや違法行為への非難が飛び交い、激しい議論が勃発した。モスクワ・シグナルを無害だと主張する一派のリーダー格は、海軍最高位の科学者のひとり、サミュエル・ゴズロフだった。「実際の物理的な影響は見られないが、（この場合、高学歴の献身的な人々の集団が）精神的ショックを受けたのは残念であり、驚いた」。ゴズロフは、のちに応用物理研究所の元職員ダイジェストにそう書いた。

一方、ＡＲＰＡのリチャード・セサロを中心とする一派は猛然と異議を唱えた。セサロは、電磁ビームが人間の神経系を貫通できるという証拠に基づいて、これがどのような兵器なのか、「ソ連が電磁波の人間への非熱的影響と使用に関する特別な情報を持っているか」を調べる必要がある、と主張した。

一九六九年、ペンタゴンはＡＲＰＡの〈パンドラ計画〉をひそかに拡大し、対象に「人間」を含めた。こうして、暗号名〈ビッグ・ボーイ〉と〈プロジェクト・ビザール〉という極秘研究のもとで、フィラデルフィアの海軍造船所に駐留する水兵たちにひそかにマイクロ波ビームが照射されはじめた。この実験は、七年間秘密のままにされる。

米ソのＥＳＰ戦争のエスカレートにより、電磁兵器は一九六〇年代を通じてアメリカ大使館の職員と海軍水兵に致死的な影響を及ぼし続けた。同時期、ソ連のＰＫ研究も活発になり、ペンタゴンとＣＩＡの注目を集めた。もっとも注意を引いたのは、ニーナ・クラギーナという四四歳の美しいロシア人女性だった。伝えられるところによれば、彼女は精神力で物を動かすことができた。

クラギーナは一九二六年にレニングラード〔現サンクトペテルブルク〕で生まれた。両親は、ロシア共産党の創設者でボルシェヴィキ革命のリーダー、ウラジーミル・レーニンにちなんだ名前をつけた。ニネリ(Ninel)という当時もっとも人気のあった女の子の名前は、レーニン(Lenin)の綴《つづ》りを逆にしたものだった(欧米では、彼女の名前はまちがって〝ニーナ〟と紹介され、そのまま定着した)。クラギーナは、第二次世界大戦中に祖国のために兵士として最前線で戦った戦争の英雄だ。ナチスがレニングラードに侵攻する前年、わずか一四歳ながら父と兄姉とともに赤軍の戦車部隊に加わったのだ。そのときの通信士としての活躍を認められ、ミリタリー・メリット勲章を授与された。一九四六年に除隊すると、海軍技師と結婚した。サイエンス・ニュース誌に語った話によれば、PKは昔から持っていて、最初に現れたのは子供のころだった。怒りを覚えると、周囲の物が自然に動いたという。

一九六〇年代半ば、クラギーナの不思議な力が〈サイエンス・フィルムズ〉というレニングラード・スタジオズ制作の国営テレビ番組で取り上げられた。彼女はガラスの水槽に密閉された金属製の塩入れやマッチ棒、葉巻の入った缶などをPKで動かしてみせた。これを見たアメリカの懐疑論者は、ペテンに決まっていると声高《こわだか》に批判した。しかし、機密解除された文書によれば、CIAとペンタゴンは確信が持てなかった。というのも、一九七〇年三月一〇日にレニングラードのウフトムスキー軍人養成大学の研究所で実施された極秘実験の映像があったからだ。そのなかで、クラギーナは精神力でカエルの心臓を止めていた。アナリストは、この説明としてふたつの可能性をあげた。ひとつは、これはトリックか不正であり、ソ連がアメリカにクラギーナが本当に驚異的な力を発揮したと思わせる偽情報作戦の一部である。もうひとつは、彼女に本当にPKがあるというものだった。真偽のほどはわからないが、確かなのは、この映像がアメリカの国防コミュニティを大混乱に陥れたことだ。

映像では、クラギーナの隣には実験の責任者であるソ連の軍医ゲナーディ・セルゲーエフが坐っていた。二〇分ほど心の準備をしたあと、クラギーナは実験開始の用意ができたと伝えた。技術者が彼女の前のテーブルに陶器の広口瓶を置いた。なかには、小さな塊《かたまり》――カエルの心臓――が入っていて、まだ動いていた。カエルの体内から摘出されたあと、小動物の心臓の拍動を約一時間維持できるリンガー液に漬けられたのだ。心臓は細いワイヤーと電極で心電図につながれ、科学者が一分あたりの心拍数を観察できるようになっていた。同様に、クラギーナの生理機能も監視されていた。セルゲーエフが実験開始を指示した。クラギーナは両手を目の前のテーブルに置き、カエルの心臓の拍動が止まるように「念じ」はじめた。機密解除された文書によれば、クラギーナの心拍数は二四〇まで上がり、血圧も上昇して、「目の生物的な発光が強くなった」という。

「最初の実験では、〝心臓が止まる〟よう念じはじめてから約七分後に、心電図(EKG)がカエルの心臓の拍動が止まったことを示した」とペンタゴンのアナリストは書いている。結果が記録されたあと、今度は心臓がまた動きはじめるよう念じ、拍動を「再開させた」。続いて、二回目の実験がおこなわれた。「二度目の実験では、金属製容器に入れた別の心臓が使われ、二二分後に拍動が止まった」。どちらの実験でも、「クラギーナは〝標的《ターゲット》〟の心臓から一・五メートル離れていた」

その後、別の実験がはじまった。クラギーナは、別のEKG検査機につながれた「懐疑論者の心拍数を上げようとした」。「はじまってから一分もしないうちに、突然両人(クラギーナと懐疑論者の医

受勲歴のある第二次世界大戦の英雄ニーナ・クラギーナはソ連のもっとも有名な超能力者だった。1970年、彼女はPKでカエルの心臓を止めたと言われ、アメリカの諜報コミュニティを警戒させた
Public domain

師）に変化が起きた。五分後、セルゲーエフが医師の心拍数が危険なレベルに達していると判断し、実験は打ち切られた」。映像を信じないペンタゴンのアナリストは、これはソ連が偽情報拡大作戦をしているというもうひとつの証拠であり、懐疑論者の医師の登場は、言ってみれば蛇足《だそく》だったと主張した。ほかの者たちは、確信が持てなかった。「これはもっとも重要なＰＫテストかもしれず、もし真実なら、その軍事的用途はきわめて重要だ」。アメリカ陸軍医学情報局のある当局者は、そう警告を発した。

　ペンタゴンは、「ソヴィエトの心霊エネルギーの脅威」を共同で情報分析するよう求めた。「ソヴィエトの心霊エネルギーの脅威」とは、ソ連の超常現象《パラノーマル》研究と電磁兵器プログラムに関連するすべてを指すペンタゴンの用語だ。脅威の分析を担当したのは、アメリカ陸軍軍医総監室の医学情報局だ。この部署はベトナム戦争中、創設されたばかりの国防情報局――医学情報から伝染病まで他国のいっさいを評価する部署――の管轄下に移されたが、一九七〇年に軍医総監室に戻された。海外軍事医学のバイオテクノロジーの評価を担当し、ソ連の心霊エネルギーの脅威もこれに含まれた。

評価期間は二年に及び、一九七二年に提出された一七四ページの機密報告書「制御された攻撃行為――ソ連」にまとめられた。作成者のジョン・ラモット大尉は次のように記している。「これは、ソ連が研究する人間の行動に影響をあたえる革命的な方法を審査および評価したものである。アメリカまたは同盟国の人員を守る対抗策を作るために作成された」。これにより、ソ連が精神薬理学(薬物)、サブリミナル・メッセージ、電磁兵器などのテクニックを使って「巧妙かつ同定不可能なやり方で人間の行動を支配または操作する方法を急ピッチで開発している」ことが明らかになった。ESPとPK研究に関しては、「共産主義国家の諸機関、軍、KGBが超心理学《パラサイコロジー》に尋常ではない興味を示しており、「超能力《サイ》研究に軍が関与していることが確認された」

ラモットは、これを国家の存続にかかわる四つの脅威カテゴリーに分けた。超常現象《パラノーマル》を起こす心霊エネルギー能力を持つソ連の工作員は、以下を遂行すると仮定できる。(1)「離れた場所から、宇宙船を含むあらゆる種類のアメリカ軍の装備を機能停止にする」。(2)「アメリカの軍と民間の主要なリーダー隊と艦船の動き、軍事施設の位置と構成を把握する」。(3)「アメリカの極秘文書、軍の部の思考を遠隔操作する」。(4)「アメリカ当局者を遠距離から即死させる」。要するに、標的を絞ってESPとPKを使用すれば、軍事技術を破壊し、国家機密を手に入れるだけでなく、国家リーダーの行動に影響を及ぼし、暗殺もできるというわけだ。ラモットは、これらの脅威に重点的に取り組むよう軍と諜報機関に促した。

さらに、科学者と専門家のことばを引用して、ソ連が研究中の超能力兵器と酷似したプログラムをただちに立ち上げる必要がある、と勧告した。ＣＩＡの作戦指揮者として知られた戦略諜報局（ＯＳＳ）元将校、オリヴァー・Ｊ・コールドウェルは、「ゆゆしき事態だ。この新しいフロンティアを本格的に開拓しなければ、一〇年後には手遅れになるかもしれない」と、深刻な懸念を表明した。ラモットが「著名な占星術師にして作家」と認定したシビル・リークも、「今後一〇年以内に、ソ連は体外離脱したスパイを使って、われわれの極秘情報を盗めるようになるだろう」と警鐘を鳴らした。〝イギリスでもっとも有名な魔女〟の異名を取るリークは、ＣＩＡに魔術とスーパーナチュラルについて助言をあたえていた。ラモットの報告書は今後さらに調査が必要な問題を浮き彫りにしたが、物議を醸《かも》す内容から、限られた関係者にしか配布されなかった。内情に通じている者たちは、ラモットの情報源はＥＳＰ研究計画の支持者だと考えた。

この機密報告書は軍と諜報コミュニティで回覧された。まっさきに行動を起こしたのは、ペンタゴンではなくＣＩＡだった。もしソ連が超能力とサイコトロニック研究にこれほど力を入れているなら、アメリカはその一歩先を行き、鉄のカーテンの向こう側にメッセージを送り返す必要があった。これが冷戦というものだった。常に敵を出し抜き、より多くの知識とすぐれた兵器技術をそなえる競争だ。ゴングは鳴った。ソ連との超能力兵器競争の幕が開いた。

第二部

CIAの時代

チェス盤は世界と同じだ。
駒は宇宙の現象で、ゲームのルールは自然の法則だ。
向かいに坐る対戦相手は、われわれの目に見えない。

トーマス・ハクスリー

第六章
ユリ・ゲラーの謎

一九七〇年夏、テルアヴィヴのツァハラという町にあるモシェ・ダヤン・イスラエル国防大臣の自宅で、二六歳のイスラエル軍落下傘部隊元隊員、ユリ・ゲラーが地図の上に覆いかぶさるように坐っていた。黒い眼帯がトレードマークのダヤンは、東エルサレムを占拠した一九六七年の六日間戦争〔第三次中東戦争〕を指揮した世界的に有名な将軍だ。一方、少年のような整った顔立ちと絶大なカリスマ性を持つゲラーは、イスラエルでもっとも有名な超能力者《サイキック》だった。彼はやがて、世界一有名なサイキックとして名を轟《とどろ》かせる。

ダヤンにはひそかな道楽があり、イスラエルとシナイ半島各地で、許可や科学的監督を受けずに考古学上の貴重品を発掘していた。のちに本人が回顧録で説明したところによれば、車で田舎を回って盗掘できる古代の住居跡がありそうな場所を探したという。「工事や開墾《かいこん》のためにブルドーザーで地面をならしているところは、古代集落の遺跡がよく見つかった」と、書いている。そうでないときは、朝早く目覚めたあとに、目標の場所が「ビジョン」として現れた。「私は迷信深い人間ではないし、予知夢も信じない。夢に出てきたのは、たぶんその週に通りかかった古代集落なのだろう」。この直感に従って目的地に行き、地面を隅々まで探しては、見つけたカナンやペリシテの遺物を持ち帰った。土や汚れをとってきれいにし、ときには割れたかけらを糊《のり》でつなぎ合わせて、自宅に飾った。盗掘は危険な趣味でもあった。一九六八年にアズールの洞窟を略奪したときは、山崩れで大怪我を負い、三週間も入院する羽目になった。

ダヤンの自宅の庭には、願いを叶《かな》えてくれる井戸、入口の間、コーニス〔天井と壁との出合い部に作られる水平な細長い突出部〕、円柱など古代の巨大な石の加工品がところ狭しと置かれていた。書斎のなかには、小像、エグロン王の時代に遡る護符のタリスマン、旧約聖書の士師記などの小さな財宝が陳列されていた。博物館級のコレクションが並ぶこの部屋で、ゲラーはマップ・ダウジングという方法で、ダヤンが埋もれた財宝を見つけるのを手伝うために「能力」を使った。「地図の上に何時間もかがみこんだよ。モシェ・ダヤンは古代の埋蔵物や考古学上の掘り出し物を違法に手に入れるために、私の能力を利用したんだ。当時の私は、まだ若くてうぶだった。あのモシェ・ダヤンの自宅で彼と話してるんだ、とすっかり舞い上がってしまったんだ」。二〇一六年に、彼はそう思い起こした。

ダウジングとは、占い棒《ダウジング・ロッド》を使って地下の水脈や鉱脈、埋蔵物を見つける能力だ。たいていはふた股《また》になった木の枝を用いるが、振り子や手を使うこともある。ダウジングほど現代の懐疑論者を憤慨させる占いはない。サイエンス・ライターのマーティン・ガードナーは自著『奇妙な論理』で、この方法は一七〇一年に悪魔の力が働いていると宗教裁判で断罪されたが、啓蒙時代だったはずの一八世紀末に「ごく当たり前の立派な習慣」になったと指摘している。アメリカ地質調査所が「占い棒を用いた地下水脈探査はまったく信用できない」と言明したのは、一九一七年になってからだ。

「非常に有名な占い師のなかには、読み書きができず、自分の奇妙な能力に当惑するあまり、なぜそんなことができるのかまるで説明できない人もいる」と、ガードナーは皮肉っている。さらに、ダウジングは疑似科学で、あらゆる面において疑わしい、と言い切った。「無害で金のかからない迷信とはほど遠く、数えきれないほどの棒占い師《ダウザー》が世界中で営業し、謝礼をたっぷり受け取っている」。科学を信じる者にとっては、容認できないとともに、不正なことでもあった。ゲラーもはじめこそ無料でマップ・ダウジングをしていたが、最終的には法外な料金を要求するようになる。一九八六年にロンドンのフィナンシャル・タイムズ紙が報じたところでは、彼のマップ・ダウジング料は一件につき一〇〇万ポンドもするという。

もっとも一般的なダウジングは、いわゆる魔法の杖《つえ》のインスピレーションの源とされる、占い棒というふた股になった木の枝を使う。北アフリカやペルーで見つかった紀元前六〇〇〇年の先史時代の洞窟壁画にも、占い棒を持った男たちが描かれている。エジプト人、スキタイ人、ペルシア人は、地図の上で振り子を使う方法も用いた。中世ドイツでは、探鉱者が金や銀鉱山で鉱床を探すために使った。一六世紀になるとドイツの鉱山業者がイギリスに招かれ、そのときダウジングの習慣も一緒に持ちこんだ。アメリカでは、一九世紀末に入植者や農夫が地下水を見つけて井戸を掘る手段として一般的になった。

アメリカ軍の戦闘でダウジング活用が初めて確認されたのは、ベトナム戦争中だった。一九六七年冬に、海兵隊がベトコン（南ベトナム解放民族戦線）の築いたトンネル・システムを見つけるために占い棒を使った。このときダウジングの訓練を施したのが、ルイス・J・マタシアという元陸軍の地形測量官で、長年のダウザーだった。この機密プロジェクトは、一九六七年三月にアメリカ政府がベトナム駐留部隊向けに刊行する雑誌オブザーバーの記事で、簡潔に公表された。「黒魔術の影――海兵隊がベトコン（VC）のトンネル探しに占い作戦」という見出しで、「乾燥地域で水脈を探す昔ながらの方法の占い棒が、ベトナムで軍事利用された」と報じられている。

記事によれば、当初は「マタシアの針金の舵」に疑問を抱く海兵隊員が多かったが、「実際にベトコンのトンネルがいくつか見つかる」と評価が変わったという。ドン・R・スタイナー一等兵は、こう説明している。「片手にひとつずつ占い棒を地面と水平に持ち、進行方向に向ける。二本の針金を持ったまま移動すると、構造物が隠れている近くにきたとき、針金がその方向に動くんだ」。哨戒《しょうかい》中、あるベトナム人の小屋の前を通りすぎたときに、彼の占い棒が別々の方向に向かって広がった。「小屋のなかを調べると、占い棒が反応した道の真下に家族用の掩蔽壕《えんぺいごう》に続くトンネルが見つかった」という。記事の執筆者はこの仕組みを説明できる者を見つけられず、棒の動きはその効果を信じるかどうかにある程度左右されると推測し、次のように書いている。「原子力装置が発明された現代でも、信じる心があれば、まだ昔ながらの方法が役立つようだ」

二〇一六年に本書執筆のために八五歳のマタシアにインタビューしたとき、彼はこう説明した。

「私の考えによれば、ダウジングは人間による諜報活動だ。なぜ機能するのか誰にもわからない。わかっているのは、さまざまな状況で機能するが、いつも当たるとはかぎらないということだけだ」。(マタシアは、ノースカロライナ州のキャンプ・レジューンで対ゲリラ戦コマンドの海兵隊員にダウジング・テクニックを教えたときの写真を見せてくれた。このときも、オブザーバーの記事に書かれたように、コート・ハンガーを占い棒にして、仕掛け爆弾、鋭い竹槍が突き出た落とし穴、地下兵器庫を探した)。その後、ヴァージニア州のクワンティコ海兵隊基地へ赴き、特殊作戦機関とＡＲＰＡの指揮官にダウジング・テクニックを実演した。基地には、技師が作ったベトナムの村のレプリカがあった。地下トンネルや罠のほか、水路や橋も建設され、二〇ある構造物のいくつかには吊り天井や二重壁がそなわっていた。この模擬環境で、マタシアは占い棒を使ってどのようにトンネルや罠、武器庫などを見つけるかを実際にやってみせた。このスキルは「偏見を持たない海兵隊員なら、誰にでも教えることができた」。

しかし指揮官たちは懐疑的だったという。公開された機密文書を見ると、海兵隊はダウジング・テクニックのプログラムを採用しなかった。そこにはこう書かれている。「ドクトリンの策定には、効果を引き起こす原因が結果と同じくらい重要である。平均的な海兵隊員が、そのテクニックを個人の信念、信頼度、潜在意識の発達を問わず利用できることが明確に証明できれば、この件を再検討する」。科学技術が発達した時代、海兵隊は科学的方法に基づいた技術以外は受け入れようとしなかったのだ。

ユリ・ゲラーを使ったイスラエルのモシェ・ダヤンのマップ・ダウジングは、一九七一年に終わりを告げた。二〇人のイスラエル人考古学者が、国防大臣の「法的に問題のある趣味」の中止を訴える請願書を提出したのだ。一九七八年に出版した回顧録で、ダヤンは違法に入手したコレクションに言及し、「聖地の考古学」を使えば「おなじみの聖書の物語を新しい観点から再解釈できる」と論じた。マップ・ダウザーとしてユリ・ゲラーを使ったことには触れていない。一九七一年のゲラーは、ほかにやるべきことがありすぎて多忙な日々を送っていた。超感覚的知覚（ESP）とサイコキネシス（PK）の謎めいた力で観客を虜にし、イスラエルでもっとも人気のあるエンターテイナーへの道を駆け上がっていたからだ。無名のイスラエル市民から、欧米でもっとも注目されるエンターテイナーのひとりへと、彼の人生は大きな転機を迎えようとしていた。その力の真偽をめぐって沸き起こる激しい論争の数々は、やがて鏡の迷宮と化していく。

ユリ・ゲラーは、一九四六年一二月にイスラエルで生まれた。彼の人生は、戦争の影響を色濃く受けている。ユダヤ人の両親はハンガリーのブダペストに住んでいたが、一九三〇年代末にナチスの迫害を逃れ、イギリス委任統治領パレスチナに居を定めた。ゲラーが生まれた一九四六年は、独立を求めるユダヤ人組織の武力闘争が活発化し、狙撃手の発砲や市街戦が日常的に起きていた。母親のマンジー・フロイトは、一九八七年にBBC放送のインタビューで、一家が住むテルアヴィヴのアパートの外壁は銃弾の穴だらけであばたのようだった、と語っている。あるときなど、息子が眠っている寝室にも流れ弾が飛んできた。弾はゲラーの身体をわずかに外れて、すぐそばの壁に突き刺さったという。

母親はさらにこう続けた。ゲラーの不思議な力の兆候が見えたのは、時計をめぐる一連の出来事だった。生まれて初めて身につけた腕時計は七歳のときに父親から贈られたものだったが、ゲラー少年が腕に巻いてから数時間もすると動かなくなった。代わりにもらったふたつ目の時計も、彼がつけると壊れてしまったという。

一家は貧しく生活は苦難の連続だったと、ゲラーは振り返る。母親は裁縫師として懸命に働いて一家を支えた。父親は職業軍人で浮気が絶えなかった。「夫の不実は母をひどく打ちのめした」という。一〇歳のときに両親は離婚し、彼はキブツ〔イスラエルの農業を中心とした生活共同体〕へ送られた。まったく知らない新しい環境になじむことができず、孤独な日々を送っていた。そのあいだ、腕時計を止める能力は消えてしまった。

一九五七年、母がラディスラス・ゲロという男と再婚し、一家は地中海のキプロス島に引っ越した。ゲロが島の首都ニコシアで小さなホテルを経営することになったのだ。キプロスも、イスラエルと同じように暴力がはびこる土地だった。トルコ系とギリシャ系とのあいだだけでなく、占領者のイギリス人との争いもあった。ニコシアのカトリック系寄宿学校へ送られると、ゲラーの不思議な能力が戻ってきた。「彼は、フォークを曲げるといった驚異的な技で友人たちの度肝を抜いた」と、元教師のジュリー・アルグロティスは、一九七五年にイギリスの新聞に語っている。

学校のない週末と休日は、継父が経営するヘラ通り一九番地のホテルの屋根裏部屋で過ごした。当時のホテルの宿泊客のひとりに、ヨアブ・シャハムというイスラエルの穀物商人がいた。強面《こわもて》でたくましい体格で、毎日午後になるときまってホテルの庭で武術の練習をしていた。一四歳になったゲラーは、シャハムとその戦士のような外見に好奇心をそそられた。なんとか自分を印象づけようと、金属のスプーンと鍵を曲げられると話しかけ、実際にやってみせた。感動したシャハムは、お返しに武術を教えてくれた。ふたりのあいだに絆が芽生え、日増しに深くなっていった。ある日、ゲラーは彼にあることを明かした。「ぼくはあなたの心が読めるんだ。あなたがイスラエルのスパイだと知ってるよ」

ゲラーの記憶によれば、シャハムは驚きのあまりことばを失ったという。わずか一四歳の少年に偽装を見破られたのだから無理もない。このことは誰にも漏《も》らさない、とゲラーは誓った。打ち明けたのは、大人になったらイスラエルの諜報機関モサドのスパイになるのが夢だからだ、と。するとシャハムは課題をあたえた。「彼は私にこう告げた。成人したらイスラエル軍の落下傘部隊に入隊すること。任務に精いっぱいはげむこと。自分のなかでできるかぎり最高の兵士になって、士官養成学校に入ること。そこまでやり遂げたら、彼を探すようにと」。そうすれば「モサドに入れてあげよう、と彼は言った」。この約束により、ゲラーのなかに生まれて初めて目的意識が芽生えた。

彼は一念発起した。いつかきっとモサドで働こう。約束を果たそうと固く決意し、シャハムに言われたことを忠実に実行した。一八歳になるとイスラエルに戻り、落下傘部隊に志願したのだ。一九六五年、彼はイスラエル軍の兵士になった。兵器訓練をやり抜いて、航空機から飛び出す術を学び、一一カ月後には士官養成学校へ入学を許可された。しかし、一九六六年一一月の第二週、夢は無残に打ち砕かれた。ある全国紙が、ヨアブ・シャハム少佐がヨルダン国境の町で起きた小競《こぜ》り合いで戦死したと報じたのだ。「悲しくてたまらなかった」とゲラーは振り返る。悲しみはやがて絶望に変わった。「すっかり落ちこんで覇気《はき》がなくなり、駐屯地で夜警中に眠りこんでしまったんだ。脇腹を蹴り上げられて目が覚めた」。将校たるもの、当番中に居眠りするとは何事だ、と厳しく叱責《しっせき》された。「士官に向いていないから退学だ、と言われたよ」。モサドで政府の秘密任務に就くチャンスは、友人の死とともに消えてしまった――あるいは、そのように思われた。

ゲラーは落下傘部隊に戻った。この先どうしてよいかわからず、そんな自分が恥ずかしく、途方に暮れた。一九六七年六月六日、彼の所属部隊は六日間戦争の戦闘のため、エルサレム北方のラマラに送られた。「そこでヨルダン版パットン戦車部隊の猛攻撃を受けた」と、ゲラーは回想する。身を守るため、部隊は墓地に退避した。上空では味方の爆撃機が敵を襲撃し、そこらじゅうで迫撃砲が発射され、爆弾が炸裂《さくれつ》していた。中隊長のエフード・シャニ大尉は即死、当時の親友だったアブラム・ステッドラーは片足を吹き飛ばされ、ゲラーの目の前で出血多量で息を引き取った。そのとき突然、岩のうしろからヨルダン兵が姿を現し、ゲラーに銃を向けた。「私は自分のウージを構えた。やつが私の目をまっすぐに見た。私もやつの目をじっと見つめた」。先に引き金を引いたのはゲラーだった。男は死んだ。

たった今起きたことがすぐには理解できず、呆然と立ち尽くした。彼は男をひとり殺した。自分と同じくらいの年齢の敵の兵士、自分を殺してもおかしくなかった男を。そのせいで、ほんのつかの間、周囲の状況に気が回らず、迫撃砲が飛来する音が聞こえなかった。爆発が起こり、ゲラーは衝撃で気を失った。目が覚めたときは、エルサレムのハダサー病院にいた。砲弾の破片で負傷し、肘《ひじ》の骨が砕けていた。

手術を受けたあと、回復のためにリハビリテーション・センターへ送られた。怪我のせいですぐに部隊に復帰できず、国営のサマー・キャンプで十代の子供たちの監督役を任された。キャンプの子供たちを楽しませるために、ゲラーはテレパシーをやってみせた。そのときの子供のなかに、彼の能力にすっかり魅せられたシムション〝シピ〟・シュトラングという一三歳の少年がいた。「もうずいぶん前のことだけど、ユリがしたことには本当に驚いた」と、シュトラングは二〇一六年に述懐した。「あんなすごいものは見たことがなかったよ」。ほかのトリックもできるかと尋ねると、ゲラーはトリックなんかじゃないと答えた。この力は本物なんだ、と。そして金属のスプーンの曲げ方を説明した。細い部分に二本の指をあて、「曲がれ、曲がれ、曲がれ」と強く念じればよい。童話に出てくる魔法使いの呪文のように。

翌年、ゲラーはシピの通う中学校で、初めて有料で公の場で力を披露した。噂は瞬《また》く間に広まった。すぐに、プライベートなディナー・パーティーで金を取って実演するようになった。その次は、小さなナイト・クラブと出演契約を結んだ。魅力的な人柄と驚異的な能力に観客は夢中になり、ほどなくしてテルアヴィヴの住宅地にある三〇〇席の大劇場のチケットが完売するまでになった。大金を稼ぐようになったゲラーは、母親に当時最先端のグルンディッヒ〔ドイツの家電メーカー〕のテレビを購入した。新聞も彼に注目しはじめた。ユリ・ゲラーとは何者なんだ？　インタビュー依頼が次々と舞いこみ、ゲラーはそのたびに、自分はマジシャンではない、この力は本物なのだと力説した。フーディーニは奇術師であり、拘束衣、手錠《てじょう》、鎖から脱け出す脱出マジックの名人だった。ハリー・ブラックストーン・ジュニアというマジシャンは、女性を電動のこぎりで切断する奇術を有名にした。しかし、自分がしているのは手先を使ったトリックではない。なぜこのような力がそなわったのかわからない、自分でもそのことについてよく考える、と。何度取材を受けても、彼の主張は揺るがなかった。力は本物だと言い続けた。

一九六九年末か一九七〇年初めのある日、法学者のアムノン・ルービンシュタインがユリ・ゲラーの噂を耳にした。当時ルービンシュタインはテレビで〈ブーメラン〉という人気トーク番組のホストをしており、「ちょうどサイキックをテーマにした収録を終えたばかりだった」と、二〇一六年にテルアヴィヴでのインタビューで本人が説明した。「私はサイキック全般を胡散臭いと思っていた。だから、番組もそれを前提に撮影された。そこへ妻から、ゲラーがパフォーマンスをするパーティーに招待されたから行ってみようと誘われたんだ。会場へ向かう途中、妻に言ったよ。自分は一〇〇パーセント理性的な人間だ、こんなものは信じない、とね」。パーティー会場でルービンシュタインがゲストたちと一緒に立っていると、カリスマ的な魅力をふりまきながらゲラーが近づいてきた。「彼は私の目をまっすぐに見て、自信たっぷりにこう言った。〝一から一〇万までの数をひとつ選んで。どの数字でもいいですよ〟。私はひとつ選び、その数字を声に出して言った。ゲラーは握っていた自分の手のひらを開いた。そこには、黒いインクではっきりと数字が書かれていた――私の心に浮かんだ数字が」

イスラエル憲法の父として知られるルービンシュタインは、驚きのあまりことばが出なかったと、振り返る。「ユリは、他人の思考に影響をあたえる特別な力があった」。それでも、奇跡的な幸運だったのかもしれない、という考えを拭《ぬぐ》えなかった。そこでパーティーで会ったあと、ゲラーを自宅に招いてテストすることにした。そのテストは、のちに幾度となく繰り返されることになる。「ゲラーは前もって一枚の紙に何かを書いて、それをわたしたちに見えないように隠した。それから私や妻、子供たちに、なんでも好きなことを書くように告げた。頭に浮かんだどんな数字、名前、首都でもいい、と。そしてほぼ例外なく当ててみせた」。「どうやってか知らないが、彼はわたしたちの頭のなかに考えを植えつけることができたんだ。私にとって、これはスプーンを曲げるよりはるかに重大な意味があった。わたしたちが住む合理的な世界の多くの基盤が、このたったひとつの事実によって揺らいでしまうんだからね」。ゲラーの批判者については、こう言った。「もちろん、彼を批判する者は大勢いる。でも、私はそのひとりじゃない。ユリ・ゲラーの力が本物かどうかなんて議論をする気はない」

ゲラーに関心を持つイスラエルの著名人はルービンシュタインだけではなかった。イスラエル中のさまざまな新聞が、政府の最高幹部に彼のファンがいる、と報じはじめた。日刊紙ハアレツは、ゲラーが軍諜報部門の責任者アーロン・ヤリフとひそかに会ったことを伝えた。また、ヘブライ語日刊紙マーリヴは、彼がモサドの元長官メイヤー・アミットのためにスプーンを曲げ、アリエル・シャロン将軍と式典で話すところを写真に撮られたと報じた。一九七〇年夏には、イスラエルのモシェ・ダヤン国防大臣とツァハラのホワイト・エレファント・レストランで昼食を取るのを目撃されている。この昼食がきっかけとなり、ダヤンはゲラーを自宅に招待し、彼の前に地図を置いて埋もれた遺跡を見つけるよう頼んだのだった。

注目が高まるにつれて、ゲラーの人気も上昇した。しかし、彼の名前を国際的に知らしめたのは、なんと言っても一九七〇年秋に起きたあの出来事だろう。そのとき、ゲラーはテルアヴィヴのツァヴダ劇場でテレパシーを実演していたが、急に具合が悪くなり、立っていられなくなった。「どなたか医者はいませんか?」。ゲラーは観客に呼びかけた。ひとりの男が進み出て、彼の体温や脈拍を調べた。驚いたことに、脈が一分間に一六〇回から一七〇回も打っていた。ゲラーはパフォーマンスを中断したことを観客に詫《わ》びた。それから、きっぱりとこう発表した。突然具合が悪くなったのは、歴史的なことが起ころうとしているか、起きたところだからだ。当時のイスラエルの不倶戴天《ふぐたいてん》の敵、ガマル・アブダル・ナセル・エジプト大統領が「たった今死んだか、もうじき死ぬ」。

客席にいたルース・ヘファーというジャーナリストは、外へ駆け出して公衆電話に飛びつくと、イスラエル・ラジオ・インターナショナルの知り合いに電話をかけた。が、ナセルに関するニュースは入っていなかった。劇場に戻ると、ゲラーはまだ回復しておらず、スツールに坐りこんだままだった。

観客はぞろぞろと劇場から出ていきはじめていた。入場料を返せと抗議する者も何人かいた。二〇分ほどたったとき、誰かが大声で叫びながら駆けこんできた。ラジオ・カイロがたった今、ナセル大統領の死を報じたという。大統領は、その日の夕方六時に心臓発作で息を引き取っていた。この出来事をきっかけに、ユリ・ゲラーの評判は爆発的に高まった。イスラエルのゴルダ・メイヤー首相は、新年の記者会見で今年のイスラエルの展望を訊かれると、「ユリ・ゲラーに訊いてちょうだい」と答えたという。

そんな全国的な名声も、長くは続かなかった。「しばらくすると、もう見向きもされなくなった」と、ゲラーは言う。「イスラエルは小さな国だ。まるで国民全員が私の実演を見てしまったようだった。私はテレパシーをやってみせた。腕時計を止めたり、動かしたりした。スプーンを曲げた。みんなはその次を期待したんだ。マジックを見たかったんだよ。でも、私はマジシャンじゃない。トリックを追加したり、発明したりなんてできなかった」。ゲラーは観客が減っていくのを、なす術もなく呆然と眺めていた。「私の仕事場は、以前より小さい劇場に移った。そのあとは、さらに小さい場所になった」

そんなある晩、ゲラーが出演するナイト・クラブに、アンドリア・プハーリッチというアメリカ人科学者が現れた。ほどなくして、ユリ・ゲラーの人生は再び大きな転機を迎える。

ゾルバというそのナイト・クラブは、古い歴史を持つ港町ヤッファの旧市街にあった。一九七一年八月一七日、ゲラーは楽屋でテレパシーのデモンストレーションの準備をしていた。ゾルバは納屋のような小屋で、クレープ紙でできたランタンと祝日用の電飾で飾られた、イスラエル人が夏に好んで集まる場所だった。大きなステージでは、ロック・バンドが演奏していた。演奏が終わると、幕間《まくあい》にジャグラーが観客を楽しませた。そしてとうとう、今晩のメイン・イベントの時間になった。

「みなさん、ユリ・ゲラーの登場です」と、アナウンサーが声を張り上げた。熱狂した客が盛大な拍手を送るなか、長身でカリスマ的なゲラーが舞台裏から姿を現した。ふさふさとしたモップのような黒髪、はやりの服装、ひょろりとした体つきは、テレパスというよりもイギリスのロック・バンドのメンバーのように見えた。マイクを取ると、彼はうやうやしくこう告げた。「観客のみなさまの協力を願いまして、ごく簡単なテレパシーとサイコキネシスをお目にかけたいと思います。どうかうまくいきますように」

それからスツールに坐って観客と向かい合った。車輪がついた自立式の黒板がステージに運ばれてきて、一七歳になったシピ・シュトラングがゲラーに目隠しをした。最初にお見せするのは読心術です、とゲラーが言った。観客は、シュトラングの手引きでステージに上がり、黒板に三桁《けた》の数字を書く。数字が書かれた面は、ゲラーから見えないようになっている。数字を言い当てる前に、ゲラーは観客全員に黒板に書かれたものに意識を強く集中してほしいと頼んだ。観客も参加することで、彼の力が強まるからだ。ゲラーはこう説明した。「アイレス・サイト」はテレパシーの基本形態で、目を使わずに「見る」太古からの能力だ。占いでは「シーイング（見ること）」は洞察、吉凶判断、解釈を意味する。予言者を意味する「先見者」は、「見る」という動詞から派生したことばで聖書にも出てくるが、基本的なテレパシーのアイレス・サイトではそのまま「見る」ことを指す。

観客は列を作り、テレパシー実演に次々と参加した。ゲラーはそのたびに、数秒間意識を集中させてから、膝《ひざ》の上のメモ帳に三桁の数字を書いた。そして目隠しをしたまま、観客に見えるように掲げ、書いた数字を声に出して読み上げた。その晩は、ほかのほとんどの晩と同じように約九〇パーセントの数字を言い当てた。次は首都の名前を書いてもらい、やはり同じくらいの確率で成功させた。

ショーが終わると、ひとりの男がゲラーに近づいてきた。縮れたモップのようなぼさぼさの髪に、アルベルト・アインシュタインのようなぶあつい口髭をたくわえた風変わりな中年の男性だった。アメリカ英語のアクセントで話し、アンドリア・プハーリッチと名乗ると、数週間前に電話で少し話をした者だ、と言った。彼は、ゲラーを医学的観点から調べたいというアメリカの研究科学者であり神経生理学者だった。

ゲラーは、翌日にテルアヴィヴのあるイスラエル軍将校の家でプハーリッチと会うことを承諾した。約束した住所に着くと、この科学者が持ってきた実験用具に目を瞠った。「部屋にはさまざまな道具がぎっしり並んでいた。温度計、方位磁石、時計、オープンリール式の音声録音機、それにコニカの八ミリ・フィルム・カメラもあった。当時としては最新式のカメラだった」と、ゲラーは二〇一六年に語った。プハーリッチは、今回の実験を記録するのはCIAに提出する研究計画書のためだとはゲラーに伝えなかった。計画書のタイトルは「脳の直接的な知覚と作用の有無を明確にする研究計画」

にするつもりだった。

二〇一五年に本書のために情報公開法を通じて入手した機密文書によれば、ユリ・ゲラーがシムハ・シロニーというイスラエル軍将校とプハーリッチの前でしたことは、ＣＩＡに以下のように伝えられた。ゲラーは「他人の握りこぶしのなかの金の指輪を割った。ふたつのバイメタル式温度計のどちらかひとつを頭のなかで選択し、温度を摂氏三度から四度上昇させた。壊れた時計と腕時計を念を送るだけで動かした。また、腕時計に触れずに、針を進めたり戻したりした。プハーリッチ博士が三桁の数字を思い浮かべるテレパシー・テストでは、九〇パーセントを言い当てた」

一九七一年夏に二週間かけてテストしたあと、プハーリッチはＣＩＡがゲラーの能力に興味を持つにちがいないと確信した。諜報関係の知り合いの話から、ＣＩＡが研究室でテストできるアメリカ版ニーナ・クラギーナを探しているのではないか、と見当をつけていたからだ。けれど、ＣＩＡを引きこもうとしていることはゲラーには話さなかった。その代わりに、これほど並外れた能力をイスラエルのナイト・クラブで埋もれさせるのはもったいない、アメリカの研究室でテストすべきだ、と勧めた。ゲラーはルービンシュタインの助言をあおいだ。「もちろん行くべきだ、と言ったよ。アメリカに行って、スタンフォードのような本格的な研究施設でテストしてもらうといいってね」と、ルービンシュタインは述懐する。

プハーリッチは、すぐにまた連絡する、とゲラーに言い残してアメリカに戻った。帰国後、オッシングの自宅で大急ぎで研究計画書をまとめると、ＣＩＡの連絡員に渡して評価をあおいだ。当時ＣＩ

Aの生命科学局を束ねていた科学者キット・グリーンは、「慎重に判断すべき案件だった」と、思い起こす。彼はその後、ゲラーのハンドラーになる。また、本書のために長時間の取材にも応じてくれた。「プハーリッチの計画書は、CIAのトップの判断をあおぐことになった。実際のところ、ゲラーをテストするという決定は、リチャード・ヘルムズ長官がくだしたんだ。なぜそんなことを知っているかというと、彼からその電話を受けたのは私だったからだ」と、グリーンは明かした。

ただし、越えるべき障害がひとつあった。CIAはゲラーが欲しかったが、プハーリッチとは距離を置きたかったのだ。公開された機密文書で、CIAのアナリストは彼について、「多くの芳《かんば》しからぬ報告があり」、厄介な火種になりそうだと記している。そのためにも、ゲラー関連の資金が直接プハーリッチに流れないように、仲介するダミー機関が必要だった——理想を言えば、評判の確立された組織か人物が望ましい。プハーリッチは、まさにぴったりの人物を知っていた。彼の名は、エドガー・ミッチェル。アポロ14号の宇宙飛行士だ。

第七章
月面に立った男

アポロ計画の宇宙飛行士エドガー・ミッチェルがテレパシーに魅せられたのは、一九六七年のことだった。極地探検家で受勲歴のある戦争の英雄ヒューバート・ウィルキンス卿の以心伝心〔テレパシーの昔の名称〕実験に関する本を読んだときだ。この実験から、ミッチェルはあることを思いついた。ちょうど宇宙飛行士の訓練をはじめたばかりで、もし月への宇宙飛行メンバーに選ばれたら、宇宙船のなかで自分もテレパシー実験をしようと決めたのだ。ウィルキンスは自著で、一九三八年に北極に墜落したロシア人探検家グループの捜索中にＥＳＰ実験をおこなったと述べている。「あれはたぐいまれな男のたぐいまれな話だ」。ミッチェルは、二〇一五年にフロリダ州の自宅でおこなったインタビューでそう語った。「彼を覚えてる人がもうほとんどいないなんて、じつに残念だよ。歴史は忘れ去られる。そういうものだ」

ミッチェルが共感を覚えたのは、ウィルキンスが並外れた航海者であり、現代史に名を残す有名探検家のひとりだったからだ。数々の大胆不敵な偉業を成し遂げ、誰もが尊敬する伝説的な人物だった。

一九二六年に、北アメリカからヨーロッパの極地までの飛行に初めて成功し、北極氷原の下に大陸がないことを証明した。また、何度も遠征隊を率いて北極と南極を探検し、一九三一年には第一次世界大戦の中古潜水艦を使って北極点到達に挑戦した。一九五八年一一月に亡くなると、アメリカ海軍が彼の生前の願いどおり、原子力潜水艦スケート号に遺灰を乗せて、北極点に散布した。

月への飛行準備にはげむ一方で、ミッチェルのＥＳＰへの関心は高まっていった。それまでずっと、海軍将校、飛行士、テスト・パイロット、航空技師と、規則に従う人生を歩んできた。けれど、一九六一年に航空学と宇宙航行学の博士号を取得するためにマサチューセッツ工科大学（ＭＩＴ）で量子力学、銀河系の進化、星の進化などを学ぶにつれて世界観が広がって一変した。「どれも難解なテーマだったし、これらの理論で提起された問題の答えは、誰にもわからなかった」と、彼は述懐した。これらの背景にあるものを調べるうちに、まだ科学で解明されていないものに引かれるようになったのだ。「夜にベッドに入ったあとも、人生の意味や宇宙における人間の場所についてよく思いをめぐらせたよ」。いよいよ宇宙飛行士訓練コースのメンバーに選抜されると、瞑想《めいそう》とヨガをはじめた。「瞑想すると、精神生理学的状態が質的に変化して、改善されるんだ」。宇宙旅行の準備を進める一方で、人間の内なる世界、意識の意味を深く考えはじめた。意識とはどういうものなのだろう？　宇宙空間と精神空間はどのような関係にあるのだろうか？

一九七一年一月三一日午後四時二分になると、そんな思いをはせる時間はもうなかった。アポロ14号はあと数分で発射する。これから起こることにそなえて、ミッチェルは気持ちを引き締めた。フロリダ沖のこの小さな一画で、エドガー・ミッチェル、アラン・シェパード、スチュアート・ローザは地球を飛び立とうとしていた。発射時間が刻一刻と迫るなか、技術的に見れば宇宙船のなかの危険は高まっていた。宇宙飛行士は、人体機能の異常に対処できる訓練を積んでいる。それは、体内で起きるあらゆることを統制する、並外れた力がそなわっていることを意味していた。宇宙では一瞬も気を抜けず、ひとつまちがえば命取りになることが無数にある。そんな状況に長期間耐えるには、瞬時に集中して対応する能力が必要だ。「訓練では、任務の進め方を学ぶのは一〇パーセントで、残りの九〇パーセントはあらゆる〝起こりうる事態〟に直感的に対処する方法を学んだ」

アポロ計画の宇宙飛行士は、宇宙飛行と月面着陸にそなえて超人的な人体機能を培《つちか》った。意思のテクニックをみがくことも学んだ。月へ到達して帰還するには、二〇〇時間以上、ほとんど眠らずに過酷な環境で過ごさなければならない。よって、普通の人間ならアドレナリンが危険レベルまで上昇しかねない状況で、身体を平静に保つ精神力を訓練で身につける。これはごまかしがきくようなものではない。それぞれの呼吸と心拍数はすべて、地上の航空宇宙医師団にリアルタイムで監視されるからだ。「万事順調だ、と精神力で身体に確信させなくちゃいけない。訓練を積めばそれができるようになる」と、ミッチェルは言った。加速重力にどう耐えるか、無重力状態でどう動くか、月を模した環境でクレーターや丘をどう登るかなど、三人は地上にいるあいだにあらゆる不測の事態を繰り返し練習していた。

打ち上げが数分後に迫り、ミッチェルはサターンVロケットの最上部に近い円錐《えんすい》形の宇宙船で、狭い座席に坐り、シートベルトを締めた。ロケットは自由の女神像より高く、重量は約二八〇〇トンもある。打ち上げとその激しい衝撃を待つこの短い静かな時間、ただじっと坐っているしかないと彼は悟った。あれこそが「精神力で身体を鎮《しず》める瞬間」だったと、二〇一五年に振り返った。科学者でもある彼は、ロケットの下部に六万六〇〇〇ガロン以上の液体水素燃料があることを知っていた。あと数秒で点火装置から火花が発生し、燃料に引火する。すさまじい爆発が起きて、ロケットは巨大な力で宇宙へと押し上げられる。何事もなければ、三人は予定通り月へ向かうだろう。何かが起きれば、猛火に包まれて一瞬で絶命する。二〇秒が過ぎた。発射まであと五〇秒。宇宙カプセルと足場をつなぐ上部のアクセス・アームが離され、宙で揺れた。

「発射命令開始」という声が響いた。ここからはNASAのコンピュータが主導する。

宇宙カプセルのなかで、ミッチェルは数千ガロンの大量の液体推進剤が轟音《ごうおん》を立てて燃料パイプを流れ落ちる音を聞いていた。秒読みが続くなか、ターボ式ポンプの回転音が怒号のように響き渡る。

「十……九……八」。ケロシンと液体酸素がサターンVロケットの第一段エンジンの燃焼室に突進する。点火が起きて、巨大な火の玉と炎が猛然と噴き出す。燃料が爆発し、第39A発射台を激しく揺さぶった。NASAの技術者は、打ち上げに十分な推力が生じたことをコンピュータで確認した。時計がゼロを示し、ロケット底部を支えるホールド・ダウン・アームが外れた。アポロ14号は発射台から離昇し、月へ向かって飛び立った。

月は地球の唯一の天然衛星で有史以来の謎と神秘の対象だった。その起源は約四五億年前と考えられ、地球の初期進化と密接に結びついている。NASAにとってアポロ14号の月への飛行は、この起源を理解する重要な機会だった。また、宇宙飛行テクニックよりも科学と地質学に重点を置いた初の月面着陸ミッションでもあった。ミッチェルとシェパードは、隕石《いんせき》の衝突によってできたコーン・クレーターから岩石のサンプルを収集し、地球に持ち帰ることになっていた。地質学者は、このデータから、一〇億年前に月面全体に破壊の爪痕《つめあと》を残したと思われるすさまじい衝撃の影響がわかるのではないかと考えていた。

数時間が過ぎた。ミッチェルはのちに、時間と物の動き方が地球では考えられないほど変化したと語っている。船体は、太陽に向いた面が高温になりすぎないように、ゆっくりと回転しながら月に向かって進んでいた。目を閉じて、静止している感覚を味わった。かばんからペンを取り出して手を離すと、目の前でふわりと宙に浮くのを見て感嘆の声を漏らした。宇宙空間では上も下もないように思われた。望遠鏡に手を伸ばすと、窓の外の星を見た。一五九五年、顕微鏡は生物学という微小な科学の世界の扉を開いた。一三年後の一六〇八年には、望遠鏡が宇宙論という広大な科学へと人間を導いた。意識の研究への扉、人間の心という謎を解明する扉は、二一世紀のどんな道具によって開くのだろうか。そんなことを考えた。

宇宙飛行士たちはフリーズドライの夕食をすませ、トイレに行くと歯をみがいた。就寝の時間だった。各自がいちばん近い窓の日よけを下ろして、太陽のまぶしい光を遮断した。三人とも、眠りにつきやすいように好きな読み物と音楽を持ちこむことが許されていた。船内が静まってから数分後、消灯の表示が出た。

そのときのことを、ミッチェルは二〇一五年にこう明かした。「私はすぐに眠るつもりはなかった」。彼には別の計画があったのだ。地球にいる三人の仲間——ふたりの医師の友人とオラフ・ジョンソンというスウェーデン生まれの超能力者《サイキック》——と準備した実験をひそかに決行するつもりだった。三〇年前にヒューバート・ウィルキンス卿がしたように、今度は宇宙空間で長距離テレパシー実験をしようとしていたのだ。ミッチェルが送信者、ジョンソンが受信者を務め、医師のエドワード・マクシーとエドワード・ボイルが、シカゴのジョンソンのアパートメントで同席して証人になる。マキシーとボイルは、上級のスキューバ・ダイビング・テクニックをミッチェルに教えることで、彼が超人的な人体機能を発揮する一助にもなった。

ミッチェルはかばんのなかに手を入れると、クリップボードと、こっそり持ちこんだ五枚一組のゼナー・カード——このころは近代ESP実験の定番道具になっていた——を取り出した。それぞれのカードには、円、四角、星、十字、三本の波線のシンボルが記されていた。シンボルが見えないようにカードを裏返すと、よくシャッフルした。それから一枚を無作為に選び出してひっくり返すと、シンボルをじっと見つめながら、十五秒間念を送った。それが終わると、クリップボードにそのときの地球の正確な時刻と、自分が念じたシンボルをペンで記録した。これを二五回繰り返し、五枚のゼナー・カードからそのたびに無作為に一枚選んだ。全部で七分ほどかかっただろうか。すべて終わると、道具を片づけて眠りについた。

アポロ14号の宇宙飛行士エドガー・ミッチェルは、人間の意識の神秘性と超長距離テレパシーに魅せられて月への飛行中にESP実験を実施した
NASA

八〇時間が経過し、ミッチェルの顎髭も伸びた。バスタブが恋しく、母親特製のアップルパイがむしょうに食べたかった。地図を片手に宇宙船の五つの窓のひとつから月の神秘的な地表を眺め、何度も地図と見比べた。人間は、楔形《くさび》文字が使われていた時代から月の地図を作ってきた。今持っているのはＮＡＳＡが作成したもので、前回の月面探査時に収集したデータから作られた。熟練ナビゲーターのミッチェルは、地図を読むことに長けていた。シェパードと月面に着陸したら、彼がこの地図を携行することになっていた。

「月がものすごく大きく見える」と、ミッチェルはヒューストン管制センターに伝えた。目的地であるコーン・クレーターに近づいていた。あともう少しで見えるはずだ。「豊饒《ほうじょう》の海」の上端が目に入り、そこが周辺よりもずっと暗いことに気がついた。それから、「テオフィルスがある」とヒューストンに伝えた。「このクレーターは最近できたばかりのようだな。輪郭《りんかく》がはっきりしている」。デカルト高地も見えた。アルバテグニウス・クレーター、そしてハーシェルの西壁も。それぞれの地形が落とす長い影とごつごつした地表に目を瞠った。ようやく着陸予定地点であるフラ・マウロの東端が見えた。すべて順調に進めば、あとわずか数時間で月面に着陸する。信じられないような気分だった。

司令船キティホークはもう月の軌道を高度約一六キロで回っていた。「この縮尺はまったく当てにならないな。この地形の見え方からすると、高度一五〇〇メートルでもおかしくない」と、ミッチェルはNASAに伝えた。「陸標を頼りにしたほうが感覚で認知できる」

月を一〇周したあと、月着陸船アンタレスを宇宙船から切り離す時間になった。ミッチェルとシェパードは着陸態勢に入った。ローザはキティホークのなかに残り、アンタレスとランデブーして地球へ帰還するまで二日間軌道にとどまる。支度が整うと、ミッチェルとシェパードは司令船とアンタレスをつなぐ狭いトンネルに身体を押しこんだ。息を深く吸いこむ。大丈夫だ、自分を信じろ。さあ、位置について、用意、スタート！　シェパードがハッチを開けた。ふたりはハッチを通って、アンタレスのなかに入った。彼らにとって、この船は月面に行って戻ってくるための命綱だった。

実際に月に降り立つまで、シェパードとミッチェルはあと二回、アンタレスで月の裏側を飛ばなければならなかった。一回につき、九〇分から二時間かかる。ミッチェルはこれ以上ないほど緊張していた。ふと、今まで着陸した仲間たちもこの緊張を感じていたのだろうか、と考えた。地図上の着陸予定地点フラ・マウロと、窓の外に見える景色を見比べた。「地図とまったく同じに見える」と、ヒューストンに楽観的に告げた。身体中をエネルギーが駆けめぐり、興奮で胸がわくわくした。時間が流れた。あともう一周したら着陸だ。「アルと私は、月のもっとも高い地点からほぼ二、三〇〇〇メートル上空を軌道周回していて、おなじみの灰色の景色が見分けられるほどだった。山脈があり、渓谷があり、空には太陽があった。この三日間では初めて見る、比較的変化に富んだ眺めだった。遠くのほうに、月の衛星のように地球が小さく浮かんでいた」。これは、彼の回顧録の抜粋だ。けれど、二度目にふたりが月の裏側から現れたとき、何か技術的にひどくまずいことが起きた。計器パネルの中止信号が点灯したのだ。宇宙空間では「中止」ということばに曖昧《あいまい》な意味はない。中止とは、すなわち停止、打ち切り、終了だった。今、そのランプが何度も繰り返し点滅して、コンピュータのガイダンス・システムにどうしようもなくまずいことが起きていると伝えていた。

頭のなかでさまざまなシナリオをめまぐるしく検討したと、二〇一五年にミッチェルは語った。解決策に集中しなければならなかった。悲観的なことは考えるな。何もせずに引き返すために三八万キロを旅してきたのか、と弱気になってはいけない。前回のアポロ13号のことも考えるな。技術的な失敗から月面着陸をあきらめただけでなく、宇宙飛行士たちの命さえ危うかったことも。「集中するんだ」と、ミッチェルは自分に言い聞かせた。「セレンディピティ〔思いがけない幸運〕を起こす神秘的なリズムのことを考えろ」。そのとき、ヒューストンから通信が入った。「エド、計器盤を軽く叩いてみてくれ」と、誰かが言った。

月面を歩きながら地図を見るミッチェル。宇宙飛行士として英雄的な功績を残したにもかかわらず、ESPと超常現象を信じたために嘲笑された
NASA / Alan Shepard

ミッチェルはパネルを叩いてみた。ランプが消えた。なんてことだ、と彼は思った。安《あん》堵《ど》感がどっと押し寄せた。思わず大きく息を吸いこむと、ふぅーっと長く吐き出した。そのとたん、ランプがまた点《つ》いた。やはり着陸せずに帰るのか、と心のどこかで冷静な自分がつぶやいた。

「もう一度軽く叩いてみてくれ」と、ヒューストンが言った。

「オーケー」と言って、ミッチェルはまた計器盤を叩いた。

「もう一度叩いたよな？」と、ヒューストンが確認した。

確かに叩いた。しかし、今度は何も起きなかった。中止ランプは相変わらず赤く点滅したままだ。ミッチェルとシェパードは、次の指示を待った。そのあいだの沈黙は耐えがたいほどだった。月をもう一周してはどうか、とヒューストンが提案した。一三周目になるが、不吉な数字とは関係ない、とミッチェルはまた自分に言い聞かせた。ふたりが月の向こう側である「影の側」にいるあいだに、ヒューストンが問題の解決にあたるだけだ。ただし、影の側にいるあいだは地球と通信ができない。信じろ。セレンディピティを信じるんだ。彼は、マントラのように何度も繰り返した。

そのころ、ヒューストンは午前二時。NASAのジョンソン宇宙センターの技師と技術者にできるのは、コンピュータの中止命令を無視する方法を見つけることだけだった。それは、マサチューセッツ州ケンブリッジにいるドン・アイルズに電話することを意味していた。二七歳のアイルズは、アンタレスの誘導システムを設計したコンピュータ科学者だ。NASAから電話があったとき、彼はMIT器械工学研究所のテレビでアポロ14号のミッションに見入っていた。宇宙船のコンピュータに、コンピュータが自ら出した中止信号を無視させて次善策を設計する必要があった。あたえられた時間は二時間もない。「わたしたちは、計画中止の手順がすでに進行中だとコンピュータに告げてプログラムを騙すことにした」。二〇一六年に、アイルズはそう回想した。それは、六一のキーを入力することだった。

ヒューストンからアンタレスのミッチェルに六一のキーが伝えられ、ミッチェルがそれをメモ帳に書きとめた。アンタレスが月の向こう側から出てきて、最初の降下用エンジンが燃焼しはじめてから数秒のあいだに、彼はこのきわめて重要なキーを正確な順番と適切なタイミングでコンピュータに打ちこみ、それと並行して着陸準備を進めた。ところが新たに別の問題が発生した。中止信号に時間を取られたせいでミッションが長引き、燃料が残り少なくなっていた。すぐに月面に降りなければならなかった。シェパードがアンタレスの着陸用タンクに残っている燃料から逆算したところ、着陸がどんなにうまくいっても、ほんの数秒手間取っただけで燃料が尽きてしまう。

ミッチェルは着陸に精神を集中させた。危険や恐れに気を取られてはならなかった。中止シグナルが手動で消されたことは気にするな。手動でシグナルを解除したということは、もし安全上の理由から本当に着陸を中断する必要が生じた場合、もうコンピュータは教えてくれないということだ。中止が必要なときは、自力で判断することになる。

ミッチェルとシェパードが月面に降り立つ準備をしていると、点滅ランプがまた新たな問題が起きたことを知らせた。今度は着陸レーダーが正常に動作していなかった。アンタレスの着陸レーダー・システムは、下降時に地表までの距離を教えてくれる。このレーダーがなければ、安全に着陸することは不可能だ。着陸予定地のフラ・マウロには、巨礫《きょれき》〔直径二五六ミリ以上の石〕や隕石の衝突クレーターがひしめいている。レーダーは、そのなかで機体が平らな場所に着陸できるように設計されていた。下降中、宇宙飛行士はあおむけになって足を前方に置く姿勢になるため、手動や視覚に頼ることはできなかった。もし斜面に着陸すれば、機体が転倒する恐れが大きい。そうなれば人間ふたりでは元に戻せない。ミッチェルたちは、酸素が尽きて月で息絶えることになる。

アドレナリンが急増するのを感じた。残り時間はあとわずか。燃料は尽きかけている。着陸はアンタレスのパイロットであるミッチェルの仕事だが、さきほど機内搭載システムに入力したばかりの新しいコードが、どういうわけか着陸レーダーの動作を妨げていた。ミッションの規則では、レーダーなしの月面下降は禁じられていた。NASAでは規則は絶対だった。シェパードがミッチェルを見て、信じられないというように首を横に振った。

いったいどうなるんだ？　はるばるここまでやってきたのは、月の地面を踏む前に計画を中止するためだったのか？　着陸できなければ、アポロ計画全体が打ち切りになる。ミッチェルは大きく息を吸った。通信チャネルは雑音でうるさかった。ノイズがひどくて声がうまく聴きとれない。ほかにできることも思いつかず、レーダーに作動するよう命令した。

「さあ、レーダー！」と、声に出して言った。「ロックオンするんだ！」。耐えがたい間《ま》が少しあった。それから、さらにもう少し。「突然、レーダーが作動した。間一髪のところで着陸予定地点を確定したんだ」

ふたりは計器盤を見やった。シェパードが外をのぞいた。アンタレスは、まさに着陸予定地点にいた。

「どんぴしゃりだ」と、ミッチェルがヒューストンに報告した。

「どんぴしゃりだ」。シェパードもうなずいた。

「着陸せよ」と、ヒューストンが指示した。

「月に行くぞ」と、シェパードが力強く宣言した。

ミッチェルがヒューストンに位置を読み上げた。「あと六二〇メートル、少し速い速度で下降中。四五〇メートル。一五〇メートル。三〇メートル。二五メートル。一五メートル。一〇メートル。五メートル」

機体底部に衝撃を感じた。アンタレスのフッドパッドが月に触れたのだ。「接地した」と、ミッチェルが言った。着陸場所は、予定地点からたった二六メートルしか離れていなかった。宇宙開発史上かつてない正確な着陸を彼はやってのけたのだ。この記録は現在にいたるまで破られていない。

「感無量だったよ」。のちに、彼はそう振り返った。

人間にとって、月はほとんど未知の世界だ。それまでこの地を踏んだ探検家は、アポロ11号と12号の四人の飛行士だけだった。人間がこの星の風景で過ごした時間は、合計で五三時間と七分しかない。

月がどのように形成されたのか、正確なことは誰も知らない。知っているのは、かつてこの衛星が地球の一部だったらしい、ということだけだ。もっとも一般的な説は、原始地球《プロトアース》という現在よりも大きかった地球に、火星サイズの物体がぶつかって形成されたというものだ。衝突したときの衝撃がきわめて大きかったため、その破片がのちに月になったというわけだ。ひとつだけ確かなことがある。地球は、プレートの変動と火山の噴火によって自己の記録を数百万年前に破壊してしまった。しかし、空気のない月はちがう。どうやら変動するプレートは存在せず、そのため月の表面には誕生時からの歴史が今も記録されていると科学者は信じている。それなら月面を調べることで、つまりクレーターの中と外の岩のサンプルを地球に持ち帰れば、地球の起源がもっとよくわかるのではないだろうか？

これから待ち受けているミッションは、そんな考えからはじまった。ミッチェルとシェパードで、幅約三四〇メートル、深さ約二三〇メートルのコーン・クレーターから岩石のサンプルを収集する。それが今回の計画の目的だった。

アンタレスはとうとう月面に降り立った。墜落はしなかった。かといって平坦な場所に着陸したわけではなく、少し片側に傾いていた。しかし、機体がひっくり返るかもしれない、という不安をいつまでも引きずっている暇はなかった。アンタレスから出て月の表面に降りる前に、ミッチェルとシェパードは四時間の任務をこなさなければならなかった。チェックリストを調べてタスクを実行し、ヒューストンに状況報告を送るのだ。ミッチェルは、機体の自分がいる側にマウラー社のデータ収集用の16ミリ・フィルム・カメラを装着し、窓の外に向けた。月面の地形と技術データを将来のミッションにそなえて記録するためだ。チェックリストに記された仕事をすべて終えると、ハッチを開ける手順に入った。

いよいよそのときがやってきた。シェパードが先に行った。ミッチェルがすぐうしろに続いた。梯子《はしご》を降りる途中、ヒューストンが「オーケー、エド。きみが降りてくるのが見える」と言うのが聞こえた。アンタレスの下部に取りつけられたカメラがふたりの降りてくる様子を撮影し、地球で放送していたのだ。ミッチェルははしごの最後の段を飛ばして地表に足をつけた「まず粉塵だらけのクレーターをいくつかまたいだ。それから空を見上げた。星はひとつも見えず、インクのように真っ黒だった。地球はまったく見えなかった」。そこに佇《たたず》んだまま、「初めて降り立った、この驚嘆すべき場所」

にしばし見とれた。その後、仕事に取りかかった。

周囲を見まわすと、巨礫だらけの広い平野にいることがわかった。「二・六平方キロくらいあると思う」と、シェパードがヒューストンに伝えた。ふたりはこれから、月面での四時間半に及ぶ二回の小旅行のうち、最初の一回をはじめようとしていた。まず、地面に星条旗を立てて、テレビ機材を組み立てた。次に、この先何年もモニタリング設備に電力を供給する小型の熱核ステーションを設置した。さらに、写真を撮り、動画を撮影した。それが終わると、アンタレスのなかで休憩し、二度目の小旅行にそなえた。次に目指すのは、今回のミッションの目的であるコーン・クレーターだ。

この旅で持っていくのは、古代から使われてきた三つの道具だ。ひとつは物を運ぶ手押し車。もうひとつは影の長さを測定する日時計《グノモン》。最後は道を調べる地図だ。ミッチェルが地図を持った。ふたりは交代で手押し車を逆向きに引っ張って月面を進んだ。まるで畑を進むトラクターみたいだな、とミッチェルは思った。ふたりはグノモンを下に置いて、影の長さを写真に収めた。岩石のサンプルを採取して、ゆっくりと飛び跳ねながら歩き続けた。そのとき、ヒューストンで衝撃的な事実が判明した。「ふたりがいるのは、彼らがいると思っている場所じゃない」。ミッチェルとシェパードは、月で迷子になっていた。

ヒューストンの科学者と技師は計算をしてみた。それからもう一度計算し直し、全員が同じ結論にいたった――ふたりは進行速度を二倍速く見積もっている。その後、意見の衝突が起きた。ミッチェルとシェパードは、コーン・クレーターから見て自分たちがいる場所はどこなのかまったくちがう解釈をしていたのだ。衝突は言い争いに発展し、ヒューストンが介入した。ミッチェルは地質学者への怒りをぶちまけた。これは彼らのせいだ、岩石のことにばかり気を取られているからだと。ふたりが正しい現在地を割り出そうとしているあいだに、ヒューストンの技師が結論を出した。「ミッチェルたちは、道程の半分弱までできたと思っている。けれども、実際には三分の一しか進んでいない」

ミッチェルはヒューストンにこう告げた。宇宙服のなかの気泡《きほう》のせいで視野がゆがんでいる。感覚が失われ、情報を正確に処理できない。「ほかのクレーターのうしろに、別のクレーターが隠れている」。必死で所在地を見きわめようと努めながら、車ほどの大きさの巨礫が縁《へり》に見えると報告した。いちばんの問題は地形が驚くほど起伏に富んでいることだった。何もかもが、実際よりずっと近くにあるように見えた。

訓練を思い起こし、目の前のタスクに意識を集中させた。動き続けろ、と自分を奮《ふる》い立たせた。心のなかではなく、周りを見るんだ。

ジョンソン宇宙センターでは、科学者と技術者がチャートと月の地図を調べていた。

月面では、シェパードがミッチェルと同じくらい悪戦苦闘していた。「平らな場所がほとんどない」。そう言ったとたん、足を踏み外して転倒した。ミッチェルが急いで駆け寄り、助け起こした。

「ひとりか両方が呼吸が荒くなってるぞ」と、ヒューストンが指摘した。

ミッチェルは巨礫を凝視した。「変だな」。そうつぶやくと、巨礫のなかに大きなガラスの塊が見える、と報告した。汗がどっと噴き出してきた。不快な緊張が生理機能に影響を及ぼし、今回の任務がはじまって以来、代謝がもっとも速くなっていた。「中間レベルの冷却を実行する」。そう言うと、携帯用生命維持装置の冷却装置を調節した。心拍数は一分間に一〇〇回まで上がっていた。ヒューストンが、ふたりに坐るよう指示した。

「この大きなクレーターの脇で休もう」。ミッチェルがシェパードに声をかけた。「ひと息ついて、地図で今いる場所を確かめてみる」

ふたりは休憩を取った。ミッチェルが地図を調べた。しばらく息を整えてから、もう一度挑戦することにして立ち上がった。

「どこにいるかわかったと思う」と、ミッチェルが言った。

そのときヒューストンの航空宇宙医師が、シェパードの心拍数が一分間に一二〇回まで上昇した、と警告した。

「今地図をしまっているところだ」と、ミッチェルが報告した。

再び歩きはじめた。地形はますますけわしくなってきた。シェパードは息が上がって苦しそうだった。ミッチェルは、ハッセルブラッド・エレクトリック・データ・カメラで何枚か写真を撮った。このカメラには、宇宙空間での利用に特化したレンズと、撮影した写真内の距離や高さを計測する十字線がついたガラスプレートがそなわっていた。そのあいだに、シェパードの心拍数は一分間に一五〇回まで跳ね上がった。ミッチェルの鼓動もいったん一一五回まで下がったものの、また一二八回に上昇した。航空宇宙医師が、もう一度止まって休むように指示を出した。

「もうどこにいるか全然わからない」と、ミッチェルが言った。

「よかったら、一緒に考えてくれないか」とシェパードがヒューストンに頼んだ。

ミッチェルはのちにこう回想する。「真空の月では、景色が非現実的なまでに澄《す》みきっている。そのせいで、距離が実際とはちがって見えた」。集中しろ、と自分の心に命じた。「わたしたちがいるのは月面で、距離に関する判断は完全にまちがっていた。物体が実際の位置より半分の距離にあるように見えたんだ」

休む、立て直す、進み続ける、この順番を繰り返すんだ、と自分に言い聞かせた。コーン・クレーターまで行くんだ。それが目的だ。しばらくして、とうとうシェパードが引き返そうと言いだした。ミッチェルは考えた。シェパードは自分よりも年上で賢かった。一〇年前の一九六一年、彼は宇宙に行った最初のアメリカ人になった。そして四七歳になった今、月面での困難な行程に、苦しげに喘《あえ》いでいた。それでもミッチェルは、「このクレーターの周りを進み続けよう」と言い張った。

「コーン・クレーターのなかを見るまでは、やめるわけにいかない」と、ヒューストンに告げた。それが今回の任務の目的なのだ。ここまできて目標地点に行かずに帰るものか。あきらめるつもりはさらさらなかった。ヒューストンが手押し車を置いていくことを許可した。さらに、クレーターの外縁に到達するまで三〇分の猶予《ゆうよ》をあたえた。

シェパードの呼吸が荒いので、「ちょっと地図を見ようか」とミッチェルは言った。すると、さらに悪いニュースが判明した。目の前にきわめて特徴的な地図上の目印が見えた。それは、ふたりがとうに通りすぎたと思っていた陸標だった。ミッチェルはのちに述懐する。「もう我慢の限界だった」地球で決定がくだされた。ここまでだ、終わりにしよう。今度こそ本当だ。ヒューストンから、戻ってこい、と無情な指示がくだった。

ふたりはきた道へと向き直った。遠くのほうにアンタレスが、ほんの少し傾《かし》いでうずくまっていた。「真空の月の大気で大きく跳躍しながら、わたしたちはカンガルーのように跳ねて斜面を下った」。その後、シェパードは有名なゴルフ・ショットをするために、つかの間の時間を取った〔シェパードはゴルフ・クラブとボールを宇宙船に持ちこんでおり、彼が月面で見せたティショットは世界中のテレビで公開された〕。ミッチェルは槍投げをした。月面での滞在時間は四時間三五分に及び、約二七〇〇メートルの歩行距離は最長記録を塗り替えた。アンタレスに到着すると、船内によじ登った。収集したサンプルをしまい、離陸準備に入った。コンピュータ・キーを押すと、アンタレスは月から飛び立った。およそ一時間四七分後、ローザがいる司令船キティホークと無事にランデブーを終えた。

地球に帰還するまでの落胆は相当なものだった、とミッチェルは振り返っている。ここまでやってきながら、重要な目的を果たせなかったのだ。宇宙船の窓から外をのぞき、眼下の地球をじっと見つめた。家族を思った。祖国を思った。軍での生活と、ベトナムで続いている戦争のことを思った。不意に、それまで考えたことのないある洞察に圧倒された。そのときのことについて、次のように説明した。「星の進化についての特殊な科学的事実が新しい意味を帯びてきた。時がはじまったときの、星々の誕生という星の進化についてのね。それは宗教的なものでも、神秘的なものでもなかった。司令船に坐っているとき、のちに〝一瞬のうちの理解〟と呼ぶものを経験したんだ。ことばでは完全に言い表せないが、静かで威厳に満ちた経験だった」。しかし、ひとつの普遍的な真理がはっきりとわかった。「人間は、ほかの人間と意識を通してつながっている」。それこそが、精神空間と宇宙空間をつなぐものだった。すると、それまで経験したことのない穏やかな気持ちになった。のちに、この感情は「サヴィカルパ・サマーディ」という、宇宙との完全な統合を意味する古代サンスクリット語で表せると判断した。仲間の宇宙飛行士を見て、彼らも同じことを感じているだろうかと考えた。

しばらくすると、五枚のゼナー・カードを取り出して、シカゴにいるふたりの医師とサイキックのオラフ・ジョンソンと、テレパシー実験を二度繰り返した。この実験のことは外部に漏らさないことになっていた。ミッチェルは地球に帰るのが待ちきれなかった。

帰還後、宇宙飛行士たちは、検疫のため一〇日間隔離された。ある朝、朝食中に新聞を読んでいたシェパードが、ひとつの見出しに目をとめた。「月への飛行中、宇宙飛行士がESP実験」と書かれていた。「シェパードは腹がよじれるほど笑った」と、ミッチェルはのちに思い返した。彼はミッチェルに記事を見せると、記者ってのは恥知らずだな、新聞を売るためにこんな話をでっち上げるんだから、とおかしそうに言った。気まずい沈黙が流れたのをミッチェルは覚えている。「それは私のことなんだ」と、シェパードに打ち明けた。ささやかな実験グループの誰かが、秘密を漏らしたにちがいなかった。

シェパードはなんと言ってよいかわからないようだった。「彼は無言で朝食の皿に視線を戻した。それっきり、その話は二度と話題にのぼらなかった」

ミッチェルのESP実験は、世界中でジョークのネタにされた。イスラエルの主要紙マーリヴは次のような見出しを掲げた。「宇宙飛行士のユリ・ゲラー、エドガー・D・ミッチェル大尉」

宇宙でミッチェルがおこなったESPテストのデータをメディアが入手するまで、それほど時間はかからなかった。二〇〇回のテレパシー交信のうち、シカゴにいたサイキックが正解したのは五一回だった。偶然とほぼ同じ確率だ。ミッチェルがそれをタイミングのせいだと主張すると――宇宙飛行士の仕事でテレパシー伝送の時間が一時間ほど遅れた、と彼は言った――懐疑論者はここぞとばかりに沸き立った。しかし、世間の嘲笑《ちょうしょう》はミッチェルにはどうでもよかった。彼はちがう人間になっていた。月から帰還後の六カ月はNASAに課せられた義務を履行し、さまざまな国の首相や大統領、国王、議員、それに全米各地の高校生と握手を交わした。けれど、もう以前と同じようには世界をとらえていなかった。意識とは何か、それを理解することに焦点が移っていた。「意識は宇宙と同じくらい広大で、眠りと同じくらい身近なテーマだ」と、彼は述べた。ESPテストを実施したのは、「人間のあいだには現在理解されている科学の法則を超えた情報のつながりが存在し、テレパシーがそれを証明するからだ」。これからは、地球における「人間の目的を考察または説明するもの」だけを追求するつもりだった。「人間が自分自身と宇宙の本質を理解しようとすることは、究極のフロンティアだ」と、宣言した。

社会に対する考え方も否定的になった。「国民と国家という観点はおかしいと思いはじめた。それでは、他国や地域と戦争するのは当然の行為になる」。別のとらえ方があるはずだ。さらに「人生の非物質的な要素を否定すること、その要素が存在するという奇跡を認めないことは、人生における意味と方向を生み出す源泉を失うことだ」。エドガー・ミッチェルは月へ行って帰ってきた——そして戻ってきた場所に深く失望した。「その結果、自分をただの囚人だと思うようになった」。幸せになる唯一の希望は、意識をより高いレベルで理解しようとすることだった。これが彼の新しい探求となった。

ミッチェルは、意識とテレパシーについて同じように考える人々と過ごしはじめた。新しい仲間と友人を作った。NASAを退職し、妻とも離婚した。そして一九七一年一一月、ヒューストンで開催された集まりで、アンドリア・プハーリッチと出会った。ふたりはすぐに親しくなった。ミッチェルはプハーリッチの研究アイデアに興味を引かれた。プハーリッチは、次のように話した。先ごろイスラエルを訪れ、ユリ・ゲラーという驚異的な精神力を持つ若者をテストした。ゲラーは並外れたテレパシーが使えるだけでなく、腕時計を止めたり動かしたり、精神力で金属を曲げるサイコキネシス（PK）も操れる。

プハーリッチは、ゲラーをアメリカに連れてきて、研究所で調べる準備をしているところだった。プロジェクトへの参加を求められたが、検討するまでもなかった。答えはもちろんイエスだ。こうしてアポロ宇宙飛行士が計画に加わった。

第八章
物理学者と超能力者

一九七二年三月、北カリフォルニアのシンクタンク、スタンフォード研究所（ＳＲＩ）の研究室で、ハロルド（〝ハル〟）・パソフという若い物理学者が、椅子に腰を下ろして手紙を書いていた〔パソフの実際の英語の発音はプトホフだが、日本ではパソフという表記が定着しているため、本書もそれにならう〕。パソフは量子エレクトロニクスと電子ビーム装置の専門家だった。まだ三五歳ながら、すでに大学の物理学の教科書『量子エレクトロニクスの原理』を共同執筆し、二三の論文を発表しただけでなく、一四のシンポジウムでレクチャーもおこなっていた。さらに、ふたつの特許も登録しており、そのうちひとつは波長可変赤外レーザーに関するものだった。ちょっとした天才と言えるだろう。手紙は、ニューヨークのグローヴァー・クリーヴランド・〝クリーヴ〟・バクスターという、嘘の発見を専門とする元ＣＩＡ分析官宛てだった。この一通の手紙が、彼の人生を大きく変えることになる。

パソフは、物理学でまだ解明されていない重大な問題のひとつに答えを出そうとしていた。「私は〝生命とは何か？〟だけでなく、〝なぜ生命があるのか？〟という問題に関心があった。物理理論で生命現象を説明できるか考えていたんだ」と、二〇一五年に語った。バクスターが先ごろおこなった実験は、この探求を興味深い新たな方向に導いてくれそうだった。「あのころの私は、量子生物学の研究にいくばくかの助成金をもらおうとしていたからね」

一九七二年当時、パソフはSRIの期待の星だった。シリコン・バレーを拠点とするSRIは、ランド研究所〔カリフォルニア州サンタモニカに本部を置く国防総省が支援する戦後初のシンクタンク〕に次ぐ第二の規模を誇る国防総省《ペンタゴン》の研究機関だ。一九四六年に創設され、年間運営予算七〇〇〇万ドル（二〇一七年の換算で約四億ドル）をもとに広範な科学研究をおこなっていた。二六〇〇人の職員のうち、博士号保持者は四〇〇人以上に及ぶ。パソフは小柄で、思慮に富み、穏やかな口調で話した。よく目の下に腫《は》れぼったいくまを作って研究室に現れたので、尻が大きいのを除けばミック・ジャガーにそっくりだ、と言う同僚もいた。

レーザー科学者として働くようになる前は、アメリカ海軍情報部に所属していた。海軍予備役の青年大尉として、超高速コンピュータを使う機密の暗号解読計画〈プロジェクト・ライトニング〉に従事するため、国家安全保障局に出向していたのだ。政府の極秘任務にかかわるのは面白かったが、軍で伝統的なキャリアを追求するのは向いていないと判断し、量子物理学に目を向けはじめた。この深遠な概念には、量子もつれ《エンタングルメント》〔ふたつ以上の粒子や系が量子力学的に相関を持っていること〕、ゼロ点エネルギー〔絶対零度においても原子が不確定性原理のために静止せずに、一定の振動をする場合のエネルギー〕、量子理論が生物学的な生命現象を説明する可能性——なぜ生命があるのかという質問——などが含まれていた。

一九七二年は、ペンタゴンとつながりのあるアメリカの物理学者にとってまたとない好機だった。

一九五〇年代に主流だった国防問題へのハードサイエンス的アプローチは廃《すた》れはじめていた。「第二次世界大戦後、科学はテクノロジーの波に飲みこまれた」と、パソフは言う。「機械化と装置を基盤にした、生物とは関係のない物理学ばかりが重視され、この学問について哲学的に思索することがなくなった。ほとんどの科学者は、アメリカの物理学者リチャード・ファインマンの〝黙って計算しろ〟という量子力学の一般的な解釈に黙々と従っていた」。一九六〇年代末になると形而上学が、認識、実在、アイデンティティ、原因、時間、空間といった抽象的な概念への関心とともに、少しずつ活気を取り戻した。「おかげで、物理学者が再び生命現象について考えはじめた」とパソフは言う。生物学に関する問題、パソフが「有生物理学」と呼ぶものが復活したのだ。彼のような物理学者は、人間のエネルギーはどこからくるのか、という大昔から繰り返されてきた疑問を問いはじめた。

「量子物理学は、細胞が分裂する理由をはじめとして、まだ生態系における基本的な生命力を説明できていない。だから私は、正規の物理学にはない別の領域と力があるんじゃないかと考えたんだ」。そこで、世界一流の研究所が発表した論文を調べはじめた。その結果、モスクワ大学の理論物理学部長で国家賞を受賞したヤコブ・テレツキーと、コロンビア大学物理学教授のジェラルド・ファインバーグの研究に行き着いた。ふたりともタキオンという亜原子粒子〔原子よりも小さい粒子〕に関する仮説に取り組んでいた。アメリカでは、ニュートリノ、ミューオン、クオークといったそれまで知られていなかった多くの亜粒子原子の存在が証明されたばかりだった。「タキオンは光より速い超高速で運動するが、量子物理学に反しないとされている。だから私が考える別の領域は、もしかするとタキオンの流れのなかにあるんじゃないかと思ったんだ」。その領域あるいは力は、物理学ではわからない。パソフがバクスターに手紙を書いたのは、理論上でしか存在を確認できないタキオンを追求するためだった。

バクスターは科学者ではない。欺瞞を見破る研究や尋問テクニックの専門家だ。もともとは諜報コミュニティの人間で、その世界に二五年以上も身を置いていた。第二次世界大戦中、彼は対諜報部隊（ＣＩＣ）で、薬物を使った敵兵の尋問――自白剤を使って戦争捕虜に軍事機密を自白させる初期の試み――を担当して頭角を現した。終戦後はＣＩＡに加わり、同局の嘘発見器《ポリグラフ》計画を共同で立ち上げた。

ポリグラフは脈拍、呼吸、汗などの測定可能な人間の身体機能の変化によって、ごまかしを見破ることができる。たいていの人間は嘘がばれることを恐れて不安になり、これらの数値に変化が現れるからだ。ＣＩＡの悪名高い「ライフスタイル上の問題」テスト、局員候補者に「あなたは同性愛者ですか？」「ドラッグを常用していますか？」などと尋ねる一連の質問を考えたのはバクスターだ。彼は一〇年にわたってこれらのテストを実施し、応募者の反応をポリグラフで監視した。その後ニューヨークに移り、「バクスター嘘発見スクール」を創設すると、ＦＢＩ捜査官や州警察の刑事にごまかしを見破る術を訓練しはじめた。すぐに警察の鑑定人になり、法廷や議会の委員会で証言するようになった。周囲からは必ず嘘つきを見分ける才能ばかり強調されるが、彼は状況をちがった視点から見る男だった。たとえば、「ポリグラフは嘘ではなく真実を発見するんだ」というように。

一九六六年二月二日の晩、ある経験がバクスターのライフワークの転換期となった。そのときのことを、彼は以下のように語っている。オフィスで遅くまでＦＢＩの難事件に取り組んでいたところ、秘書が購入した新しい観葉植物が目にとまった。そのときふと、植物をポリグラフにかけたらどうなるだろう、とひらめいた。植物は気づくだろうか？　木の葉にポリグラフのセンサー・パッドを取りつけて機器のレベルを設定すると、コーヒーをすすりながら、どんな質問をしようか知恵を絞った。すると、もっといい考えが浮かんだ。もっと直接的な、植物に不安を生じさせるようなことをしてみよう。そこで植物の葉を焼いて、ポリグラフに大きな変化が現れるか見ることにした。

その結果、驚くべきことが起こった。マッチ棒をマッチ箱のやすりの面に擦《こす》りつけようとしたとき、嘘発見器の針が急激に飛躍《ジャンプ》したのだ。大発見の瞬間だった。植物には意識がある、とバクスターは確信した。さらに興味深いことに、この実験は植物に超感覚的知覚（ＥＳＰ）があり、ほかの生物形態と交信できることを示唆していた。植物はバクスターがマッチを擦ったことで焼かれると気づき、測定できる変化で反応したのだ。彼はこの発見を「植物生命における根源的知覚《プライマリー・パーセプション》の証明」にまとめ、一九六八年にインターナショナル・ジャーナル・オブ・パラサイコロジー〔ニューヨークの超心理学財団が年二回発行する学術誌〕で発表した。そして実験の結果を「バクスター効果」と名づけた。ほどなくして、この実験は戦略事務局（ＯＳＳ）元将校のピーター・トムプキンズと、ＣＩＡ工作員のクリストファー・Ｏ・バードというふたりのジャーナリストによるベストセラー『植物の神秘生活』（新井昭広訳、工作舎）のテーマとなる。

懐疑論者と科学者は、バクスター効果を徹底的に酷評した。そもそも植物には神経系がない。彼のやり方は素人的で、この分野の経験がない。それが彼らの主張だった。実際、バクスターは科学者ではなく、実験は科学的手法を順守していなかった。二〇一七年の時点でも、この実験は厳格な研究室の管理下で再現できていない。しかし、植物に知覚力があるという考えは一部の人々を触発し、可能性を検討しようという気にさせた。実際のところ、生涯植物を研究したチャールズ・ダーウィンは、根端（細根）が「ある種の下等動物の脳のように作用する」と述べている。バクスターは批判にくじけず、実験の正当性を主張した。「新しい考えに対する大きな抵抗など知ったことか。私には素晴らしい味方がいる。それは、母なる自然だ」

パソフが手紙を書いたころ、バクスターの実験はさらに拡大していた。最初の実験のあと、彼は観葉植物をふたつに切断し、葉の部分を別の部屋へ移動した。その部屋で葉を燃やして、元の部屋にある残った部分のポリグラフの反応に距離が影響を及ぼすか調べようとしたのだ。その結果、植物の恐れを表現したり心を読む能力は距離に制約されない、という結論を導き出した。この実験が、パソフの注意を引いたのだった。

「私も同じような長距離実験をしたいと思っていた」とパソフは思い起こす。それまでの一年間、彼はタキオンを追求する国際的な科学者の研究を追跡していた。「物理学者はタキオンを探し求めてあらゆる種類の実験をしていた。でも、宇宙線実験、加速器実験など装置を基盤にした無生物理学実験ばかりだった。有生物理学の生物有機体には誰も着目していなかった」。それに注目したのがバクスターだったというわけだ。「私が考えたのは、藻《そう》類を培養してふたつに分割し、約八キロ引き離したうえで片方の培養組織をレーザーで焼き、もう一方の培養組織が反応するか見ることだった」。パソフはこの実験で、ふたつの疑問に答えを出そうとしていた。「ひとつ目は、有機体は距離が離れていても本当に交流するのか、というものだ。もし答えがイエスなら、ふたつ目の問いは、タキオンの存在が有機体の通信方法の答えになるだろうか、になる」

手紙を書き終えると、バクスターに意見を聞くために、自分が提案する藻類培養実験のコピーを同封した。手紙は、一九七二年三月に届けられた。そのころには、バクスターは新しいESP実験に入っていた。今回は人間と植物を使っていた。人間の被験者は、ダグラス・〝インゴ〟・スワンというアーティストだ。彼は、超能力者《サイキック》でもあった。

スワンは、本人の話によれば、三歳のときから変わった子供と見られていたという。コロラド州テルライドで育った少年は、「二倍、三倍どころか四倍も変わっていた」。予兆を経験したり、周囲の人たちのオーラを見ることができた。また、目を閉じて夢幻状態に入ると、自分の身体を抜け出して別の場所へ行くこともできた。母方の祖母も「霊感のある人間《センシティヴ》」で、スワンの状況を理解し、受け入れていた。家族は彼に、勉学に励み、芸術の才能をみがいて、「自然に起こる知覚と認識の変化」を仕事に振り向けるよう勧めた。スワンはソルトレイク・シティのウェストミンスター・カレッジで生物学と芸術を両方専攻し、一九五五年に卒業した。科学者になって遺伝子研究の博士号を取るつもりだったが、その代わりにアメリカ陸軍に入隊して、韓国に三年間駐留した。

一九五八年に除隊後はニューヨークに居を移し、アーティストを目指した。その後一二年間、生活のために国連事務局のオフィスで事務員として働き続けた。しかし夜と週末は作品制作に情熱を注いだ。画家であり、壁画家であり、上流社会のエンターテイナーでもある伝説的な女性ビュエル・マレンと知り合ったのも、ニューヨークの美術界でのことだった。

マレンは有力者の輪のなかにいた。世界の名だたる指導者の肖像画を描き、顧客にはアイゼンハワー大統領や蔣介石《しょうかいせき》夫人もいた。「彼女は、セントラル・パーク・サウスにある豪華なスタジオで、着席形式の大きなディナー・パーティーを開くのが好きだった。スタジオには背の高い窓があって、セントラル・パークを一望できた」と、スワンは未発表の自伝に書いている。「彼女のお気に入りのテーマのひとつが心霊現象だった」。スワンは驚きを覚えたという。「人生で初めて、金持ちや政治家、ウォール街の金融関係者、文化的指導者《グル》、それに多大な権力を持つ人たちにサイキックのひそかな需要があることを目《ま》の当たりしたからだ」。もっと驚いたのは、彼らの多くがESP実験に資金を提供していたことだ。クリーヴ・バクスターも、その恩恵を受けていた。これは、二〇年前にアンドリア・プハーリッチがラウンド・テーブル財団を創設した状況とよく似ていた。

スワンは、マレンが主催するパーティーのひとつでバクスターと知り合った。ふたりはすぐに意気投合した。スワンはバクスターに彼の研究室を訪れてもいいか尋ねた。のちの回想によれば、「植物が人間の思考に反応するのが見たかった」からだ。また、当時は芸術活動に専念しようと国連の仕事を辞めたばかりで、人生の岐路に立っていた。生活費を稼ぐために、超能力研究の実験台を引き受けていた。ほとんどはアメリカ心霊研究協会（ASPR）からの依頼だった。ASPRは、一九八五年に哲学者にして医師のウィリアム・ジェームズが創設し、この種の組織ではアメリカでもっとも古い歴史を持つ。オフィスはダコタ・ハウス〔マンハッタンのアッパー・ウェスト・サイドにある高級集合住宅〕の裏手にある、西七五丁目五番地の美しいブラウンストーンの建物にあり、たいそう豪華な場所だった。が、スワンはＡＳＰＲに協力するのを嫌っていた。協会のメンバーはたいてい狭量で〝お高くとまって〟いて、それは官僚的な了見の狭さと、超能力を持つ者と持たない者を決める自分本位な判断によって支えられていた。

　ＡＳＰＲでスワンの実験をしていたのは、カーリス・オシスという「臨終の光景」を専門とするラトヴィア生まれの研究者だった。アメリカ陸軍が一九五二年にはじめた、ネコを使った機密のＥＳＰテストに参加した人物だ。あのときオシスは、デューク大学のＪ・Ｂ・ラインの超心理学研究所で研究者として働いていた。現在は、スワンを使って体脱体験（ＯＢＥ）、別名〝旅行透視《トラベリング・クレアボヤンス》〟の実験をおこなっていた。オシスが考案した実験手順は次のようなものだった。まずスワンがＡＳＰＲのオフィスにある寝椅子に坐り、冷蔵庫くらいの大きさのベックマン・ダイノグラフという機械につながれる。この機械が、彼の生理学的信号を磁気テープに記録する。部屋の向こう側には、天井からトレーが吊《つ》るされている。その後、オシスのアシスタント、ジャネット・ミッチェルがなかに物を隠した箱を持って部屋に入ってくる。仰々《ぎょうぎょう》しく梯子をのぼって、スワンから見えないところにあるトレーに箱を乗せる。それが終わると、実験開始を伝えるのだった。

「私に期待されていたのは、体脱して天井まで浮遊し、自分の肉体を離れた〝目〟で吊るされたトレーの上の隠された標的《ターゲット》を上からのぞき見ることだった」と、スワンは書いている。ミッチェルには「あせらないで、ゆっくり時間をかけて。緊張すると血圧が上がって、脳波に影響してしまうから」とよく言われた。しかし、箱のなかはすぐに〝見えた〟という。問題は、見た物をことばで言い表すのがきわめて難しいことだった。オシスはこれを承服できず、腹を立てた。スワンの説明では不十分だ、と文句を言った。そこでスワンはペンを貸してもらい、見た物を口で説明する代わりに絵に描いた。彼の絵を見たオシスとミッチェルは興奮した。興奮のあまり、これらの実験を厳格な条件を設定した実験室環境で再現し、アメリカ心理学委員会に評価してもらう、と息巻いた。

スワンもこの実験結果に興味をかき立てられたが、オシスたちとはちがう理由からだった。以下は彼の日記の記述だ。「心霊研究と超心理学では、サイの被験者（サイキック）は、心を落ち着かせてからイメージが浮かぶまでに時間が必要だ、という通説または噂がある」。まるで、ターゲットを識別するには時間がかかるというように。歴史を振り返っても、霊媒がこめかみをさすったり、水晶の玉を一心に見つめてESPが現れるのを待つイメージがある。「ASPRの実験に関しては、こうした考えがまったく事実ではないことに気づきはじめた。ターゲットに集中した瞬間、もうそれが見えた、あるいは、見えることがわかったからだ。最初に気づいたのは、（それ以前におこなった）非公式な長距離実験をしたときだ。ジャネットに脳波を記録する準備ができたと言われた瞬間、もう意識がターゲットに飛んでいた。その後、体脱体験でもほかの実験でも同じだったことに気がついた」

オシスの実験のおかげで、スワンはそれまで意識していなかったことがわかった。超能力は、光の速さで生じるのだ。少なくとも、比喩的にはそういうことだ。彼はこれを「サイ・シグナルのスピードまたは速度」あるいは、「サイ・シグナルの瞬間的接続」と呼ぶことにした。ASPRのメンバーにも伝えてみたが一蹴《いっしゅう》された。きみは科学者ではなく、博士号も持っていない、と彼らは言った。「私の言うことは、誰にもわかってもらえなかった」。が、バクスターはちがった。「ハル・パソフという物理学者から研究計画書のコピーを受け取ったところだ。彼はスタンフォード研究所で似たような仮説を追求している」と教えてくれた。

スワンはパソフに手紙を書いた。パソフはそのときのことをこう振り返る。「有生の物理学と無生の物理学の境界を研究したいなら、超心理学的な実験を考えるべきだと書かれていた」。手紙は、過去にニューヨーク市立大学の研究室で彼が参加して成功したというサイコキネシス（PK）実験にも言及していた。その実験は、ハーバード大学の博士号を保有する実験心理学者で、ヒツジとヤギという超心理学の概念で有名なガートルード・シュマイドラーが実施したものだった。

パソフはさっそく返事を出し、カリフォルニアにきてSRIの研究室でテストを受けるようスワンを招待した。実験はファラデー・ケージを使い、研究室の厳重な管理下でおこなうつもりだ。アメリカ史上初めて、心理学者や超心理学者ではなく物理学者の視点から超能力の作用を調べることができる、と。スワンは、考えてみると返事をした。内心では、軽はずみなことをしてしまったと後悔し、日記にもそう書いた。パソフの申し出に怖気《おじけ》づいてしまったのだ。

翌月の一九七一年四月二六日、ASPRは「インゴ・スワン、カーリス・オシス博士、体脱体験研究」を称《たた》える大がかりなレセプションを開催した。会報には、アメリカ心理学委員会の独立した評価者《ジャッジ》（その女性はESPがらみの体脱体験とは知らなかったとされる）が、スワンが視界から隠された物を正しく絵に描き、その絵が本物と一致していたこと、的中率が一〇〇パーセントと偶然をはるかに上回る確率だと断定したことが書かれている。ふたり目の評価者が再テストを求めると、スワンはまたしても一〇〇パーセントの正解率を叩き出した。テストの結果はアメリカ心霊研究協会ジャーナルにトップ記事として掲載予定で、その晩の盛大なイベントは画期的な成果を祝うためだった。

会場の外の案内板には「インゴ・スワンを称えるレセプション――芸術における拡張された意識。スワン氏は、ASPRのさまざまな体脱状態実験に貢献してきました」と、書かれていた。招待客はスワンの作品を鑑賞し、X線の目を持つ彼に会えると言われた。大勢の記者が招待され、ゴシップ欄担当記者も招かれた。しかし、スワンの胸中は複雑だった。生来内気で、人目を気にする性質《たち》だったのだ。そのころの日記では、体重がかなり増えたことを嘆いている。「ものすごく太ってしまった。太りすぎて、国連事務所時代のスーツは十数着もあるのにひとつも入らない。レセプションの前の週は、痩《や》せるために液体プロテインしかとらなかった。着替えているあいだじゅう、ギロチンに志願するような気分だった」。しかし、しばらくすると「かまうものか」という投げやりな気分に変わった。「いやいやながら服に身体を押しこむあいだに、葉巻を一〇本吸って、ウォッカのソーダ割りを五杯流しこんだ。そういうわけで、レセプションに着いたときは予定時間を三〇分も過ぎていた」

一九七二年当時、体脱体験は世間の流行だった。その晩のイベントも大盛況で、大変な数の人々が押し寄せた。翌朝の地元の新聞は、スワンをニューヨークの「スーパー・サイキック」「サイのスーパーマン」とこぞって称賛した。だが、どの記事にも表と裏があることに、ほどなくしてスワンは気がついた。「私は大酒のみで放蕩《ほうとう》にふけり、アルコール依存症で、同性愛者にされていた。結婚してなかったから〝まちがいない〟と決めつけられたんだ」。あるゴシップ欄担当記者は、スワンがセックス小説を書いていることに言及し、彼をポルノ作家ではないかと憶測した。クリーヴ・バクスターと一緒に「生物学的薬剤」を使ってサイ実験をしていることが漏れ伝わると、噂は一気に猥雑《わいざつ》になった。「バクスターが、どのように、誰から、どのような状況下で被検物を手に入れたかでゴシップ欄はもちきりになった」と、スワンは嘆き悲しんでいる。

メディアの誹謗中傷にはひどく落ちこんだが、そのおかげで踏ん切りがついた。スワンはSRIに行って、本物の物理学者にテストしてもらおうと決意した。ダブル・スタンダードとゴシップまみれのニューヨークのことは忘れよう。自分のESP能力が本物であろうとなかろうとどうでもいい。科学的なテストを受けて超能力が実在するとわかれば、汚名をそそぐことができる。もし失敗しても、それまでと同じように社会の片隅に戻るだけだ。ESPが想像の産物や偶然であり、何世紀も言われ続けてきた不名誉な評価が正しいと証明されたら仕方がない。リスクを承知でやってみることにした。実際、ほかに失うものなど何がある？　彼はパソフの招待を受けた。日記によれば、唯一の問題は太って服がないことだった。この際、これまでの考え方も捨ててしまおう、と決めた。自分の身体と、自分自身に関する考え方と感じ方も変えるのだ。

「ASPRのレセプションのあと、晩餐会やパーティーへの招待状が次々と舞いこむようになった。多くは私が知りもしない人からだったが。おおかたこのゴシップの塊のような変わり者がどんなやつか見物したかったのだろう。みんなが私をよくあるステレオタイプに当てはめようとするのを観察するのが、少しずつ面白くなってきた。そしてどのタイプにも当てはまらないようにふるまうことで、ささやかな復讐をした」。こうして、蛇が脱皮をするように、新しいスワンが生まれた。普通の服がまったく入らなくなったので、「古着屋で新しい服を買って、どこへ行くにも堂々とそれを着た。けれどそういう服はたいてい宗教がかったものか、警官の制服か軍服のいずれかだった。こうした服と普段着を組み合わせて、晩餐会やパーティーに着ていった。普通じゃないことを期待されてたから、その通りのイメージを演出するのが楽しかった」

そんなふうにふるまうことで、スワンは自由になった。他人にどう思われるかを気にしすぎる以前の自分から解き放たれたのだ。「それまでは、変わり者と思われないように必死だった。今はもうちがう。〝変なやつでいないようにするなんてくそくらえだ。しばらくは素のままでいようじゃないか〟と考えたんだ」。そして、普段着に「てんでばらばらのコスチュームの要素」を加え、幾通りもの新しい着こなしで人前に出はじめた。

一九七二年六月、スワンはSRIでテストを受ける覚悟を決めて、意気揚々とカリフォルニア行きの飛行機に乗った。サンフランシスコ空港に到着したときの服装は、上から下まで白づくめだった。白いカウボーイ・ブーツに白いズボン、修道服のような袖の広いゆったりした上衣。皮肉なことに、出迎えたパソフは彼の格好にほとんど気をとめなかった。とめたとしても、動じたりしなかった。SRIはサンフランシスコから三〇分ほど南にあり、一九七二年当時、そこは世界のヒッピーの中心地だった。

SRIの物理学者たちは、サイキックとかかわらないようパソフに警告した。ESPを持つと主張する者は、いかさま師か情緒不安定かその両方だと彼らは言った。パソフはその警告を心にとめておいたものの、テストを中止しようとはしなかった。代わりに、ごまかす余地のまったくない絶対確実なPK実験をしようと決めたという。彼は当時をこう振り返る。「私は、地球上でもっとも厳重に防御された装置のひとつを利用できた。それは、クオークという亜原子粒子を見る、超電導シールドされた磁力計だった。クオークは原子核を構成する陽子などの核子の構成要素だが、一九七二年はまだ原子核の外で観測できないと仮定され、探求が進められていた。スワンのPK実験のために借りたクオーク検出器は、磁場中での崩壊を調べるように設計された、きわめて精度の高い機械だった。パソフの仲間のスタンフォード高エネルギー物理学研究所のアーサー・ヘバードがクオーク実験のためにそれを利用できたので、彼にかけあって借りられるようにしたのだった。CIAが機密解除した文書によれば、その磁力計は海軍研究局との契約のもとに開発された、「超電導量子干渉素子《スキッド》（SQUID）の一種」だったという。当時は、ヴァリアン・ホール物理学ビルという「建物の地下（地下室）深くに」設置されていた。

SRIはサンフランシスコ湾の最南端に位置し、レーヴンズウッドと呼ばれる緑豊かな公園の端にあった。政府出資の多くのプログラムがここで実施されており、どれもアメリカの軍と諜報コミュニティの科学技術的な取り組みの最先端を行くものばかりだった。ARPAネット〔今日の世界的なインターネットの起源〕の最初のノードのひとつだったSRIには、人工頭脳《サイバネティクス》研究部門と人工知能部門があり、世界で初めて人間の脳を直接コンピュータにつなぐことに成功して歴史的な偉業を成し遂げたばかりだった。五〇年以上にわたって近くにあるスタンフォード大学の一部だったが、SRIの資金の大半が国防総省《ペンタゴン》から提供されていること、つまりベトナム戦争における兵器開発のパートナーであることに学生が抗議したため、大学の理事はSRIとの関係を断たなければならなかった。パソフと研究所の構内を歩くスワンは、多くの窓に板が打ちつけられ、鉄格子《てつごうし》がついているのに気がついた。

ヴァリアン・ホールに入ると、磁力計のある地下へ向かって階段を降り、長い灰色の廊下を通って、耐震設計であることを示す明るいオレンジ色の支柱がある部屋に入った。天井には管と電線管が這《は》い、通気口が設けられ、まるで工業技術の研究所のようだった。パソフがヘバード、マーティン・リー、六人の博士号取得候補者を紹介した。全員がこのテストの証言をするためにやってきていた。スワンは彼らと握手を交わした。一同の注目を浴びて、自分が場違いなところにきてしまった気分になった。

部屋の片隅にはチャート式記録計があり、ロール状の巻き取り紙の上でペンが整然と動き、何かを記録していた。磁力計は、一般的に言えば直線を、技術的に言えば振動波線を規則正しく記録していた。ヴァリアン・ホールまでの道すがら、パソフはスワンにしてほしいことを説明していた。それはバクスターやシュマイドラーに協力したときと同じように、サイコキネシスで磁力計を攪乱することだった。しかし、室内を見渡したスワンは、磁力計がどこにも見当たらないことに気づいた。テストをはじめる前に磁力計を見せてほしいと頼んだ。

「磁力計はきみの真下だ」と、パソフは言った。その機械は今立っている場所の約一・五メートル下にある、と誰かが教えた。コンクリートに埋められているのだと。

　二〇〇〇年にＣＩＡに公開された機密文書によれば、このとき科学者のひとりがクオーク検出器の仕組みを説明したうえで、クオークを探す機能は一時的に止められていると告げた。さらにチャート式記録計を指し示して、磁力計は一時間前から乱れ《ノイズ》なく動き続けており、そのため記録計は絶えず規則的に振動して波線を描いていると言った。スワンは、機械の形状だけでも教えてほしいと頼んだ。そうすれば、せめて心に思い浮かべることができる。別の科学者が次のように説明した。装置の設計は公表されていないので、どのような外観なのか誰も知らない。この磁力計について唯一わかるのは、ジョセフソン接合という、きわめて薄い絶縁膜を用いたふたつの超電導体の接合部分が含まれていることだけだ（この構造は、イギリス人物理学者ブライアン・Ｄ・ジョセフソンにちなんで名づけられた。ジョセフソンは一九七三年にノーベル物理学賞を受賞し、ＥＳＰの積極的な支持者になった）。

「どれだけ不快な状況かすぐにわかった」と、スワンはのちに思い起こす。「実際に見ることもできず、地下のどのあたりに埋まっているかもわからない〝ターゲット〟を〝つっつけ〟と言われてたんだ」。周囲を見渡すと、九人の証人全員が自分をせせら笑っているように見えた。パソフがこのときのことを振り返る。「彼は激怒したよ。怒りの矛先《ほこさき》は私に向けられた」。ヴァリアン・ホールにくる道すがら、被験者が実験前に十分な情報をあたえられることが望ましいと話していたばかりだったからだ。自分ははめられたのではないだろうか？　スワンはそれを恐れていた。失敗して笑い者になるのはごめんだった。

「見えないものをどうやって動かせって言うんだよ？」。真面目な状況にしてはいささか荒い口調で食ってかかった。

パソフはスワンをなだめようとした。「きみは抜け道のない実験を望んでいただろう？　これがそうだよ」。確かにいかさまのできないテストだった。スワンが磁力計の磁場に影響をあたえれば、チャート式記録計に記録されるはずだ。スワンにもほかの誰にも磁力計に触れたり近づいたりはできないのだから、影響をあたえる唯一の方法はPKと呼ばれるものを使うしかない。

「私は怒っていたが、ばかではなかった」。心のなかで選択肢を秤《はかり》にかけた。もし立ち去れば、ここにいる九人が彼がしっぽを巻いて逃げたと証言するだろう。すでにニューヨークでメディアの洗礼を受けていたので、それがどんな気持ちか身に染みていた。それに、もしここで退室すれば自分の科学的な実験の結果は永遠にわからない。「だから、バクスターの研究所でしたように探り・・はじめた――それが何を意味するかは知らないが」

数分間、ありったけの精神力を集中させた。チャート式記録計には何の変化も起こらなかった。ゼロ、無だ。スワンは視線を上げた。博士号取得候補者がふたり、にやにや笑っているように見えた。

スワンは紙を一枚くれと言った。攪乱すべき磁力計に集中できるように、スケッチを描きたいと説明した。誰も紙を持っていなかったので、パソフが床の上で山になった記録計のプリントアウトを一枚破り取った。スワンはそこに心の目で見た磁力計をスケッチしはじめた。一分ほどたって、描いたものを指さしてこう尋ねた。「これってジョセフソン接合かな? もしそうなら、とてもはっきり見えてると思う」

スワンがそう話したとき、チャート式記録計のペンが小さくピクッと動いた。「全員の視線がいっせいに機械に注がれた」と、パソフは振り返る。記録用ペンの動きが一瞬、止まった。それから「またぶれはじめた」。今度は、それまで途切れなく記されていた規則的な波線よりずっと大きかった。およそ一〇秒ほど、ペンはふたつの大きな波線を記録した。

「なんてこった」と、誰かがつぶやいた。

「あれがそうなのか?」。スワンは、波線を指で示して訊いた。

パソフとリーがひそひそ声で話しはじめた。スワンが見たところ、ヘバードは顔が青ざめていた。

「もう一度できるかね?」と、パソフが尋ねた。

スワンは、やってみると答え、意識を集中させた。ペンがまた動いた。「嘘だろう?って心のなかでつぶやいたよ」と、パソフはのちに語った。

記録計のほうに歩いていくと、パソフは記録紙を引き出した。科学者は全員スワンのそばに立っていた。誰もチャート式記録計に触れていない。それなのに、磁力計の何かが乱されたのだ。彼はのち

レーザー物理学者のハロルド・パソフ（左）は、CIAに雇われてESPとPKの機密研究プログラムを運営した。最初の被験者のひとりはインゴ・スワン（右）というニューヨークのアーティストだった
Collection of Hal Puthoff

に次のように書いている。この事実から引き出せる結果はただひとつだ。インゴ・スワンが「被験者とこの環境のあいだに起こる既知の相互作用以外の」なんらかの手段で、超電導シールドされた磁力計を攪乱したのだ。たった今目撃したことの証人として、パソフはリーとヘバードにチャート用紙への署名を求めた。ふたりの物理学者はサインした。その瞬間、室内がざわめきに包まれたのをスワンは覚えている。博士号取得候補者のひとりが、突然怯《おび》えたように部屋から駆け出すのが見えた。あわてるあまり、彼は出ていく途中でオレンジ色の太い支柱に頭をぶつけた。

たった今起きたことは、彼らが当時理解していた科学の原理を否定していた。パソフによれば、不可解な現象はひとつだけではなく、ふたつ起きたという。「まだ特定されていない通信チャネルによる情報の受動的認識」と「実験装置の作用の能動的攪乱」だ。

その晩、パソフ、彼の婚約者のエイドリアン・ケネディ、スワンの三人で、実験の成功を祝ってアイスクリームを食べに出かけた。スワンはチョコレート・ミルクシェイクを飲んだあと、ストロベリー・ミルクシェイクをおかわりし、最後に五つのフレーバーのアイスクリームが入ったサンデーをたいらげたのを覚えている。食べ終えると、ヴァリアン・ホールの地下の研究室に戻った。ヘバードは、クオーク検出器が故障していないことを確認するため、機械を作動させたままにしていた。検出器がPK実験の結果を記録してから数時間がたっていたが、実験後のチャート式記録計のシグナルに乱れは見られなかった。規則正しく振動する細い波線が、途切れなく続いているだけだった。

スワンがニューヨークに戻るときがきた。空港まで送りながら、パソフは二度目の実験のために戻ってくる気はないか、と尋ねた。「とんでもない」とスワンは答えた。磁力計実験の結果はASPRコミュニティを通して広まり、彼のささやかな復讐心も満たされるだろう。「今の栄光で満足していた。最高の気分だった」と、日記に書いている。カリフォルニアに戻ってくるつもりはなかった。SRIになじめそうになかったし、彼にはカリフォルニアの陽射しがまぶしすぎた。

パソフは実験結果をまとめて、SRIや東海岸のさまざまな仲間に報告書を送った。数週間が過ぎた。ある午後、オフィスに坐っていると、誰かがドアをノックした。「その日は誰とも約束していなかった」と、彼は振り返る。ドアを開けると、「私の磁力計実験報告書のコピー」を持ったふたりの男が戸口に立っていたので驚いた。

「ふたりの証明書にはCIAの職員と記されていた。彼らは私が以前、海軍情報部の将校だったこと、その後国家安全保障局に軍属として数年間在籍したことを知っていて、率直に話ができると考えたようだ」。パソフはふたりをオフィスのなかに招き入れ、ドアを閉めた。「諜報コミュニティでソ連政府出資の超心理学研究への懸念が高まっている、と彼らは言った」。それから、欧米の科学者の大半は超心理学をばかばかしいと考えているが、ＣＩＡはこのテーマをハードサイエンスの視点から調べたい、と続けた。

「そのために目立たないように機密研究ができる学術研究機関以外の研究所を探していて、ＳＲＩはその条件に適《かな》うようだった」。ＣＩＡの男たちは、スワンを使って数カ月以内に一連のＥＳＰ実験を追加実施できるか尋ねた。シンプルな実験でよいという。「実験の結果が満足できると判明したら、試験的なプログラムを検討してもらえないだろうか？」。パソフは喜んで承諾した。

八月になると、前回固辞したにもかかわらず、スワンはＳＲＩに戻ってきた。ふたりのＣＩＡ情報アナリストもやってきて、スワンには「東海岸の科学関係の仲間」と紹介された。チームはスワンを遮蔽されたファラデー・ケージに入れて、箱のなかに小さな事務用品を隠し中身を当てさせる一連の透視実験をおこなった。昼休み、ＣＩＡアナリストのひとりが手順を変えようと思いたった。密封された箱の中身はすべて事前に選ばれていたからだ。もし不正がおこなわれているなら、パソフかＳＲＩの誰かがスワンのいかさまに手を貸せる。それを防ぐために、即興の不正防止テストをこしらえたというわけだ。アナリストはＳＲＩの庭に出ると、小さな茶色い蛾《が》を見つけた。その蛾を捕まえると、生きたまま箱のなかに入れ、ふたを閉めて密封した。その箱をスワンが待っているファラデー・ケージへ持っていった。

「なかに何が入ってるかわかるかね？」と、ＣＩＡ職員が言った。

CIAの超能力研究プロジェクトのふたり目の被験者はユリ・ゲラーというイスラエルの元兵士だった。その実験結果は「スワン＝ゲラー効果」と呼ばれ、20年以上に及ぶ政府の秘密の研究および作戦がはじまるきっかけとなった
Collection of Uri Geller

スワンは箱をじっと見つめた。ＣＩＡが機密解除した写しによれば、スワンはこう言った。「小さくて茶色くて不規則な形のものが見える。木の葉か、それに似たようなものだ」。スワンはことばを切ってから、こう続けた。「でも、まるで生きてるみたいだな。いや、本当に動いてる！」。アナリストが箱を開けた。ふたの裏には、小さな茶色い蛾がしがみついていた。

二週間後の一九七二年一〇月一日、ＣＩＡはＳＲＩに四万九九〇九ドルで八カ月間の研究プロジェクト契約を発注した。極秘に分類されたその計画には、目的を隠すために〈生物学的領域測定計画〉という曖昧な名称があたえられた。パソフの同僚のラッセル・ターグという、ずいぶん前から超心理学に興味を持っていたレーザー物理学者が助手として投入された。

　パソフはまだ知らなかったが、この契約はユリ・ゲラーもＳＲＩに連れてきて、ＣＩＡに代わって実験するためのものだった。実験の結果は「スワン＝ゲラー効果」と呼ばれ、その後二〇年以上にわたって続く政府の極秘超能力研究のきっかけとなる。

第九章 懐疑論者対CIA

スタンフォード研究所（ＳＲＩ）でおこなう超能力者《サイキック》を使ったプログラムにそなえて、ＣＩＡは基本原則と職員の適切な姿勢を定めることにした。機密解除された覚書は、以下のように表明している。

「超常現象《パラノーマル》と言われる」世界は物議を醸しやすい分野であり、科学では説明できず、局員の大半が容認したがらない不思議な領域である。「超常現象そのものを追求することはわれわれの仕事ではないが、不遜《ふそん》な態度で臨まないように注意すること。いかなる問題についても客観性を欠くとそのような態度になる」

〈生物学的領域測定計画〉という婉曲的な名称が承認され、資金が提供されると、ＣＩＡの技術支援室と研究開発室（ＯＲＤ）は、「超常現象と言われるさまざまなものの研究の下地を整えるために、非公式な予備会議」を企画した。招集された者は、このように告げられた。「会議は目立たないように開催し、出席者、そしてこの会議と研究案を知る者も限定したい」。ＳＲＩのテストは、ただでさえ機密作戦ずくめのＣＩＡのなかでも、特に厳重に守られていた秘密だった。

「会議の基本原則」も定められた。覚書には次のように書かれている。「現段階で諸君が〝信奉者〟でも、〝懐疑論者〟でも、どちらか決めかねていても関係ない。偏見のない科学的な精神により、長年決定的な結論が出てこなかった――今後も出ないかもしれない――問題に取り組むうえで、諸君の助言を求めるだけだ」。CIAは、SRIで実施する超能力研究プログラムで超感覚的知覚（ESP）とサイコキネシス（PK）の長年の謎が突然解けるとは考えていなかったが、そうする努力はいとわなかった。プログラムを成功させるには、適切な態度で臨むことが肝要だった。「事例報告の焼き直しはしない。この現象《フェノメナ》のダイナミクスや意味について、無駄なとりとめもない憶測もしない――そのような会議を成立させたい。ただ偏見を取り去って、（的を射た）疑問に取り組む準備をしてほしい」。また、公平で、規範的な思いこみにとらわれない姿勢を確立することで、よりよい結果を出そうとしていた。「もしこの現象が実証されたら……（CIAの）任務のために、どのように（攻撃または防御に）実用化できるか考えてほしい」と、会議の主催者は述べた。

出席者のひとりに、生命科学局のクリストファー・〝キット〟・グリーンというアナリストがいた。CIAに入局前、グリーンは米国聖公会の神父になろうとしていたが、神学校に入学して二週間で考えなおした。神に仕える代わりに神経生理学の博士号を取得し、その後医師になった。CIAではさまざまな職務に携わった。各国首脳の健康状態と精神的な安定を極秘に評価したこともある。またあるときは、兵器化した毒素が人間の脳の特定の領域にあたえる影響を調べるために、生物学的および化学的な脅威を分析した。「私の専門は法医学だった。科学の専門知識では珍しい分野だ。ごくわずかな、ほとんどが不完全なデータから人の病気や死の原因を突きとめるんだ」と、グリーンは言う。要するに、CIAの諜報員が不審な状況で死亡したら、グリーンが呼ばれて遺体の法医学的分析をおこなうというわけだ。この仕事により、彼はCIAでもっとも大きな名誉であるナショナル・インテリジェンス・メダルを授与された。

「私が関心を持っていたのは、人間行動の限界ぎりぎりで活動する人々だ」と、グリーンは説明する。彼は、宇宙飛行士や潜水艦乗組員の生理など、特殊な状況にいる人間の能力を研究した。各国政府が宇宙と潜水艦で使う最先端の生命維持装置を把握するのも仕事のうちだった。さらに、新たなトレンドを、本格的な動きになる前に分析するために、宗教、神秘主義、超常現象に関する国際会議にも出席した。「私のことを、奇妙な仕事をしてるやつと言う者もいる」

グリーンは一九六九年にCIAに入局し、一九七二年に超能力研究プログラムに配属された。仕事の一部に、SRIで実施するサイキックの医学的検査の監督があった。これには、血液検査から脳スキャン、人格障碍のテストまであらゆる検査が含まれていた。この年にCT（コンピュータ断層撮影）が発明され、脳撮像のおかげで神経科学に多くの素晴らしい機会がもたらされた。アナリストにとって大いに好奇心をそそられる分野だったという。「わたしたちは、並外れた能力を持つ人間の脳の断層写真を撮って、ほかの人間と違うかどうか知りたかった」

一九七二年一一月のユリ・ゲラー到着が間近に迫ると、CIAの期待は高まり、秘密保持がもっとも重視された。グリーンは、CIA長官のリチャード・ヘルムズの任命により、ゲラーの件をじきじきに担当していた。公開された機密扱いの覚書によると、重点的に取り組むべき問題がふたつあった。ひとつはゲラーの名声、もうひとつはアンドリア・プハーリッチの存在だ。プハーリッチは、ゲラーのマネジャーとしてスヴェンガーリ〔ジョージ・デュ・モーリアの小説に登場する、人を操る催眠術師〕のような役回りを演じるようになっていた。悪名高い経歴を考えると、ＣＩＡは彼を局から遠ざけておく必要があったのだ。この問題は、エドガー・ミッチェルが新設したロサンゼルス・マインド・サイエンス研究所（のちにノエティック・サイエンス研究所に改称）を通してプハーリッチとゲラーに支払いをすることで一時的に解決されたが、ゲラーの名声のほうは、そう簡単にはいかなかった。プハーリッチが最初に研究計画書をＣＩＡに提示してから数カ月で、ゲラーは世界的な熱狂を引き起こしていた。彼が行くところには、必ずメディアがついて回った。ゲラーは若くてハンサムで、まだ独身のうえ、かすかにイスラエル訛りの完璧な英語を話した。バーバラ・ウォルターズからブリジット・バルドーにいたるまで、熱烈なファンが世界中にいた。彼らはゲラーのスプーン曲げや読心術、シンプルなテレパシーのパフォーマンスをいくらでも見飽きないように見えた。

アメリカ到着までの数カ月間、ゲラーはドイツの大衆紙ビルトの記者たちとドイツ国内を回っていた。ゲラーを特集する六部構成シリーズの一環として、同紙は彼の超常的な力と言われるものについて、次々と途方もない記事を掲載した。たとえば、ゲラーはバヴァリアのホーホフェルン山のケーブルカーを止めた。シュトゥットガルトの警察署で手錠を曲げてみせた。ミュンヘンのショッピング・モールでは、エスカレーターを停止させた。わずか数カ月で、ゲラーには大勢の熱心なファンができ

CIAのユリ・ゲラー研究資金は、ミッチェルの超能力研究組織ロサンゼルス・マインド・サイエンス研究所を通して支払われた
Collection of Uri Geller

た——その一方で、敵も多数生まれていた。熱狂的な大衆の関心は、彼を追ってアメリカまでついてきた。
何事にもメディアを巻きこもうとするプハーリッチが、CIAの困難に拍車をかけた。ゲラーの渡米後初の面談相手に設定されたのは、ヴェルナー・フォン・ブラウンというアポロ月探査計画の元主任科学者だった。当然のことながら、プハーリッチは記者団も立ち会えるように手を回した。会談中、ゲラーはフォン・ブラウンに金の結婚指輪を外して拳《こぶし》のなかに握るように言った。「彼の手の上に自分の手を置いて、心のなかで〝曲がれ〟と念じた」。二〇一六年のインタビューで、ゲラーはそう思い起こした。あるニュース記事によれば、フォン・ブラウンが拳を開くと、指輪は曲がって楕円形《だえん》になっていたという。

1972年にユリ・ゲラーがアメリカで最初に会ったのはアポロ月探査計画の元主任科学者ヴェルナー・フォン・ブラウンだった。メリーランド州ジャーマンタウンのフェアチャイルド・インダストリーズ社のフォン・ブラウンのオフィスにて
Collection of Uri Geller

「ユリ・ゲラーは私の拳のなかの指輪を、手で触れずに曲げてみせた。これを科学的に説明することは私にはできない」と、彼は記者に語っている。

この一件でペンタゴンの注意を引いたことがもうひとつある。ゲラーが指輪を曲げたあと、フォン・ブラウンは壊れた小型電卓を持っていると告げた。「電池を替えても機能しない。電源がつかないのだ。電子回路が故障しているようだが、きみなら電気システムに影響をあたえられるだろうか？」。フォン・ブラウンが尋ねると、ゲラーは電卓を両手で持ち、意識を集中させた。すると電気パネルが点灯してフォン・ブラウンが驚いた、と室内にいた数人が証言している。この件を知ったペンタゴンのアナリストは、ブリーフィングを命じた。その一部が機密扱いから外れ、「超常現象――ネット・アセスメント・スタディのブリーフィング」という報告書で言及されている。

以下はその引用だ。ゲラーがやってみせたように、「たとえば、大陸間弾道ミサイル（ＩＣＢＭ）の誘導プログラムの電気系統を破壊するためにＰＫを（可能であれば）使う、と考えるのは概念上は難しくないだろう。さまざまな科学的分野の専門家を動員して、これらの現象のいくつかをくわしく分析的に研究しなければならない」。その際、アナリストは次のように警告している。この種の研究に取り組む者は重要な課題に直面する。それは、関係者が事実を「うのみにするか、完全に否定するかに二極化しやすいことだ。このような〝強く信じこむ者〟と〝頭ごなしに否定する懐疑論者〟の子供じみた対立が続くかぎり」、この研究分野はほとんど前進しないだろう。

ＳＲＩでは、ハル・パソフとラッセル・タ－グが科学者の立場でこの行き詰まりを打破しようとしていた。ゲラーが取り巻き（プハーリッチ、ミッチェル、ゲラーの助手で友人のシピ・シュトラングなど）とともにメンローパークに到着するころには「セキュリティが問題になっていた」と、グリーンは思い起こす。ゲラーは外国人であり、一九七二年一一月はアラブとイスラエル間の緊張が高まっていた。ゲラーの渡米がイスラエルの諜報作戦である可能性も考えられるため、到着に先がけてＳＲＩの工学研究室の安全点検がおこなわれた。「天井パネル、壁、家具に盗聴器が仕掛けられていないかすべてチェックされた」のをパソフは覚えている。不審物がないことが確認されたあと、ようやく研究室で実験がはじまった。

パソフとターグは、一九七二年一二月一日から一九七三年一月一五日にかけて、ユリ・ゲラーと九日間の公式実験を実施した。実験はどれもフィルム、ビデオテープ、録音テープで同時に記録された。ふたりによれば、統計的にもっとも有意〔確率的に偶然とは考えにくく、意味があると考えられること〕だったのはサイコロを使った実験だったという。機密解除されたCIAの中間報告書によれば、実験は次の手順でおこなわれた。ゲラーがパソフとターグとともに隔離された部屋に坐り、そのあいだに別室でSRIの研究者が金属の箱のなかに四角いさいころをひとつ入れてふたを閉じる。密封したその箱がゲラーのいる部屋に運ばれると、技術者が振ってから、ゲラーの前のテーブルの上に置く。「それから、ミスター・ゲラーが手を触れずに箱を見て、さいころの上を向いた目を当てる」。科学者たちは次のように報告した。「実験は八回実施され、ゲラーはそのたびに正確に答えた。単なる偶然で同じことが起こる確率は、約一〇〇万分の一である」

　機密解除された別の報告書によれば、ふたつ目の実験はさらに驚くべき結果をもたらした。このテストは、電子的に遮蔽された部屋でCIAの代表者によっておこなわれた。その代表者が、ステンレス製のふたのついた、まったく同じ一〇個のアルミニウムのフィルム容器を一列に並べる。次に、そのうちいくつかに物を入れて、そのほかの缶は空のままにする。なかに入れる物体は、鋼《はがね》のボールベアリングの玉、小さな磁石、水だ。ゲラーが入室し、磁気探知機で全身を念入りにスキャンされる。両手、口、耳の写真も撮られ、電子装置や磁気装置がしこまれてないか調べられる。検査が終わると、ゲラーは透明なガラスのテーブルの前に坐る。実験がはじまるたびに、カメラが彼の両手の動きを、ふたつの異なる角度から記録する。報告書によれば、「彼は片手を缶の列の上にかざすか、ただ見つめた。それから、空っぽだと確信した缶を声に出して知らせた」。空だと思う缶を特定すると、ゲラーはCIAの代表者にそれをテーブルからどけるように頼む。「最後に二個か三個の缶が残ると、ゲラーは（個々の）物がどれに入っているか告げた。水も、鋼のボールベアリングも、小さな磁石も、やすやすと当ててみせた。この実験は一二回おこなわれ、ゲラーは一度もまちがえなかった。これが単なる偶然で起きる確率はおよそ一兆分の一である」

フィルムに収められた別のテストで、CIAは諸条件を管理できる実験室でゲラーがPKを使うのを初めて見ることになった。このとき使用されたのは、一ミリグラムから五〇グラムまでの重さを計る実験室用の高感度天秤《てんびん》（秤）だ。一グラムの重りがひとつ天秤皿に置かれたあと、秤全体がベル・ジャーという釣鐘形の実験用のガラス容器で覆われた。チャート式モニターが秤に加えられる力を絶えず表示し、紙に記録し続けていた。ゲラーが部屋に呼ばれ、電子装置と磁気装置の有無をチェックされたあと、秤を動かしてみるよう指示された。CIAが機密解除した記録保管所の映像で、ゲラーは秤の上数センチのところで両手をかざしている。それから、手をぐっと握りしめると、こめかみのところへ持っていった。この芝居がかったしぐさはのちに彼の特徴となる。「被験者は、まるで天秤皿に力が働いたかのように、何回か秤を反応させた」と、パソフとターグは報告書に記している。「これは、その反応に一致する変位がチャート式記録計に記されていることから明らかだ。これらの変位は、五〇ミリグラムから一五〇〇ミリグラムの増加であった」。ふたりの科学者は以下のように結論づけた。「この実験は、ゲラーがまだ特定されていない方法で秤に影響をあたえる明白な能力があることを示している」

ゲラーがSRIでテストを受けていることは、ペンタゴン上層部にも伝わった。テストは厳格な条件を設定した実験室でおこなう、とパソフとターグが宣言したことも伝えられた。ふたりは、「この分野では昔からいかさまが横行している。そのため、われわれはぺてんを見抜くためにマジシャンのコンサルタントを雇うなど、きわめて念入りな方法を用いた」と、CIA報告書に記した。これに目をとめたのが、ペンタゴンのトップ軍事科学部門である高等研究計画局（ARPA）の人材調査室室長オースティン・キブラー大佐だった。「もしゲラーが本当に本人の言うようなことができるなら、われわれもかかわるべきだ」と述べ、部下にゲラーをテストさせたいと要求した。

さっそくARPAのジョージ・ローレンスというプロジェクト・マネジャーと、ふたりの民間の心理学者ロバート・ヴァン・デ・キャッスルとレイ・ハイマンがSRIへ赴いた。彼らが導き出し、のちにタイム誌が報じた結論は、ゲラーの能力を信じる者は〝ばかげたこと〟に騙されている、というものだった。

CIAは、超能力研究プロジェクトの評価を伝えるARPAのブリーフィングに出席したいと要請した。公表された機密文書によれば、ARPAの実験チームは「実験が成功するという偏見をパソフとターグが抱いているせいで、厳格に管理された実験手順での客観性が損なわれている、と懸念を表明した」という。

ユリ・ゲラー。カリフォルニア州メンローパークのスタンフォード研究所にて
Collection of Uri Geller

ＡＲＰＡの主張はこうだ。パソフとタークは、数十年前にマーティン・ガードナーがＪ・Ｂ・ラインの研究を非難したときと同じ、以下の三つの過ちを犯している。（１）研究がルーズな実験管理システムのもとでおこなわれた。（２）データを曲解している。（３）実験をおこなう科学者（ローレンスとハイマン）の姿勢が、被験者またはサイキック（ゲラー）に否定的な影響をあたえることができたと前提している。結果として、「オースティン・キブラーとジョージ・ローレンスには、ゲラーの偉業が熟練マジシャンの域を超えるとは考えがたい」

ＣＩＡのアナリストは、彼らなりの別の結論に達した。「ＣＩＡに関心があるのは、ゲラーの知覚が感覚的か超感覚的かではなく、彼の能力が利用できるかどうかである」。ＣＩＡがゲラーの研究を続行すると知ったＡＲＰＡのチームは、タイム誌のレオン・ジャーロフ編集主任に連絡を取った。

ローレンスはジャーロフに「ゲラーはいかさま師だ」と告げ、彼の暴露記事を掲載するよう働きかけた。しかし、国防総省職員であるローレンスが許可なく記者と話すことは保全許可に反する。さっそくCIAがこの件を調べはじめた。機密解除された文書によれば、「ジャーレフ（原文ママ）は、（情報）源はARPAのジョージ・ローレンスだと主張するが、ローレンスはタイム誌と話していないという。ジャーレフは、そんなことはありえない、ローレンスとは何度も話した、と反論している」。ペンタゴンの予想は現実になろうとしていた。〝ESPをうのみにする者〟と〝頭ごなしに否定する懐疑論者〟――シュマイドラーのヒツジとヤギ――が子供じみた争いを続け、この研究分野を二極化するかぎり、ESP研究はほとんど前進しないだろう。

しかし、これはほんの序の口にすぎなかった。ARPAと契約した心理学者のレイ・ハイマンと『奇妙な論理』の著者マーティン・ガードナーが、反ゲラー運動で手を結んだのだ。ガードナーはタイム誌に、ゲラーの信奉者を見ているとナチズムの信奉者を思い出す、と語った。「オカルティズム信奉は、デマゴーグを台頭させる風潮を作り出す。これはヒトラー興隆前のナチス・ドイツに起きたこととまるで同じだ」。タイム誌のステファン・カンファー記者は、SRIに非難の矛先を向けた。「（この種の実験を実施する）SRIは破壊されるべきだ。こうやってファシズムがはじまるのだ」と。

人気マジシャンでフーディーニの後継者を名乗るジェームズ・ランダル・ツヴィングゲ、通称ジェームズ・ランディはこの件を個人的な問題と受けとめた。彼は「ゲラーは私の芸術を汚している。そればかりか、人格形成期にある若者の考え方もゆがめている。許すまじきことだ」と憤った。さらに、それから二年かけて三〇八ページのゲラーの暴露本まで執筆した。ランディが何より許せなかったことのひとつが、ゲラーひとりのせいでアンドリア・プハーリッチのような立派な科学者たちのキャリアが台なしになったことだった。「プハーリッチのように学識と知性のある人物が、なぜゲラーの追随者に成り下がってしまったのか？」。彼は大真面目でそう問いかけ、ゲラーが「科学コミュニティでのプハーリッチの権威を完全に失墜させた」と執拗に糾弾した。

この騒動の最中に、グリーンのもとにCIAのオフィスから電話がかかってきた。相手はパソフだった。ふたりはゲラーとSRIをめぐって激化する論争について話し合った。パソフは、ゲラーにESPとPK能力があると今も確信している、と言った。「彼は遠く離れていても物を見ることができるんだ」と。

グリーンは、「いや、そんなことは不可能だ」というような返事をしたと記憶している。

パソフは「今ここに彼がいる」と言うと、ゲラーと直接話をするように頼んだ。グリーンとゲラーは一度も話したことがなかった。パソフはグリーンのことを「東海岸の科学者仲間」とゲラーに紹介し、遠くの物が見える彼の能力に興味を持っていると説明した。さらに、テストをしてみないかと持ちかけた。

ゲラーは承諾し、オフィスにある本を一冊選んでほしいとグリーンに言った。どんな本でもいい。

選んだら、自分の前にデスクの上に開いたまま置いてくれないか。そして、強い視覚的要素が載っているページにしてほしい、とつけ加えた。この電話がかかってきたとき、グリーンはソ連のある生物兵器が人間の脳に及ぼす神経学的影響を極秘に研究していた。そこで、人間の神経系の医学イラストを掲載した本を開き、ページをパラパラとめくり、人間の脳の断面図があるページで手を止めた。

「私はそのページのいちばん上に、"ウイルス感染の構造"と黒い太字のインクで横書きしていた」。それからゲラーに言われた通り、その図を集中してじっと見つめた。終わると、準備ができたとゲラーに告げた。

SRIの研究室で、ゲラーはパソフの横で一枚の紙にスケッチを描きはじめた。数秒後、フライパンに入ったぐしゃぐしゃのスクランブルエッグの塊を描いた、とグリーンに告げたという。「それから彼は、"《構造》"ということばが強く頭に浮かんできた」と言ったんだ」。二〇一五年にパソフも同じようなことを語った。

「キツネにつままれたような気分だったよ」と、グリーンは言う。「私が研究していたものをゲラーはどうやって"見る"ことができたんだ?」。SRIがグリーンのCIAのオフィスをこっそりのぞけたとは信じがたい。彼はそこで極秘の諜報プログラムに従事していたのだから。それに、これは一九七二年の出来事だ。スカイプやフェイスタイムのように動画を送受信できるようになる数十年も前のことだ。それでも、電話がパソフのほうからかかってきたことがグリーンには引っかかった。「しかるべきときがきたら、自分の手でテストをしようと決めた。絶対に不正ができないような状況でね」

　さしあたり、グリーンはパソフとターグが物理学者として出した結論、CIAが覚書で「スワン＝ゲラー効果」と呼んだものを支持した。「われわれは、科学的に説明のつかないいくつかの現象を目にした」と、ふたりは書いていた。本部の幹部も意見を述べた。あるCIA代表者はこう書いた。「超常現象はきわめて慎重に取り組むべき分野であり、きわめて疑わしく、きわめて物議を醸しやすいため、もっともルールに則った世間的なやり方でしか官僚的なシステムを納得させられないように見える。簡潔に言うと、私は現時点ではこの現象を信じているわけでも、信じていないわけでもない――が、ほかの大勢と同じように、人間の性質とその環境についてわかっていることが、まだわからないものに対して（少なくとも質的に）とぼしい、という意見に（哲学的／感情的に）基本的に賛成だ。確率的に、わたしたちが理解していないこの分野に未知の現象がないと信じるよりは、あるかもしれないと信じるほうが簡単に思える」

　最終的に、プログラムを存続させるかどうかはCIAのヘルムズ長官が決定することになった。報告書に目を通し、ブリーフィングに耳を傾けたあと、ヘルムズは超能力研究プログラムには価値があると判断した。SRIとの契約は続行するだけでなく拡大する、と彼は書いている。プログラムの正式名称は〈生物学的領域測定計画〉のままだったが、ヘルムズに宛てた局内覚書では〈超常的知覚《パラノーマル・パーセプション》研究プロジェクト〉と呼ばれた。長官が承認した覚書により、プログラムは目的ごとに四つに分けられた。プロジェクトの五〇パーセントは、ゲラーやスワンのような「〝能力ある〟個人の、作戦への利用機

科学者のラッセル・ターグ（左）とハル・パソフ。SRIにて。ふたりが実施するプログラムは表向きは〈生物学的領域測定計画〉と呼ばれたが、リチャード・ヘルムズCIA長官宛ての局内覚書では〈超常的知覚研究プロジェクト〉と呼ばれていた
Collection of Russel Targ

会」を見つけることに振り向ける。二〇パーセントで、ふたりのような能力を持つ人間を特定できる特徴を見つける。さらにもう二〇パーセントで「超常現象実験の神経生理学的な相関要因を探す（グリーンの仕事）」。残りの一〇パーセントで、実験そのものの正当性を立証する。

特定の人々に超能力という能力がある、という考えは、機密解除されたこの時期のＣＩＡの覚書で何回も繰り返し記されている。これらの能力に力をあたえる謎めいたエネルギーを並行して研究することも提案された。なかには、「超常的知覚現象の基本的性質の解明」も含まれていた。それが実現するまで、ヘルムズは実験責任者のパソフとタークの能力への「確実な信頼」を表明した。

一九七二年のクリスマスの少し前、八カ月の

契約期間がはじまり、スワンがＳＲＩに到着した。彼の滞在は、ゲラーの滞在期間と少しのあいだ重なった。ふたりが張り合っているという噂もあったが、実際はお互いを大いに気に入った。「ゲラーは公の場に出るのが大好きだった」と、スワンは書いている。スワンは相変わらず人目を気にする性分だったので、ゲラーが一時的にでも代わりに脚光を浴びるのを喜んだ。「彼の人並み外れた輝かしさのおかげで、私に集中していたかもしれない世間の否定的な注目が彼に集まった。ゲラーは不思議な存在だった。彼の周りにいると、何をしたり、何を言ったり、何を考えればいいのか、みんなわからなかった」

スワンにとって、ゲラーはサイキックとしてだけではなく、「究極の常識破り」としてもはかり知れない才能の持ち主だった。彼は固定概念に反抗していたと、スワンは言う。すでに神話的な名声を手にしていたが、ほかの人たちと変わらず傷つきやすく、恐れも抱く人間らしさもあった。「はたから見ると、彼はいやがらせにまったく動じないように見えた。鋼のような精神の持ち主のように」。懐疑論者コミュニティがゲラーへの侮辱を増幅させるのを遠目に見ていたスワンは、そう書いている。「ユリは社会や科学界と衝突した。でも、結果は明らかにユリの勝ちだった。彼のおかげで、アメリカだけでなく世界中で超能力研究が完全に復活したのだから」

しばらくして、奇妙なことが起きた。あとから思い返せば、それは単なる偶然とは片づけにくい出来事だった。クリスマスまであと数日に迫ったある晩、スワンとパソフはＳＲＩから約一五キロ南のマウンテンヴュー郊外まで車を走らせた。そろそろＳＲＩのオフィスにクリスマス・ツリーを飾る時期だった。ツリー売場の駐車場で、ふたりは常緑樹を売っている五〇代後半の男と話した。「パトリック・プライスだ」。男はそう名乗って手を差し出した。小柄で五〇代半ば、灰色の顔にかくしゃくとした笑みを浮かべていた。そして、前年にロサンゼルスの会議でパソフを見かけたことがあると言った。さらに、地元の新聞を読んだので、SRIでおこなわれている実験のことも知っていると続けた。パソフとスワンは礼儀正しく微笑んで、それ以上深い話はしなかった。

「もし手伝いが必要なら、なんでもできるよ」と、プライスは言った。

「あんなことを言うなんて妙だった」と、パソフは振り返る。しかし、のちにもっと妙なことが起きる。クリスマス・ツリー売場の出会いは童話のなかの一場面のようだが、やがて彼はCIAの超能力研究プログラムの伝説となり、歴史上もっとも魅力的な特異能力の物語の主人公になる。

第一〇章 遠隔視

CIAの目的である「作戦への利用機会」を見つけるために、パソフとターグはかつて〝旅行《トラベリング》・透視《クレアボヤンス》〟と呼ばれていた長距離テレパシーの一種を実証することにした。というのも、スワンがすでにニューヨークのアメリカ心霊研究協会（ASPR）でこれに成功している、と考えたからだ。臨終の光景を研究するカーリス・オシスと実施した、天井から吊るされたトレーの箱の中身を当てるテストでだ。スワンはこのプロセスを遠隔視《リモート・ビューイング》と呼んでいた。パソフもターグもその名前を気に入った。科学的な響きがあり、オカルトとのつながりを連想せずにすむからだ。まず実験の正式な手順を確立するため、屋外移動遠隔視《アウトバウンダー＝ビーコン》実験というプロトコルを作成した。

その仕組みはこうだ。屋外移動《アウトバウンダー》チームというふたりの科学者または研究者がSRIにきて、金庫のなかの密封された複数の封筒から無作為にひとつ選び出す。オフィスを出て車に乗りこんだあと、封筒を開封する。なかには近くの主だった建物や場所の写真が入っており、下のほうにその住所が書かれている。目標《ターゲット》地点は、スタンフォード大学の美術館の中庭や、パロアルト市庁舎、地元の公営テニス・コートなどだ。アウトバウンダー・チームはターゲットの場所まで車を走らせ、あらかじめ決められた時刻まで待つ。時間になったら、チームのひとりがその場所を眺めながら神経を集中し、ターゲットを心に刻みつける。同じ時間に、スワンはSRIでファラデー・ケージのなかに坐り、アウトバウンダー・チームがテレパシーで自分に送っているものをスケッチする。つまり、アウトバウンダー・チームがサイキックに情報を発信する誘導者《ビーコン》の働きをするというわけだ。スワンのほかにも、このテストに参加する〝能力ある〟者――サイキックと特定され、機密プログラムの説明を受けた者――が何人か雇われた。

パソフとターグは実験の結果に興奮した。国内の科学ジャーナルに自分たちの研究を（CIAとの提携を示す部分は取り除いて）発表し、できればリモート・ビューイングについて本を執筆しようとさえ計画した。その一方で、スワンは落胆していた。「こんなESP実験は、私の能力を矮小化《わいしょう》化してしまう」とこぼし、大人が子供じみたスパイ・ゲームをしているようだと不満を漏らした。のちに語ったところによれば、SRIの依頼人《クライアント》がCIAだとは知らされていなかったが、おそらくそうだろうと直感的に知っていたという。そのため、実際のスパイ活動ではアウトバウンダー＝ビーコンは使われないとわかっていた。もし諜報機関が物理的な場所にスパイを送りこめるなら、透視者《ビューアー》は必要ないからだ。CIAの真のターゲットは、ソ連国内の奥深くにある機密軍事施設にちがいない。スパイはそこまで入りこめない。よって、この現実的な課題をどう解決するかを考えるべきだと進言した。

一九七三年四月のある日、スワンはSRIのカフェテリアで、パソフの同僚のコンピュータ科学者で天文学者でもあるジャック・ヴァレと昼食を取っていた。フランス生まれのヴァレは、渡米してすぐにテキサス大学のコンピュータ・プログラマーとして働き、一九世紀の望遠鏡観測技術とハイテク・ソフトウェアを組み合わせて、NASAのために史上初のコンピュータ・データを使った火星の地図作成システムを共同開発した。SRIでは極秘の保全許可をあたえられ、超能力研究プログラムを担当していた。「私は事実上、無報酬のコンサルタントだったんだ」と、彼は当時を振り返る。

一九七三年当時、ヴァレは高等研究計画局（ARPA）のためにペンタゴンの機密研究に取り組んでいた。そのプロジェクトはARPAネットと呼ばれ、のちに公表されてインターネットと改称されるマルチユーザーの軍用コンピュータ・ネットワークに関係していた。また、アメリカ空軍の未確認飛行物体（UFO）調査〈プロジェクト・ブルー・ブック〉のファイルを一緒に分類したJ・アレン・ハイネックと並んで、UFO研究のもっとも重要な人物のひとりと見なされていた（のちに、映画〈未知との遭遇〉でフランソワ・トリュフォーが演じたUFO研究者のモデルとなった）。情報技術とコンピュータ・プログラミングの専門知識があり、UFO研究に献身するヴァレは、スワンにとって心が通じる相手だった。スワンはアウトバウンダー＝ビーコン実験に「苛立《いらだ》っていた」と、ヴァレは言う。町中の病院の中庭やテニス・コートより、もっとやりがいのある場所に挑戦したかったのだ。

「私は彼に、情報技術の観点からこの問題を考えるよう勧めた」と、ヴァレは振り返る。「昼食を取りながら、〝(リモート・ビューイングをするときは）どんなことをするのか？　意識を移動させるのかい?〟と尋ねると、スワンは、〝そうだ、どこにでも飛ばせる〟と答えた」。ふたりで地理位置情報について話している途中、ヴァレはARPAネットの仕事の一部と似た長距離テレパシーを思いついたという。そこで「アドレス指定方式を使うといい」と助言した。

何世紀ものあいだ、「アドレス」ということばは、街や国の通りにある家や建物を指していた。しかしコンピュータの出現により、その概念は一変した。マルチユーザー・コンピュータ・システムには、直接アドレス指定、間接アドレス指定、仮想アドレス指定がある。「仮想アドレス指定は、その場に存在しない情報のかけらを探し出すことだ」と、ヴァレは説明した。このような考えをリモート・ビューイングに当てはめたらどうだろう? ARPAネットでの仮想アドレスへのアクセスは、「明らかに知覚では把握できないデータにアクセスする手段」だった。スワンはその提案について考えはじめ、数日後、マウンテンヴューのアパートでプールサイドに坐っているときに突然ひらめいた。「スコッチウィスキーを飲んでいると、頭のなかの声が〝座標を試してみろ〟と言ったんだ」

地理座標は、数字、文字、記号一式で地球上のあらゆる場所を正確に示すことができる。この概念は二〇〇〇年以上も前から存在する。地理位置情報の発明者は、初めて地球の外周を推定したギリシャの数学者で天文学者のエラトステネスだ。彼は、グノモンという太陽の影を測る日時計で距離を計算したと言われている。エドガー・ミッチェルが月面で持ち歩いた道具もこれと似ている。エラトステネスは、緯線と経線(緯度と経度)を使って最初の世界地図を作成し、「地球について記すこと」を意味する「地理学」という用語を作り出した。一九七三年春、スワンはシリコン・バレーのプールサイドに腰を下ろし、地理的なアドレス指定が進化してきた過程を考えはじめた。そして、長距離テレパシーに「座標遠隔視《リモート・ビューイング》」という呼称と概念をあたえた。このアイデアはさっそくパソフとターグに伝えられた。

「とんでもない」。パソフはそう反対したのを覚えている。このコンセプトには少なからぬ問題があった。そもそも、地球の座標を比較的簡単に暗記できる人間もいる。「映像記憶〔目に映った対象をそのまま記憶する能力〕がある人間なら、地図帳を読んで記憶から絵で再現できるからね」。スワンは、自分に映像記憶はない、と断言した。そうは言っても、東海岸の同業者たちは絶対にそんなことは信じないだろう、とパソフには容易に予測できた。

「それでも、そのアイデアが頭に残り」、試す価値があるか思案したという。彼は、ＣＩＡのキット・グリーンに電話をかけた。

グリーンは、ラングレーのＣＩＡ本部のオフィスに坐っているときにその電話がかかってきたのを覚えている。リモート・ビューイング用の新しい座標システムについて聞かされると、ばかげていると思ったという。しかし、パソフはせめてチャンスがほしいと食い下がった。たとえば、グリーンがＳＲＩに自分だけが知っている地理座標を教えてもいい。そうすれば、スワンに成功または失敗するチャンスがあたえられる。グリーンは、やってみようと答えて電話を切った。

そのとき「私には、もっとよい考えがあった」と、グリーンは思い起こす。「これは、不正が絶対にできない実験をするまたとない機会だった」。その考えとは、自分ではなく同僚から地理座標を手に入れることだった。そうすれば、ターゲットはグリーンにとってまったくなじみがない場所になる。彼はオフィスを出ると、廊下を歩きはじめた。最初に出くわしたのは、「ラス」という名前しか知らない同僚だった。ラスは機密任務に携わっているため、「ラスという名前も本名ではなかった」とグリーンは言う。

「私は彼に、新しい地理位置情報画像システムを試していると話し、〝何か座標をくれないか〟と頼んだ。人間を使った諜報活動ではなく、写真撮影か画像のことを話しているふりをした」

その際、自分にとって個人的な意味を持つ場所を選んでほしいと言った。そうすれば、あとでその場所のスケッチを見せられたとき、実際の場所と似ているかどうかすぐにわかるからだ。数時間後、ラスは一枚の紙をグリーンに渡した。そこには、次のようなアドレスが書かれていた。38°23′45,48″N, 79°25′00″W.

一九七三年五月二九日の午後四時三分、スワンはSRIのファラデー・ケージに入った。リモート・ビューイング・セッション用のオレンジ色の模造皮革の寝椅子に坐ると、葉巻を何度かふかして緊張をやわらげた。パソフがセッションの録音をはじめ、CIAのグリーンからもらった地理座標を見せた。スワンは座標をじっと見つめ、何が見えるか説明した。「小さい山と起伏のある丘陵のようなものが見える。北に都市《まち》がある。変わった場所だな。軍事基地の周りにあるような芝生があるけど、近くに古い掩蔽壕があるような感じがする。それか、屋根つきの貯水池かもしれない。旗竿《はたざお》があるのはまちがいない。西に高速道路が何本か走っていて、ずっと東のほうにいくとたぶん川があり、南にも都市がある」。スワンは、ターゲットの上空から見た地図をスケッチした。それから、南北へ通じる道路がある円形の場所を描くと、そこに「ターゲット」と書いた。東側には、川を描いた。セッションは六分間続いた。パソフはそのデータを受け取ると、報告書を作成した。ターゲットが何か知らないので、スワンが言ったことや描いたものに判断はくださなかった。

スワンはマウンテンヴューの自宅に戻った。翌朝、どうしてもターゲットをまた見たくなり、キッチン・テーブルに坐って午前七時半と時刻を記入すると、座標に意識を集中し、絵と文字で描写をはじめた。自宅で誰の監視も受けずにテストをすることは、明らかに科学的方法とは言えず、あとで問題と緊張を引き起こすだろう。誹謗中傷する者や懐疑論者が、諸条件が管理されていない環境で得たデータまで報告書に記載している、とSRIの科学者に異議を唱えるのももっともだ。

スワンの二度目の透視は、一度目よりもっとくわしかった。「東に崖があり、北側にフェンスがある。南には円形の建物（塔だろうか？）がひとつと、複数の建物が見える。かつてのナイキ・ミサイル〔対空ミサイル〕の基地か、それに似たような場所だったのかも？」と、書かれている。心に浮かんだイメージは漠然としていて、ここまでが限界のように感じた。「この場所はなんだか変だ。でもこの曖昧な透視力では何を探したらいいのかわからない。何がそこにあって何がないかを決めるのはひどく難しい。想像力が邪魔してるようだ。たとえば、地下に何かあるような気がするが、確かじゃない」

地図も、最初に作成したものよりくわしかった。三方を森に囲まれ、周囲にフェンスを張りめぐらせた施設があった。地図の中央には、旗竿が立っている円形の車回しが描かれていた。また、長方形の建物が二棟と、それよりも小さい正方形の建物が一棟ある。スケッチを終えると、スワンはノートと紙をかばんに入れて、SRIに向かった。スワンからスケッチを受け取ると、パソフはそれに「地図ナンバー2」と書きこみ、この二度目のリモート・ビューイングがスワンの自宅のアパートメントで、彼の意志でおこなわれたことを記した。言うまでもなく、スワンは地図でこの座標を調べ、地域や地形全般を手がかりにしてそこにあるものをだいたい予測できただろう。パソフはCIAに、自分はスワンをよく知っていて、彼が不正をするような人間ではないと述べた。それからスワンの二度目のイメージについて報告書をタイプして、グリーンに送った。

翌日、パソフがSRIのオフィスに坐っていると、電話が鳴った。相手はパット・プライスだった。半年前に、スワンと一緒にマウンテンヴューで会ったクリスマス・ツリーの販売員だ。プライスは、自宅のあるタホ湖畔《こはん》からかけており、パソフを手伝えると言った。

「彼がその日に電話してきたのはじつに奇妙で唐突だったので、私は衝動的に彼に座標をあたえることにした。そして、その座標に何があるか説明してほしい、と言ったんだ」と、パソフは振り返る。この電話は、プライスと超能力研究プログラムをめぐるふたつ目の偶然だった。こうして、プライスのリモート・ビューイング・セッションは誰にも監督されず、実験室の管理された環境の外でおこなわれることになった。

三日後の六月四日、パソフのもとにプライスから封筒が郵送されてきた。差出人の住所はタホ湖畔で、消印は六月二日になっていた。なかには、あたえられた地理座標から知覚したイメージが長々と記されていた。すべてESPを使って見たものだという。CIAの機密解除された文書によれば、プライスは「いちばん高い地形の約四五〇〇メートル上空から、地域全体を見渡した」と書いていた。「左前方には山並みの山頂がある。標高は海抜一五〇〇メートルくらい。山肌は灰色っぽい粘板岩《ねんばんがん》で、いろんな種類の広葉樹、蔦《つた》、低木、下生《したば》えで覆われている。私が見ているのは、北から三度から五度くらい西のところだ」。地形と地理に関する詳細がパラグラフふたつ分にわたって続いていた。このような情報はよくできた地図帳を見ればわかることを、パソフは知っていた。しかし、プライスは標的の場所の七五〇〇メートルから九〇〇〇メートル上空の天気まで、こと細かに記していた。「上層積乱雲」や「絹層雲気団」の形状が生き生きと描写してあった。この種の気象情報は、二〇一七年ならスマートフォンであっという間に入手できる。しかし、一九七三年ではたやすいことではなかった。ただし、プライスに測候所で働いている知り合いがいれば、不可能ではない。いずれにせよ、ずいぶん大胆なことを書いたものだ、と思いながら、パソフは先へ読み進めた。

「山頂エリアには大規模な地下貯蔵所がある。道は山並みの裏手まで伸びていて（西側の斜面）、かなりうまく、意図的に隠されている……この地域の上空を飛んでいても（この施設を）見つけるのは非常に難しいだろう。元ミサイル基地のように見える――発射装置の土台がまだ残っている」。ミサイル基地のところで、パソフは読むのを中断した。スワンもまた、この場所を元ミサイル発射基地だと言わなかったか？　パソフは先を急いだ。「今は記録保管場所になっていて、マイクロフィルムやファイル・キャビネットがある。アルミのシャッター・ドアをいくつも通って地下に入ると、最初のエリアは記録やら何やらでいっぱいだ。部屋の大きさは奥行き三〇メートル、幅一メートルちょっと、高さ六メートルくらいで、上部が広がったコンクリートのピラスター〔壁面から浅く突き出ている柱頭と柱礎のある柱状のもの〕がある」

次に、プライスはその地下施設を、まるでなかに入ることができたかのように具体的に記している。

「気温は涼しい――蛍光灯《けいこうとう》がともっている。職員と陸軍第五軍団の技師たちのオフィスだ。灰色のスチール製のデスクの上に、ロング曹長という卓上名札がある――安全ロックがついたファイル・キャビネット――ダイヤル錠、輪つきボルトに通されたスチール棒もある。オフィスを抜けて東へ進むと、コンピュータ、通信装置、ディスプレー用の大きな地図のオーバーレイが置かれた柱間《はしらま》がいくつかある。職員たちのオフィス、陸軍通信隊のオフィスも見える。エレベーターも見える」

パソフは受話器を取り上げると、プライスに電話をかけた。この情報は、スワンのものよりもくわしかった。「私は彼に、この座標をもう一度訪れて追加情報を引き出せるか尋ねた」。詳細なほどいい、とつけ加えた。やってみる、とプライスは言った。パソフはこの状況をどう解釈してよいかわからなかった。CIAはSRIに対して心理作戦のようなものを実施しているのだろうか？　パソフが騙されるかどうかテストしているのだろうか？　二日後、プライスが折り返し電話をかけてきた。なぜ時間が空《あ》いたのだろう、とパソフは考えた。なぜ二日もかかったのか？

プライスは、体脱体験でその場所まで戻り、もっと単語を集めてきたと言った。重要と思われる暗号名がふたつあるという。「フライトラップ〔ハエトリソウ〕」と「ミネルヴァ〔ローマの知恵と武勇の女神〕」だ。また、北側の壁を背にしたファイル・キャビネットの上に、一式の書類があるのが見えたと告げた。そのファイルには〈プール（なんとか）作戦〉と書かれていた。プールの次の単語は判読できないそうだ。さらに、ファイル・キャビネットのなかにはいくつかのフォルダーがあり、そのうち四つのラベルが見えたという。「キューボール」「14ボール」「8ボール」「ラックアップ」〔いずれもビリヤード用語〕だ。「干し草用熊手《ヘイフォーク》」か「干し草の山《ヘイスタック》」に似たことばも書かれていた。それから、三人の名前を見つけることができた。R・J・ハミルトン大佐、ジョージ・R・ナッシュ少佐、ジョン・C・カルフーン少佐だ。最後に、プライスはこの場所の秘密の暗号名を告げた。「シュガー・グローヴだ」

パソフはどう判断すべきかまったくわからなかった。わかっているのは、プライスの説明がスワンのものと驚くほど似ていることだけだ。グリーンにも知らせようかと思ったが、まずはスワンの情報に対するCIAの反応を見ることにした。どのみち、プライスはSRIプログラムの参加者ではない。

CIAのグリーンは、スワンの透視情報を受け取ると、同僚のラスに伝えた。そのときのことを、こう思い起こす。「彼は、〝きみはなんてひどい画像システムを作ってるんだ。どれも違うよ。旗竿なんてない。円形の車回しも、複数の建物もね。何もかもばかげてる〟というようなことを言った」。じゃあ本当は何があるんだ？　と、グリーンは尋ねた。ラスはクスクス笑って、ウェストヴァージニア州のペンドルトン郡に持っている夏の別荘だと言った。長い砂利《じゃり》道の先にある、森のなかのただの山小屋だと。グリーンは大きく息を吸って、地理座標を使うリモート・ビューイングは無駄骨だったたか、とため息をついた。「潜水艦とビアフラ〔一九六七年にナイジェリアから独立し、一九七〇年まで続いた国〕の仕事に戻るか、と心のなかでつぶやいた」のを覚えているという。

それからSRIに電話をかけて、タークに結果を伝えた。「電話を切ろうとしたとき、タークが言った。〝がっかりだな。もうひとりのやつも同じものを見たんだが〟」

グリーンは、一瞬沈黙した。「もうひとりのやつって？」と尋ねた。タークはプライスのことを話した。

頭が混乱し、いてもたってもいられなくなった。「どうもすっきりしなくてね。自分で確認してみないと収まらなかった」

その週末、家族と車に乗りこみ、ドライブに出かけた。このときのことを、グリーンは二〇一五年に思い返した。「座標地点まで車を走らせると、山小屋を見つけた。砂利道もあった。その道をさらに少し行くと、堅牢な軍事施設を見つけた。（透視の説明にあった）旗竿が見えた。円形の車回しも見えた。それに、アコーディオン・ドアのある建物も」。グリーンが見ていたのは、海軍の情報通信基地——暗号名シュガー・グローヴという極秘軍事施設——だった。国家安全保障局（NSA）と一部共同で運営され、世界中の国際電子情報を傍受しており、機密のレーダー・システムと深宇宙望遠鏡をそなえていた。さらに、この施設はラスの夏の別荘から続く道路の先にあった。どうやら、彼はそこに軍事施設があることはまったく知らなかったらしい。月曜日の朝、グリーンはCIAの上官宛てに報告書を作成した。

「翌日の火曜日、（CIAの）保全将校たちがやってきた」。スパイ活動法違反を調べるためだった。

「（プライスが話した）フォルダーに書かれた名前は正しかったんだ。細かい寸法も正確だった。ドアやエレベーターの位置や階数も、キャビネットがある場所も。キャビネットの色まで正しかった。彼は頭を使ってひねり出したわけじゃなかった。統計から推測する必要もなかった。全部彼の言った通りだったんだ」

ＣＩＡによるシュガー・グローヴのリモート・ビューイング・セッションの保全調査については、今も機密扱いのままでくわしいことはわからない。グリーンとパソフへのインタビューによれば、最終的に彼らにかけられた不正行為の嫌疑は晴れたという。ふたりともプライスの報告にあった機密事項を入手することはできなかった。当然のことながら、プライスに情報を知らせることもできなかった。それなら、彼はどうやって情報を手に入れたのか？　政府は答えを知りたがった。いったいＳＲＩで何がおこなわれているのか？　そして、パット・プライスとは何者なのか？

「大がかりな捜査がはじまった」と、パソフは思い返す。しかし、「大勢のベテラン保全将校も首を横に振るばかりだった」という。プライスはどうなったかというと、数々の質問に答えた結果、ＣＩＡとペンタゴンを満足させたらしく、ＳＲＩの参加者として雇われた。こうして被験者はパット・プライスとインゴ・スワンのふたりになった。

数週間後、プライスと直接顔を合わせたとき、グリーンは森のなかにある同僚の夏の別荘を見たかどうか尋ねた。プライスはこう答えたという。「もちろん、山小屋は見えたよ。でも、あんたは諜報機関の人間だろう？　だからあの道の先にあるものを見なくちゃいけないと思ったんだ」

パット・プライスは、一九一八年にソルトレイク・シティで、敬虔《けいけん》なモルモン教徒家庭の一〇人兄弟の九番目として生まれた。シュガー・グローヴのリモート・ビューイングでCIAとかかわったときは五五歳になっていた。実験に協力したのは、まとまった金を手にして引退するためだったという。第二次世界大戦中の陸軍航空隊の操縦訓練生を皮切りに、彼は人生の大半を放浪者として過ごしてきた。終戦後は金鉱労働者、警備員、建設作業員、それに機材包装工場の工場長などの仕事を転々とした。そのあいだに看護師と結婚し、父親となり、一九四〇年代後半から一九五〇年代初めにかけて、カリフォルニア州バーバンクで郊外の生活を楽しんだ。そのうち地方自治体に興味を持つようになり、公園緑地部門の責任者や、消防委員会の委員、バーバンク警察委員会の市議会代表を務めた。一九六〇年代末、五〇歳のときにサイエントロジー教会〔SF作家のロン・ハバードが一九五三年にはじめた宗教活動〕に入信した。超能力に目覚めたのはサイエントロジーに入ってからだ、と述べている。

彼がシュガー・グローヴの機密施設を正確に透視したことが伝わると、諜報コミュニティは色めきたった。グリーンはこう説明する。「プライスはまさに特別な人間だった。彼の能力ははかり知れない価値があった。数字の情報や単語まで見る能力は、諜報の仕事にこのうえなく理想的だからね」。SRIでは誰も超能力の仕組みを理解できなかったが、プライスが現れる前は右脳の機能だと意見が一致していた。この機能は非言語的かつ直感的で、ことばではなく視覚に関連している。一般に脳の右半球は創造性、想像力、直感力を司り、左半球は分析をおこなう。左脳が発達した人は、論理、順序付け、数学に強い傾向がある。スワンは、ことばよりも視覚と想像力を働かせていた。しかし、プライスはESPで文字、ことば、数字、日付などの詳細な情報まで識別した。CIAにしてみれば、情報収集の金鉱を掘り当てたようなものだった。

パソフは思い起こす。「プライスに会うと、みんな彼を好きになった」。ただし、おそらくスワン以外は。

リモート・ビューイングのコンセプトを作ったのはスワンだった。彼のおかげで、諜報の世界ではかにされていた超能力が尊敬されるようになったのだ。それなのに、プライスは彼が浴びるはずの称賛を独り占めしていた。一九七三年八月、〈生物学的領域測定計画〉の契約期間が終了すると、スワンはカリフォルニアは自分に合わないと、切り出した。「一年中太陽が照りつけているなんて耐えられない」。日記にもそう書かれている。パソフはスワンをサンフランシスコ空港まで車で送り、別れを告げた。

これを境に、CIAの研究はパット・プライスに集中することになった。

グリーンはプライスの生理、心理、精神、知性などの状態を調べる一連の医学的検査を実施するためにカリフォルニアに送られた。さらに、プライスのアウトバウンダー＝ビーコン実験にも参加した。CIAは、プライスが航空機や潜水艦など動くターゲットをリモート・ビューイングできるかどうか知りたがった。そこでグリーンとターグがアウトバウンダー・チームとしてグライダーで空を飛んだ。

パソフは駐機場でプライスと待機する。グリーンは、離陸したら三桁の数字を三つ書きとめ、胸ポケットに入れる。それらの数字を、事前に決められた時刻にプライスが知覚するのだ。

「プライスは、正しい数字を正しい順番で書いた」と、グリーンは振り返る。「それ自体は難しくない、と彼は言った」。難しいのは、数字を見ようとすると、幾何学的な形か記号みたいなものが邪魔することだという。「そのせいで吐き気がする、と言ったんだ」

その邪魔してる記号を描いてくれ、とグリーンが言うと、プライスは十字架の変形のようなものを描いた。グリーンはシャツのなかに手を入れると、首にかけていたネックレスを引っ張り出した。それはＴ形十字という旧約聖書に出てくる十字架で、ギリシャ文字のＴ（タウ）のような形をしていた。もちろん、プライスが実験前のある時点でグリーンのネックレスに気づいた可能性はあった。しかし、ＣＩＡの神経生理学者の関心を引いたのは、そのことではなかった。「私が興味を持ったのは、吐き気だ。

吐き気は、大脳皮質が視覚データを獲得したが処理できない状況と関係がある。最後野〔嘔吐中枢〕のセロトニン濃度が過剰に高くなると起きるんだ。このことから、私はリモート・ビューイングは心理学であるのと同じくらい神経学でもあると考えはじめた」

別のアウトバウンダー＝ビーコン実験では、吐き気よりもっと劇的な生理現象が現れた。グリーンはＳＲＩの実験者と一緒に車に乗っていた。ふたりは密封された封筒をあけ、ターゲットに向かっているところだった。「走りはじめて一〇分ほどたったとき、私は車を止めるように言った」。以前、ユリ・ゲラーがグリーンのＣＩＡオフィスにあった医学書のページを遠距離から当てたあと、グリーンはいつか絶対に不正《フェイルセーフ》ができないリモート・ビューイング実験をしようと決意していた。今がそのチャンスだった。車を運転していた実験者は、プロトコルから外れることはできない、と食い下がった。グリーンは、「契約の監督官は私だ。その私が停車しろと言ってるんだ」となおも迫った。実験者はしぶしぶ車を止めた。最後に、「でも、本来ならターゲットまで運転することになってるんですよ」と、念を押すことを忘れなかった。

グリーンは、車をバックさせるよう指示した。「今通りすぎた教会まで戻ってほしい」と言って、道路わきの米国聖公会の教会を指さした。実験者はグリーンの言う通りに道を戻り、教会の駐車場に車を入れた。グリーンは腕時計を見て、事前に打ち合わせた時間まで待った。時間になると、車から降りた。「砂利道をザクザクと音を立てて進み、四阿《あずまや》に入っていった。そのとき、何かに足を取られ、転びそうになった」。なおも歩き続け、「（祭服が保管されている）聖具室に足を踏み入れた。私は部屋の窓を開けた。それから向きを変えると、会衆席のなかを歩いて、右手の通路を進んだ。祭壇のところで立ち止まると、その上の美しいバラ窓をじっと見つめた」。この瞬間、神学校にいたころを思い出し、もしCIAに入局せずに神父になっていたら、自分の人生はまったくちがっていたかもしれない、と不思議な気持ちになった。感慨が胸にこみあげてきて、祈りたくなった。「思わず跪《ひざまず》いて、祈りを捧げた。目の前には美しい洗礼盤があった。私は身を乗り出すとなかをのぞきこんだ。祈りを終えると、また砂利道を歩きながら車に戻った」。こうしてふたりの実験者はSRIに引き返した。「研究所に戻ると、リモート・ビューアー（プライス）が（わたしたちの外出中ずっと）いたファラデー・ケージのなかに入った。するとプライスが心臓発作を起こしていたんだ。ひかえめに言っても狭心症、ひょっとすると心筋梗塞（心臓麻痺《まひ》）の可能性もあった」。心拍数が正常に戻ると、プライスはグリーンに向かって最悪の実験だったとぼやいた。グリーンの記憶によれば、プライスはこう告げた。「ものすごく気分が悪かった。あんたは四阿まで歩いていき、転びそうになった。それから、恐ろしく不快な建物に入った。通路を歩いて、崩れるように膝をついた。私はあんたのことが心配になりはじめたよ。八角形の水盤にかがみこんで吐いたのが見えた。そのとき、吐き気がしてきたんだ。それから胸が痛み出した」

グリーンはその後一年かけて、リモート・ビューイングと生理学の関連について考えはじめた――「脳が、感情と結びついたきわめて複雑で正確な方法で、送り手《アウトバウンダー》と透視者《ビューアー》にかかわっていることについて」。しかし、それよりもっと大きな、はるかに手ごわい質問を問いかけはじめた。「わたしたちが取り組んでいるのはいったい何なんだ？」

それまで多くの人々がしてきたように、グリーンもまた、超常現象《パラノーマル》を引き起こす力について自問していた。その答えを、彼はその後数十年かけて探し続けることになる。

プライスの噂が諜報コミュニティに広まるにつれて、さまざまな依頼がＳＲＩに殺到した。一九七四年二月五日、バークレー警察がプライスに協力を求めてきた。「新聞王ランドルフ・ハーストの娘で相続人でもあるパティが誘拐された。犯人の情報をリモート・ビューイングで集めてほしい」とのことだった。パソフは事件現場までプライスを車で連れていった。公開された覚書には、協力を要請されたのは「誘拐のあった翌晩から事件を公表するまでのあいだ」と書かれている。プライスは警察に「かなりの量の情報を提供し、なかにはのちに関与が発覚した人々の身元も含まれていた」という。CIAは提供されたデータについてくわしく知りたがった。人質の生死を含め、彼の情報収集能力を知るよい機会だったからだ。しかし、FBIに訊けることには限界がある、と感じた。「国内の警察の捜査にCIAが関与していると知られるだけで、政治的な大問題に発展しかねない」と、アナリストは書いている。

プライスのずば抜けた能力は、誰にも説明がつかなかった。人は彼を情報収集のシャーマンになぞらえた。その才能は、CIAが〈MKウルトラ、サブプロジェクト58〉、テオナナカトル（神の肉）というキノコの捜索で探していたもののひとつだった。彼が世界中を移動して、情報を収集し、戻ってこられるように見えたからだ。一九七四年の冬から春にかけて、プライスは諜報世界の複数のクライアントのために作戦任務を実施した。たとえば、国家安全保障局がアフリカで展開する〈機密信号情報収集（SIGINT）作戦〉のために貴重な情報を提供した。また、ローマの中国領事館の内部を「見て」CIAを手助けした。さらに、海軍がソ連の潜水艦を追跡するのも手伝った。プライスのリモート・ビューイングの結果、「八杯のマティーニ効果」なるものが生まれた。彼が未知の手段で情報を得られることがあまりにも不気味なので、CIAのハンドラーは、ときにマティーニを八杯も飲まなければ〝それ〟の不可解な力を受け入れることができなかったからだ。

一九七四年七月九日、プライスはソ連国内の極秘ターゲットをあたえられた。その施設は、カザフスタン〔当時はカザフ・ソヴィエト社会主義共和国〕にあるロシアのセミパラチンスク核実験場に隣接していた。諜報の世界でもごくわずかな人間しか知らない場所だ。施設の暗号名はふたつあった。ひとつは「ＵＲＤＦ－３」で、未確認調査研究施設ナンバー３の略である。もうひとつは、「ＰＮＵＴＳ」といって、推定地下核実験場施設を意味していた。ＣＩＡとペンタゴンは、ソ連がここで指向性エネルギー兵器〔ビーム兵器〕プログラムを進め、宇宙を基盤としたレーザー兵器を開発しているのではないかと懸念していた。この場所の衛星写真にアメリカの科学者がよく知らない機械装置が写っており、地上と地下で活発な活動が見られたからだ。

パソフのもとにプライスのリモート・ビューイング用の地理座標が送られた。プライスは、ＳＲＩのファラデー・ケージのある部屋で安楽椅子に収まった。ターグがそばで立ち会った。パソフとターグはこの場所の機密性に触れず、ロンドンで刊行された世界地図から地理的な標的をあたえるとだけ告げた。プライスは眼鏡を外すとレンズをみがいた。彼によればそのほうがよく見えるからだという。それから目を閉じた。パソフがテープ・レコーダーのスイッチを入れた。

プライスは最初にこう言った。「（ソ連は）その場所で何度もロケットの発射と回収をおこなってきたような感じがする」。その後、すでに習慣になっていた通り、偵察機に乗って上から見ているかのように天気を通してその場所を説明した。「向こうは暗くて、雲がかなり多く、満月だ」。それから川の様子を話したあと、「今、その施設に向かっているところだ」と言った。パソフがそれらのことばをメモした。「私は、二階建てか三階建ての煉瓦《れんが》造りの建物の屋根の上であおむけに寝ている。こんなものは見たことがない。頭上で巨大な橋形クレーンが前後に動いてるんだ。クレーンは、建物の両脇に一本ずつあるレールの上に立ってるみたいだ」。プライスは、レールに乗った巨大なクレーンの絵をくわしくスケッチしてみせた。また、「二〇メートル弱の金属球がある組み立て作業場」が見えると言った。金属球は、「巨大なオレンジの皮みたいだ」という。さらに、上に丸い球体がついた、サイロのような背の高い圧縮ガス容器を積んだ山があると話した。

この情報はCIAに送られ、作戦を担当する一流アナリスト、物理学者のケネス・A・クレスが機密扱いの衛星画像と比較した。写真から、貨車用のレールと巨大なクレーンがあることは確認できた。圧縮ガス容器も、プライスが報告したものと一致した。しかし球体は確認できず、CIAを落ち着かない気分にさせた。「過去の経験から、彼がもたらすデータには、正確なものとそうでないものがある」と、クレスは機密解除された報告書で述べている。「私はURDF‐3の写真を検討し、ふたつの特徴を選び出した。もしプライスがそれらを透視すれば、この（情報）チャネルが少なくとも部分的に機能しているとわかるはずだ」

クレスはSRIへ飛び、パソフとターグをあるモーテルへ連れていき、URDF‐3の概要を説明した。スパイ小説のようだが、CIAによれば、任意に選んだモーテルの一室のほうが大勢が働く研究所より安全性が高いという。クレスは、プライスのクレーンの描写は非常に正確だったが、ほかの建物についてはそうではなかったと告げた。さらに、プライスにこの極秘計画の内容を明かし、もっとくわしい情報を引き出したいと言った。三人はＳＲＩに向かい、電磁波を遮断する部屋でプライスと会うことになった。

「プライスに計画を知らせることが決まると、私は彼をテストすることにした」と、クレスは書いている。「上司と一緒に会議室に坐っていると、ターグとパソフが笑みを浮かべたプライスを連れて入ってきた。出資者だとプライスに紹介されるとすぐに、私を知っているか彼に尋ねた」

「知っている」と、プライスは答えた。

「じゃあ、名前はわかるかい？」と、クレスは訊いた。

「ケン・クレス」。プライスが言った。

「仕事は？」

「ＣＩＡの職員だ」

「私がＣＩＡに勤務していることは秘密事項だったので、彼の答えには重要な意味があった（パソフは、プライスが自分かターグから、契約担当官の技術代表者というクレスの正体を聞いていたとは考えにくいと言う。その情報を明かせばスパイ活動法違反に問われるからだ）。プライスがＣＩＡの守秘義務契約に署名すると、クレスはターゲットの場所についてさらに質問をした。ＵＲＤＦ－３の地図を取り出して、特定の地点を指さした。「どうしてここに四つのデリック〔主に船荷の積み下ろしに用いるクレーンの一種〕が見えなかったんだ？」。クレスはその理由が知りたかった。

プライスは椅子に背中をもたせると、眼鏡をかけ、目を閉じた。そのまま数分間、精神を集中させた。「もうそこにないから、見えなかったんだ」とプライスは告げ、クレスはそれを書きとめた。その衛星写真がおそらく三カ月から四カ月前のものだとクレスは知っていた。

ＣＩＡでは、局内からの圧力が高まっていた。研究開発室（ＯＲＤ）の科学者たちが、パソフとターグの実験管理に批判を強めていたからだ。「ＯＲＤのプロジェクト担当幹部とＳＲＩのあいだで、研究の厳格性が深刻な問題になっている」と、クレスは書いている。パソフとターグのプライスとのセッション記録を読んだＯＲＤの科学者は、ＵＲＤＦ‐３というきわめて機密度の高い作戦に対し、実験が適切に管理されていなかったことが多数あると気づいたのだ。そこでロスアラモス国立研究所の画像分析官に情報を送り、セカンド・オピニオンを求めた。

画像分析官は、プライスの軌道走行式橋形クレーンの情報に焦点を当てた。「ＵＲＤＦ‐３に実際にあるクレーンとこれほど似ているものを描けたとは考えられない。もし本当にそうであれば、理由はふたつしかない。（1）リモート・ビューイングで実際にクレーンを見た。（2）ＵＲＤＦ‐３に精通する者から何を描くべきか教えられた。分析官が出した結論は、ＣＩＡ局内の懸念と同じく悩ましいものだった。「私が二番目の可能性に言及したのも、（プライスが）ほかの人々――たとえばＫＧＢの虚偽情報部門など――と話せた可能性を無視できるほどこの実験が管理されていなかったからだ。ばかげたことに聞こえるかもしれないが、彼に遠く離れた場所が見える可能性から、虚偽情報を流すためにＫＧＢからデータを提供された可能性まで、あらゆる線を考慮しなければならない」

ＫＧＢという重要な可能性が浮上したことで、クレスは自分の客観性に自信が持てなくなった。Ｃ

ＩＡの報告書に次のように記している。超常現象研究の世界は「肯定と否定のふたつの反応から成り立っており、その中間はほとんどない」。また、実験を評価する際はＣＩＡ全体が規範的な思いこみを排除しなければならない、と強調した。さらに、こうも続けた。超常現象を肯定するデータの支持者には、「〝転向《コンヴァージョン》〟経験がある者が多い。彼らは、たった一回の〝説明がつかない成功によってその現象が本物だと信じこむ〟ことになった。それは〝八杯のマティーニ効果〟と同じようなものだ」。自分が見過ごしていたＫＧＢの虚偽情報の可能性を読んで、クレスは自分の公平性に疑問を感じた。「情報収集に使う超常的な能力の重要性を、自分が客観的に評価できるとは思えなくなってきた」。「パーソナル・レヴュー」という印のついた極秘書類に、彼はそう書いている。

　クレスの提案により、ＣＩＡは外部の科学者と契約を結び、超能力研究プログラムを評価させた。機密解除された文献によれば、この科学者――「公平無私なコンサルタントで、広範な知的背景を持つ理論物理学者」と書かれている――は、ＣＩＡのデータを再検討した。結論は、以下の通りである。「数々の確かな実験証拠により、ＥＳＰはまれにしか現れず、確実性を欠くものの、本物の現象として存在すると認めざるを得ない」

　クレスがプライスに機密計画を透視させた数週間後、ＵＲＤＦ‐３の最新データが入り、再照合がおこなわれた。「二機のデリックは一部解体されていたが、一応四機とも視認できた」と、クレスは書いた。「結果は玉石混合のため、この能力（リモート・ビューイング）の作戦への実用性は疑わしいが、さらなるテストを実施すべきである。私は超常現象支持に偏向している可能性があると判断されたため、パット・プライスのテストおよび評価は、より実践的な技術支援室の作戦心理学者に権限を移譲する」

関係者は一様に困惑していた。クレスは、「説明不能な実験報告がいくつもある」と記している。容易に理解できるのは、ESP研究は、強い意見と、それ以上に強い反応に満ちているということだった。「超常現象は基本的な成り立ちが確立しておらず、依然として再現性にとぼしい」。きわめて実際的で常識的な思想家のなかにも、完全に否定できない者たちがいた。それ以外の者たちは、度肝を抜かれることになる。

第一一章
無意識

冷戦初期の一九五三年四月、CIA長官のアレン・W・ダレスがプリンストン大学卒業生評議会の全国会議で、脳を利用するもっとも強力な共産主義国の秘密兵器に警鐘を鳴らす有名な演説をおこなった。「その兵器の目的は、心を自由意志または合理的根拠からではなく、外部から植えつけられた衝動で反応させることだ」。そのために共産国側は朝鮮戦争の捕虜の洗脳など、個人をターゲットにしたプログラムを進めていた。主要な指導者や少人数のグループの思考に影響をあたえ、操る能力も実行可能な脅威と見なされていた。この件でCIAが関心を持ち続けていたのが、ユリ・ゲラーだ。

機密解除された文書によれば、CIAはゲラーの「マインド・プロジェクション」と呼ばれる独自の能力を懸念していた。この能力によって、彼は「自分が事前に書いた都市名を、一見したところ高い確率で研究者に〝言わせる〟ことができる」と、研究開発室（ORD）のアナリストは書いている。ゲラーの批判者は、彼がいかさまと詐欺を働いていると断言したが、CIAは必ずしもそれに同意していない。このORDのアナリストは、「技術支援室が出資している実験のほかに、ゲラーを使って注意深く管理された実験をやってみる価値はあるかもしれない」と提案した。イギリスの科学雑誌ニュー・サイエンティストが一六ページにわたる記事で、彼が「歯に隠せる無線受信器」をつけていた可能性を指摘したあと、CIAはゲラーの口のなかを歯科医に調べさせたが、インプラントが埋めこまれた形跡はどこにもなかった。マジシャンのジェームズ・ランディが、アシスタントで友人でもあるシピが手を貸したのだろう、と疑ったときは、実験中にシピはゲラーに近づけなかったと否定している。「SRI超常現象《パラノーマル》プロジェクトのための特別管理ガイドライン」によれば、実験には以下のさらに厳しい条件が設定されることになった。「余分なものを取り除き（指輪、腕時計などを外す）、特別な実験室用の服（ジャンプスーツ）を着用する。実験中は胸部、手、頭部に限定してそのつどレントゲン写真を撮る。超音波もおこなう」

もしゲラーが「マインド・プロジェクション」によって他人の心にことばを植えつけられるなら、行動にも影響をあたえられるということだ。CIAにしてみれば、それは国家安全保障にかかわる重大な脅威であった。あまつさえ、ゲラーの能力が二次的影響を引き起こすという証拠も増えていた。陸軍の行動・社会科学研究所の科学者も、同じことを恐れていた。「ゲラー・ブームのもっとも重要な結果は、大勢の無名の人々、とりわけ子供とティーンエイジャーがゲラーのスプーン曲げを見たあとに金属を曲げた、と報じられていることだろう」

それは一九七三年一一月二三日、ゲラーがイギリスのベテラン司会者レスリー・ロナルド・〝ジミー〟・ヤングと生放送の実況実験をおこなうために、ロンドンのラジオ・スタジオに入ったあとに起きた。ＢＢＣのラジオ２の〈ジミー・ヤング・ショー〉は、イギリス以外でもアイルランドやスコットランドにリスナーがいる人気番組だった。ゲラーが到着すると、ヤングは彼を歓迎し、さっそく実験をはじめようと切り出した。インタビューがはじまって数分後、イギリス自動車協会の電話ボックスのものだという大きな鍵をポケットから取り出すと、ゲラーに曲げてほしいと言った。ゲラーは一九七五年に回想録で、このときのことに触れている。「私はいつもする通りのことをした。鍵の上に手をかざし、曲がれと念じたのだ」。当時はコメディアンのジョニー・カーソンが司会をするアメリカのテレビ番組〈トゥナイト・ショー〉でサイコキネシス（ＰＫ）に失敗したばかりだったので、緊張していたという。しかし、その日はスタジオ内の雰囲気が盛り上がっていた。ラジオ技師もブースから出てきて、実演を見るために彼の周りに集まった。ゲラーは片手を鍵の上にかざし、神経を集中させた。さらにイギリス中の人々に向かって、自分たちのＰＫを奮い起こし、スプーンでもフォークでも鍵でもなんでも、自宅にある金属を曲げるよう呼びかけた。「みなさんの家に壊れた腕時計があったら、神経を集中させて動かそうとしてください」。しばらくリスナーに意識を向けたあと、ゲラーは鍵の上から手をどけた。

ヤングが大声で叫ぶように言った。「今、目の前で曲がり続けてる、とても信じられない！」。スタジオが拍手喝采《かっさい》に包まれた。ヤングは、すぐ前で金属がまるで生きているように曲がる奇跡を、興奮した口調でまくしたてた。そこにプロデューサーが駆けこんできて、一枚のメモをヤングに渡した。次に、技師がメッセージを手に走ってきた。そのあとに、もうひとりのプロデューサーが電話メモの束を持って続いた。誰かが叫ぶ声がした。「ＢＢＣのすべての交換台が、クリスマス・ツリーみたいに点灯してるぞ！」

イギリス諸島全域から電話が殺到していると、ヤングが伝えた。全英各地の市民が、自宅の金属製品が曲がっている、と報告していた。南東部のサリー州のある女性は、金のブレスレットがよじれ曲がったと言った。大ロンドン北西部のハローでは、スープをかき混ぜながら念じていた女性のスプーンがひしゃげていた。ある時計職人は、もう何年も動かなかった時計に両手をかざしたら動きはじめたと電話してきた。みんなＰＫがあると信じたくて、多くの人が実際にあると信じるようになった。これがＣＩＡが二次的影響と呼ぶものだった。イギリス中の人々が、自分の精神力で金属を曲げたと確信していた。

翌晩ゲラーは、今度はＢＢＣのテレビ番組〈ディンブルビー・トーク＝イン〉の生放送に出演し、フォークを曲げたあとふたつに折ってみせた。次に壊れた時計を動かし、密封された封筒のなかの絵を再現した。ゲラーの隣には、彼の知らないふたりの科学者、ロンドン大学キングス・カレッジのジョン・テイラー数学教授と南アフリカ出身の動物学者で人類学者のライアル・ワトソンが坐っていた。ふたりとも驚きを隠さなかった。「私は今目にしたものを信じる。きみは確かに、今ここでフォークを折った」と、テイラー教授は明言した。ＣＩＡのクレスが「転向の瞬間」と呼んだものが、形を変えてテレビの生放送で起きていた。

翌日、イギリスの推定発行部数三〇〇万部のタブロイド紙サンデー・ピープルが持ちかけたＰＫ実験の一環として、ゲラーはロンドン時間午後一二時半に神経を集中して「曲がれ!」と大声で叫ぶことを承諾した。

「その時間、私はパリのオルリー空港にいた」と、ゲラーは振り返る。「イギリス海峡の向こう側に思考とエネルギーを送ろうとして、一二時一五分から神経を集中しはじめた……そして一二時半きっかりに〝曲がれ〟と叫んだ」。サンデー・ピープル紙のオフィスには、読者から続々と報告が押し寄せた。翌日、その結果の一覧表が掲載された。「柱時計と腕時計が動きはじめた――計一〇三一件。フォークやスプーンが曲がるかちぎれた――計二九三件、ほかの物体が曲がるかちぎれた――計五一件」

一夜にしてゲラーはヨーロッパ中の新聞の第一面を飾るようになった。メディアは彼の熱狂的なファンを、ビートルズのビートルマニアになぞらえてゲラーマニアと呼んだ。フランスのパリ・マッチ誌、ドイツのデア・シュピーゲル誌、ノルウェーの週刊誌ノシュク・ウーケブラで特集記事が組まれた。ゲラーは、日本、ドイツ、スウェーデン、スイス、デンマーク、オランダ、ノルウェーに招かれて超能力を実演した。彼の能力が本物かどうか自分の目で確かめようと、国防当局者から宗教指導者、セレブリティまで大勢の有力者がゲラーに会いたがった。オスロでは、ノルウェー国防大臣のアルヴ・ヤーコブ・フォステルヴォルの自宅に招待された。イタリアでは、フィレンツェ大司教と面会し、フランスではブリジット・バルドーにも招かれた。そのあいだにアメリカでは、著名科学者たちが彼の信用を傷つけようと着々と同盟を組んでいた。

とりわけ宇宙学者のカール・セーガンは、世間がゲラーを受け入れていることに大いに腹を立てていた。懐疑論者は、自分たちの見解を知らしめるために、マーティン・ガードナー、レイ・ハイマン、ポール・カーツ、ジェームズ・ランディとともに、「超常現象を科学的に究明する会」(CSICOP《サイコップ》)を立ち上げた。「ますます多くの真面目な者たちが、〝いったい何が起きてるんだ?〟と思いはじめている」と、セーガンは書いている。「ほかのことでは分別のある人々までも、いろいろな超常的な〝出来事《ハプニング》〟に爆発的に関心を高めているのはなぜなのか? わたしたちは、合理性という科学的概念――近代文明を発展させた公平な証拠の調査と分別のある実験――から後退しているのだろうか?」。セーガンと彼の仲間は、アメリカの科学者がESPとPKの研究に時間を浪費していると怒りを表明した。「理性対非理性」の戦いを推し進めるのはサイコップの義務だ、と彼は言った。「これまでは、このような疑問の声をあげて答えを出すのは、コメンテーターやジャーナリストの役目だった。しかし今回は科学者もかかわらざるを得ない」

サイコップの抵抗は、CIAがくだす決定に少しの影響も及ぼさなかった。超常現象全般、とりわけユリ・ゲラーの研究はそれまで通り続行された。ゲラーの行動と彼の能力と言われるものは、現実世界に理性的または非理性的な影響をあたえた。最たる例が、一九七四年に起きた一連の奇怪な出来事だ。この出来事には、ゲラーとアメリカのふたつの核兵器研究所のひとつ、ローレンス・リヴァモア国立研究所で働く核兵器技師数人がかかわっていた。CIAは非常に注意深くその状況を追った。それは、当時も今もきわめて警戒すべき状況と言ってよい。

ローレンス・リヴァモア国立研究所は、SRIから約五〇キロ東のカリフォルニア州リヴァモアにある。一九七〇年代半ばは、「核兵器設計と工学のフロンティアを切り拓く」という基本理念に従って、新しい核弾頭の開発と、機密のレーザー・システムや高性能コンピュータといった新たな兵器技術の設計をおこなっていた。これらに従事する科学者と技師のなかに、ゲラー現象を注意深く見守っていた者たちがいた。もしゲラーのPKが本物なら、その能力は自分たちの仕事にとって国家安全保障を脅かす脅威になるだろうか？　また、なるとしたらどのような状況下でそうなるのか？　彼らはそれを知りたかった。

SRIでゲラーと実験をする者は、実験室の中と外でときどき奇妙なことが起こると報告していた。ゲラーがそばにいるときに、普段故障しない装置が壊れ、物がなくなったと思ったらまた現れた。コンピュータがクラッシュしたり、磁気テープが消磁されたりすることもあった。こうした出来事が起きるのはゲラーが初めてではなかった。科学者はそれを、「パウリ効果」と呼んだ。オーストリアの理論物理学者であり、ノーベル賞受賞者でもあるヴォルフガング・パウリの名前から取ったことばだ。パウリがいるときに技術的装置が誤動作したり、落下したり、壊れたり、普通ではありえない持続的な損傷が多数発生したからだ。一九五〇年二月には、プリンストン大学を訪問中、彼が観察しにきた円型加速器《サイクロトロン》が理由もなく突然発火したことがあった。パウリはこれをテーマに「物理の裏側」というタイトルの論文を書き上げ、そのなかで物理と意識と無意識の関係を論じている。パウリ効果に

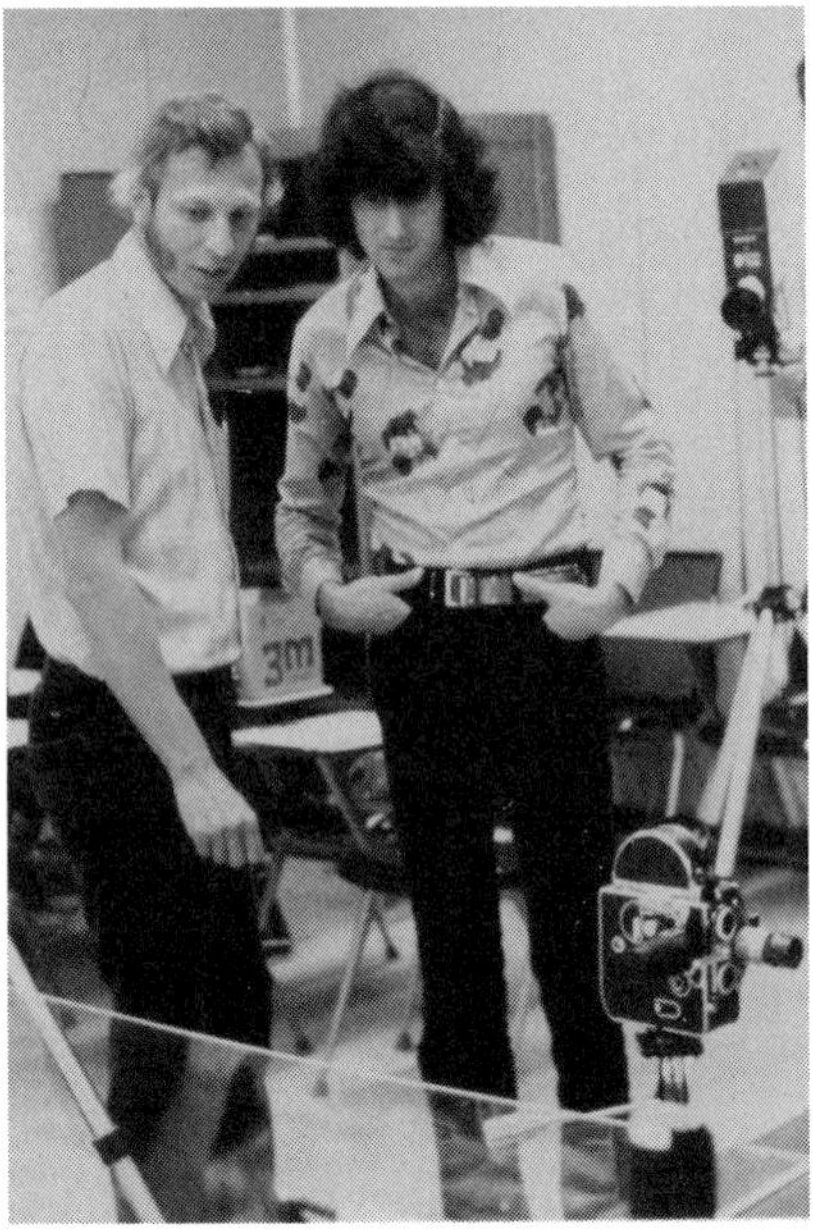

大陸間弾道ミサイル(ICBM)の電子装置を破壊するとされるユリ・ゲラー(右)の超能力をテストするローレンス・リヴァモア国立研究所の核兵器技師。ビデオで撮影されたこの実験は科学者たちに奇怪な影響を及ぼし、CIAが調査に乗り出すことになった
Collection of Uri Geller

敬意を表して、ＳＲＩでは自分たちの周りで起こる奇妙な出来事を「ゲラー効果」と呼びはじめた。

この現象の背後にある理論を、「観念連合説」と言う。ひとつひとつの経験が連鎖反応のように次の経験に通じたり影響をあたえるという哲学的概念だ。歴史的文献では、いくつかの異なる名前で登場する。紀元前四〇〇年には、古代ギリシャの悲劇作家ソフォクレスが「自己達成的予言」について書いた。これは、『オイディプス王』にあるように、予言に沿うような結果を生じさせる行動を取ったことで、直接的または間接的に予言通りの結果が出現することだ。もっと近代的な表現の「ティンカーベル効果」は、実際にあると主張することによって実在する状況を表す。一九五〇年代には、麻酔専門医ヘンリー・

K・ビーチャーが「プラシーボ効果」――無害な薬または偽りの治療が人間に実際に生理学的効果を及ぼすこと――をCIAのために研究した。また「トーマスの定理」は、「もし人が特定の状況を現実とするならば、その結果としてその状況が現実のものとなる」と提示している。ここで重要なのは、ある出来事または状況を認知するなら――それが現実か想像か、理性か非理性か、通常か超常現象かにかかわらず――その結果として作用を引き起こせる、という事実だ。

一九七五年冬、ゲラーはリヴァモアの科学者の強い要請をうけて、一連の秘密のPKテストを受けるために北カリフォルニアに戻ってきた。テストはすべてビデオテープ、録音テープ、フィルムに記録された。テストの関係者は、ゲラーを除く全員がアメリカの軍事機密に接触できる最高位の資格「Q証明」を持っていた。そのため、原子力委員会(AEC)が、自分たちとリヴァモアとCIAのあいだの国家安全保障問題を監督するために、ロン・ロバートソンという保全将校を配属した。グリーンもCIAの契約監視員としてかかわった。

「このプログラムには、六人の核物理学者と技師が関与した」と、グリーンが明かす。テストは、「当面の安全保障上の問題」があるため(ゲラーは外国人であり、イスラエルの諜報機関モサドに協力している可能性もあった)、研究所の外でおこなうことになった。ローレンス・リヴァモア研究所に隣接した実験室で、カリフォルニア大学が所有する第二次世界大戦で使われた古い木造バラックのなかだ。

テストはふたつあった。ひとつは、高性能レーザーをターゲットに照射する。はたしてゲラーはビームを妨ぐことができるだろうか？　もうひとつは、鉛製の容器に磁気コンピュータ・プログラム・カードを入れて密閉する。ゲラーは容器のなかにあるものに影響をあたえることができるだろうか？　これらのPKテストが数日にわたって実施され、結果のひとつが機密解除された。そこではリヴァモアの科学者のひとり、ロン・S・ホークが、「磁気プログラム・カードの酸化鉄層にある磁気パターンが消えた」と記し、「さらなる実験が必要である」と続けている。二〇一五年に実施したインタビューで、グリーンはリヴァモア・グループが出した結論を以下のように要約した。「ゲラーは近距離から物や原料に影響をあたえることができた。しかし、遠距離からはできなかった」。けれど、実験者たちがもっとも頭を抱えた結果はこれではなく、ゲラーが数人の核物理学者にあたえたと思われる不思議な影響だったという。

毎晩、実験が終わるとリヴァモアの科学者たちは自宅に帰った。そして毎朝、核機密情報取扱許可の安全保障プロトコルに従って、前の晩に少しでも変わったことがあったら報告するよう義務づけられていた。二日目の実験が終わったあと、AECのロバートソン保全将校からCIA本部のグリーンに電話があった。「深刻な問題がある、と言われた」と、グリーンは振り返る。兵器技師の何人かが、論理的に説明できないものを見たと報告していた。なかには、「物が部屋中を飛び回ったり、照明が点滅したり、一五センチほどの光の玉が廊下を転がっていった、というものもあった。ひとりの科学者は、空飛ぶ球体を見たと言ってきた。大きなカラスが自宅の家具の上に止まっているのを見た、と主張する者もいた」。それを聞いたとき、内心では〝ポルターガイストのようだ〟と思ったと、グリーンは言う。ＡＥＣは事態を懸念し、ＣＩＡも同じだった。「幻覚を引き起こした原因を突きとめるため、私はサンフランシスコに向かった。リヴァモアの科学者たちに病理検査をおこなうよう指示されたのだ。彼らは頭がおかしくなってしまったのだろうか？」

サンフランシスコに着くと、グリーンは科学者と個別に面談した。「彼らを診察し、広範囲にわたって話を聞き、テストもした。おかしいところは見当たらなかった。みんな健康そのものだったよ。私よりも頻繁に毎年ポリグラフ・テストを受けている者たちだからね。精神的にも問題はなかった」。では、いったい何が起きたのか？ 科学者のひとりは、どうしても忘れられないある出来事を打ち明けた。それは、真夜中に自宅の寝室で起きたという。まったくばかげた話に聞こえるが、妻も一緒に目撃していた。「肉体のない腕が、ホログラムのように回転していたと言うんだよ。」身体についていない腕が、宙に浮いていたのだと。「その腕は、グレーの布に包まれていて……手の代わりに鉤《かぎ》がついていた。彼は、この鉤が自分のベッドの足元に浮いていたときの恐怖をまざまざと語った。まるで串に刺さっているかのように回転していた様子をね」

グリーンはこの状況をどう理解したらよいか苦しんだ。ひょっとしたら、何かの心理作戦かもしれないと思った。共産国側の諜報機関かＣＩＡの仕業ということも考えられる。「ホログラムは開発されたばかりだったが、当時はほとんど機密扱いとされていた」。それに、ＳＲＩの科学者とリヴァモアの科学者が長年ライバル関係にあることも、グリーンは知っていた。「信頼関係を悪用した一種の悪ふざけなのだろうか？」

グリーンはパソフとタークに正面から問い詰めた。「ふたりに（私の）モーテルの部屋にくるように言った。私は猛烈に腹を立てていた」。リヴァモアの科学者たちの動揺は尋常ではなく、プログラム全体が危機に瀕《ひん》していたからだ。いったい何が起きているのか、白状するようにふたりに迫った。パソフもタークも、誓って自分たちは無関係だと言い張った。そのとき、「ドアをバンバンと叩く大きな音がして、私は怒鳴るのをやめた」。グリーンは、ドアを開けた。「部屋の入口の目の前に、グレーのスーツを着た男がひとり立っていた。彼は私に向かって何か尋ねた。私は憮然《ぶぜん》として〝部屋をまちがえてるぞ〟と言うと、ドアを閉めようとした。男はくるりと向きを変え、去っていった。そのうしろ姿を見て、どこかがおかしいことに気がついた」。男のスーツのジャケットの片袖は、ピンで留められていた。「その男は腕が一本しかなかったんだ」。パソフもそれを見たことを認めている。

結局グリーンはこう結論づけた。今起きていることは「ある種のハイテク心理作戦」で、ホログラム、レーザー、小型無人機という一九七〇年代半ばにＣＩＡの極秘プログラムで生まれたばかりの先進技術が使われているのだろう。どのような機密技術がかかわっているにしろ、（先進技術兵器の専門家ではなく）情報将校で神経生理学者の自分の保全許可ではアクセスできないものにちがいない。しかし医学の専門家として、この出来事が現実世界にもたらした結果が気にかかった。

起きたことが本当にしろ空想にしろ、リヴァモアでアメリカの核兵器プログラムに従事する核科学者のふたりが、自分なりの結論を出したのだ。「私の知るかぎり、リヴァモアの科学者のうちふたりが辞職した」と、グリーンは言った。まさにトーマスの定理が実現したのだ。つまり、状況を現実であると定義すれば、結果として現実になる。そのふたりはこの出来事を、「これ以上核兵器開発に携わってはいけない」というお告げかメッセージと受け取ったのだろう。

一方、ＳＲＩでは超能力研究プログラムが崩壊の危機に瀕していた。プライスがプログラムを抜けると、パソフとターグに告げたのだ。自分の超感覚的な能力を現実世界で使うことにしたという。ウェストヴァージニア州の炭鉱会社から石炭の鉱脈を探してほしいと誘われている、と彼は言った。もともとＥＳＰを使ってひと財産築いたら引退しようと思っていたと。しかし、プライスは言わなかったが、機密解除された文書から明らかになった事実がある。彼はＳＲＩからＣＩＡに引き抜かれたのだ。ある覚書に、「機密性を強化するため、契約者（ＳＲＩ）とおこなう作戦指向のテストはすべて終了し、プライスとの個人契約に切り替えた」と、記されている。プライスはＣＩＡの直属となり、ワシントン在住のハンドラーをあてがわれた。彼がＣＩＡのために何をしたのか？　それは今も謎に包まれている。これまで情報公開法（ＦＯＩＡ）に基づいて何度も開示請求をおこなったが、そのファイルが機密指定から外れたことはない。

しかし、この協力関係が悲劇的な終わりを迎えたことはわかっている。一九七五年七月初旬、プライスはワシントンでハンドラーと接触したとき、旧友に会いたくなって連絡した。パソフとグリーンが聞いた話によればプライスはラスヴェガスに数日滞在してギャンブルをするので、そこで落ち合おうと誘ったという。友人たちはそれに応じた。七月一四日、プライスはスターダスト・ホテルに

パトリック・H・プライス（右）はCIAの超能力研究プログラムのなかで傑出した能力を持っていた。ESP実験中にカリフォルニア州にて撮影。一緒に写っているのはハル・パソフ（左）、ラッセル・ターグ（左から2番目）、CIAアナリストのクリストファー・グリーン。プライスは1975年に不可解な状況で死亡した
Collection of Russell Targ

チェックインした。その晩は、ホテルのレストランでふたりの友人と夕食を取った。しかし、気分がすぐれないと言って食事を途中で切り上げ、休むために部屋に向かった。なかなか戻ってこないので、心配した友人が部屋まで様子を見にいった。そこで心停止状態でベッドに横たわっているプライスを発見した。

救急医療隊員が現場に呼ばれた。救命士たちが蘇生を試みたが、プライスの心臓は反応しなかった。その後、ERに急送され、そこで死亡が確認された。グリーンは検視報告書を見るために、ラスヴェガスまで行ったという。

「報告書はなかった。検視はおこなわれなかったんだ」。検視官が言うには、ひとりの男がプライスの医療記録がぎっしり詰まったスーツケースを持って現れて、病院側と話し合いをした。その後、プライスが心臓発作で死んだのはまちがいないとして検視要請を放棄したという。

ＳＲＩでは、科学者とサイキックのあいだでさまざまな噂が飛び交いはじめた。プライスは殺されたのかもしれない、

という話もあった。暗殺者としてＫＧＢ、ＣＩＡだけでなく、サイエントロジーまで取りざたされた。陸軍医学情報局は三年前の一九七二年、ＫＧＢが「ＰＫを使って人間の心臓を止める方法を開発中だ」と警告していた。また、チャーチ委員会〔情報活動に関する不正行為の疑惑を調査する上院委員会〕が議会聴聞会で、ＣＩＡの技師が「心臓発作銃」を開発したと明らかにしたばかりだった。この銃で毒物の丸薬を標的に撃ちこめば、心臓発作に見せかけて殺せるという。一方ジャック・ヴァレによれば、ＦＢＩはプライスがサイエントロジーの会員だったと知ると、同教会に嫌疑をかけた。ヴァレの日記には、「ロサンゼルスのサイエントロジーのオフィスを強制捜索後、ＦＢＩはプライスが同教会にＣＩＡへのスパイとして使われていたと信じるようになった」と書かれている。

ＣＩＡは、これ以上論争に巻きこまれるのを避けるために、機密の超常現象研究の主導者から撤退した。パット・プライスは死んだ。インゴ・スワンはニューヨークへ去った。ユリ・ゲラーはモサドに雇われたと考えられていた。ＳＲＩのプログラムがどうなるのか、まだ誰にもわからなかった。冷戦の冷ややかな気配が忍び寄っていた。アメリカ政府の超常現象計画はこれで終了するのだろうか？それとも、これは新たなはじまりなのだろうか？

第一二章
潜水艦

超常現象《パラノーマル》の源は何か？　この問題は、はるか昔から超感覚的知覚（ＥＳＰ）の実践者と情報提供者を悩ませてきた。紀元前二四〇〇年のアッシリア人の古文書から一八世紀の神秘主義の神学者エマヌエル・スヴェーデンボリの著作までを見てもわかるように、数千年間、答えのひとつは神という超自然的存在だった。それが約一五〇〇年前、電磁波は電場と磁場が結びついたときに形成されるという理論が確立すると、電磁スペクトルに焦点が当てられるようになった。簡単に言えば、テレパシーは、〝精神のラジオ〟のようなものということだ。これによりＥＳＰ研究は新たな分野へと移行した。

〝ラジオ〟はぴったりのたとえであり、比較的理解しやすい。一八八六年にハインリヒ・ヘルツが電波の存在を証明し、その九年後にグリエルモ・マルコーニが最初の電波信号の送受信をおこなうと、電波は空間を通して情報を伝える方法と解釈された。電波が電気伝導体にぶつかると、遠く離れた場所で発信された情報が変形して元の形に戻り、受信される。放送局のアンテナ塔や車のアンテナの原理と同じである。ピューリッツァー賞受賞作家で精神機能に熱中するアプトン・シンクレアは、一九三〇年に超能力者《サイキック》の妻とおこなったテレパシー実験をテーマにした著書『精神のラジオ』を発表した。アルベルト・アインシュタインは、この本に書かれた情報とESPのテーマ全般に強く引かれ、ドイツ語版『精神のラジオ』に序文まで寄せている。その後三〇年間、レーダー、電子レンジ、宇宙通信の発見と発達により、電磁スペクトルで超常現象を説明する論理的可能性が拡大した。

電磁スペクトルは人間が見ることのできる唯一の電磁波である可視光を含め、届く幅が広い。一方の端には、紫外線、X線、ガンマ線などの極高周波（EHF）がある。中間には可視光、赤外線波、マイクロ波があり、もう一方の端にあるのが電波、極低周波（ELF）だ。ESPを伝えると思われる電磁波チャネルの探求は、消去法からはじまった。可視光は、物体や壁やドアのような障壁を通り抜けられないため容易に排除できる。X線も医療用レントゲン撮影機のそばで鉛製エプロンを着用することからわかるように障壁によって遮断できる。

そこで無線とマイクロ波など中間の電磁周波数を遮断するために、一九四〇年代末にアンドリア・プハーリッチとジャック・ハモンドがファラデー・ケージを作った。そのなかにサイキックを入れた結果、彼らが超能力と信じるものが低下しないことをわかり、スペクトルのなかの低い周波数成分も除外された。ファラデー・ケージが遮断しない電磁場は、数万キロ（一万から一〇万キロ）の波長があるELFだけだ。ELFのテストは深海でしかできず、そのためには潜水艦が必要だった。個人所有の潜水艦が利用できなければ、アメリカ海軍の協力が不可欠となる。

潜水艦は、アメリカ軍のなかでもっとも技術的に進んだ機械のひとつである。コンピュータ技術、航行システム、精密誘導兵器システム、大気再生能力、原子力システムが搭載されているため、極秘兵器に分類される。絶えず移動できるので、核の先制攻撃に対する最良の防御手段でもある。相互確実破壊（ＭＡＤ）の要と言ってよいだろう。しかしアメリカの潜水艦は、艦の原子力推進システムからの排熱をソ連の衛星に探知されないように水中深くに潜っていなければならない。海面から遠い場所にいると、通常の電波信号は受信できない。一九五〇年代、ＥＬＦは電磁スペクトルのなかで数百メートルの海水を貫通できるとわかっている唯一の帯域だった。ＥＬＦで送るメッセージはたいてい一、二文字しかないため、海軍は海面付近まで艦を浮上させる合図として使っていた。海上に近くなれば、既成の送信法でより長いメッセージを受信できるからだ。これらの詳細は今も極秘とされている。

軍機関がすべてそうであるように、海軍当局者も圧倒的多数がＥＳＰをいかさまと見なしていた。しかし一九七〇年代初期になると、核攻撃後の予備通信手段としてＥＳＰに関心を示す者が現れた。そのなかに、スティーヴン・シュワルツという若い科学者がいた。シュワルツはアメリカ海軍作戦部長であるエルモ・ズムウォルト大将の研究・分析担当特別補佐官だった。立場上、一九七一年より海軍のテレパシー研究の概要を把握しており、おかげでソ連の研究にもくわしくなった。とりわけ彼の注意を引いたのは、一九五六年ごろにロシア人が実施したと見られるＥＳＰ実験だ。ペンタゴンの分析によれば、この実験で使われたのは母ウサギと生まれたばかりの子ウサギたち、それに海中のソ連の潜水艦、陸地にある研究所だった。監督したのは、パーヴェル・ナウモフという軍の科学者だ。

「ソ連の科学者は、子ウサギたちを潜水艦に乗せた。母ウサギは陸の研究所に残し、脳に電極を埋めこんだ。潜水艦が潜航すると、（潜水艦に乗った）助手が（子）ウサギを一匹ずつ殺していった。子ウサギたちが殺された瞬間、母ウサギの脳ははっきりと検知して記録できる反応を見せた」

この実験結果が本当であれば、ＥＬＦがＥＳＰ情報の搬送チャネルかもしれない。シュワルツは、ズムウォルト大将の特別補佐官という立場から実験を提案しようと考えた。軍組織の大半でＥＳＰが疑似科学と見なされていることを考慮して、「しかるべき時機がくるのを待った」と、彼は二〇一五年に説明した。「飛行機でグロトンの海軍基地へ向かうあいだ、私はハイマン・リッコーヴァー大将とふたりきりになった」。リッコーヴァーは有力者の同僚で、歴史書では「原子力海軍の父」と呼ばれている。「リッコーヴァーは型にとらわれない思想家であり技師だった」。彼ならＥＳＰに偏見を持たないかもしれない。「海上試運転するブーマー（潜水艦）の一隻にリモート・ビューアーを乗船させてくれないか、思い切って頼んでみた。リッコーヴァーはしばらく検討したが、メディアが嗅ぎつけるのを恐れて、結局ノーと言った」

一九七五年になると、シュワルツは軍を離れて民間企業に就職した。超能力研究への情熱の前では、海軍のキャリアが色褪《あ》せて見えたのだ。ロサンゼルスの哲学研究協会の特別研究員になり、ＥＳＰの研究をして複数の本を書いた。それでも近い将来、潜航中の潜水艦にサイキックと乗りこむことになろうとは予想もしていなかった。

メンローパークでは、パソフとターグがスタンフォード研究所（ＳＲＩ）の超能力研究プログラムを維持しようと四苦八苦していた。CIAから助成金を打ち切られたため、クライアント候補として海軍に目を向けた。海軍は、一九七五年までにおよそ一億二五〇〇万ドルをELFの研究に投じていた。ふたりは、ELFとESPの関係を調べて、もし関係があればそれを研究すると提案した。一九七六年、海軍電子システム司令部は、「認識できない意識レベルで、遠隔からの微弱な電磁刺激を知覚する個人能力の調査」のためにふたりに八万七〇〇〇ドルの契約金を支払った。賛否両論を引き起こすだろう秘密の研究が人目を引かぬように、パソフとターグは〈遠隔の電磁（EM）源の感知（生物学的相関）〉というプロジェクト名をつけた。しかし、ペンタゴンにブリーフィングする際、海軍の担当者はそこまで機転がきかず、このプロジェクトを「ELFとマインド・コントロール」と呼んだ。このセンセーショナルな名称が、なぜかワシントン・ポスト紙に漏れてしまった。

記事を書いたのは、懐疑論者でありESPのすべてに批判的な記者ジョン・L・ウィルヘルムだった。暴露記事の一部は、海軍のトップ科学者サミュエル・ゴズロフへの取材に基づいていた。ゴズロフは、SRIのプロジェクトを知って激怒したとウィルヘルムに語っていた。「プロジェクトのブリーフィング担当者がスクリーンに図表を映し出して説明をはじめたとたん、ゴズロフは〝あれはどういうことだ？〟とものすごい剣幕で遮った。その図表には、SRIの研究が〈ELFとマインド・コントロール〉と記されていた」

ゴズロフは、研究の即時中止を求め、「リモート・ビューイングへの追加出資金三万五〇〇〇ドル」を取り消したと明かし、「心底腹が立った」と嘆いた。「われわれ（彼はそう強調した）は、この分野のプログラムに資金など出さない。もしきみが〝これは大嘘だと思うか？〟と尋ねたら、その通りだと答えるよ。私がそう言ったと書いていい」。さらにウィルヘルムにこう請け合った。「（海軍は）この件から手を引く。超心理学研究の支援は軍の仕事ではない」。しかし、彼は真実を隠していた。ソ連はＥＳＰ、ＰＫ、電磁兵器にそれぞれ異なる名前をつけて、ひとつのグループにまとめていた（ＥＳＰであるテレパシーは「長距離生体信号伝送」、ＰＫは「人間からの非電離（特に電磁）放射線」、電磁兵器は「生物以外を発生源とする高貫通性放出物」と呼ばれた）。敵とまったく同じ兵器システムを作って対抗するという冷戦中の軍拡競争の暗黙のルールに従って、アメリカもこれらの一見ばらばらな「テクノロジー」を、少なくとも当時は同じプログラムとして扱っていた。よって、モスクワ・シグナルという電磁兵器を再現する組織横断的な機密研究〈パンドラ計画〉の主導陣だったゴズロフが、ＥＳＰ研究にかかわっていたことはまちがいない。彼が高等研究計画局（ＡＲＰＡ）主導の〈パンドラ計画〉に従事していたのは、モスクワのアメリカ大使館職員をねらったマイクロ波ビーム兵器に対抗するためだった。当初、この計画では無響室にいるサルに電磁信号を照射していた。その後、ターゲットをフィラデルフィア海軍工廠《こうしよう》の潜水艦の水兵たちに替えて、ひそかに同じ信号を照射し続けていた。

一九七七年、ワシントン・ポスト紙が海軍のＥＳＰ研究をスクープすると、ゴズロフは外部に対する悪夢のような対応を迫られた。折りしもモスクワ・シグナルと〈パンドラ計画〉にまつわる非道な行為が公になったばかりだった。〈パンドラ計画〉はモスクワ・シグナルが発見された一九六二年から一九七六年二月までひた隠しにされていたが、ロサンゼルス・タイムズ紙に暴露されたのだ。ことの発端は一九七三年、モスクワでCIAが、新しいより強力なソ連のマイクロ波ビームを発見したことだった。最初のモスクワ・シグナルと同じように新しい電磁兵器も大使館の上階、大使と諜報機関幹部の執務室がある場所に向けられていた。

ロバート・M・ゲーツCIA元長官は、一九九七年に回顧録でこの詳細に触れている。「シグナルの持続期間と変わった特性から、前回より大きな健康被害をあたえると判断された。これらのシグナルは、大使館近辺に設置された送信機から照射される指向性マイクロ波ビーム――極長短波（UHF）とマイクロ波（SHF）――だとわかった」。CIAは、このシグナルに「MUTS - 2」（第二のモスクワ未確認テクニカル・シグナル）と名づけた。

それから二年後の一九七五年七月、CIAは非電離放射線の生体および健康への影響の専門家、ドナルド・A・マイヤーをモスクワに派遣し、国務省当局者とひそかに調査にあたらせた。大使館職員は、このときもまだ何も知らされていなかった。ソ連が大使館の南側の建物の上に二機目のマイクロ波送信機を設置すると、CIAはようやくアメリカ大使と大使館職員に真実を告げることにした。当時のCIA長官ウィリアム・コルビーは、大使に次のように書き送った。「職員たちの最近の健康上の問題はMUTSとMUTS - 2信号が引き起こした可能性がある、という報告を受け取った。モスクワのアメリカ大使館職員が健康被害を受ける恐れが高まっており、早急に対処する必要がある」。シグナルはさらに強力になっていた。

シグナル発見からじつに一四年後の一九七六年一月、とうとうウォルター・ストーセル・アメリカ大使にモスクワ・シグナルの存在が伝えられた。ストーセルはソ連に正式に抗議を申し入れ、高出力マイクロ波ビームを放射されていることを大使館職員に最低限伝えた。国務省の医師は、「大使館職員の数人に、非特異的〔多くの人が経験し、かつなんらかの病気に特有ではない症状〕だが、慢性的に非電離放射線を浴びた患者に頻発する症状が現れている」と報告した。症状には激しい頭痛、集中力の欠如、疲労などがあった。この話がメディアにリークされた。ロサンゼルス・タイムズ紙が、「ウォルター・J・ストーセル・ジュニア大使は、ロシア人が大使館内の会話を盗聴するためにマイクロ波ビームを使っていること、その放射線が健康に害を及ぼす危険があることを、一二五人のスタッフの一部に話した」と報じた。ストーセルは西ドイツのボンの大使館に転任となり、国務省は報道を否定した。

　モスクワ駐在大使館元職員一〇〇人が、政府に対して二億五〇〇〇万ドル相当の損害賠償を求める訴訟を起こした。それをうけて、国務省はジョン・ホプキンス大学公衆衛生健康学部に一〇〇万ドルで調査を依頼した。同学部はサルに照射する偽のモスクワ・シグナルを作った機関である。一九七八年一一月に発表された調査報告書は、「この分析をしている時点で、職員が健康への悪影響を受けたという説得力のある証拠はない」と結論づけた。上院小委員会の調査で被害者の代理人を務めた国務省の医学顧問ハーバート・ポラックによれば、結局訴えはすべて取り下げられ、被害者には「一ペニーも支払われなかった」という。一九八六年、ストーセルは六六歳で白血病により死亡した。彼の前任者でやはりモスクワ・シグナルに晒された三人の大使のうちふたり、チャールズ・ボーレンは一九七四年に六九歳、ルウェリン・トーマスは一九七二年に六七歳でがんで亡くなった。

強力な電磁兵器の存在が明らかになったことで、マイクロ波とＥＬＦ兵器が公に議論されるようになった。ゴズロフのような一部の科学者は、政府によるこの分野の研究を重視しなかった。ワシントン・ポスト紙の取材に応じたとき、彼はＥＬＦとマインド・コントロールのあやしげな計画にかかわる疑似科学者に立ち向かう理性的な人間のようにふるまった。しかし、彼の正式な肩書が海軍長官科学補佐官だったことを考えると、ブリーフィングを受けるまでＥＳＰプログラムを知らなかったとは考えにくい。

政府内では、何人かの科学者がアメリカの電磁兵器分野での研究の立ち遅れを指摘しはじめた。なかには生物学者のアラン・Ｈ・フレイもいた。彼は一九六〇年以来、海軍研究局や陸軍をはじめペンタゴンのさまざまな機密および非機密契約を請け負い、国内でマイクロ波放射の人体への影響に熱心に取り組んでいた。一九六一年には、のちに合成テレパシーと呼ばれる急進的な新技術を発見した。合成テレパシーはマイクロ波入力信号を使って、実際はマイクロ波ビームなのに脳が音声伝送と認識するメッセージを受け取れるようにするものだ。フレイにとって生物は「比較的単純な弱磁場構造を持つ世界で、数十億年かけて進化した複雑な電気化学系」だった。彼のライフワークの大半は、電磁エネルギーの生物系への影響を解明することに捧げられていた。一九六九年には、「もし一〇〇年前に電磁エネルギー・センサーを使って宇宙から地球を見たら、かなり薄暗く見えただろう。現在は電磁エネルギーの放出で輝いている」と書いた。

ほとんどの問題は、基本的な認識の欠如と、フレイいわく「政府の科学者が神経系機能を完全に理解しているというあさはかな思いこみ」から生まれていた。一九六九年の論文で、彼はこう問いかけている。「この分野はなぜ誤解と混乱に満ちていて、データがほとんど収集されていないのか？　私は、神経がRF（無線周波）エネルギーの影響を受けられないと〝証明する〟計算を書いた黒板を見せられたことがある。けれど、この論理にはひとつ根本的な欠陥がある。わたしたちが神経系機能を十分に理解しているという思いこみだ。それは正しくない」

フレイは、研究の管理と担当をめぐる管轄争いに苦労した。それまでも、この研究テーマのソ連の論文が「解釈不能」として却下されるのを何度も見てきた。実際のところ、お粗末な翻訳は問題だったという。「ある論文では、〝視床下部〟という単語が〝小脳〟と訳されていた」

フレイの研究と実験は、ロシア人が盛んに研究していたESPとPKと電磁兵器の謎めいたつながりを裏づけることになった。一九六〇年代末、彼はマイクロ波ビームのパルス数を心臓そのものと同期化することで、摘出したカエルの心臓の拍動を自在に操り、止めることもできると報告した。CIAの注意を引いたロシア人女性のニーナ・クラギーナが精神力でやりとげた行為と同じである。「生きたカエルを使っても、同様の結果が得られた。これは人間の胸部を突き抜ける放射線（電磁波）で心臓発作を引き起こすことが技術的に可能だと示唆している」と、ゴズロフとフレイの同僚であるロバート・O・ベッカーは記している。二度ノーベル賞の候補になったベッカーは、マイクロ波で人間を混乱させる機密プロジェクトに携わったあと、ペンタゴンのためにマイクロ波兵器の開発に取り組み、一九七〇年代初めに辞職した。「彼が辞めたのは、このような研究が人道に反すると考えたからだ」と、ニュー・サイエンティスト誌のある記者は書いている。政府の仕事を経験したベッカーは、モスクワ・シグナルのようなマイクロ波信号は「中央神経系に影響をあたえ、人間を眠らせたり、意思決定能力を妨げたり、慢性的なストレスを引き起こすことができる」と確信し、ソ連は「大使館職員を低レベルのEMR（電磁放射線）実験の被験者に使っていた」と述べた。

モスクワ・シグナルは、ゴズロフが主張したように無害だったのだろうか？　それとも、ベッカーとフレイが信じたように命を奪う危険があったのだろうか？　大使館職員の突然変異誘発率と発がん率は本当に上昇したのか、それとも人騒がせな嘘だったのか？　また、ソ連は電磁兵器とESPとPKを結びつけて何をしようとしていたのか？　アメリカの国防科学者はあれこれと思いをめぐらせた。CIAはそれを探るために、エアリサーチ製造会社という防衛関連請負会社を雇った。カリフォルニア州トーランスにある同社は国防部門と多数の機密契約を交わしており、航空電子工学、水力学、マイクロプロセッサに関する仕事のほか、マーキュリー、ジェミニ、アポロ有人宇宙飛行計画の宇宙飛行士が使う生命維持装置の設計も請け負っていた。おかげで、極限状態や強要された状態での人間生理学について独自の専門知識を蓄積していた。

エアリサーチ社は、ソ連がおこなった研究の大半を「推論的、非科学的、かつ煽情《せんじょう》的」と判断した。しかし警戒すべきことがひとつあった。ソ連は、被験者にきわめて高い周波数（VHF）音を大量に浴びせ、脳に電磁信号を送ることで超能力の作用を拡大する方法を開発中だった。彼らは人間を

「睡眠と覚醒《かくせい》の境目」へと導き、「幻覚と変性意識状態を促進」しようとしていた。目的は「被験者の精神状態を変えること」だ。アンドリア・プハーリッチが二〇年以上も前に幻覚性キノコでしようとしたことを、ソ連は先進技術で実現しようとしていた。

わかったのはそこまでだった。「(ソ連のESP、PK、電磁兵器研究は)秘密のベールに包まれており、偽情報で偽装されている」と、エアリサーチ社の報告書にある。実験は「精神病院内の秘密の超心理学研究所」で実施されているらしく、くわしい情報は入手できない。よって、この研究が成功したかどうかはわからなかった。「超能力の歴史は驚きに満ちており、誤りだと証明されるまで熟慮して慎重に扱うべき概念が多数ある。したがって、今後のくわしい研究を勧める」と結論づけている。

報告書はまた、東側と西側で進行中の研究には重大なちがいがひとつあると強調した。「欧米のESPとPK研究者は、理解を超えたメカニズムには宗教に似た信念が潜んでいる、と考えている。ロシア人はちがう。マルクス主義者という〝純理論的な唯物主義者〟として、あらゆるものは科学的に説明できると考えている」。さらに当惑することに、彼らは超自然的な説明がなくても「思考伝達が実際に起きることを前提としている」。

SRIの超能力研究プログラムは、とぼしい資金でかろうじて続いていた。その資金も海軍との契約がゴズロフによって打ち切られ、底をつきかけていた。一九七七年夏、パソフとターグが潜水艦を利用できる確率はかぎりなくゼロに近かった——ズムウォルトの特別補佐官だったスティーヴン・

シュワルツの斬新な実験を聞きつけるまでは。

半年前の一九七六年秋、シュワルツはふたりの元海軍将校、ドン・キーチとドン・ウォルシュと一緒にロサンゼルスでキッチン・テーブルを囲んでいた。キーチとウォルシュは、世界有数の深海探検家だ。キーチは、一九六六年にスペイン南部のパロマレス沖の海底で行方不明の水素爆弾を見つけた潜水艦操縦士だ。爆弾はB‐52戦略爆撃機と空中空輸機が衝突したときに落下したもので、もし爆発すれば主要都市をまるまるひとつ破壊できるほどの核威力を有していた。ウォルシュも兵器にはかかわっていなかったが、同じくらい伝説に残る偉業を達成していた。一九六〇年に、西太平洋のマリアナ海溝最深部のチャレンジャー海淵〔水面下一万九一一メートルの、地球上でもっとも深い海底凹地〕の底に到達し、潜水艇の最深記録を打ち立てたのだ（この記録は、二〇一二年に映画監督のジェームズ・キャメロンが同じ場所に潜るまで五二年間破られなかった）。現在ふたりは、南カリフォルニア大学海洋研究所を運営していた。三人で話すうちに、シュワルツが海軍であたためていた、サイキックを潜水艦に乗せるアイデアの話になった。「リモート・ビューアーが未発見の難破船を見つけられるか確かめてみたいと思っていた」。二〇一六年にシュワルツはそう説明した。

偶然にも、キーチとウォルシュは手助けできる立場にあった。きわめてまれなことながら、数カ月後に潜水艦を短期間預かることになっていたのだ。「その潜水艦は、キーチたちの海洋施設で海上試運転するためにカナダからくることになっていた。それを三日間使っていい、とふたりが言ってくれたんだ」。シュワルツにしてみれば、千載一遇《せんざいいちぐう》のチャンスだった。トーラスI号は、最先端技術を駆使した五人乗りの潜水艦で、水深約三〇〇〇メートルまで潜航できた。長さは約一〇メートルで、三〇〇万ドルの工費をかけて製造された。ビューポートが広く、海底に沈んだものを回収する鉤爪もついている。潜水艇が手に入ったので、残るはサイキックだけだった。アメリカでもっとも信頼できるサイキックが欲しかったので、インゴ・スワンに連絡を取った。するとスワンがSRIの科学者たちを紹介した。科学者たち、とりわけハル・パソフはこの申し出に浮き立った。

パソフにとって、シュワルツの話は願ってもない機会だった。というのも、ちょうどデール・グラフというアメリカ空軍の民間科学者から連絡をもらっていたからだ。グラフはオハイオ州ライト・パターソン空軍基地の外国技術局に在籍し、自分がパソフに連絡したことは内密にしてほしいと言った。彼がきわめて個人的な理由から超常現象に関心を持っていたからだ。過去に何かがあったようだが、具体的なことはまだ話したくないらしい。しかし、空軍がESPを活用できる可能性は高く、もしパソフと一緒に目新しい実験を考案できれば、資金を出すようかけあえるかもしれないと考えていた。ふたりにとって、シュワルツがもちかけた潜水艦実験は渡りに船だった。

一九七七年夏、外国技術局とささやかな契約が結ばれ、シュワルツ、パソフ、グラフ、SRIチーム、それにサイキックのスワンとヘラ・ハミッド——パット・プライスの後任となるプロの写真家のサイキック——が、一九七〇年代でもっとも珍しい超能力実験のひとつ〈プロジェクト・ディープ・クエスト〉に乗り出した（シュワルツは、グラフが軍で働いていることを知らなかった）。公平な第三者に立ち会ってもらうため、NASAの衛星画像専門家アン・ケールが雇われた。彼女がチームに

ライト・パターソン空軍基地の先進ミサイル・システム予測部門責任者デール・E・グラフ。1978年ごろに国防総省が超能力研究に参加するきっかけを作った。その後も1993年に引退するまで同省の研究と作戦プログラムを主導した
Collection of Dale E. Graff

同伴し、不正ができるあらゆる要素を監視した。このプログラムにはふたつの目的があった。ひとつはシュワルツが公に掲げる難破船捜索で、もうひとつは潜水艦内で長距離リモート・ビューイングをするという空軍の機密プロジェクトだ。前者はのちに、レナード・ニモイ〔〈スター・トレック〉でミスター・スポックを演じた俳優、映画監督〕がホストを務めるテレビ番組〈イン・サーチ・オブ……〉〔一九七二年から一九八二年まで放映された不可解な現象をテーマにしたシリーズ番組〕で取り上げられた。エピソードのタイトルは、「サイキック・シー・ハント」だ。

シュワルツはまず、ロサンゼルス沖のサンタカタリナ島付近の約三九〇〇平方キロの標準海図を購入した。それからコピーをスワンとハミッドに渡し、ESPを使って海底の難破船を見つけ、地図でその場所に印をつけて、どんなものが見えるか教えるよう頼んだ。こ

のときの方法は、マップ・ダウジングを採用した。ユリ・ゲラーが国防大臣モシェ・ダヤンのためにイスラエルとシナイ半島の考古学的遺跡を見つけたときのテクニックだ。

スワンとハミッドはそれぞれ難破船が見つかると思う複数の場所に印をつけた。ハミッドはマップ・ダウジングについて、映像で以下のように説明している。「私の場合、目で見るというよりも、感触をつかむみたいな感覚で地図を見るの。どちらかというと重さみたいなものを感じることが多いかな。ほかにどう言ったらいいかわからないわ。とにかく地図で重さを感じたところに印をつけるの」。スワンはこう言った。「徐々に精神を集中させて、周囲から気持ちを切り離すんだ。完全に切り離してサイキックになるんだよ」

ふたりが印をつけた二枚の地図を、地図制作者で潜水艦乗組員のブラッド・ヴィークが合成した。シュワルツがそれをアメリカ沿岸測地測量局〔現アメリカ海洋大気庁〕の海洋部に見せて公式な見解を求め、撮影班がその様子も録画した。沿岸測地測量局は、海中の難破船を記録する政府出資の組織だ。地図を検討した当局者は、スワンとハミッドが印をつけた多数の場所で難破船が確認されていると認めた。しかし、それらの場所はターゲットから排除された。理論的には、サイキックたちがひそかに政府の地図を調べていかさまができたからだ。その結果、ふたりが別々に印をつけたターゲットがひとつだけ残った。ふたつの印がほんの数百メートルしか離れていないのを見て、シュワルツの胸は高鳴った。

トーラスI号の目的地はここだと、その当局者――トーマス・クックと名乗った――に告げた。

「サンタカタリナ海域には、公表されている五三隻の難破船を含め、既知の難破船か難破船らしきものが多数ある。しかし、このエリアには発見された難破船はないと断言する」とクックは撮影隊に話し、こう続けた。海底の難破船の正確な位置を示すのは、ソナーやほかの技術的方法ですでに場所が特定されていても困難だ。「たとえ場所がわかっていても、簡単に見つけられるものじゃない。見つけること自体が技能なんだ」。そう警告すると、サイキックの探求を「無駄な骨折り」と言い放った。

グラフとパソフは、空軍の機密プロジェクトのためにシンプルなリモート・ビューイング実験を考案した。かつてSRIがCIAのために考えたアウトバウンダー＝ビーコン実験の変種である。トーラスI号が深海に潜ったら、サイキックと科学者は六枚一組の封をした封筒をあたえられる。各封筒のなかには、サンフランシスコ地域のある場所の写真が入っている。所定の時間になると、パソフとグラフが六枚の封筒から一枚を選び、封を開けてその場所へ車を走らせ、潜水艦のなかのサイキックの誘導者《ビーコン》としてそこに留まる。同じ時刻にサイキックは六枚の封筒をすべて開封し、六枚の現地写真を見たうえで科学者たちがいる場所を告げる。この実験も録画されたが、こちらは公開用ではなかった。

約六〇〇キロ離れた地点の海底約一五〇〇メートルで、潜水艇のなかに坐ったハミッドは即座に正しいと思う現地写真を特定した。素晴らしいことにはちがいないが、的中する確率は六分の一とそれほど低くない。科学者たちは丘の頂上の大きなカシの木の横に立っている、とハミッドは言った。実際のところ、パソフたちはその場所にいた。最後の実験は、軍の緊急時のシナリオに合わせて考案され、それぞれのカードの裏に通信文が書かれていた。「二日間潜航を続けよ」「ベース・ワンに向かえ」

「優先標的を警戒し待機せよ」というものだ。海中で財宝を探す潜水艇の乗組員には、およそそぐわないものばかりだ。どちらかと言えば、空軍外国技術局のグラフの上官に、ESPがフェイル・セーフ〔起こりうる障害に際して安全な方向に機能するようにする〕プロトコルの一部に使える可能性をアピールする疑似通信文だった。

機密解除されたグラフの報告書には、スワンと実施したふたつ目の実験も同じような結果が出たと書かれている。実験の計画、プロトコル、厳重な管理に自信を持ったグラフは、結果を上官に伝えた。以下は報告書の文面だ。「このタイプの実験をふたつ実施した。ひとつにつきふたりの被験者がいた。最初の実験では、潜水艇は水深三四〇メートルの場所で一七〇メートルまで潜った。二度目は、水深約八〇メートルの海底に静止していた……陸地と潜水艦のあいだでの五感を使わない交信は正確におこなわれた」。対諜報の観点から見ると、この結果が及ぼす深刻な影響も検討すべきだ、とグラフは続けた。たえば、ハミッドやスワンのようなすぐれたリモート・ビューアーからは機密情報を隠せない。空軍当局はグラフに謝意を表し、あらためて連絡すると伝えた。

機密ではないほうのプロジェクトも成功を収めた。それまで特定されていなかった船の残骸が、スワンとハミッドが印をつけた場所の近くで見つかったのだ。トーラスI号の鉤爪が破片をいくつか引き揚げた。その船がどのくらい前からあったのかは、誰にもわからない。これはアメリカ史上、サイキックが潜水艇のなかから水中の遺物を発見した初めての例となった。

実験の成功により、パソフとターグの新たな資金調達が現実味を帯びてきた。ふたりは超能力研究の促進にひと役買ったアポロ14号宇宙飛行士、エドガー・ミッチェルに協力を求めた。ミッチェルはカリフォルニア州ペタルマにノエティック・サイエンス研究所という非営利機関を立ち上げ、そこで形而上学と意識の研究に専念していた。彼はパソフとターグのためにCIAのジョージ・H・W・ブッシュ長官と会うことにした。ヴァージニア州ラングレーのCIA本部まで赴くと、長官は熱心に耳を傾けてくれたとミッチェルは二〇一五年に振り返った。「けれど、今は議会とひどくもめているので何もできない、と言われたよ」。ブッシュは超能力研究プログラムを存続させたければ軍のスポンサーが必要だ、と助言した。

グラフは、ライト・パターソン空軍基地で先進ミサイル・システム予測部門という、空軍とペンタゴンの計画者にソ連で進行中の極秘最先端軍事研究の最新情報を知らせる部署の責任者だった。彼は上官に、行方不明になった飛行機をリモート・ビューイングで捜索するSRIの機密プログラムに出資するよう働きかけた。数カ月後、返事がきた。資金援助は承認された。

このときグラフは、超能力を軍事作戦に活用するという自分の働きかけが、ペンタゴンの二〇年に及ぶ壮大なプロジェクトに発展するとは予想もしていなかった。そのプログラムには、多数の軍および諜報機関だけでなく国家安全保障会議、統合参謀本部、ひいては大統領までがかかわることになる。

第三部

国防総省の時代

自然がわたしたちに見せているのはライオンの尾の部分だけである。
巨大すぎて一度に全身の姿が見えなくても、尾の先にライオンがいることはまちがいない。

アルベルト・アインシュタイン

第一三章
超物理学

国防総省《ペンタゴン》は、空軍を介して正式に超能力研究プログラムを推進することになった。CIAがプログラムを管轄していたときの依頼人《クライアント》という立場から、監督者に変わったというわけだ。まず、ペンタゴンの諜報機関のトップ、国防情報局にソ連とワルシャワ条約機構加盟国で進行中の同様の研究プログラムをひそかに調べさせることにした。その任務は、民間物理学者のデール・グラフ――ライト・パターソン空軍基地の先進ミサイル・システム予測部門の責任者――に課せられた。

「誰も引き受けたがらない仕事だった」と、グラフは振り返る。同じ部署で働く同僚の大半は、超感覚的知覚（ESP）とサイコキネシス（PK）を真剣に受けとめておらず、ましてや脅威と考える者は皆無だった。グラフはまっさきに、使用する専門用語をそれまでの心理学から物理学へと変えた。ソ連が一〇年前にしたことと同じである。ソフトサイエンスではなくハードサイエンスに重きを置けば、報告書が省内で注目されやすくなり、よい宣伝になると考えたのだ。たとえば、報告書のタイトルを「超物理学研究開発――ワルシャワ条約機構」とした。「超物理学」は、彼が考えた造語である。

報告書ではソ連の電磁場、量子物理学、ホログラフィー、重力の研究に焦点を当てた。また、生物物理学と心霊療法、キルリアン写真〔被写体に高周波・高電圧をかけ、その発光で写真を感光させ「オーラ」を撮る技法〕、オーラ、マップ・ダウジングも取り上げた。とりわけ注目したのはＰＫだった。もしＰＫが実在するなら、空軍の兵器システムの精巧な電子機器をミクロレベルで破壊したり無効にする恐れがあるからだ。よって、たとえ行き詰まりになったとしてもこの研究は外せなかった。

主に諜報コミュニティがソ連から入手した膨大《ぼうだい》な量の軍事研究資料があったものの、大半は翻訳されておらず、されていても正しくなかった。「機械翻訳システムもあったが、仕上がりはかなり雑だった。もっと正確な詳細を知りたければロシア語の言語学者が必要だったが、テーマがＥＳＰとなると簡単ではなかった」と、グラフは語る。作成した報告書は、ソ連とワルシャワ条約機構加盟国の信念体系、政治問題、政府の支援構造に分かれており、ソ連とワルシャワ条約機構加盟国の超物理学研究者、所属する研究所、資金源の概略を記した。さらに、アメリカの諜報および軍事コミュニティが関心を持つ能力の保有者にも手短に触れた。「ゲラー効果」と、精神力のみで動物の心臓を止めたロシア人超能力者《サイキック》ニーナ・クラギーナのカエルを使った実験も引用した。

完成した報告書は一二五ページに及んだ。「なかなか大変な仕事だった」とグラフは振り返るが、超物理学研究に個人的な興味があったため、やる価値は十分にあった。この研究に、彼は深い思い入れがあった。発端は、ベトナム戦争中だった八年前の一九六八年にハワイでした体験だ。その不可解な出来事を、彼は現実に起こったが科学ではまだ説明できないと考えていた。そして、科学者として解明すると誓ったのだ。

それは一九六八年夏のことだった。三四歳のグラフは、ライト・パターソン空軍基地の外国技術局からベトナムに派遣されて帰還したばかりだった。戦闘機をはじめとするソ連の兵器技術の専門家として、アメリカ軍パイロットにミグとの空中戦術を教えるために海外へ送られていたのだった。

グラフは穏やかな男だった。一九三四年に生まれ、少年時代はかろうじて世界大恐慌の直撃をまぬがれた。青年期のほとんどはペンシルヴェニア州に借りた農場で過ごし、地図を見たり、釣りをしたり、鳥を観察したりするのが好きだった。一九五八年に十代から付き合っていたバーバラ・ファウストと結婚し、七歳と九歳の幼い子供がふたりいた。思いやりがあり、やわらかな口調で話す生まれながらの楽観主義者だった。しかし、戦争は人間を極限まで追いつめる。東南アジアに派遣され、そこで経験したことに彼は心を痛めていた。大勢の仲間が撃墜され、命を落とし、捕らわれていた。それなのに科学者の自分が戦地に送られないのがもどかしかった。科学者だから戦場で危険な目に合わずにすむなんて公平と言えるだろうか、と思わずにいられなかった。自分の仕事が戦闘と同じくらい戦争遂行努力に重要だと頭ではわかっていたが、やましさはぬぐえなかった。「ひどく釈然としない気持ちで帰還した」と、彼は思い起こす。

空軍に入隊して一〇年目のグラフは、ハワイのヒッカム空軍基地（現パールハーバー・ヒッカム統合基地）に二年間の任期で配属されていた。基地の近くには多くのビーチがあり、その日は海でがむしゃらに泳いで無力感を忘れよう、と早くから決めていた。バーバラとふたりの子供を連れて、小さなサーフボードを抱えてワイナマロのビーチに向かった。運動神経にめぐまれたグラフはカヌーもはじめたところだったが、その日はサーフィンと泳ぎに集中するつもりだった。彼の弱点は視力だった。「ひどい近眼なのに、処方ゴーグルを家に置いてきてしまった」。子供時代に覚えたピンホール効果〔針の穴ほどの小さな穴から物を見ると裸眼よりよく見える現象〕という裏技を使って目を細めれば、なんとか見ることができた。

沖合いに大嵐が近づいており、暗くて不吉な空模様だった。監視員さえ帰ってしまい、誰もいない。海に高波注意報の赤い旗が立てられ、強風にぴんと張っていた。波はとても高かった。波打ち際に立ち、状況をよく見きわめて心を決めた。「かまうものか。海に出てこの波に乗ってやる」と、つぶやいた。バーバラと子供たちはビーチに残り、砂で城を作ることにした。グラフはひとり荒れた海に入り、防波堤に沿ってパドル〔サーフボードに腹ばいになり手で水をかいて進むこと〕し、力強い大波に乗って、上がったり下がったりを繰り返した。グラフの体格はごく標準的で、身長は一七八センチだ。細身だが筋骨がたくましく、体力もある。サーフィン日和ではなかったが、この程度ならなんとかできた。どのくらいかはわからないが、しばらくのあいだ目を細めながら波乗りをするうちに、岸からずいぶん遠くまできた。

波がさらに大きくなり空が暗くなったのを見て、そろそろ戻ることにした。「風の音がうるさすぎて、何も聞こえなかった」。嵐がみるみる近づいていた。ふいに両腕が疲れ切ってまずい状況だと気がついた。科学者の目で周囲を検分した。これは危ないな。すぐに戻らなければ。

「大きな波。腕が痛い。暗い海。岸へ行け」と頭のなかで唱えながら、一心不乱に水を掻《か》いた。岸へ行くんだ、と自分に言い聞かせた。大きな波。暗い海。腕が痛い。気にするな、水を搔け。岸へ行け。何度も何度もそう繰り返した。アスリートのマントラだ。

すると、耳を聾《ろう》するような風と波のうなりの向こうで、はっきりと叫び声が聞こえた。「助けを求める鋭い声、まちがいなく人間の叫び声」だった。確かに聞こえた。疑いもなく、はっきりと。「でも、そんなことはあり得なかった」と、彼は回想する。自分の心の叫びだったのだろうか？　水を搔くのをやめて周囲を見まわした。カモメの鳴き声が聞こえたのだろうか？　風がビュービューと唸《うな》り声をあげていた。ここは巨大な波が逆巻《さかま》く海の真ん中だ。彼は禍々しい危険な海原《うなばら》に浮かんでいた。周囲の海面にざっと目を走らせた。心臓が激しく打ち、風が耳のなかに吹きこんでくる。状況を冷静に見定めて、「ここには自分のほかに誰もいない」と断定した。

再び水を搔きはじめた。きわめて危険な状況だとわかっていた。両腕が痙攣《けいれん》を起こしはじめた。頭上の空は真っ暗で、嵐はぐんぐん迫っていた。岸まではまだ距離がある。岸に行かなければ。ありったけの力を振り絞って水を搔いた。それから突然、何かが起きてグラフの手が止まった。「私は二、三搔きして身体の向きを変えると、陸とは反対の方向へ、四五度の角度で沖に向かった。〝あそこに行け〟と心のなかで声がした。真正面に、五〇メートルか一〇〇メートルくらいのところに……サンゴ礁が見えた」

サンゴ礁と高波。絶体絶命の危機だった。何かはわからないが、不思議な力に突き動かされてグラフは死の罠に向かっていた。「必死で水を搔き続けた。誰もいないし、声も聞こえなかった。それでも、そちらに行かずにいられなかった。理屈では説明できなかったが、とにかく泳ぎ続けた。やがて巨大な波の頂上に押し上げられ、（波の谷へと）落ちていくと……バーン！　女性に衝突した」

女性は溺れかけていた。「彼女の目からそれがわかった。溺死する寸前だったよ」。口が開いたままで、息をしようとするたびに海水を飲んでむせていた。空気を求めて喘いだかと思うと、水中に沈んで見えなくなった。女性は妻のバーバラだった。彼女もこの危険な海にいたのだった。泳ぎ方を知らなかったのに、そこにいた。グラフは妻を自分のボードの上に引っ張り上げ、頭のなかで素早く考えをめぐらせた。バーバラはもう虫の息で、意識はとぎれとぎれになっていた。助けられるのは彼しかない。岸まで連れていかなければ。なんとしても連れていくぞ。「そのとき、離岸流〔浜から沖に向かう強い流れ〕に巻きこまれていることに気がついた」。グラフの科学者の部分にスイッチが入った。「流れを直角に横切って、ビーチに平行に泳がなければならない」。ひとつまちがえば、バーバラは海中に落ちて溺れてしまうだろう。子供たちはどこにいるんだ？　今はそんなことを考えている余裕はない。

グラフは心のなかで計算しようとした。やっとのことでほんの少し進んでも、そのたびに離岸流に引き戻されるように思えた。海水の塩分が目に沁《し》みて、ひりひりと痛む。バーバラがボードから落ちないように必死で支える彼の上に、猛々《たけだけ》しい波が容赦なく降りかかる。そうするうちにも、どんどんサンゴ礁のほうへ流されていた。ピンホール効果はもう役に立たず、目はほとんど見えていない。バーバラを押さえる片腕はこわばり、もう片腕は懸命に水を掻き続けて感覚がなくなっていた。

これが死に直面するということなのか？　恐ろしい現実が胸にのしかかってきた。グラフは決断しなければならなかった。妻と自分の両方を助けることはできない。彼は父親だ。ふたりの幼い子供がいる。悪魔のような選択が頭に浮かんだ。自分を救い、バーバラを溺れさせるべきだろうか？　どちらかを選ばなければならなかった。まさに心を決めようとしたそのとき、頭のなかで大きな声がはっきりと響いた。だめだ、という声が。

「それから、じつに奇妙なことが起きたんだ」と、グラフは振り返る。「まるで空にふわりと舞い上がったみたいだった。私は自分の身体から抜け出ていた。鳥のように高い上空から自分の姿を俯瞰《ふかん》していた」。このおかげで、荒波と離岸流のなかを正しい方向へ進むことができた。バーバラの身体をしっかりとつかみ、周囲にあるすべてをはっきり見ることができた。岸までの進路も見えた。「まるで時間を超越してしまったみたいだった。陸までどのくらいかかろうと問題じゃなく、時間には意味がなかった。両腕の痛みはもうすっかり消えていて、らくらくと水を掻けた。そして不意に、膝が砂に当たったんだ」。子供たちが海岸で彼の目の前に立っていた。

グラフはバーバラをビーチに引き上げた。「肺に水が入っていたので、心肺蘇生《しんぱいそせい》の応急処置をして、水が出たのを確認した。呼吸しているのも確認してからノーフォークマツの木立まで歩いて戻り、崩れるように倒れこんだ。今起きたことが何なのか、まったくわからなかった」。これからもわかる日がくるのだろうか、と考えた。それは一九六八年の出来事だった。今とは時代がちがって、夫婦間で自分の感情を率直に表現したりしなかった。「海で起きたことは互いに話さなかった。それから三一年間、話題にすることはなかった。私自身から何も言えず、バーバラから持ち出すまで待たなくちゃいけなかった。もし私が命を救ったと話したら、負い目を感じさせてしまうだろう。そうなったら、ふたりの関係が変わってしまうと思ったんだ」

けれど、この出来事は彼の考え方と人生を大きく変えた。翌日、グラフはホノルルの公立図書館に行き、超常現象《パラノーマル》をテーマにした本をカード目録で探した。ワイナマロのビーチで起きたかもしれないことが何だったのか理解したかった。彼は分別のある人間だった。定期的な心理テストを義務づける政府の機密情報取扱許可を持っていた。ドラッグはやっていない。神経症も不安もなく、妄想にも悩まされたことがなかった。宗教的な経験も皆無で、神の声を聞いたこともない。その一方で、自分に起きたことが幻覚ではなく、現実だったとどこかで感じていた。人間の叫び声など聞こえるはずがない状況で声に気づいたのだ。波の音があまりにも大きすぎたし、たとえ聞こえたとしても、そのときバーバラはずっと遠くにいたはずだった。

「あの叫び声は、私の心のなかから聞こえたんだと気がついた」と、グラフは説明する。「妻、子供たちの母親を救うために起こるべくして起きた。心の声だったんだ。でも、いったいどうやって？ それに私はどうやって自分の身体から抜け出して、岸へ行く道が見えたんだろう？」。答えはきっと科学で説明できると彼は考えた。

カード目録を調べて、意識——起きている状態にあること、または自分や周囲の状況を認識できている状態——に関する本を探した。意識とは、感覚と知覚だとわかった。精神の実行管理機能でもある。しかし、同じくらいたくさんの疑問があった。意識は人間の行動やふるまいを指示するのか、あるいは脳の働きから生じるのか？　意識の作用とは何なのか？　さまざまな文献を読み、一致した見解はないとわかった。意識について読むことは、不思議の国でアリスが落ちたウサギの穴に落ちていくような感じがした。意識の本質は、誰も解いたことがない謎なのだ。だから科学者たちはこの「難問」に注意を向ける。

　グラフは超常現象を扱った本を探し、超心理学に行き着いた。このトピックは広範にわたり、さまざまに枝分かれしているうえ、正統的な心理学からことごとく排除されていた。またテレパシー、PK、体脱体験だけでなく、ポルターガイストとUFOまで多岐にわたっていた。「超心理学」という表現が最初に使われたのは一八八九年、ドイツ人の哲学者マックス・デソワールが「普通の状態と病理学的状態の中間にある、これまで知られていなかった周縁分野」と定義したときだった。周縁科学〔正統派の科学の周囲に隣接する疑似科学〕の分野であり、迷信とオカルトに満ちていた。正統派の科学者のほとんどが、疑似科学という、科学的方法に基づかない信念または実践というレッテルを貼っていた。

　グラフは「意識」というカード目録のなかで、スイスの精神医学者カール・ユングの作品群に行き当たった。その書棚から、一九三六年に書かれたユングの研究論文のひとつ「集合的無意識の概念」を見つけて読みはじめた。ユングは人間ひとりひとりの無意識――その人だけに起きた経験によって作られる個人の心または精神――に加えて、「集合的無意識」というものがすべての人間にそなわっていると述べていた。それは普遍的で個人の無意識とは関係のない、遺伝によって継承された全人類に共通する精神だ。爬《は》虫《ちゅう》頭脳――全哺乳類が共有する最古の脳の機能で、それがなければ人間は進化できない――に似たものと説明している。

集合的無意識はすべての人間の奥深くに組みこまれていて、人間に共通する動的な基盤である。わたしたちが文字の消された石版のような白紙状態で生まれてくるという考えをユングは拒絶したと言ってよい。集合的無意識は、世界共通の元型《アーキタイプ》という表象――ヒーロー・賢人・奇術師・救世主のような人物、世の終末・洪水・天地創造のようなモチーフ、誕生・死・対立物の結合〔相反する対立が結合されるというパラドックス〕といった出来事――によって形作られている。自然の力であり、進化の産物であり、ときに人間が行動を起こす原因となる。

グラフにはユングの考えをどう判断すべきか、あるいはそれがワイマナロのビーチで起きたことにどう関連するかよくわからなかったが、それによって心のなかで強力な何かが芽生えたことは確かだった。以降、意識、ＥＳＰ、集合的無意識に関する本を山のように借り出し、自宅で時間のあるときに読みふけった。

翌年になると、家族を連れてオハイオ州ライト・パターソン空軍基地に戻った。子供たちはすくすくと成長し、バーバラはデイトンの病院で看護師として働きはじめた。グラフは外国技術局の先進ミサイル・システム予測部門の責任者に昇進した。オハイオ州立大学の航空工学博士課程の履修も再開した。しかし、「コースのひとつに出席したが、集中できなかった。興味はあったが、エネルギーを注げなかった」。

超常現象の謎に包まれた世界が、彼のなかの何かに火をつけたのだ。彼は正統的な科学の枠を超えた、より重要で探求すべき領域があると信じるようになっていた。一九六八年の夏の日にハワイのワイマナロで起きたことは彼の人生を変え、彼を形作ったと言ってよい。どのように、どうしてかはっきりとはわからないがその確信がとても強く、自分の経験が軍で言う〝グラウンド・トゥルース〟、つまり本当に起きたことだとわかっていた。

八年後の一九七六年、グラフはライト・パターソン空軍基地の外国技術グループの電気光学的脅威評価部門の責任者になっていた。大勢の科学者に混じって、主に先進センサー技術を扱う多数の機密プログラムに部門責任者としてかかわった。またレーダー・光学情報作業グループの議長として、ソ連の大陸間弾道ミサイル（ＩＣＢＭ）などの軍事目標を超遠距離から探知する電気光学の研究を監督した。「この分野のソ連の技術を研究して論文にまとめ、将来の可能性を見積もった」とグラフは語る。米ソ関係は悪化の一途をたどっており、この種の諜報データは絶えず必要とされていた。それでもＥＳＰへの関心は薄れず、個人で熱心に調査を続けていた。そのうちに科学者としてＥＳＰを研究したいという思いが募り、スタンフォード研究所（ＳＲＩ）のパソフに接触した。潜水艇実験のあと、グラフは空軍で小規模なプログラムを立ち上げる許可を得た。夢がいよいよ現実になったのだ。

「基地内でＥＳＰに興味のありそうな人間をひそかに探しはじめた。人に知られないようにしなければならなかったが、私が〝霊感《センシティヴ》のある人間〟（リモート・ビューアー）を探している、という噂が広まった」。人工衛星写真センターで働くローズマリー・スミスという若い管理スタッフが連絡してきた。「彼女はＥＳＰに興味があった。で、私のところにきて、〝自分にはその能力があると思う〟と申

1992年、フォート・ミードの部隊責任者を務めるDIAの科学者デール・グラフ（いちばん左）は、実地プロジェクトのためにメリーランド州の自宅にリモート・ビューアーたちを招集した。一緒に写っているのは（左から）ネヴィン・ランス、ケネス・ベル、ジョー・マクモニーグル
Collection of Dale E. Graff

し出たんだ」。グラフはＳＲＩのプロトコルを使って、スミスにアウトバウンダー＝ビーコン実験と写真を使った透視実験をいくつかおこなった。「素晴らしい結果だったよ」

グラフが「超物理学研究開発――ワルシャワ条約機構」を作成してから五カ月がたっていた。そのあいだＳＲＩのデータを分析し、どうしたらリモート・ビューイングを外国技術局の任務に活用できるかを検討した。「空軍では、飛行機の墜落という難題に繰り返し直面していた。そのせいで、行方不明になった敵と味方の機体の捜索に時間を取られるようになっていた」。グラフはこれを足がかりと考え、ＥＳＰを使って行方不明の機体を見つける提案書を作成した。「その複雑なプロトコルを書き終えたちょうどそのとき、誰かがドアをノックした。人払いをされたオフィ

ス で一枚の写真を見せられ、〝これは行方不明の飛行機だ。きみのプログラムで探し出せるかね?〟と訊かれたんだ」

外国技術の専門家になっていたグラフは、それがソ連初の大型超音速爆撃機ツポレフ22型(Tu-22)ブラインダーだとわかった。検討してみる、と答えた。墜落地域については何も知らされなかったが、「ヨーロッパのどこかだろう、と見当をつけた」。その写真をスミスのもとへ持っていき、策定したばかりのプロトコルに従って作業を進めた。スミスはこの任務に従事できる保全許可を持っていた。

「形式ばったものじゃなかった。彼女に写真を見せて、心のなかにイメージが浮かぶか訊いたんだ。すると一五分ほどたってから、スミスは軽い変性意識状態になり、絵や文字を走り書きしはじめた。地図をスケッチし、南北を示す小さな印を書くと、町があると指摘し、地形の様子を話した」。続けて、「飛行機が山岳地帯の湖からそう遠くない場所」に墜落したと断言した。グラフがもっとくわしい情報を求めると、「突然、集中力がぐっと増したようだった。ペンを持つと飛行経路を書きこみ、〝ここに落ちたわ〟と言って印をつけた」。さらに、「機体は峠《とうげ》か、山の開けた場所を通って飛んだかもしれない」と書き、興味深いことを言った。「彼女は、機体からパイロットが脱出するのが見えると言ったんだ。それを聞いたときは、大して重要だと思わなかったんだが」。この詳細が、のちに重要な手がかりだと判明する。

おおざっぱな地図ができたので、そのスケッチをリモート・ビューイング・セッションの概要と一緒にTu-22ブラインダー捜索チームのところへ持っていった。礼を言われ、グラフは帰った。翌朝、チームのひとりがオフィスへやってきて、昨日もらった描写に重要な事実があったと言った。グラフは盗聴の心配のないブリーフィング・ルームへ連れていかれ、CIA-USAF（アメリカ空軍）のある機密共同プログラムの概要を聞かされた。

「部屋の大きなテーブルの上には、約五〇〇平方キロを網羅する大きな地形図が広げられていた。それがアフリカのザイールの地図だとわかって驚いたよ」。そのとき、墜落したTu-22の操縦者がリビア空軍の隊員だったと告げられた。亡命を望んでいたそのパイロットは、飛行中に機体から脱出することにしたという。飛行機は自動操縦で燃料がなくなるまで飛び続け、ザイールのジャングルのどこかに墜落した。パイロットから連絡を受けたアメリカ当局者は、亡命者から技術情報を入手できると喜んだ。ただし、機体を見つけられればの話だが。燃料タンクが空になっていたことを考えると、墜落の衝撃で機体が爆発したとは考えにくい。しかし、どこに落ちたのか、手がかりはまったくなかった。ザイール国内で飛行機墜落のニュースは報じられていなかった。CIAは捜索のためヘリコプター・チームを派遣したが、人里離れたジャングルは木々が密生していて、手がかりなしでは発見できそうにないとすぐにわかった。

グラフは、目の前に広げられた地図の地形をじっくりと見た。捜索チームがスミスの描いた地図もくわしく調べたことに気がついた。彼女が地図に描いたものは、すぐ前にある地図の湖と山のパターンのいくつかと左右対称で一致していた。スミスにもプログラムの概要を教えることが決定された。

ブリーフィング・ルームに連れてこられると、スミスは地図を見るように促された。はたして爆撃機が墜落したと感じる場所を絞りこめるだろうか？　即興的なマップ・ダウジング技法を使って、彼女は「その場所に印をつけた。地図技術者がその印を地理座標に転換し、ＣＩＡのザイール支局長に送った」

グラフは興奮と不安を胸に帰宅した。この件には空軍の超能力研究プログラムの行く末がかかっていた。前回ＳＲＩを訪れてパソフとターグと協働した経験から、ひとつのターゲットをふたり以上のサイキックに透視させ、それぞれの情報をつなぎあわせるほうがよい結果が出やすいと知っていた。ザイールの作戦の重要性を考慮して、ＳＲＩでもうひとりのリモート・ビューアーの協力を得たい、と空軍に頼んだ。もう一日くれれば、ふたつ目の座標を持ち帰ることができるだろう。空軍は了承した。

メンローパークに着いたグラフは、ＳＲＩでゲーリー・ラングフォードという元海軍将校のリモート・ビューアーとともに腰を下ろした。「彼が描いたスケッチは、ローズマリー・スミスのものに非常に近かった。あとでわかったことだが、このスケッチは墜落現場全般の環境とよく似ていた。でも、データを現場に送ることはできなかった。その地域の工作員は暗号化された安全な通信を使わなくちゃいけなかったから、短い文章か数字しか受け取れなかったんだ」。結局、使われたのはスミスの座標だけだった。

「地理座標はＣＩＡザイール支局長へ送られ、支局長から国内の秘密将校などで構成される捜索チームへと渡された」。グラフはライト・パターソン空軍基地へ戻った。これで捜索作戦への参加は終わった。今回の件について、くわしい結果を知ることはあるのだろうか、と考えた。

それから二日半がたち、オフィスのドアがノックされた。「機体を見つけた」。そう告げられた。CIAのヘリコプター・チームは、スミスが提供した座標からいちばん近い村に着陸した。するとすぐに、機体の一部を脇にかかえた村人がひとり、ジャングルから出てきたのを見つけたという。その村人が墜落現場に案内した。「おかげで、チームはTu‐22ブラインダーから貴重な技術情報を手に入れ」、ザイールの任務は空前の成功を収めたという。

一九七八年三月二八日、グラフはペンタゴンへ赴き、空軍参謀総長代行とほかの当局者数人に秘密のブリーフィングをおこなった。機密解除された参謀会議議事録に、その内容が書かれている。「先ごろ、空軍の〝霊感のある人間《センシティヴ》〟が、乗員脱出後にアフリカに墜落した航空機の発見を助けたと考えられる興味深い事例があった。ほかの方法での大がかりな捜索が失敗に終わったあと、センシティヴが座標を提供した。この情報に基づいて、空軍はセンシティヴが描写した場所の該当地域を特定し、墜落現場らしき場所を調査中だ」。ザイールの一件は、大統領まで知るところとなった。

カーター大統領は、ホワイトハウスでCIAのスタンフィールド・ターナー長官からブリーフィングを受けた。それから二〇年近くたった一九九五年九月、カーターはこの事件が実際に起きたことを公に認めた。スパイ衛星も見つけられなかった墜落地点を、あるサイキックが正確に突きとめたことに感銘を受けたと、アトランタの大学で学生に語ったのだ。「(彼女は)経度と緯度を口にした。われわれが衛星カメラの焦点をその地点に合わせたら、そこに飛行機があったんだ」と。

グラフはしばらくのあいだ注目の的になった。彼は、諜報コミュニティの優秀アナリスト・プログラムの一環として毎年CIA長官からあたえられる「特別研究期間《サバティカル》」に応募していた。その制度を利用して、科学者として超常現象の原因を証明したいと思っていたのだ。物理学者の彼は、答えが超自然界ではなく自然界にあると信じていた。CIAに提出した研究計画書には、ESPが脳に及ぼしているかもしれない電磁効果と、ESPと人体内の電気信号の関係について記した。

審査結果が出るまでのあいだ、空軍のMXミサイル配備システムに関連するプログラムの担当者に任命された。一九七〇年代末当時、国家安全保障にとってもっとも重要な問題は、ソ連の先制核攻撃、第一撃《ファースト・ストライク》の脅威だった。核弾頭を装備したアメリカの地上発射型ICBMは、国内のいたるところにある硬化された地下ミサイル・サイロに保管されていた。衛星技術の急速な進歩により、諜報コミュニティでは米ソは互いのミサイル格納施設の場所を把握していると考えられていた。加えてICBMの精密標的技術も進歩したため、戦略家はアメリカがソ連の先制核攻撃に対し無防備だと心配を募らせていた。それが本当なら、最悪の場合ソ連の先制攻撃を受けたアメリカ軍は無力化し、反撃能力を失うことになる。

そこで空軍は、〈生残性確保〉プログラムの一環として、MXミサイル配備システム（MXは、〝実験的ミサイル〟の略称）を考案した。今日では奇妙に思えるかもしれないが、このシステムはシェル・ゲーム〔クルミの殻などに豆を隠し、殻を伏せて動かしながらどれに豆が入っているか当てさせるゲーム〕、つまり詐欺のような仕組みだった。核弾頭を装備したアメリカのＩＣＢＭを固定された地下格納施設ではなく実物大模型のＩＣＢＭのなかに分散し、本物と偽物の両方のミサイルをグレートベースン（ネヴァダ州東部とユタ州西部に広がる約六万二〇〇〇平方キロの連邦政府所有地）にある秘密の鉄道網で常時移動させようというのだった。

この配備方式の反対者は、システムに欠点があり、巨額の費用がかかるうえに、危険で失敗しやすいと主張した。しかし支持者は、格納庫から格納庫へと大量のミサイルを不規則に行き来させれば「確実な位置がわからない」ため、ソ連の軍事計画者は正確な標的を特定できない、と訴えた。アメリカ大統領が核攻撃を命じた場合、ほんの数分で発射できるように、偽物に本物のミサイルを組みこんでおく必要があるのだと。このシステムのもっとも強力な支持者のひとりがルー・アレン大将だ。アレンは強大な影響力を持つ空軍参謀総長であり、統合参謀本部のメンバーでもあった。さらに言えば、グラフの上官の上官にあたる人物だった。

一九七九年には、二〇〇本の鉄道支線と四六〇〇のＭＸミサイル格納庫の建設計画が進行していた。アレンの指揮のもと、ペンタゴンはこの計画を議会で強引に通過させようとしており、準備資金は推定二〇〇億ドルから二六〇億ドル（二〇一七年に換算して六五〇億ドルから八五〇億ドル）、年間運営費は四億四〇〇〇万ドル（二〇一七年に換算して一五億ドル）に達していた。ＵＳＡＦのほかの部署は、作戦保全（ＯＰＳＥＣ）評価、いわばＭＸミサイル配備システムの欠陥を見つける任務にあたった。ＯＰＳＥＣチームは、カリフォルニア州のノートン空軍基地〔一九九四年より民生用化〕でソ連がこのシステムを打ち破る仮想の計画を作成し、その後、屋外でその実行可能性をテストした。いかなるアイデアも検討対象となった。あるチームが、ゴキブリがＩＣＢＭの原料に引き寄せられることを発見すると、別のチームが砂漠の昆虫をくわしく調べた。グラフが参加したのは衛星テストで、ソ連のカウンターパートがグレートベースン上空を飛ぶ衛星を使って、大量のゴキブリ、つまり本物のＩＣＢＭの弾頭《ペイロード》を感知できるかどうかを見きわめることだった。

また、電気光学的脅威評価部門の責任者の立場から、正式な空軍脆弱性《ぜいじゃくせい》評価チームの一員として、ＭＸミサイル配備システムを打ち破るアイデアを出すブレインストーミングに幾度となく参加した。その過程で、次のような考えが浮かんだ。リモート・ビューアーがＥＳＰを使って、どの輸送車両に本物のミサイルが積まれ、どの車両にダミーの弾頭が積まれているか探り出すことはできるだろうか？　その答えを知るために、空軍はパソフと契約を交わした。パソフの仲間であるカリフォルニア大学デイヴィス校の超心理学者チャールズ・タートが、サイキック・グループにコンピュータのシェル・ゲームに挑戦させて、データを集めた。偶然に当たる確率は一〇パーセント。ＳＲＩプロトコルで訓練を受けたリモート・ビューアーの的中率は、平均二五パーセントだった。とりわけ、グループのなかのある女性がずば抜けた成績を出した。彼女はシェルゲーム五〇回の試行で、じつに八〇パーセントの確率でビー玉が隠された場所を当ててみせたのだ。パソフがグラフに提出した実験報告書は、リモート・ビューアーを使えば本物のＩＣＢＭを特定する確率が飛躍的に上げられると示していた。報告書はペンタゴンへ送られた。

「アレン大将は怒り狂った」と、グラフは語る。アレンからＥＳＰ、ＰＫ、超心理学に関するプログラムの即時中止を命じる手紙が送られてきた。〈ザイール作戦〉で成功を収めたばかりのグラフには、「思いもよらない痛手だった」という。

そんなとき一通の手紙が届いた。レターヘッドを見ると、送り主は中央情報長官（ＤＣＩ）だった。冒頭には次のように書かれていた。「おめでとうございます。貴殿は一九八一年度ＤＣＩ〝特別にすぐれたアナリスト〟のひとりに選ばれました。今年は優秀者が多く、非常に競争率の高い選考となりました。厳しい審査をくぐり抜けて貴殿が選ばれたことを、空軍も誇りに思います」。グラフは、応募していた誉れ高いＣＩＡの一年間のサバティカルを手にしただけでなく、本部で開催される授賞式に家族とともに招待された。ＣＩＡが発行した航空券を受け取り、旅行の支度を整えた。天にも昇る気持ちだった。

いよいよ明日は出発という日、もう一通手紙が届いた。今度の内容は、アレンがグラフに代わってＣＩＡの優秀情報アナリスト賞と一年間のサバティカル・プログラムを辞退したと知らせていた。「前代未聞の仕打ちだった。でも、決定を覆《くつがえ》すことはできなかったよ」。アレンは当時のアメリカ軍とペンタゴンで有数の権力者だ。「私は外国技術局の一局員にすぎなかったからね。ペンタゴンのお偉方にかかれば、虫けらみたいに簡単に踏みつぶされる存在だった」。グラフは深く失望し、打ちのめされた。しかし心のなかの声は、あきらめずに最後までやりとげろ、と告げていた。その説得は正しかった。

翌月、グラフは国防情報局科学技術情報部の副部長ジャック・ヴォロナから、思いがけない電話を受けた。ヴォロナは〈心霊エネルギー〉という機密プログラムを立ち上げようとしていた。目的は「外国の心霊エネルギー研究の成果がアメリカの国家安全保障にもたらす脅威を評価し、また、心霊エネルギーをアメリカの情報収集に活用する可能性を探ること」だ。彼はグラフに、ワシントンでこの秘密プログラムの運営を手伝ってほしいと告げた。

グラフは自分の幸運が信じられなかった。これこそ望んでいた機会ではないか。ESPとPKはまれにしか現れず再現が難しいものの、本物の現象だと実証する証拠が増えていた。CIAのリモート・ビューイング・プログラムの機密情報を入手できた彼は、プログラム中止の理由の一部が、「この現象に十分な理論的理解が存在せず」、現在の理論は「推測的で裏づけがない」からだと知っていた。国防情報局の科学技術情報部長の権限とリソースがあれば、一般論の確立に近づけるかもしれない。それこそまさに、彼が求めていたことだった。

第一四章
サイキック兵士

メリーランド州フォート・ミード陸軍基地では、フレッド・ホルムズ・アトウォーター少尉がデール・グラフの報告書「超物理学研究開発――ワルシャワ条約機構」を読み、不吉な予感と愛国的な危機感を募らせていた。アトウォーターは第九〇二軍事情報群――陸軍情報部の一部門である作戦保全（OPSEC）――に所属していた。そのなかの機密活動脆弱性評価（SAVE）チームの一員としてアメリカ国内の陸軍施設を訪れ、ソ連がつけ入りそうな安全保障上の不備を見つけるのが仕事だった。グラフの報告書には、ソ連が超感覚的知覚（ESP）を使って陸軍施設にスパイ行為を働き、サイコキネシス（PK）で兵器システムの精巧な電子機器を破壊する危険性が記されていた。このような可能性は、それまで真剣に検討していなかった。

アトウォーターはOPSEC将校として日常的に陸軍施設の現場調査を実施し、指揮官との安全保障ブリーフィングに参加していた。調査は所定の手順でおこなわれた。機密エリアへの立ち入りを拒否されたら偽の身分証明書を持って出直し、再度侵入を試みる。ソ連がもっともねらうアメリカの侵

フレッド・ホルムズ・アトウォーター少尉はアメリカ陸軍情報保全コマンド（INSCOM）で超能力研究の初代作戦マネジャーを務めた
Collection of Skip Atwater

入先のひとつは、アラバマ州ハンツヴィルにあるレッドストーン兵器廠のミサイル研究開発コマンド・センターだった。一九七七年秋、OPSECは同センターの指揮官から正式な支援要請を受けた。アトウォーターの記憶によれば、要請理由はそこで実施するテストの多くが地対空ミサイルのテレメータという、地上発射ミサイルを空中の標的《ターゲット》へ誘導する無線信号とかかわっているからだった。「彼らは敵の諜報活動の実際の脅威と、どうやって穴をふさぐかというOPSECの対抗措置を知りたがっていた」と、彼は振り返る。

さっそくハンツヴィルへ飛び、状況を調査した。現場調査を終えると、プロジェクト・マネジャーたちとスパイ防止オプションや物理的な安全保障対策などの提言を話し合った。マネジャーは会議用テーブルの周りに腰を下ろし、陸軍支給の罫線《けいせん》入りの黄色いリーガルパッドにメモを取った。アトウォーターが訪問終了時のブリーフィングを終えようとしたとき、ミサイル担当マネジャーのひとりがいきなりテーブルの上にブリーフケースを置くと、芝居がかったしぐさでそれを開いた。そして一冊の本を取り出すと、全員に見えるようにテーブルの中央へすべらせた。ハル・パソフとラッセル・タークが前年に出版した『マインド・リーチ』（猪股修二訳、集英社）だった。そこにはスタンフォード研究所（ＳＲＩ）で実施したリモート・ビューイング実験、ＣＩＡの関与をすべて排除した活動記録が記されていた。アトウォーターはその本に見覚えがあった。グラフの機密報告書「超物理学研究開発――ワルシャワ条約機構」を読了後、このテーマに関する公開資料に片っ端から目を通していたからだ。

「どう自衛すればよいのだろう？」。不安を感じたらしいマネジャーは、そう尋ねた。

全員が沈黙し、室内は静まり返った。アトウォーターは指揮官のほうに目をやった。「表情から察するに、この発言は予想もしてなかったようだ」。アトウォーターはパソフとタークの本を手に取り、こんなふうに言ったと記憶している。「このテーマは今回の調査と本日のブリーフィングの対象外だ。のちほどあらためて連絡する」。そう言い置いて、ＳＡＶＥチームとともにレッドストーン兵器廠をあとにした。

フォート・ミード陸軍基地に戻ると、上官のロバート・Ｅ・キーナン少佐に、「この本と関連テーマの資料を読んだところ、脅威は本物と思われる」と告げた。ソ連の超心理学の脅威からミサイルを守るためにできること――あるとすれば――を見つけるため、主だった情報収集要請（ＩＣＲ）をすでに読んでいたので、グラフの報告書を引き合いに出して、もしソ連がこの分野の研究開発プログラムを推進しているなら、対策を考えなければならないと進言した。

それからこう続けた。さらに興味深いのは、国防情報局（DIA）が心霊現象に関するIRCに対応していたことと、最初に対応したのがCIAだったということだ。どうやらソ連はESPとPKを含む超物理学研究に盛んに投資しているらしく、レッドストーン兵器廠だけでなく、陸軍の多数の装備、作戦、施設への侵入テクニックを実験したと報告されている。この情報の真偽を明らかにするには、同じ実験を再現するしかない。さらに、パソフとターグに協力していた〝霊感のある人間《センシティヴ》〟なる者を何人か雇い入れ、アメリカ陸軍施設、たとえばレッドストーン兵器廠のような場所の情報をESPを使って入手できるかどうか見きわめるべきだ。それによって得た情報は、OPSECが将来脆弱性を評価する際に役立てられる。

そんなことは不可能だ、とキーナンは答えた。センシティヴは保全許可を持っていないし、軍の訓練も受けていないと。では陸軍が独自の部隊を創設してはどうだろうか、とアトウォーターは考えた。ESPはすべての人間に内在するが一部の人間に強く表れる。さらに、特定の手順を踏めば身につけることができるという通説があることを、彼はすでに調べて知っていた。陸軍は所属職員をトレーニングできることになっている。つまり、すでに保全許可を持ち、対諜報作戦の訓練を受けた諜報専門家をリモート・ビューアーに養成できるというわけだ。小規模の目立たない部隊を創設してフォート・ミード陸軍基地に集め、OPSECが選んだターゲットからの信号を傍受させればよい。「われわれは人工衛星、通信傍受、施設侵入スパイなどの諜報活動資産《アセット》を使って、運用上のセキュリティの脆弱性を実証している。それと同じように、訓練したリモート・ビューアーを使えば、ソ連の特異な偵察に対する脆弱性を実証できる」と、アトウォーターは提案書に書いた。

キーナンは提案書を指揮系統の上層部へ上げた。最終的には陸軍情報部の最高権力者のひとり、エドマンド・トンプソン少将のデスクに届けられた。トンプソンは、新しい技術システムのパイオニアであり、情報保全コマンド（ＩＮＳＣＯＭ）創設の中心人物だ。戦闘電子戦および情報（ＣＥＷＩ）部隊を最初に出動させた将官でもある。現在の肩書は、陸軍情報部の主任参謀であった。

ＥＳＰと超心理学に対する明確な意見は、たいていの場合、深い個人的信念に根ざしている。トンプソンがのちに明らかにしたところによると、彼は数年前にハンガリー生まれのユダヤ人ジャーナリスト、アーサー・ケストラーの『偶然の本質』（村上陽一郎訳、筑摩書房）という本を読んでいた。ユングの共時性《シンクロニシティ》〔意味のある偶然の一致〕がテーマで、因果関係のない出来事もじつは意味があるつながりを持ち、共時性はＥＳＰやＰＫにも作用すると書かれていた。それ以降トンプソンはＥＳＰとＰＫに興味を持ちはじめた。アトウォーターの提案書を読むと、彼はソ連の研究状況についてブリーフィングを求め、説明を聞いて愕然《がくぜん》とした。「（ロシア人が）、機密関係の機器を扱う要職者をまどわすために、特に長距離テレパシー通信を積極的に研究している証拠があった。さらに、遠隔操作《テレキネシス》というＰＫも研究し、テレパシーによる催眠にも取り組んでいる可能性があった」。これは陸軍医学情報局軍医総監室が、一九七二年一月に極秘報告書で警告した通りだった。

アトウォーターは、リモート・ビューイング部隊の予算を担当するＩＮＳＣＯＭの副指揮官、ジョン・Ａ・スミス准将に会いにいった。申請した予算は、年度末までの交通費を賄う二〇〇〇ドルというささやかな額だった。スミスは予算請求書を取り出すとメモをいくつか手早く書きつけてよこした。「それだけだった」と、アトウォーターは回想する。プロジェクトは〈ゴンドラの願い《ウイッシュ》〉という仮の暗号名をあたえられ、ほどなくして〈格子枠《グリル・フレーム》〉に改称された。

一九七八年一〇月、アトウォーターと陸軍少佐のマレー・〝スコッティ〟・ワットがこの異例の新プログラムの担当者に就任した。民間のパートナーはSRIで、パソフとターグが主任科学者に決定した。彼らがアトウォーターとワットにプログラム運用のプロトコルを教える。さらに、事前に選定した候補者グループのなかから、〈ゴンドラ・ウィッシュ〉に参加する六人ほどのサイキックを選ぶ手伝いもすることになった。

アトウォーターとワットの最初の仕事は、陸軍の職員から候補者を探すことだった。パソフとターグが作成した人格プロフィールで選別がはじまった。面接者の大半は、CIAの写真解析部門である米国写真解析センターかINSCOMの陸軍写真解析センターの画像分析官だった。画像分析官には、写真から他者には見えないものを見つける特殊な才能がある。その後数カ月にわたって二〇〇〇人の有力候補を選抜し、最終的に一一七人まで絞りこんだ。これでようやく本格的な面接に進むことができる。

ジョー・マクモニーグル准尉は、ヴァージニア州アーリントン・ホール・ステーションにあるINSCOM本部で、航空機の特殊なコンピュータ主導ブラック・ボックスを作成していた。信号情報・

電子戦担当上級計画将校で、年齢は三二歳。私生活はぼろぼろで、陸軍の生活にほとほと嫌気がさしていた。軍にすべてを捧げてきたにもかかわらず、努力はほとんど報われていなかった。一九六七年にベトナム駐留中、ヘリコプターが撃墜されて九死に一生を得た。それ以降は国から国へ、基地から基地へと異動続きの生活を送っていた。一九七一年から一九七三年まではタイに駐留し、そこでかかわった機密任務のせいで今も悪夢にうなされていた。二度目の結婚生活は崩壊寸前。たったひとりの息子とはもう何年も会っていなかった。健康にも問題を抱えていた。つらく困難なこの時期、彼は将来に希望が持てず、すっかり悲観的になっていた。

一九七八年一〇月のある日、マクモニーグルは直属の監督官からメモを渡された。そこには不可解な指示が書かれていた。所定の日時にアーリントン・ホール・ステーション本部ビル三階にある盗聴防止設備のある部屋に出頭するように、とのことだった。しかしここは陸軍、命令に従うまでだ。マクモニーグルは部屋へ行った。平服の男がふたりいて、軍の情報将校だと自己紹介すると、マクモニーグルに腰を下ろすよう言った。男たちは、フレッド・アトウォーターとスコッティ・ワットだった。アトウォーターはブリーフケースを開けると、大量の文書を取り出し、会議室のテーブルいっぱいに広げた。機密扱いのスタンプが押されているものもあれば、そうでないものもあった。アメリカの新聞や、外国で発行される英字新聞の切り抜きが多く混じっていた。見出しを読むと、どれもサイキックに関する記事のようだった。当時のことを彼はこう振り返る。「〝自分ははめられたんだ〟と思ったよ」。情報将校たちは、目の前のこのテーマについてどう思うか尋ねた。マクモニーグルはこんなふうに返事をした。「本当のことかどうか自分にはわかりませんが、いくらかでも真実が含まれているなら調べるべきだと思います」

ふたりは広げた文書を集めると、この件は口外しないように、直属の上官にも明かしてはならない、と釘を刺した。

デスクに戻ると、上官から何の会合だったのか尋ねられた。「ＯＰＳＥＣの調査に協力しました」と答えた。

そのまま数週間が過ぎた。ある午後、ワットから電話がかかってきた。また会合に参加してほしいとのことだった。詳細は追って知らせる、電話で話せる内容ではない、と言われた。さらに、上官に訊かれたら、参謀長に命じられて会議に出る、と答えるように指示された。

マクモニーグルは、二度目の会合に参加するために、メリーランド州フォート・ミード陸軍基地まで赴いた。基地に着くと、第九〇二軍事情報群に出頭した。そこは古めかしい煉瓦造りの建物で、指定された時間に指定された部屋番号にたどりつくまで、いくつもの検査ゲートを通ることに驚いた。オーク材の壁板が張りめぐらされた広い室内には男性一六人、女性二人の総勢一八人が会議用テーブルを囲んでいた。軍服の者も平服の者もいた。マクモニーグルは着席するように言われた。しばらくすると、ふたりの軍情報将校が入ってきて仲間に加わった。アトウォーターとワットだった。前回の会合でしたように、書類の束がテーブルに広げられた。機密扱いのスタンプが押されているものも、そうでないものもあった。そしてやはり前回と同じように、アメリカ内外の新聞のサイキックに関する記事が目に入った。彼の直感は前回と同じことを告げていた。気をつけろ、と自分に言い聞かせた。これは入念に仕組まれた心理作戦の実験かもしれない。

ブリーフィングが終わると、ふたりの男が入室してきて、ハル・パソフとラッセル・ターグと名乗った。カリフォルニア州メンローパークのスタンフォード研究所（ＳＲＩ）で働く物理学者だという。続いて、数年前にＳＲＩで撮影した屋外移動遠隔視《アウトバウンダー＝ビーコン》実験のビデオが上映された。映像では、車に乗ったパソフともうひとりの研究者が封をされた封筒を開け、なかの索引カードで指示されたスタンフォード医療センターの中庭へと車を走らせた。それから、同じ時間にＳＲＩの電波物理学研究所のファラデー・ケージという密室にいるひとりの男が映し出された。この男はパット・プライスというサイキックだ、と説明された。プライスは、アウトバウンダー（パソフと研究者）がスタンフォード医療センターの中庭で見ている光景をリアルタイムで「知覚して」スケッチしていた。

マクモニーグルは、パソフが病院の中庭の「だいたいどのあたりにいるかを、プライスがきわめて明瞭に描写し、建物や物体の大きさや位置関係が正確である」ことに感動しながら映像に見入った。これが巧妙に仕組んだ悪ふざけかＩＮＳＣＯＭの心理作戦でないならば、「驚異的な映像だ」と思ったのを覚えている。「現実への新しい扉が開いたように感じたよ」。彼は過去に、それまで決して他言せず、今も説明のつかない状況を何度か体験していた。この映像を見たとき、それらの奇妙な出来事がぼんやりと理解できたように感じた。

ブリーフィングが終わると別室へ通され、パソフと一対一で腰を下ろした。およそ一五分間の面接では思ったほどきわどい質問は出ず、マクモニーグルも無難な答えに終始した。その後、不意打ちのようにこう問われた。「これまで超常現象《パラノーマル》に相当する出来事を経験したことがありますか？」

機密漏洩《ろうえい》の心配のない軍の施設で放たれた、単刀直入な質問だった。できるかぎり正確に答えよう、と彼は心を決めた。どんなに異常に見られようとかまうものか。ベトナムのジャングルで敵陣にいたとき、初めて第六感とでも呼ぶべきもの、「ほかの形態の情報伝達」をわずかながら経験したとパソフに語った。当時の陸軍での肩書は「通信機発見・特定専門家」で、敵の無線がどこから送信されているかを突きとめるのが仕事だった。「簡単な任務じゃなかった。湿度の高いジャングルのなかじゃ、敵の無線機の真上に立ちでもしないかぎり、位置を特定するなんて無理な話だ」。陸軍が探してほしいものを見つけたら、十中八九、価値の高い敵のアセットの上に立っているということだ。この任務では、明らかにベトコンのほうが有利だった。彼の仲間とチームはしばしば待ち伏せを受け、狙撃手にひとりひとり狙い撃ちされた。「私は胸の奥でささやく声に従って、何度も命拾いをした。どんなにばかげて見えても恥ずかしくても、その声に懸命に耳を傾けた」。隠れている掩蔽壕から逃げるようにと聞こえたら迷わずそうした。今いる場所を離れなければ、という衝動に駆られたら、その通りにした。同じ部隊の仲間もそれに気がつき、あとに続くようになった。

従軍期間が終わりに近づいたある日、ベトナムのプレイク省にある基地に帰還中、乗っていたヘリコプターが撃墜された。回転翼の音を聞きながら飛んでいたら、次の瞬間ドカンという衝撃とともに機体が落下しはじめた。目が覚めたときは陸軍の病院にいて足を牽引《けんいん》され、頭は固定用のピンで留め

ジョー・マクモニーグルはベトナム戦争中に「第六感」が明らかになったあと、陸軍の超能力研究プログラムに選抜され、リモート・ビューアー001号という機密扱いの肩書をあたえられた。リモート・ビューアーという呼び名はESPに付随するオカルトの烙印を排除するために作られた
Collection of Joe McMoneagle

られていた。回復すると、ベトナムからドイツ南部のバート・アイブリングという小さな町へ送られた。一九七〇年には、同じくドイツのポキングの分遣隊の指揮を任された。ブラウナウにあるイン川に面したレストランで臨死体験をしたのはその夏のことだった。

　マクモニーグルと妻は、分遣隊の仲間のひとりとその店で飲んでいた。飲み物をひと口かふた口すすったところで吐き気がして席を立った。毒でも盛られたのかと思った。新鮮な空気を吸いに外に出たところで、頭のなかでポンッとはじけるような奇妙な音が聞こえた。そのあとは、まるで自分が写っている映画を見ているようだった。石畳の道の上に立ち、パブの入口の外で目の前に展開する現実とは思えない光景を眺めていた。「それからの出来事は、まるで自分が現実との境目を一歩越えたところにいるかのように進んでいった」と、彼は回想する。両腕を前に突き出して、雨が自分の手を通り抜けていくのをじっと見た。恐れが消えて、うっとりとした気持ちになった。「パブの入口あたりが騒がしくなり、様子を見ようと漂っていくと、溝から半分突き出した自分の身体を見下ろしていることに気がついた」。現実のマクモニーグルは自分の舌を呑みこみ、呼吸が止まっていたのだ。

妻と友人が彼の身体を車に乗せるのが見えた。その車がパッサウの病院に向かうのを、まるで車の脇を飛んでいるかのように見ていた。医師と看護師が蘇生措置を施すのも見た。自分が長いトンネルに落ちていき、ERがどんどん遠ざかり、小さくなっていったのを覚えている。どこかはわからなかったが、しばらくのあいだそこに留まっていたという。

それまでの自分の人生が見えて、悲しみと後悔の念が胸に湧《わ》きあがってきた。マイアミのスラム街でアルコール依存症の両親のもとで育ち、つらい子供時代を耐え抜いた。父親に強く殴られるとキーンという耳鳴りがして、顔が血だらけになった。一家の金はすべて酒代に消え、満足な食事ももらえなかった。みじめな生活のなか、双子の妹はいちばんの味方で親友でもあった。彼を心から理解してくれる、たったひとりの人間だった。けれど大好きな妹は高校生で妊娠し、生まれた赤ん坊は修道女にどこかへ連れていかれた。妹は鎮静剤を打たれ、それ以降薬に依存するようになり、二度と「普通」に戻らなかった。「何もかも許そうという強い気持ちがどっと胸に押し寄せてきた。そのときだ。胸の奥の声が、ここにいてはいけないと言ったんだ。戻らなくちゃいけない、まだ死ぬときではないってね」。その声に逆らったが、無駄だった。「二度目のポンッという音がしたかと思うと、病院のベッドの上にいた。私は身を起こしてあたりを見まわした」。病室には誰もいなかった。

見舞いに訪れた妻が、マクモニーグルが病院に運ばれてきたときは臨床死の状態だった、と説明してくれた。意識が戻ると、陸軍は療養のためミュンヘンにある民間の診療所に彼を移した。このときから体脱体験を繰り返すようになったという。自分でもどうにもできない身の毛がよだつような思いをした。他人の考えていることがわかるようにもなった。「実際に相手の思考が聞こえたり、一語一句読み取れるわけじゃなかった。概要や思考に含まれるテーマを見透《す》かせるようになったんだ」。自分の身に起きていることを看護師に訴えたが、この種の体験を病院で口にするのは危険だと考えた。それで体脱体験は胸の奥にしまっておくことにしたものの、自分のどこかが変わってしまったことはわかっていた。「一度臨死を体験してしまうと、以前のように普通にふるまうのはほとんど不可能と言っていい。物事の見方そのものが変わってしまうんだ」と、マクモニーグルは言う。

数週間後、診療所を退院すると、ミュンヘンの陸軍情報部で新たな任務を命じられた。彼はまったく違う人間になっていた。死に対する恐怖がなくなり、貪《むさぼ》るように本を読むようになった。哲学、神学、超心理学、古代宗教のテキストなどだ。こうしたテーマについて、カルロス・カスタネダ〔呪術体験をもとにニューエイジ運動の旗手となった〕からマダム・ブラヴァツキー〔ロシア人の心霊哲学者〕、アリストテレスまで、手当たり次第に読みあさった。フロリダの貧しい子供だった彼にとって、この知的探求はわくわくするような経験だった。「私の性格の一部が消えはじめ、ほかの要素に取って代わられた。じつに不思議な気持ちだった。超常的な考え方のおかげで、物事が新たな方向から明瞭に見えるようになり」人生は発見の連続になった。このとき彼は二五歳だった。しかし、生活のために稼がなければならないし、アメリカ陸軍の下士官兵としての仕事もあった。次の任務は、タイでのある作戦だった。この作戦は二〇一七年の時点でまだ機密扱いとされているため、マクモニーグルは詳細を明かすことができない。しかし暗黒の戦時体験によって、人生の意義について考えがさらに変わったという。戦後、本国に戻ったあとも陸軍の仕事をいくつか続けたが、満足感は得られなかった。妻と離婚し、別の女性と再婚した。二度目の結婚生活も破綻しかけていた。そんな折りにアトウォーターとワットというふたりの情報将校が現れ、超能力と現象学《フェノメノロジー》〔意識に直接的にあたえられる現象を記述・分析する心理学的な哲学の方法〕について質問を投げかけてきたというわけだ。

面接後、パソフはマクモニーグルを陸軍の斬新なプログラムに推薦した。彼こそ情報収集用リモート・ビューイング訓練に求めていた人物だった。アトウォーターとワットは、マクモニーグルにこう尋ねた。フォート・ミード基地で試作的に創設する六人編成の部隊、〈グリル・フレーム〉という機密プログラムに参加する気はあるか？　これは実験的な非常勤部隊だ。参加するなら、ＳＲＩへ送られて訓練を受け、その後、フォート・ミードで一連のアウトバウンダー＝ビーコン実験をおこなう。マクモニーグルは承諾し、リモート・ビューアー００１号に指定された。

チームには、ほかに陸軍に雇われた三人の民間人とふたりの情報将校が選抜された。写真解析官で元航空偵察者のメルヴィン・ライリー。米国写真解析センターの将校で米海軍特殊部隊（ＳＥＡＬ）元訓練教官のハートレイ・トレント。冷戦初期からフランスで数々の諜報作戦に従事してきたベテラン防諜将校のフェルナンド・ガーヴィン。対情報活動の専門家のケネス・ベル大尉。それから画像分析官のナンシー・Ｓで、彼女に関する詳細はほとんど明らかにされていない。部隊のオフィスは、当初は四五五四棟に設置された。部屋はキーナン大佐の執務室と廊下を隔《へだ》てた向かいにあり、警戒が厳重で入室には特別な手続きが必要だった。

独立班《Det》Ｇと呼ばれるこのグループは陸軍諜報史上前例のない、風変わりな秘密部隊だった。〈グリル・フレーム〉は隠密作戦であったために参加者は軍服を着用せず、髪を伸ばすことも認められていた。周囲から部隊についてあれこれ質問されるようになると、キーナンはビューアーをもっと人目につかない場所に移すことにした。最初のオフィスから道路を行った先にあるルウェリン通りの新オフィスは、カシの木に囲まれた、病院の向かいの第二次世界大戦中の食堂だった。部隊の管理業務は二五六〇棟という細長い建物でおこなわれ、なかにはデスクとファイリング・キャビネットが前からうしろのほうまでずらりと並んでいた。道を隔てて向かいにある二五六一棟が、リモート・ビューイング施設だった。この建物の電子的に遮蔽された部屋で、メンバーは暗くした室内に横たわり、トランス状態で目を閉じて、物理的にそこにないものを知覚する方法を練習した。ダウンタイムがふんだんに設けられ、リラックスするのに役立つ習慣を身につけるよう勧められた。ガーヴィンはヨガを実践し、ライリーはインドのビーズ細工をはじめた。マクモニーグルはオフィスの壁いっぱいに巨大な色とりどりの宇宙を描いた。

陸軍の初期の覚書は、「予備段階の結果を見て、DIAだけでなくペンタゴン上層部も部隊の進歩に高い関心を見せた」ことを示唆している。トンプソンは予算の増加を承認し、マクモニーグル、ライリー、ベルはプログラムの専任となった。訓練は着々と進んでいった。一九七九年九月、国家安全保障問題を検討する大統領の主要フォーラム、国家安全保障会議（NSC）が独立班Gに注目した。NSCのメンバーは、入手したKH‐9スパイ衛星の写真から、ソ連のセヴェロドヴィンスク海軍基地にある巨大な建物内で何かの作業がせわしなく進んでいることを発見した。モスクワから約一〇〇

リモート・ビューイング作戦がおこなわれたT-2560棟は、メリーランド州フォート・ミードにあるフォート・ジョージ・ミード陸軍施設にあった
Collection of Dale E. Graff

○キロ離れた北極圏に近いセヴェロドヴィンスクは、白海《はっかい》〔ロシア連邦北西部の北極海の入り江〕の端にある要衝《ようしょう》だ。この謎めいた建物で、ソ連初の航空母艦が製造されているのではないだろうか？　諜報コミュニティはそれを懸念していた。

NSCは、陸軍の情報担当主任参謀室を通してフォート・ミードの独立班Gに正式に情報提供を依頼した。アトウォーターはこの任務にマクモニーグルを指名した。その結果は、機密解除された文書にあるように、独立班Gに初の「八杯のマティーニ効果」をもたらすことになった。日付不詳のリモート・ビューイング・セッションC54で、アトウォーターはマクモニーグルの前のテーブルに封をした封筒を置き、なかに隠された写真について情報を求めた。マクモニーグルは、「海岸線のようなもの、大きな湖か入り江の近く」にある巨大な建物が見えると言った。

「ガス・プラントみたいな臭いがする。建物のなかでは、溶錬だか融解だか、そのようなことがおこなわれている。おかしな帽子をした人がたくさんいる……キャットウォークに立って……アーク溶接してる。金属を切断したり、曲げたり、溶接したり、成形するのが見える。ここはひどく変わってるな。とてつもなく広いんだ……船みたいなものが見える。大型船の一種みたいだ。プロップ（プロペラ）の強烈なイメージが浮かんできた」。アトウォーターは、もっと具体的な情報を求めた。

「なんてことだ！　こいつはほんとにびっくりだな」とマクモニーグルが言った。「ひれが見えるぞ。でも、ロケットの垂直安定板じゃない。飛行機のとも違う。これは……まるでサメのひれみたいだ」

「いいぞ、その調子」と、アトウォーターがはげました。

「サメのひれによく似ている」と、マクモニーグルが断言した。

「いいぞ、その調子」。アトウォーターが再び先を促した。次は建物内の様子を見てほしいと頼んだが、マクモニーグルはサメのことが頭から離れないようだった。彼は「ひれ」ということばを九回も繰り返した。「このいまいましいひれのことをうまく説明できればいいんだが。すごく重要なことの気がするんだ」

ようやく透視対象がサメから別のターゲットに移った。「建物のなかに潜水艦みたいなものが見える。とてつもなく大きい棺のような入れ物のイメージも強く浮かんできた。巨大な棺型《ひつぎ》のものだ。潜水艦の一部を作ってるみたいだな……この改造された棺桶《かんおけ》みたいなものを潜水艦につなげようとしてる」

その棺は潜水艦とどのようにつながっているのか、とアトウォーターが訊いた。

「これは、プロトタイプ〔試作品〕のようなものじゃないかな」と、マクモニーグルが答えた。「たぶん四、五階建て、それか六階建てくらいの高さで……わからないな、これはいったい何なんだろう？この棺型のものは？　兵器だという気がしてならない。どうしてかな。兵器なんて見当たらないのに」。このセッションの記録は、じつに四七ページに及んだ。

独立班Ｇの情報収集報告書は、陸軍の情報担当主任参謀室からＮＳＣに送られた。しかし、海軍情報部のジェイク・スチュアート中佐をはじめ数人が関心を示したが、ＣＩＡから出向中のアナリスト、ロバート・ゲーツを含め、ほかの者たちに一蹴された。ソ連が水辺の乾ドッグ〔船舶の製造、修理に用いられる設備〕ではなく建物内で潜水艦を製造するなど、通常では考えられないことだったのだ。マクモニーグルが透視した建物は、海軍造船所の海岸から約一〇〇メートルほど陸に引っこんだところに建っていた。マクモニーグルはこうも言っていた。「オランダの運河にあるようなコンクリート製の建造物が見える。水流をコントロールするやつだよ」。しかし、ＫＨ‐９スパイ衛星が一九七九年九月に撮影した写真には、謎の建物と海軍のドックのあいだに水路など写っていなかった――平坦な凍てついた地面があるだけだ。

四カ月後の一九八〇年一月、ＫＨ‐９スパイ衛星からセヴェロドヴィンスクの新しい画像が送られると、諜報コミュニティに衝撃が走った。そこには、海軍ドックに巨大な潜水艦が繋留《けいりゅう》されているのが写っていた。それまでの潜水艦とは異なる革新的なデザインの艦だった。さらに、建物とドックのあいだに、この四カ月で作ったと思われるダイナマイトで地面を爆破後にブルドーザーでならした水路が作られていた。新しい衛星画像は、ソ連がまったく新しい次世代弾道ミサイル搭載原子力潜水艦のプロトタイプをひそかに製造していたことをはっきりと示していた。ソ連はこの隠密作戦を〈プロジェクト941〉と呼んでいた。暗号名は「アクーラ」、ロシア語で「サメ」という意味だ。この潜水艦は、NATOがつけた暗号名「タイフーン」級として西側に知られるようになる。タイフーン級潜水艦は、作家のトム・クランシーが一九八四年に発表した『レッド・オクトーバーを追え』（井坂清訳、文芸春秋）によって一躍有名になる。

新型潜水艦は、二〇機の潜水艦発射弾道ミサイル（SLBM）を搭載し、それぞれに一〇機の多弾頭各個目標再突入弾（MILV）弾頭が装備され、一隻に合計二〇〇の核兵器を積むことができる。北極圏の巡回用に製造され、極氷を突き破って水面に急浮上し、たった一発の先制攻撃でアメリカを壊滅《かいめつ》させるほどの核兵器を発射できた。空前絶後の超巨大潜水艦になったのは、プロトタイプが二隻のデルタ級潜水艦をひとつに溶接して製造されたからだった。タイフーン級潜水艦は、冷戦でももっとも恐れられた兵器のひとつとなる。マクモニーグルはその兵器に関する重要な情報を、アメリカのどの情報機関よりも早く提供したというわけだ。フォート・ミードの独立班Gは、軍と諜報社会の「インテリジェンス・ファースト」を実現したのだ。

陸軍は、正規軍人にスキルとしてリモート・ビューイングを学ばせる訓練を承認すべきか決定をくださなければならなくなった。しかし、サイキックと陸軍は原則的に相容れない。そのため、次のような計画を立てた。まずは一年かけてこの現象《フエノメナ》が本物であることを立証する。二年目は訓練にあて、三年目に陸軍のプロトコルを作成する。そのように事を進めるはずだった。ところが、一九七九年一一月四日、二〇世紀最大級の劇的な国家安全保障上の緊急事態が勃発した。テヘランで革命派の学生がアメリカ大使館とイラン外務省になだれこみ、六六人のアメリカ人を人質に取ったのだ。アメリカ史上類を見ない重大な危機であった。NSCは、フォート・ミードで訓練中のサイキックをイラン人質事件の支援部隊に任命した。

「午前四時に突然電話がかかってきて、ただちにオフィスに出頭するように言われたんだ」と、マクモニーグルは思い起こす。テレビやラジオは禁止、新聞の見出しも見ないように指示された。フォート・ミードに到着すると、独立班Gのメンバーはすでに集合し、大きな会議用テーブルの周りに坐っていた。テーブルの上は、一〇〇枚以上はありそうな大量の写真で埋め尽くされていた。アトウォーターからテヘランの事件の概要が説明され、リアルタイムの作戦任務があたえられた。まず、人質になっている者とそうでない者の特定だ。それから、SRIのプロトコルに従って、ほかの人質とは別に拘束されているようだが居場所がわからない三人のアメリカ人の特定作業に入った。NSCがCIAと情報の正確性を検証すると、統合参謀本部も参加した。その後、テヘランの人々、さまざまな場所、インフラに関する情報提供を求められた。

「何をターゲットにしたかって?」と、マクモニーグルが大仰に言った。「すべての建物、すべての部屋、それぞれの部屋にいるすべての人間だ……彼らがどんな服を着て、体調はどうか、どんな家具があるか、壁にどんな絵や写真がかかっているかまでね」。数週間が過ぎ、チームに求められる情報量は雪だるま式に増えていった。NSAからは、人質の拘束場所付近にある地下インフラを見つけてほしいと頼まれた。テヘラン地下にローマ時代前の下水設備が走っていて、その入口が大使館の地下にあることを特定すると、統合参謀本部はそれを「実用的な情報《アクショナブル・インテリジェンス》」と判断した。人質の拘束場所は頻繁に入れ替わったため、ビューアーは「コミテという風紀取り締まり団体、コム町、エヴィン刑務所、ジョフロム郡シーラーズ、エリアJ(大使公邸)、職員宿舎No.7、公文書保管庁とマッシュルーム・イン」のあいだの動きを追った。

　四月半ば、予想外の展開が次々と起こり、メンバーの心が乱れて〈グリル・フレーム〉の任務に影響を及ぼした。まず、ある朝オフィスに出勤すると、フォート・ミードの施設から、道路を行った先にあるメリーランド州ローレルのモーテルに移ると知らされた。人質事件を支援する極秘の特別アクセス・プログラム〔アメリカ政府内の特定の機密情報に対して制定されたプログラム。同レベルの情報より厳しい保護対策およびアクセス要件を課す〕の一員になったのだ。外界から隔離された状態で、ビューアーは二四時間体制で休みなく働かなければならなかった。次に、一九八〇年四月の第二週、トレントがセッション中にテヘラン市内のターゲットから離れ、荒涼とした砂漠のなかで劇的な光景を見た。アメリカ兵たちが特殊部隊のようにホヴァリングするヘリコプターからロープで降下《ラペリング》するのが見えたと、アトウォーターに言った。セッションは唐突に中止された。数日後、ガーヴィンも同じような光景を見た。「炎と死」が見えるものの、場所は都市ではないという。

さらに、公開された機密文書によれば、一九八〇年四月、ナンシー・Sがリモート・ビューイング（RV）セッションCC84の途中で急に取り乱した。セッション管理者は次のように記している。「イラン現地時間午前三時」にナンシー・Sが、それまで透視していたターゲット、「インディア」という暗号名のテヘラン市内の建物がよく見えなくなった、と訴えた。ターゲットの代わりに「攻撃軍のようなもの」が見えるという。たぶん「幻覚を見てるんだわ」と、彼女は弁明した。自分が見たものは「奇妙だし、支離滅裂」だが、「とても生々しくて、身の毛がよだつような光景だった。まるで悪夢を見ているみたい」と。彼女が描写したのは、「大きな胸郭、とても大きなゴリラたち。胸を打ち鳴らす巨大なゴリラがほかのゴリラたちを率いている……みんな長さ二〇センチくらいのロケットを持っていて、数百匹はいる」。彼女は取り乱したことをもう一度謝ると、「こんなふうに自分をコントロールできないのは初めて」だと言った。CIAが機密解除した報告書によると、その情景は次のようなものだった。「ひどく退屈な場面が続いたあと、急に何かがおかしいことに気づくの。とてもまずいことが起きている。大勢の人が……気づかれないようにこっそりと走っている……それから突然、攻撃を受ける……自分たちが戦いの最中にいるのを知る」。さらに「地上用装置……大口径の機関銃があった。それが三つか四つ並んでいた」という。

マクモニーグルの記憶によれば、ナンシー・Sは「大爆発……なんだかわからないけれど、燃えさかる巨大な炎」が見えたと報告した。それからパニックになり、わっと泣き出した。当時ビューアーが置かれた状況はかなりハードだった。緊迫した事態のストレスと、慣れないモーテルの部屋、何時間も続く任務で、誰もが疲れ果てていた。その晩遅くなってから、ワットが唐突に任務の終了を告げ、テレビをつけた。カーター大統領が人質救出作戦が失敗し、テヘランの南東約三二〇キロのイランの砂漠でヘリコプターが墜落した、と発表して国民を驚かせた。砂漠にあった作戦拠点の暗号名は「デザート・ワン」。救出は〈イーグル・クロー作戦〉であった。墜落によりアメリカ軍の兵士八人とイランの民間人ひとりが死亡し、大勢が重傷を負った。救出作戦が失敗に終わり、人質がこれからどうなるのか誰にもわからなかった。

トレントとナンシー・Sは、この一件を「予知」していたのだろうか？　ガーヴィンはどうなのだろう？　彼らは時間の壁を超えて、未来の情報を手に入れたのか？　リアルタイムであの出来事を見ていたのだろうか？　ゴリラは特殊部隊員の一種のゲシュタルト（象徴）だったのだろうか？　陸軍のリモート・ビューアーたちは天性のサイキックではなかった。インゴ・スワンやユリ・ゲラー、パット・プライスのふりをしたわけではない。つい最近、まだ効果もわからない実験的な情報収集ツールの訓練を受けはじめたばかりだった。予知能力は悪夢のような技術に等しい。未来を見ることは、死を見ることでもあるからだ。誰がそんな能力をみがきたいと思うだろう？

結局、ナンシー・Sは部隊を抜けた、とマクモニーグルは言う。ガーヴィンもあとに続いた。二〇一四年、メリーランド州にあるガーヴィンの自宅に電話をかけたところ、彼はこの一件がメリーランド州のホテルで本当にあったことを認めたが、それ以上語ろうとはしなかった。「それを聞くなら、電話を切る」と、彼は言った。

一九八〇年四月二五日、イランの宗教指導者アヤトラ・ホメイニ師が記者会見を開いた。世界中に伝えられたそのスピーチで、彼はカーター大統領を非難し、アッラーの神がアメリカの侵略者たちに砂を投げてイランを守ったと述べた。「大悪魔が愚かな悪さをはじめ、全能の神がそれを打ち倒したのだ」

フォート・ミードのビューアーは、NSC、CIA、統合参謀本部に情報を提供し続けた。それから三カ月後、人質はまだ解放されず、カーター大統領は現状報告のためホワイトハウスの記者室で会見をした。このとき大統領は片手にフォルダーをひとつ抱えていた。ラベルには「グリル・フレーム」というふたつの単語が記されていた。当時、この暗号が何を意味するのかわかる者はほとんどいなかった。

カーター大統領が再選されなかったのは、〈イーグル・クロー作戦〉の失敗のせいだと言われている。一九八一年一月二〇日、ロナルド・レーガン新大統領の就任直後、ホメイニ師率いる政府は残っていた五二人の人質全員を解放した。

フォート・ミードの独立班Gは、ぞっとするような薄気味悪さに包まれていた。それぞれが口には出さないものの、心のなかでこう問いかけていた。「おれたちがここでしていることは何なんだ?」。答えは、やはり誰も口には出さなかったが、「わからない。だから訊くな」だった。サイキックになったり、その練習をするという感覚はきれいさっぱり吹き飛んでいた。アウトバウンダー・ビーコン実験に〝新時代の意識拡張訓練〟という面があったとすれば、それはイラン・アメリカ大使館人質事件で一変した。アメリカ陸軍のリモート・ビューイング部隊はきわめて難しい状況に追いこまれていた。一方で上層部の意向は明確だった。「この現象が何なのかはわからない。本物かどうか立証することはできないが、三年計画は忘れてとにかくプロジェクトを進めよう」。先の見えない計画は、インドの僧院やチベットの山頂、もしかするとＣＩＡならまだしも、アメリカ陸軍にふさわしいとは言いがたい。リモート・ビューイング部隊は、大きな混乱と混沌《こんとん》へ向かおうとしていた。

第一五章
気功と銭学森《チエン・シュエセン》の謎

一九七九年三月一一日、アメリカから遠く離れた中国の最大手紙、四川日報が耳で文字を「読む」ことができる唐雨《タンユー》という一二歳の少年を第一面で報じた。CIAと国防情報局（DIA）のアナリストは、重大な関心を持ってこのニュースを追いかけた。また、記事を翻訳したうえで解釈し、アメリカの国家安全保障にどのような意味を持つのか分析しようとした。それまで、超能力戦争と超常現象《パラノーマル》の軍事研究において中国はほとんど視野に入っていなかった。それがこの記事によって一夜にして一変した。情報アナリストは中国でこのような超能力者《サイキック》が発見された事実に愕然とした。

中国には古来より精神文化、超感覚的知覚（ESP）、迷信などが信じられてきた歴史がある。なかでも『易経《えききょう》』（紀元前一〇〇〇年から七五〇年）という古代中国の易占いの書物は、世界最古にしてもっとも広く読まれており、数千年にわたって中国の哲学、科学、国政術を形作ってきたと言われている。ソ連がロシア革命後に宗教と神秘主義を排除したように、第二次世界大戦後の中国政府も、一九四九年の共産主義革命以降ESPと占いなどを禁じた。しかし皮肉にもアメリカの艦船ノーチラス号のESP実験が報じられたことをきっかけに、ソ連は一九六〇年代から、それまで地下に潜っていたESP研究を公認し、正当化した。以来、ESPとサイコキネシス（PK）研究をひそかに活発化させていた。しかし、中国ではそのような動きは見られなかった。少なくとも、アメリカ諜報コミュニティは把握していなかった――耳で文字を読める少年が一面で報じられるまでは。CIAとDIAは、狐《きつね》につままれたような気分だった。

中国では、与党である政治局が国内の報道を統制している。そのなかで、変わった形態のESPを持つ少年が四川日報のような知名度の高い新聞に掲載され、共産党の有力な省長官と笑顔で収まるなどあり得ないことだった。CIAのアナリストにとって、それは政府がESPを承認したことを意味していた。さっそく、機密文書で「触視力《スキン・リーディング》」と言及されるこの現象の調査がはじまった。なぜ中国政府がESPを認めたのか、という点も同じくらい重要な謎であった。

少年が自分の能力に気づいたのは五カ月前、四川省大足区の人里離れた山のなかでのことだった。一九七八年一〇月、唐雨と友人の陳小明《チエン・シアオミン》は、学校からの帰りにあぜ道でレスリングの勝負をすることにした。「取っ組み合いをしていたら、相手の上着のポケットに耳が擦れた。そのとたん、中国語の文字がふたつ心に浮かんだんだ」と、唐雨は記者に語っている。彼が耳で見たことばは「フライング」と「グース（ガン）」だったという。

そのイメージがとても強烈だったため、少年はレスリングをやめて自分が見たものを友人に話した。

小明《シアオミン》は上衣のボタンを外すと胸ポケットに手を入れて、隠し持っていたタバコの箱を取り出した。そのブランド「フライング・ワイルド・グース」には、首の長い鳥が空を飛ぶ絵が描かれていた。恐れおののいたふたりは、親には黙っていることにした。小明はタバコを吸うには幼すぎて、厄介なことになると目に見えていたからだ。少年たちは代わりに、唐雨の触視力を地元の住民たちで試しはじめた。

村人たちは小さな紙片に中国語の文字をいくつか書き、小さく丸めて唐少年の耳に入れるよう言われた。少年は書かれたことばやフレーズを何度も繰り返し「読んで」みせた。驚異的な力の噂はすぐに村中に広まり、さらに遠くへと伝わった。テストのために人民公社の地元の役人が呼び出され、次に県政府の最高地区指導者が、しまいには四川省の名目上の共産党の長までが登場した。唐少年は、驚くべき正確さで次々と能力を披露した。「耳に丸めた紙が入ると、ピリピリしてきて、文字のイメージが頭のなかに浮かぶんだ。フィルムがスクリーンに映し出されるみたいにね」と、少年は役人たちに話した。とうとう四川省長で趙紫陽《ちょうしよう》という有力な役人がじきじきにかかわることになった。

趙紫陽は西側ではほとんどなじみのなかった名前だが、中国共産党当局者の新星でCIAにとって侮《あなど》れない相手だった。二年前の一九七七年、彼は中国共産党指導者、鄧小平《とうしょうへい》の後押しで中央政治局候補委員に昇進していた。一九七九年には正式な共産党員となり、一九八〇年一〇月に中華人民共和国の国務院総理〔首相に相当〕として鄧小平の後を継ぐことになる。なぜ趙紫陽がこの一件にかかわったのだろうか？　CIAのアナリストは不思議に思った。裏で糸を引いているのは誰なのか？　答えを探すために大量の中国の文書を入手して、その翻訳を徹底的に調べあげた。

唐雨の話は数百万という中国市民に伝えられ、瞬く間に国中に広まった。北京の科学委員会が調査のために招集された。実験室でテストをおこなったのち、唐少年が特異功能（ＥＨＢＦ）と正式に呼ばれるようになった能力を有していると断定した。それから数週間もしないうちに、最初のＥＳＰブームが巻き起こった。ＣＩＡは、この異例の展開をどうとらえたものか測りかねた。いまや中国中の人々が、耳で文字を読める驚異の少年をひと目見たいと望んでいた。

ほどなくして、党公認の複数の新聞がＥＨＢＦを持つ子供たちについて続報を伝えはじめた。どのケースも、地方自治行政府の正規部門である地元の科学委員会が本物と証明していた。北京から黒竜省や江蘇省にいたるまで、さまざまな超常現象の記事が次々に掲載され、耳だけでなく指、手、足で読むことができる子供たちを取り上げた。九月には中国最高の科学誌、自然雑誌が、社内のサイエンス・ライターの意見をもとに特集記事を発表した。管理された環境下で多くの能力が本物と証明され、さらに新しい形態の触視力が続々と確認された。世間はますます関心をかき立てられた。

四カ月後の一九八〇年二月、「第一回特異功能の科学シンポジウム」という政府公認会議の一環として、二〇以上の大学と研究機関の科学者が上海に集まり、特異な子供たちのテストをおこなった。その結果、一四人がＥＨＢＦを有していると判断された。要は、それだけの子供が科学では説明できない精神および肉体的な能力を示したということだ。ＣＩＡとＤＩＡの関心をとりわけ引いたのは、中国のＥＳＰ研究の枠組みだった。中国人はこれらの際立った力を人類生物学のカテゴリーに入れたのだ。欧米では、人間の潜在能力——すべての人間に内在する未開拓の資源——に分類されていた。潜在能力は、一九六〇年代初期よりエアハード・セミナー・トレーニング（ＥＳＴ）〔心身統一訓練。人間潜在性開発運動のひとつ〕のようなプログラムとともにアメリカのカウンターカルチャーのなかで増大し、神経言語プログラミング（ＮＬＰ）のような心理療法からコード化された情報のバイオフィードバックまで、ほかの無数のプログラムを含むまでに拡大していた。共産主義国の中国では、科学計画はすべて事実上政府の研究計画だ。国家と結びついていない科学は存在しない。そんな中国の潜在的脅威も手伝って、アメリカ軍は敵より勝る手段として人間の潜在力にがぜん関心を持ちはじめた。中国が人間の潜在能力を高めようとしているなら、アメリカもそうしなければならなかった。

「この新しい能力は現代科学を根底から変える可能性を秘めている」と、浙江《せっこう》大学光工学部の董《ドン・タイ》太会《フウェイ》は言明した。ＥＨＢＦは科学思想に革命を起こすことになるだろう。「これは伝統的な科学理論への挑戦だ。研究が進めば、生理学、物理学、生物学的物理学が飛躍的に前進するかもしれない——まったく新しい科学分野がすぐそこに待ち受けている」

中国内の十数カ所に、新しい研究機関が創設された。超常現象研究は正式に認められ、国立研究所レベルで大々的に探求されることになった。中国の百科事典的年鑑の科学技術セクションにも、ＥＨＢＦが掲載された。ＰＫも含むさらなる力が出現すると、ＥＳＰブームはますます過熱した。精神力だけで机の向こう側の物体を動かせる少女が見つかった。また別の少女は、ふたをした広口瓶のなかの花のつぼみを数秒で開花させた。かと思えば、数メートル離れた場所から木の枝を折れる少年もいた。ＥＨＢＦを持つ子供は、ＰＫ実験でもテストされた。彼らは、「時計の針を動かす、金属を曲げる、機械を壊す、手のひと振りで可燃物を自然発火させることができた」と、ＤＩＡのあるアナリストは報告している。彼らの数人に鉛製の容器を通して物を見る不思議な第七感〔第六感よりさらに意識の奥にある無意識レベルの感覚〕があるとわかると、中国空軍も研究に加わった。河北省の滄《そう》県という農村部の少女、于瑞華《ユー・ルエイファ》を、北京の中国科学院高エネルギー物理学研究所の特殊物理学研究チームがテストしたところ、軍が放射性物質を保管する鉛製容器を透視して、なかの紙に書かれた文字を読むことができた。

中国空軍の科学者羅東蘇《ルウオ・ドンスー》は、「アイレス・サイトのような特異な視覚の脳波分析を見ると、この子供たちは珍しい未知の放射エネルギーを持っている」と断定した。さらに彼らの精神は「電磁波に似た放射線」を生成できるうえ、その放射線は「現在使用されているもっとも強力なレーダー装置の一〇〇〇倍も強力である」とも述べた。ソ連とアメリカと同じように、中国でも科学者はまず電磁波に注目したというわけだ。

しかし、注目したのはそれだけではなかった。情報アナリストが最初に得た手がかりは、北京の第一回科学シンポジウムで基調演説者を務めた武道家のことばのなかにあった。彼は、自分の力の源は〝気〟だと述べた。〝気〟とは、「活力」「生命力」と訳され、「易経」と同じくらい古くから存在する。その効果は気功――「生命力を使いこなすこと」――という武術を通して数千年にわたって研究され、みがかれ、修正されてきた。彼はシンポジウムの出席者に、〝気〟を通して自分の対麻痺〔下半身の麻痺〕を治し、再び歩けるようになったと語った。さらに、気功を通してＥＳＰを含むＥＨＢＦを培ったと明らかにした。

　ＣＩＡは気功を理解するために、その歴史を調べた。気功は数千年のあいだ、中国にさまざまな形で存在してきた。古文書では、気功家は超自然的な目に見えない無敵の兵士＝僧力を持つと言われている。関連する記述は歴史的文献のいたるところに見受けられる。近代気功が生まれたのは一九四八年、中華人民共和国が成立する直前だ。その年、少数の共産主義者が河北省の山間《やまあい》で劉貴珍《リイウ・グウェイジエン》という気功実践者の指導で呼吸訓練をおこなった。目的は、肉体的な病気と邪《よこしま》な思考を取り除くことだった。その体操のような練習と健康への効果を知った共産党指導者たちは、劉を北戴河区《ほくたいがく》〔河北省秦皇島市の市轄区〕にある海辺の共産党幹部療養院に呼び出し、くわしく話を聞いた。劉の説明によれば、彼はほんの二年前まで結核、胃潰瘍《かいよう》、不安神経症などさまざまな病気を患っていたという。体重が四〇キロを切るほどげっそりとやせ細り、死の淵をさまよっていた。このままではあと数カ月しか生きられない、と医者もさじを投げるほどだった。そんなときに気功に出会った。無言で唱える一連の呪文と呼吸訓練、そして内なる意識をへそに集中させることで、停滞気味の脳の活動と内臓器官が回復したという。一〇二日後、劉はすっかり完治して、仕事に復帰した。

　驚いた党幹部は、気功の鍛錬法の教えを乞《こ》うた。二〇世紀初めの中国は、数十年に及ぶ戦火のせいで国土が荒廃し、医療制度はほとんど崩壊していた。一九四九年に共産党が政権を握ると、「党は国の医療制度の痛ましい状況に直面した」と、中国気功の欧米の主導的専門家、デイヴィッド・Ａ・パルマーは解説する。「科学的な訓練を受けた医師はわずか一万二〇〇〇人――二万六〇〇〇人の市民に医師ひとり——しかおらず、ほぼすべてが都市部に集中していた」。政府は、気功が国民の健康管理危機の解決策になりうると考えた。古代医学の恩恵を国政術に活用するというわけだ。

党幹部はその効果に感じ入った。気功は民間療法だった。簡単な体操、呼吸法、呪文を一日わずか三〇分実践するだけで潰瘍や不眠症などの持病が治ったのだ。自然科学に基づかないシンプルな民間療法は、マルクス主義にも一致していた。さらに、医療機器や薬を必要とせず、いつでもどこでも実践できた。数千年のはるか昔から師から弟子へと伝えられてきた秘伝的な伝統を、党の命令により大衆に広めるのだ。

計画は実行に移された。劉貴珍の舵取りのもと、党は迷信じみた要素をいっさい排除して、この伝統医学をよりマルクス主義に近づけ、近代化しようとした。たとえば「瞑想する金竜の爪」という古代の気功の体操は、「健康増進のために瞑想して坐る」と書き換えられた。国営施設や病院を拠点とした党認定の気功診療所が国中に開設された。一九五四年から一九五九年にかけて、気功は急速に拡大した。毛沢東《もうたくとう》主席は劉に「先進的労働者」というマルクス主義者の重要な肩書をじきじきにあたえ、党幹部の気功家に任命した。一九五七年、劉が出版した『気功療法実践』は、二〇〇万部以上を売り上げた。

一九五八年、毛沢東と中国共産党は「大躍進政策」という工学計画に着手し、農業基盤経済から産業基盤の社会主義モデルへの転換を決定した。工業化は機械ではなく労働力で促進できることを示そうとして、毛沢東は一年で鉄の生産量を倍増させる計画を発表した。国中で農夫や教授、工場労働者もほぼ全員が仕事を辞めて、裏庭にこしらえた間に合わせの溶鉱炉《ようこうろ》でいっせいに鉄を作りはじめた。しかし、素人に良質な鉄が作れるはずもなく、原材料の鉄鉱石が産出されない地域では、やかんや自転車などの生活必需品がかたっぱしから炉に投入された。政策は惨憺《さんたん》たる失敗に終わり、中国は史上最悪の深刻な飢餓《きが》へ突き進む。

国民が次々と餓死するなか、党は気功を奨励した。ブルジョア階級を相手にする西洋式の医療科学に対し、気功は中国の労働者階級のための医療だと強調した。その結果、国家の健康政策の要となり爆発的に拡大した。一九五九年に北京で開催された「健康のための大躍進政策会議」で、厚生相が病気の予防に役立っていると気功を称賛すると、一九六〇年には全国的な訓練コースが策定された。翌年、上海だけで八六の気功施設が出現した。

しかし、大躍進政策がもたらした惨状が明らかになり、政策が廃止されると、気功も悪《あ》しきものとされはじめた。一九六二年には新しいマントラが導入された。それは、気功を推奨するのは党幹部に「似つかわしくない」というものだった。市民も弾圧を恐れ、実践しなくなった。党の法令では「封建制度の腐った名残り」「歴史のごみ」と呼ばれ、一九六五年に党が発行するニュー・フィジカル・エデュケーション誌は、似非療法、「有毒雑草」と断罪した。国家の気功指導者だった劉貴珍は、一転、民衆の敵というレッテルを貼られ、吊るし上げの的になった。療養院を解雇されたうえに、党から追放処分を受け、悪名高い河北省山海関の再教育収容所へ送られた。そこであたえられた新しい仕事は、公衆便所の清掃だった。

一九六六年五月になると、毛沢東が文化大革命を発動して、市民を新たな恐怖に陥れた。大躍進政策の失敗で影響力が衰え、巻き返しをはかる毛は、知識人、学生などの「不純」分子を排除して革命精神を復活させるよう青年たちに呼びかけた。学校は休校となり、年配者や知識人を攻撃するために紅衛兵《こうえいへい》という学生の民兵組織が結成された。子供の一団が通りを跋扈《ばっこ》し、敵である反革命分子を探し回った。反革命分子と見なされた者は首にプラカードをかけ、頭に円錐形の劣等生帽をかぶせられて公共広場へ引き出された。そこで晒し者にされて罵詈雑言《ばりぞうごん》を浴び、長時間に及ぶ暴行を受けた。図書館も博物館も、紅衛兵にことごとく破壊された。毛沢東を非難した党指導者は権力層から徹底的に排除され、投獄された。ハイヒールの靴、毛皮、絹のガウンなど、富に関連するものはすべて押収され、通りで燃やされた。病院と裁判所は閉鎖され、国中がカオスに陥り、経済は急速に落ちこんだ。一九六九年になるころには、国内は修羅場《しゅらば》と化していた。紅衛兵は仲間割れして抗争をはじめ、処刑やリンチが横行するようになった。明らかな無秩序状態、野蛮きわまりない闘争であった。

ＣＩＡのアナリストが腑《ふ》に落ちなかったのは、一九六二年から一九七八年までのあいだ、気功が中国からきれいさっぱり消えていたことだった。出版物でもひとことも触れられていない。そこへ一九七九年に、唐雨の記事が突如として現れた。まるで何もないところから、いきなり飛び出してきたようだった。この記事に中国全土が熱狂したことは注目に値した。一六年間も禁じられていた慣習が、ある日突然これほど称賛を浴びるなど考えられない。裏で何かが起きているにちがいない。誰かが糸を引いているはずだ。さらにくわしく調べると、驚愕の事実が浮かび上がった。気功から特異功能にいたるすべての中心にいるのは銭学森《チエン・シュエセン》だった。かつてアメリカの軍事科学におけるもっとも重要な知識人のひとりで、いまやアメリカの宿敵となった男だ。

銭学森——アメリカでの通称はH・S・チェン——は、アメリカのロケットのパイオニアだ。一九一一年に中国で生まれ、一九三五年に義和団の乱賠償金奨学金を獲得し、二四歳でアメリカへ留学した。まずMITで電気工学の修士号を取得すると、カリフォルニア工科大学（カルテック）に移り、世界的に有名な航空宇宙エンジニア、セオドア・フォン・カルマンに師事した。一九三〇年代末からはアメリカの初期ロケット設計に携わり、一九四三年に同国初の実験的ロケット研究所、ジェット推進研究所をカリフォルニアに共同創設した。その優秀な頭脳は、「彼こそ正真正銘の天才だ」とフォン・カルマンが絶賛したほどだった。

第二次世界大戦中、チェンは〈マンハッタン計画〉に従事するために最高レベルの保全許可をあたえられ、世界初の原子爆弾の製造に貢献した。アメリカ陸軍航空軍の大佐に任ぜられると、市民権を申請する。しかし、戦時中の文書業務は遅々として進まなかった。ナチス・ドイツ降伏後、チェンはドイツの占領区へ赴き、世界一有名なロケット科学者ヴェルナー・フォン・ブラウンの尋問を任された。一九四九年になると、カルテックのグッゲンハイム・ジェット推進研究センター——今日のNASAの主導的な太陽系無人探査センター——の初代所長に就任する。アメリカ市民権申請はまだ認められていなかった。そして一九四九年一〇月、遠く離れた場所で起きた、本人にはどうにもできない出来事により、チェンの人生は一変する。

一九四九年に毛沢東が中華人民共和国の成立を正式に宣言すると、アメリカと中国は敵同士になった。中国が共産主義の手に落ちたことはアメリカにとって深刻な打撃であり、チェンの人生もその影響を免《まぬが》れなかった。八カ月後の一九五〇年六月六日、ＦＢＩが彼の自宅のドアを叩いた。折りしもアメリカ国内にはマッカーシーによる赤狩りの嵐が吹き荒れており、アメリカ市民権を申請中のチェンは、まだ中国国籍のままだった。当局者たちはチェンが共産主義者と通じていると疑い、尋問に応じるよう求めた。チェンにとってこれ以上の侮辱はなかった。彼は、「よくもそんなことを言えたものだ。私はアメリカの国家安全保障に深くかかわり、保全許可を持つ人間だ」と抗議したが、ＦＢＩは彼の保全許可を剥奪し、自宅軟禁を命じた。監禁同然の屈辱的な仕打ちを五年間も受けた末、チェンは朝鮮戦争の戦争捕虜交換によって中国に送還された。それ以降、残りの人生のすべてをアメリカへの復讐に捧げることになる。

チェンのストーリーは、個人の変節の興味深い一例でもある。彼はアメリカという国、その理想を心から信じて戦争中も尽くした国に裏切られた。アメリカは彼の故郷同然だったが、一九五五年一〇月に中国に到着するころは、その信念も忠誠心も一八〇度変わっていた。まるでスイッチひとつでぱちんと切り替わったかのように。彼はその後死ぬまで熱心な共産党員であり続け、毛沢東主席の科学顧問というまれに見る栄誉を獲得する。

科学はチェンのアメリカへの復讐の武器となった。彼はほぼたったひとりで中国の技術力に革命を起こし、初歩レベルから世界最先端まで引き上げた。たとえば、ロケット、人工衛星、有人宇宙飛行など、さまざまなプログラムを立ち上げて開発を指導した。また、原子爆弾プロジェクトに取り組み、中国が核兵器とその運搬システムを製造できるまでに発展させた。さらに、ESP、PK、瞬間移動《テレポーテーション》などの超常現象の背後にある科学にも全力で取り組んだ。これほどの活躍をしたにもかかわらず、彼についてはこれまでほとんど報じられていない。

チェンが帰国した一九五五年一〇月、中国の産業はまだ発達しておらず、かろうじてまともな車を作れる技術力しかなかった。もっとも一般的な移動手段は、自転車と人力車というありさまだった。そのような事情から、国民は到着前から彼を英雄として崇《あが》め、共産党とアメリカ国務省が取り決めた帰還を勝利と受けとめていた。北京のエリート科学者はチェンを敬い、中国の技術力を暗黒時代から近代世界へ引き上げてくれると確信していた。帰郷を祝う豪華な祝宴が中国科学院と北京大学で催された。それから数カ月もたたないうちに、政府は北京に力学研究所を創設し、チェンを初代所長に据えた。当時その研究所には電話が一台しかなく、技術者は手回し式の計算機を使っていた。しかしチェンはすぐに本格的に活動をはじめ、ライフワークを継続すべく心血を注いだ。もっとも、仕える相手は共産主義の中国に変わっていたが。

チェンが帰国した最初の年、毛主席は大躍進政策の一環として「百本の花を咲かせよう」という独特な政策を打ち出した。知識人は共産党を批判するよう奨励され、主席の発言によれば「言いたいことを洗いざらいぶちまける」ように言われた。しかし、これは反対意見を排除するための策略であり、その結果、数十万という批判者が罰せられ、拷問を受けた末に殺害された。アメリカでマッカーシズムを経験したチェンは、頭を低くしてこの嵐を静かにやり過ごし、波風を立てないよう努めた。西洋式の服はすべて下取りに出し、党標準の灰色の人民服を購入した。また、同僚を非難して、共産党の政策を奨励した。

中央政府は確固たる忠誠心を見せる者に相応の手当てをあたえ、チェンも莫大な報酬を手に入れた。その金で北京北西の海淀区〔北京大学や清華大学などの名門大学がある地区〕の警備員つきの屋敷に移り、国防部第五研究院の院長に昇進を遂げ、極秘ミサイル・プログラムを主導した。一九六〇年一一月五日、ソ連の短距離弾道ミサイルR‐2ロケットの中国バージョンの打ち上げに成功すると、チェンの栄誉を称えて盛大な祝賀会が開かれた。初の近代的なロケットの打ち上げは中国の歴史の転換点と言ってよかった。チェンは、故国の初代地上発射型弾道ミサイル「東風」の製造という野心的な計画を任された。さらに、人工衛星の開発を指導し、中国初の原子力計画に取り組んだ。一九六四年一二月には、とうとう毛主席に科学の個人教授をするまで登りつめた。一九六六年一〇月二七日、中国は世界で初めてノーズコーンに核分裂物質を装備した核弾頭搭載ミサイルを配備して、国際社会から無謀な行為と非難を浴びた。ニューヨーク・タイムズ紙のある記者は、次のように書いている。「この世界初の発射実験を監督したと思われる人物は、一五年にわたってアメリカで学び、たぐいまれな科学者に成長した。われわれが彼に自信と希望をあたえ、その才能をもてはやし、莫大な報酬と信用をあたえたのだ」

ところが、文化大革命がはじまると科学は迫害の対象となった。労働者階級寄りの響きを持たせるため、第五研究院は第七機械製造省に改称され、チェンも院長の職を奪われた。それでも、この嵐の

CIAと国防総省は中国のサイキック研究プログラムの裏にH・S・チェン（銭学森）がいることを知って驚いた。アメリカの初期ロケットのパイオニアであるチェンは、中国へ戻って毛沢東主席の科学顧問に就任した。この第二次世界大戦中の写真でチェン（中央）はアメリカ陸軍大佐の帽子をかぶっている。彼は、「気」という生命力が超能力を増強すると信じていた
NARA, public domain

ような時期に党が保護したわずか五〇人の科学者のリストから外れなかった。機密の有人宇宙飛行計画にひっそりと取り組み、一九六八年四月に第五〇七研究所、別名北京航天医学工程研究所の創設を主導した。一九七二年に毛沢東が脳卒中で倒れると、穏健派の鄧小平が政府の日常業務の指揮をとった。一九七六年に毛沢東は世を去った。鄧小平が正式に政権を掌握《しょうあく》すると、中国は改革への一歩を踏み出した。科学が再び脚光を浴びるようになり、チェンも今度は新しい政府の代弁者に返り咲く。

アメリカの諜報コミュニティが理解に苦しむ変化がはじまったのはここからだ。再び表舞台に登場したチェンは、特異功能、ＥＳＰ、ＰＫ、気功の熱心な支持者になった。超常現象研究を誕生させたのは彼であり、それもほぼひとりでやりとげた。唐雨とＥＳＰブームの記事が発表されたあと、超常現象の機密研究機関が開設された。この機関は北京航天医学工程研究所のなかにあり、チェンの采配のもとに運営された。これを境に、中国第一線の科学者たちが、特異功能、ＥＳＰ、ＰＫの軍事利用を進めはじめた。

数十年に及ぶロケット研究の結果、チェンは、宇宙空間と精神空

間、宇宙と人間は共生関係にある、と深く確信するようになっていた。彼によれば、このふたつの世界は〝気〟によってつながっていた。一九八一年六月の共産党幹部の集会では、以下のように語っている。「二〇〇〇年にわたる中国医療の謎めいた一形態」が、「近代科学技術のことばで」理解できるようになった。「目を使わずに物を見たり（ESP）、生物と無生物に影響をあたえる（PK）EHBFを持つ十代の子供たちにおこなった実験」からわかるように、「〝気〟という生命力をそなえたエネルギー」の研究が次の「科学の革命」をもたらすだろう。軍事的なメリットも予想できる。「戦争ではEHBFを持つ肉体は有用だ。（中国国内の）この熱狂的な雰囲気は、近代科学にアインシュタインの相対性理論と量子力学が登場したときを彷彿させる。ひとつだけ違うのは、当時の舞台は西ヨーロッパだったが、今回の舞台は中華人民共和国だということだ」

ワシントンの国防情報局は、EHBFを持つ十代の子供たち、チェン、関連する研究所によって進められていることを、現地で直接見て評価したいと考えた。ハル・パソフが〈グリル・フレーム〉という特別アクセス・プログラムの契約者としてひそかに中国へ送られることになった。一九八一年一〇月、アメリカ人とカナダ人の研究者、科学者、ジャーナリストなど一八人の派遣団が、この研究に関心を持つ民間人を仲介役としてEHBFの科学者と研究者に会うために中国へ赴いた。パソフはDIAのスパイとして正体を隠して同行した。一二日間の日程には、北京、西安、上海訪問が組みこまれていた。北京では、中国科学院と高エネルギー物理学研究所の軍事科学施設を訪れた。

物理学者のハル・パソフは1972年よりアメリカ軍と諜報コミュニティのために超能力研究プログラムに従事した。この写真は、1982年にイギリスのケンブリッジ大学で開催された国際超能力研究シンポジウムで、中国の研究者と乾杯しているところ(左から2人目)。出席者にはジョン・アレグザンダー(右から3人目)もいた
Collection of John Alexander

アメリカに帰国したパソフは、六〇ページの機密報告書を作成した。「中華人民共和国における心霊エネルギー研究(一九八二)」というタイトルで、現在は機密指定から外されている。彼は中国でEHBF実験がおこなわれていることを確認し、大勢の科学者と会い、研究所の近代的な装置も見学した。そのうえで、「EHBF科学の影の推進者はH・S・チェンであった」と結論づけ、彼の能力と影響力を甘く見てはいけないと警告した。「チェンは中国初の原子爆弾の開発を主導したと思われる」

報告書はDIAのジャック・ヴォロナへ送付された。超能力研究プログラムの目的は常に「他国の心霊エネルギー研究がアメリカの国家安全保障にもたらす脅威を評価すること、また、心霊エネルギー研究をアメリカの情報

取集に活用できる可能性を探ること」だった。それまでの脅威は、ソ連とワルシャワ条約機構加盟国に限定されていた。いまやそのリストに中国も加わったというわけだ。機密解除された覚書には、以下のようにはっきりと記されている。「ＵＳＳＲと中国の心霊エネルギー研究は、アメリカの国家安全保障の潜在的脅威となる。両国で莫大な資金が投入され、政府上層部が惜しみない援助をあたえている」

パソフの報告書は、ペンタゴンのリチャード・デラウアー研究・工学担当国防次官にも送られた。デラウアーはチェンの母校カルテックの卒業生であり、中国の科学技術開発の「元老」の才能と影響力を認識していた。報告書を読みくわしい説明を受けた三カ月後、彼は〈グリル・フレーム〉に「プログラム・シックス」ファンドという追加資金を計上する。

そのころ、カリフォルニアでは興味深いストーリーが進行していた。それはささやかな形ではじまったが、やがて大きな意味を持つ出来事に発展する。一九八三年当時、古代中国の〝気〟と気功にくわしいアメリカ人は少なく、中国のロケット科学者チェンを知る者はさらに少なかった。しかし、マンハッタン・ビーチに住むジャック・フックというボーイング・エアロスペース社のシステム・エンジニアは、両方をよく知っていた。彼はそれまでアメリカ人が誰ひとり考えなかった〝気〟とＰＫのつながりに注目した。

ユリ・ゲラーがテレビでスプーン曲げをする様子や、ゲラーに刺激された子供が自宅でスプーンを曲げた記事を見て、彼は考えた。「曲げていると手からエネルギーが放出される気がする，という証言が多かった」。フックが知っている地元の数人の武術家も、精神で身体の内側から呼び起こすエネルギーに言及し、そのエネルギーが出てくると手が熱くなると話していた。「彼らはそれを〝気〟と呼んでいた」

フックは、宇宙航空エンジニアとして精神力で金属を曲げることに興味を持ち、マクドネル・ダグラス・エアロスペース・カンパニーの冶金《やきん》学者、セヴェラン・ダーレンと議論をはじめた。ふたりは、次のように考えた。金属を曲げる能力は、個人の信念と関係があるのだろうか？　PKはいわゆる超常的なスーパーパワーではなく、すべての人間に内在する〝気〟というエネルギーを使う能力ではないだろうか？

一九八一年一月、それを証明する実験として、フックはマンハッタン・ビーチの自宅に二一人を招待してスプーン曲げパーティーを開くことにした。もし誰かがスプーンを曲げたら、ダーレンが冶金学者の観点からそれを分析する。ふたりは、パーティーのゲストのために三段階のプロトコルを作成した。（1）自分が影響を及ぼしたい（曲げたい）ものに精神を集中する。（2）大声で「曲がれ！　曲がれ！　曲がれ！」と叫んで命令する。（3）手放す。最後の「手放す」は、精神で金属を曲げるなんて不可能だ、という考えを捨てるという意味だ。

「最初の実験では普通の一般人を集めた。半分は心霊的なことに興味がある人で、あとの半分は私が所属するテニス・クラブのメンバーだった」と、フックは回想した。武術家がよくやるように静かに精神統一するのではなく、全員が「曲がれ！」と大声で叫んで興奮するエネルギッシュな環境を作りたかったのだ。フックの記述によると、パーティーの途中で「一四歳の少年のフォークの先端部分がポロリと落ちた。本人が大声で叫びながら椅子から飛び上がったので、部屋中の人間が目撃した」。すると、もっとすごいことが起きた。「室内のほとんどの人の信念体系が瞬時に変わったんだ。みんなのフォークやスプーンが五秒から一五秒間、やわらかくなりはじめた」。そのあいだに、「二一本中、じつに一九本のスプーン（またはフォーク）が曲がった」。毎回、ほぼ決まって同じ結果が出た。「およそ八五パーセントのスプーンが曲がったんだ」

冶金学者のダーレンは、研究所で曲がったスプーンをテストした。導き出した結論は、「ステンレス製のフォークやスプーンは、ＰＫでもっとも曲げやすい金属のようだ。これはステンレス鋼の冶金学的特性によるものだ。こういう食器類は、たいてい大量に型抜きされる。プレス加工の過程で、金属のなかの粒界に沿って多数の転位（線）〔結晶格子において原子の配列に不連続が生じている区域を連ねる線〕が生じる。ＰＫエネルギーはどういうわけか金属のなかに流れこみ、これらの粒界がそのエネルギーのビーコンとして作用する。ニュートロン〔中性子〕とＸ線は固形物を突き抜けるが、ＰＫエネルギーは転位線に到達すると、どこにも行けずに熱に変わるのだ」

スプーン曲げパーティーで、フックは一〇〇人、その後は一〇〇〇人のごく普通のアメリカ人が固定観念を捨てて、物理的な力を使わずにスプーンを曲げるのを目の当たりにした。もちろん、その場の雰囲気を盛り上げ、連鎖反応を起こすために手で曲げた者もいただろう。しかし、弓のこ刃や、銀メッキのスプーン、手で曲げることなど不可能な一〇センチ×四〇センチの鋼棒を数百人が曲げたことは事実である。パソフが作成した中国の心霊エネルギー研究報告書がＤＩＡを一巡するころ、フックのＰＫパーティーは五〇回を超え、参加者は約一〇〇〇人に達していた。彼の出した結論はこうだ。

「ＰＫは誰でも発揮できるように見える。金属が三日間も曲がり続けることはよくある。これはさまざまな武術で論じられる〝気〟エネルギーと関連しているようだ」

フックが明らかにしたことは、当然のことながら軍にとって有用だった。ほどなくして、彼はアメリカ陸軍情報保全コマンドから連絡を受ける。

第一六章
殺人者と誘拐犯

一九八一年三月三〇日、大統領就任からわずか七〇日のロナルド・レーガンがワシントンで被弾し、重傷を負った。大統領がヒルトン・ホテルでの講演を終えて去ろうとしたとき、暗殺者のジョン・ヒンクリー・ジュニアが随行団に六発撃ちこみ、そのうちの一発が当たったのだ。レーガンは左肺に穴が開き、大量の内出血を起こした。アメリカの現職大統領が銃弾を浴びたのは、一八年前にダラスでジョン・F・ケネディが殺害されて以来だった。

二カ月後、今度はローマのバチカン市国のサンピエトロ広場で、六億人のローマ・カトリック教徒を指導するローマ教皇ヨハネ・パウロ二世が銃撃された。銃弾は腹部に二発、左手の人差し指と右腕に一発ずつの計四発が命中した。五時間以上に及ぶ大手術を乗り越え、法王は一命をとりとめた。一〇月六日にはエジプトのアンワル＝サダト大統領がカイロでイスラム原理主義者に暗殺され、世界中に衝撃をあたえた。戦勝記念日の軍事パレードを観閲中、軍服を着た男たちが手榴弾《しゅりゅうだん》を投げ、アサルト・ライフルを発射したのだ。瀕死の重傷を負ったサダトは軍病院までヘリコプターで輸送されたが、二時間後に死亡した。およそ七カ月のあいだに世界の指導者たちが暗殺者により三度も狙撃され、一人が死亡した。これにより国際的有名人たちの無防備さが浮き彫りになり、警戒態勢が一気に厳重化した。

サダト大統領殺害の翌日、アメリカと世界中の新聞がレーガン大統領に再び暗殺計画が実行される可能性をほのめかした。シークレット・サービスはプロトコルを強化し、ＦＢＩも厳戒態勢を取った。諜報コミュニティでは、アナリストがいっせいに国内外のあらゆる脅威の査定に取りかかった。一方、ＣＩＡと国防情報局（ＤＩＡ）は、リビアの革命指導者であるカダフィ大佐がレーガンと閣僚暗殺部隊を送りこもうとしていると知った。大統領の移動には表示のないリムジンが用意され、国家安全保障委員会のスタッフにもシークレット・サービスの護衛がつけられた。さらに、ホワイトハウス屋上に地対空ミサイルが二機設置された。

そこへＣＩＡがふたつ目の大統領暗殺計画をつかんだ。こちらのほうはベネズエラ人の国際的テロリスト、通称「カルロス・ザ・ジャッカル」〔一九七三年から一九八四年に一四件のテロ事件に関与し、世界中で八三人を殺害した〕が指揮しており、すでにアメリカに入国したと思われた。暗殺計画を阻止すべく人間、信号、画像、オープン・ソースを使ったあらゆる情報収集活動が総力をあげて進められた。さらに、フォート・ミード陸軍基地の独立班Ｇのリモート・ビューアーも動員された。

ワシントンのデール・グラフは、ＤＩＡのジャック・ヴォロナ科学技術情報部副部長のもとで新たな仕事をはじめたところだった。首都に引っ越し、オフィスからそう遠くないアーリントン国立墓地の先にアパートを借りた。妻のバーバラはデイトンに残って聖エリザベス病院の看護師長として働いており、子供たちとともに翌年ワシントンに越してくることになっていた。グラフはヴォロナの作戦要員として、ＤＩＡが資金を提供する北カリフォルニアのスタンフォード研究所（ＳＲＩ）の研究と、フォート・ミード陸軍基地で実施される〈グリル・フレーム〉作戦の両方を監督していた。暗殺の脅威レベルが高まったため、ＤＩＡとフォート・ミードのあいだを頻繁に往復して、リモート・ビューアーが提供する情報を吟味《ぎんみ》し、直感《シグナル》と不要な情報《ノイズ》を分離するプロトコルを作ろうとしていた。

もたらされる情報量は膨大で、ほとんどがノイズだった。たとえば、フォート・ミードのサイキックがスケッチした暗殺者像は女性もいれば男性もいて、年齢も一八歳から六五歳までとバラバラだった。髪の色が黒だと言うビューアーもいれば、かつらをかぶっていると主張する者もいた。茶色の目をしている、と誰かが言えば、また別の誰かがコンタクトレンズで目の色を変えている、と言い出した。暗殺者は「自然な色味の服を着て、茶色い靴を履《は》いている」と断言する者もいた。ほぼ全員に共通しているのは、九ミリの自動拳銃を所持していることだった。逃走車にいたっては、クライスラー、フォード、水色のセダン、紫色のＧＭＣ〔ゼネラル・モーターズ社のトラック製造部門〕のバンで金色の縁飾りと黒の内装、シートには絨毯《じゅうたん》が敷かれているものまで、これもまた多岐にわたっていた。さらに、暗殺が起こるかもしれないと直感したワシントン周辺の場所を数十カ所も地図上で指摘された。どの情報も漠然としているうえに、量が多すぎて圧倒されるほどだった。いったいどこから手をつければよいのか？　何よりも大変だったのは、連日朝から晩までこれらの情報を読み解いて、行動計画を立てることだった。

作戦の重大性を考慮して、ＳＲＩの〈グリル・フレーム〉補佐チームも投入されることになった。内訳は上席研究員二人、調査分析専門家一人、コンサルタント一人、数人の支援要員である。ＳＲＩのリモート・ビューアーたちも、普段取り組んでいる研究プログラムを中断して作戦に駆り出された。彼らから情報が寄せられると、グラフはそれも検討した。一九八一年一二月一二日、パソフはリモート・ビューアーのゲーリー・ラングフォード――ザイールの作戦で行方不明になったソ連爆撃機を透視した元海軍将校――とセッションをおこなっていた。「近い将来、アメリカにとってきわめて重大な事件が起きるかどうか教えてほしい」とパソフは指示した。ラングフォードは数日かけて努力したが、明確なイメージは浮かんでこなかった。それから三日後の一二月一五日午前八時三七分、機密解除されたＣＩＡの文書のタスク番号〇〇四九のセッションで、ＥＳＰプログラム史に残るきわめて明確な情報のひとつがもたらされた

ラングフォードの口から出てきたのは、次のような予言だった。「一九八一年一二月一七日の夕方、アメリカ国防省当局者がテロリストに誘拐される」。日時が非常に具体的で、ラングフォードが上層部に伝えるよう強く主張したため、パソフはもう少しくわしい情報を得るためにさらに数回セッションを重ねた。ラングフォードは、テロリストたちがペンタゴン当局者のアパートメントに押し入り、その人物を縛り上げて猿ぐつわをかませ、拉致《らち》するのが見えたと言った。もっと具体的に言うと、この高官がトランクのなかに押しこまれ、バンの後部座席に入れられるのを見たという。誘拐犯は地中海系の顔立ちで、バンの色は青、側面に奇妙なマークのようなものがついている。ラングフォードは

トランクをスケッチし、その寸法も書きこんだ。

　パソフはこの件をすぐにグラフに警告した。情報はDIAからFBIへ伝えられ、FBIは連邦政府当局者に緊急誘拐警報を発した。国際刑事警察機構（インターポール）が警戒態勢を取り、翌朝までに世界中に対テロ警報が発信された。

　一九八一年一二月一七日の夕方五時半、イタリアのヴェローナでNATO軍南ヨーロッパ方面司令部参謀副長を務めるジェームズ・L・ドジャー陸軍准将が、ストラーダ・ルンガディジェ・カティナのペントハウス・アパートメントで妻のジュディとくつろいでいると、玄関の呼び鈴が鳴った。五〇歳のドジャーは、アメリカ陸軍士官学校を卒業後、ベトナム戦争に従軍し、銀星章を授与された輝かしい経歴の持ち主だ。呼び鈴が鳴ったとき彼は手紙を読んでいたが、立ち上がってドアのほうへ歩いていった。変だと思ったのを覚えていると、二〇一五年のインタビューで語っている。呼び鈴は、外の通りではなく建物のなか、彼のペントハウスのある最上階で押されていた。来客の予定はなかったが、おそらく隣人が尋ねてきたのだろうと思ったという。

「どなたですか《キ・エ》？」。ドジャーは尋ねた。

　ドアの向こうで、ひとりの男が将軍《ジェネラーレ》と呼びかけ、配管工だと名乗った。この建物で水漏れがあったので入ってもいいか、と声が言った。

　ドジャーはドアを開けた。目の前に、作業服を着た若者がふたり立っていた。どちらも、もじゃもじゃの顎鬚と口髭を生やし、ひとりは革のかばんを持っていた。

「私は妻に〝心配ない〟と告げて」、配管工が水漏れの原因を調べてると説明した、とドジャーは回想する。その日、ジュディが洗濯をすませていたので、男たちを洗濯機のほうへ案内した。

「サーモセフォン〔ラジエーター〕は？」と、配管工が訊いた。

ドジャーはサーモセフォンの意味がわからなかった。書斎へ辞書を取りにいき、意味を調べていると突然襲われた。リーダーの男がうしろからつかみかかった。ドジャーはすんでのところで振り返り、男が武装しているのを見てとった。「下を向くと、ピストルの銃身が見えた」。男はドジャーを突き飛ばした。ドジャーは反撃し、もみあいになった。そこへふたり目の男が加勢し、ひどく殴られて意識が遠のいた。ドジャーは床に倒れた。鼓膜が破れ、額《ひたい》と頬《ほお》の傷口から血が流れていた。「視線を上げると、男たちが妻を跪かせ、頭に銃をつきつけているのが見えた。そこで勝負がついた」。彼らはジュディを縛り、猿ぐつわをかませ、目をガムテープでふさいだ。ドジャーもゴム引きの弾性包帯と荷造り用テープで足首を拘束され、口にもテープを貼られた。男たちはドジャーに銃を向けて、立ち上がらせた。それからトランシーバーでふたりの仲間を呼び出した。仲間は、運送用の台車に大きなスチーマー・トランク〔蒸気船のベッドの下に入れられるように作った幅広の薄い旅行用トランク〕を乗せてやってきた。ドジャーは、銃を頭につきつけられて、トランクのなかに這いのぼった。そのまま廊下を台車で運ばれて、業務用エレベーターに乗せられた。外の通りでは、誘拐犯の別の仲間たちが、青いフィアットのバンのなかで待っていた。ドジャーの入ったトランクがバンの後部に積みこまれるとドアがバタンと閉まり、バンは猛スピードで走り去った。

ドジャーを誘拐したのは、「赤い旅団」というマルクス・レーニン主義者の準軍事組織だった。イタリア国内で革命を推進し、同国をNATOから脱退させようとするテロ組織だ。一〇年にわたって数々の誘拐と殺人を繰り返し、もっとも悪名高いのは、一九七八年三月にアルド・モロ元首相を待ち伏せして誘拐した事件だった。モロは五五日間拘束されたあげく殺害された。そのテロ組織が今、ドジャーを連れ去った。誘拐から約六時間後、ワシントンに第一報が届き、ペンタゴンはただちに動き出した。一刻の猶予もなかった。FBIは、ドジャー発見につながる情報に二〇〇万ドルの懸賞金を出した。統合特殊作戦コマンド・チームがイタリアに向けて出発した。

ワシントンではほかの大勢の関係者と同じように、グラフもドジャーの安否に気をもんでいた。誘拐から五日後、イタリアのANSA通信社にアラブ語で電話が入り、「赤い旅団」が「人民法廷で有罪を宣告されたアメリカの将軍ジェームズ・ドジャーを死刑に処す」と犯行声明を出した。さらに、遺体はまもなく田舎の村で発見されるだろう、とつけ加えた。

フォート・ミードでは、グラフがジョー・マクモニーグル、ハートレイ・トレント、ケン・ベルとリモート・ビューイング・セッションをおこなっていた。三人とも、ドジャーがまだ生きていて、どこにも移動せずに同じ場所にとどまっていると強く感じていた。リモート・ビューアーはひとり残らず協力を求められ、拘束場所を特定しようとしていたが、セッションを何度も重ねるせいで、曖昧でばらばらな情報が大量に浮上した。「小さなゴシック様式の教会に捕らえられていて、近くに望楼がある」—「起伏のなだらかな田園地方の瓦屋《かわら》根の大きな家にいて、近くにドーム状の建造物と大きな川がある」「水か海岸線に近い空き地にいる。周囲にはたくさんのビルが密集し、タワーと、砂でできたような黄色い丘がある」「海岸線か水に近いドーム状のビルに拉致されており、近くに機械装置が見える」など、さまざまだった。

　グラフはＳＲＩが陸軍のために作成したプロトコルに従って、情報を選別するために、重要と思われる情報と、〝分析的なオーバーレイ〔地図や図表の上に記号や指示を書くために重ねる透明なシート〕（ＡＯＬ）〟と呼ばれるノイズを突きとめようとした。時間が刻々と過ぎるにつれて、ターゲットはますます広がり、曖昧になっていく。日ごとに処刑の輪なわが締まり、時間切れになるのではないかといても立ってもいられなかった。「赤い旅団」は殺人集団として悪名高い。さらに厄介だったのは、民間部門のサイキックが大量の情報をペンタゴンに送りつけてきたことだ。機密解除された記録には、ワシントン州ケントのサイキック三人組が、ドジャーの居場所を知っていると執拗に主張したとある。彼らの手紙にはこう書かれていた。「ドジャーはヒツジ飼いの格好をして……山でヒツジの世話をしている。どうかわたしたちに連絡をください」

　誘拐から二週間が過ぎたある日、猛吹雪がワシントンの都市《まち》を襲い、市はほとんど機能停止に陥った。約五〇センチも雪が積もり、警備と設備保全担当者を除く全政府職員に自宅待機勧告が出された。グラフも仕事が休みになった。しかし、家でじっとしている性分《たち》ではなく、外へ出てアーリントン国立墓地を歩くことにした。スノーブーツを履いて、購入したばかりの新しい35ミリ・カメラをつかむと、コンビニエンスストアに立ち寄ってコーヒーを買った。「午前八時半で、よく晴れて日が照っていた。写真を撮っていると、突然、〝オフィスに行かなくては〟と強く感じたんだ」と、グラフは振り返る。地下鉄は運行されておらず、歩いていけば六キロちょっとの距離だった。グラフは心を決めると、アーリントンにあるＤＩＡのオフィスまでジョージタウンから川を渡り、深い雪に足を取られながら懸命に進んでいった。

正面入口に着くと、守衛が用件を尋ねた。「じつは自分でもよくわからないんだ、なんて言うわけにいかないからね。残った仕事を片づけにきた、と答えたよ」。オフィスのなかに佇んで室内を見まわしていると、ヴォロナのオフィスで電話が鳴っているのが聞こえた。「ベルは延々と鳴りやまなかった。一〇回か一一回は続いたかな」。留守番電話が普及するずっと前のことだ。「誰かが必死で連絡を取ろうとしているんだ。こんなに何回も鳴らすんだから、きっと重要なことにちがいないと思った」。グラフはヴォロナのオフィスに入り、受話器を取り上げた。「電話の相手は〝ペンタゴンからかけてるんだが、リモート・ビューイングについて知っている者と話したい〟というようなことを言った」

グラフは、ヴォロナは不在だと答えた。「でも、私がお役に立てると思います。リモート・ビューイングの担当者なんです」

その人物は、緊急の用件だと告げたあと、こう言った。「ペンタゴンにきて、このプログラムを説明できるか？」

グラフはヴォロナの自宅に電話をかけて、ブリーフィングをしてもいいか確認した。すぐに向かうように指示された。そのころには公共交通機関も復旧していた。ロズリン駅から地下鉄に乗ると、ペンタゴンを目指した。

到着すると、駐車場は空っぽだった。電話の男には、地下の機密ブリーフィング・ルームへ行くように指示されていた。部屋に着くと、「なかは陸軍のお偉方でいっぱいだった。あとで、これが陸軍特殊部隊《デルタフォース》の最初のグループ分けだったと知った。緊急事態に応じて動員されたばかりだったんだ」

陸軍将校のひとりが、リモート・ビューイングの説明を求めた。グラフはブリーフィングをはじめ、将校たちはそれに耳を傾けていくつかメモを取ると、礼を言った。それからいっせいに立ち上がると、テーブルに坐っている彼をひとり残して部屋から出ていった。数分後、ひとりの大佐が入ってきた。

「彼はリモート・ビューイングを侮辱しはじめた。〝とんでもないプログラムだな。こんなものを信じるやつはいない〟ってね。ひどく挑戦的な態度だった。私はひとことも言い返さず、動じなかった。何かの心理的なテストかもしれないと思ったんだ」。ひとしきり詰《なじ》ったあと、大佐は部屋から出ていった。

最初に部屋にいた将校たちがまた戻ってきた。「明日の夕方からイタリアに行けるか?」と、そのなかのひとりが訊いた。「あっけにとられて、すぐにはことばが出なかった」と、グラフは思い起こす。「イタリアに行くだって?」。われに返ると、もちろん大丈夫だがパスポートがない、と答えた。将校は「心配ない、ペンタゴンが用意する。それに通訳もだ」と告げると、リモート・ビューイングを作戦に使えるかどうか実地で確かめると説明した。グラフは大急ぎで自宅に戻り、荷物をまとめた。翌日の午後六時、エドムンド・R・トンプソンDIA局長の承認を得て、陸軍の通訳者と一緒にロナルド・レーガン・ワシントン・ナショナル空港へ向かい、イタリア行きの民間機に乗りこんだ。イタリアに到着すると、通訳者とシュトゥットガルトのアメリカ陸軍駐屯地まで車を走らせた。が、駐屯地に着くなり、出張は取り消しになったと告げられた。グラフたちがワシントンを発ったあと、ヨーロッパ駐留米軍の司令官が、現地で捜索にあたる者が多すぎると判断したのだ。空港でグラフたちを出迎えた軍職員は、このまま空港に戻り、次の便で帰国するよう勧めた。グラフは、せっかくここまできたのだから、せめて担当指揮官と話をさせてほしいと食い下がった。職員は確認のためその場を去ってから、また戻ってきた。そして、指揮官は五分の時間をあたえるので、要点だけを手短に話すように、と伝えた。

グラフは指揮官のオフィスに入った。「大きなデスクがあり、強面の男が坐っていた。ドジャー救出作戦の責任者だった」。グラフは捜索救助作戦にESPを活用するメリットを説き、リモート・ビューイングはドジャーの居場所の特定にきっと役立つ、と強調した。指揮官は彼が言い終わる前に、「きみたちを現地に送るつもりはない」と切り捨てた。グラフは、せめてリモート・ビューイングに関連する現象学について説明させてほしいと頼むと、またもや遮られた。「これ以上聞きたくない、と拒否されたよ。〝きみの言うことはいっさい信じない。私は（J・B・）ラインのことは全部承知しているし、超能力がとんでもないいかさまだと知ってるんだ〟ってね」。続けて指揮官が話したことに、グラフは目が開かれる思いがした。「〝信じがたいかもしれないが、叔母がダーレムに住んでいた〟と言われたんだ」。ダーレムのデューク大学には、ラインの超心理学研究所があった。指揮官の叔母はJ・B・ラインの仲間と彼のいかさまESPにくわしい地元住民とカープールしていたという。

一九八〇年代初期、ラインはまだ近代アメリカ史上もっとも著名な超心理学者と見なされていた。ノースカロライナ州ダーレムにある超心理学研究所で、一九二〇年代からいまや有名なゼナー・カードを使ったESP実験を数万回繰り返していた。ところが、一九七四年、助手のひとりのウォルター・レヴィが実験結果を改竄《かいざん》していることが発覚した。レヴィは、装置につないだネズミを使って、ネズミが装置による快感の脳刺激の数をESPで増やせるかどうかテストしていた。彼が実験装置に手を加えているのに気づいたほかの助手が、ひそかにビデオ・レコーダーを取りつけてテープに犯行を録画したのだ。動かぬ証拠を突きつけられたレヴィは不正を認め、研究所を辞めた。このスキャンダルは、指揮官の叔母を含め、ラインと彼の超心理学研究に懐疑的な人々の格好の攻撃材料となった。指揮官の話を聞いたグラフは、人間の思いこみはしばしば他人の思いこみによって形作られるのだと実感した。

グラフはすぐに、ラインのスキャンダルの詳細と彼が海軍でおこなった研究の一部を簡潔に伝えた。指揮官は少し時間をかけてグラフの言ったことを理解した。「〝もっと話を聞きたい〟と、言われたよ」。ふたりはESPについて二五分ほど議論した。同席した高官は辛抱強く待っていたが、壁にかかった時計を見つめては戸惑ったような視線を送ってきた。

「彼は指揮官としてなすべきことを心得ていた。偉大な人物でも、視野が狭ければ偉大な指導者にはなれない。彼は情報を求めていて、私はそれを提供できた。私の話を心から聞きたがっていた」。面談が終わると、別れ際にこう言われた。「ひとつ理解しなくてはいけないことがある。予知というやつだよ。これは厳しいな。その話が出るまでは、きみの言うことも一理あると思っていた。でも、予知については信じられない。その話にはついていていけない」

グラフは、予知は現在のところまだ論理的に説明できず、ESP研究も仮定か推測段階にあると告げた。仮定のひとつは、「さまざまな現象の電磁気的モデリングと関係している。もうひとつは量子もつれ《エンタングルメント》という、アインシュタインが〝不気味な遠隔作用〟と呼んだものと関連がある」。それから、わかりやすいことばで次のように説明した。電磁波の式には時間の前進と逆行をともなうふたつの潜在的な解があり、「時間逆行または予知的な解は実際には無視されている。また、量子物理学で新たに生まれているいくつかの概念では、予知的な現象を認めている」。

グラフが最後まで言い終える前に、指揮官が命じた。「南に行ってこい！」

こうしてグラフはデルタ・フォースの補助メンバーになり、通訳とともにヴェネト州ヴィチェンツァへ南下した。そこでは、第五八四陸軍情報部分遣隊が、統合特殊作戦コマンドと協力してドジャーの発見と救出にあたっていた。グラフは捜査本部の別館の作業スペースをあたえられた。別館は、大勢のデルタ・フォース隊員、アナリスト、将校、職員でごった返していた。彼らがあわただしく出入りするなか、グラフはフォート・ミード陸軍基地のリモート・ビューイング部隊から寄せられる情報をひとり検討し続けた。

地球の反対側のフォート・ミード陸軍基地の二六五四棟では、マクモニーグルが連日セッションを重ねていた。ドジャーがパドヴァかパドゥアという町の建物の一室にいるのが見えた。アパートメントと思われるその場所の詳細と建物の外観も描いた。しかし、時差のせいでグラフと直接話すことは困難だと、DIAはわかった。さらに、DIAの作戦要員は病気で休んでおり、マクモニーグルの情報はヴィチェンツァのグラフには届けられなかった。だらだらと時間ばかりがたち、拉致から三〇日が過ぎると、プレッシャーが徐々に強まってきた。

そのころイタリアで眠りにつこうとしていたグラフは、奇妙な夢を見た。夢にしては鮮明だった。「ドジャー救出作戦は、生死にかかわる深刻な状況だった。そんなとき、夢うつつの頭のなかにイメージが浮かびはじめたんだ」。まるで彼自身がリモート・ビューイング・セッションをしているかのようだった。「ドジャーが食料雑貨店の上にある部屋にいた。それで、彼はパドゥアにいる、と通訳に言った」。そして夢のイメージを紙にまとめてヴィチェンツァの上官に渡した。「その透視をしたのが自分だとは言わなかった」

翌日、アメリカの通信傍受チームがイタリア警察に提供した情報から、「赤い旅団」の活動を直に知る者たちが逮捕された。彼らのデータにより捜査は急展開を迎え、イタリア特殊部隊は准将の監禁場所の正確な住所（パドゥアの食料雑貨店の上階）をつかんだ。イタリアの治安作戦中央部隊の一〇人がアパートメントになだれこみ、イタリア史上最大の捜索劇はようやく幕を閉じた。アパートメントのなかでは、「赤い旅団」のアントニオ・サヴァスタがドジャーの頭に銃を突きつけていたが、引

アメリカ陸軍当局者でNATO副参謀長のジェームズ・L・ドジャーが1981年にイタリアでテロリストに誘拐されたとき、リモート・ビューアーたちが捜査に協力した。この写真は救出にあたったイタリアの準軍事部隊の写真を掲げるドジャー。彼は超能力を「まったくのたわごと」と言う。2015年撮影
Author collection

き金が引かれる前に隊員が機関銃の銃床でうしろから殴り倒した。こうして四二日間に及ぶ試練は終わり、ドジャーは晴れて解放された。アメリカへ帰国すると、全米が英雄の帰還を歓迎した。ロナルド・レーガン大統領は彼をホワイトハウスに招き、昼食をともにした。

事件解決の高揚感が収まると、グラフは根本的な疑問にぶつかった。「じつにつらくて苦しかった」。二〇一五年に彼はそう語った。「ESPの夢やリモート・ビューイングがいったい何の役に立つのか？　そう思わずにいられなかった。現場に行ってすぐに、イタリアの捜索チームに情報を伝えるなんて無理だと思い知ったよ。作戦が終わるまで待たなくちゃ、どの情報が正確なのかわからないんだからね」。確かにパドゥアという場所が正

しいことはわかったが、それは続々と入ってくる情報のひとつにすぎなかった。シグナルとノイズをどう識別したらよいのか、という以前からくすぶっている問題にまたしてもぶち当たったというわけだ。もちろん、ラングフォードの予知情報は素晴らしかった――その情報が現実になったあとでは。でも、いったい何の役に立った？　誘拐を止めることも、誘拐後にドジャーの居場所を突きとめることもできなかったではないか。

ＤＩＡに戻ると、グラフは今回の作戦報告書をまとめ、リモート・ビューイングの長所と短所も併記した。数週間後、フォート・ミード陸軍基地で開かれるドジャーを交えた会合に招待された。主に特殊作戦部隊に関する報告だった。「私はリモート・ビューイングについて話したかった」。それで質疑応答が終わって、参加者が退出するまで待った。部屋に数人しかいなくなると、グラフはドジャーに自己紹介をし、情報保全コマンド（ＩＮＳＣＯＭ）のリモート・ビューイング・プログラムについて聞いたことがあるか尋ねた。ドジャーは、それはＥＳＰのことかと訊き返したという。

「そういうふうに呼ぶ人もいます」と、グラフは言った。ドジャーは以下のように語った。自分が拘束されている場所がようやくわかったのは、外から声が聞こえて、それが食料品を売る会話だとわかったからだ。その後、誘拐犯が箱を作る音がした。棺桶を作っているのかもしれないと思い、妻のジュディのことを考えはじめた。彼女への愛だけに神経を集中させた。強く念じれば、妻に届くかもしれないと思ったのだ――灯台やラジオのビーコンがメッセージを送るように。

「名前は明かさなかったが、ふたりのリモート・ビューアーが〝パドゥア〟という地名をあげたことを話した。ドジャーは心底興味を持ったようだった。そのリモート・ビューアーのひとりが私だったことは言わなかった」

イタリアから戻ると、軍のリモート・ビューイング研究をめぐって熱い戦いが繰り広げられていた。今回の一件で、この機密プログラムの存在がペンタゴン上層部、議会の各諜報委員会、ホワイトハウスの国家安全保障会議の知るところとなったのだ。アメリカ陸軍が軍事作戦にサイキックを活用する——これはきわめて論争的なテーマだった。それゆえ、誰もが立場を明確にしなければならない気がしたのだ。研究・工学担当国防次官のウィリアム・ペリーはある覚書で「超心理学を科学的に発展させる技術計画に陸軍が資金を提供するわけにはいかない」と、明言した。ノースカロライナ州選出の民主党下院議員チャーリー・ローズは、それに異を唱えた。「私にはとてつもなく安上がりなレーダー・システムのように思える。それに、もしロシア人が超能力研究プログラムを進めていて、われわれがしていないなら、深刻な問題だ」。これは、彼が議長を務める下院情報特別委員会での発言だ。

議論には宗教的要素も混じっていた。ある有力議員に同調するキリスト教原理主義団体は、リモート・ビューイングを悪魔の所業と宣言し、プログラムを中止すべくロビー活動を展開した。スタンスフィールド・ターナーCIA長官——クリスチャン・サイエンス〔一八七九年にボストンで創設されたキリスト教系の新宗教〕の信者で元海軍大将——は、議論に神学を持ちこむのを許さなかった。二〇〇二年のインタビューで、ターナーはこう述べた。「最初に超心理学のアイデアを聞いたときは非常に胡散臭いと思ったが、あとになって考え直した。それに、なんらかの超自然的な力を持っているように見える人々がいることは、誰もが知っているはずだ」

リモート・ビューイング擁護の先頭に立ったのは、ロードアイランド州選出の有力民主党議員で、上院外交委員会の幹部メンバーでもあるクレイボーン・ペル上院議員だ。ナチス占領下のハンガリーで活躍した外交局元局員のペルは、ESPを支持しており、グラフに個人的に接触して支援を申し出た。国家安全保障会議のメンバーである海軍情報部のジェイク・スチュワート少佐も、MXミサイル配備システム論争中にリモート・ビューイング・プログラムを初めて知って感銘を受けていた。彼もまた、ペル上院議員のように断固たる支持を表明した。スチュワートは、大統領とホワイトハウスの主だった当局者と直接連絡できる有力者だった。

超能力研究プログラムの存続には、論争術だけでなくクライアントも必要だった。軍と諜報機関からの作戦依頼だ。一九八二年春、グラフがイタリアから帰国した二カ月後、国家安全保障局局長のリンカーン・D・フォアー中将がブリーフィングに耳を傾けると、その大きなチャンスがめぐってきた。フォアーはESPを信号情報収集の一形態と見なし、潜在的な運用価値があると確信したのだ。一九八二年、フォート・ミードのリモート・ビューイング部隊は、彼から一二の新規任務の依頼を受けた。

しかし何よりも重要なのは、サイキックが提供する情報の精度だった。信頼できる結果を出せれば、プログラムは大いに発展するだろう。アメリカ軍とはそういうところだ。たとえばベトナム戦争中、大半の将官は戦闘用に開発された当時の最先端技術である電子兵器に異を唱えた。戦場に投入された

クレイボーン・ペル上院議員（右）はDIAのリモート・ビューイング・プロジェクトの要となる心霊エネルギー現象プログラムの強力な支援者だった。写真はフォート・ミード陸軍基地のオフィス。一緒にいるのはDIAの先進コンセプト室のデール・グラフ室長
Collection of Dale E. Graff

創生期のセンサー・システム、コンピュータ、上空偵察技術に対し、戦場の兵士に電子装置など役に立つはずがない、と反対したのだ。激しい批判を浴びたにもかかわらず、この技術上の概念は国防高等研究計画局（ＤＡＲＰＡ）〔ＡＲＰＡの後継機関〕とほかの軍事研究所によって推進され、軍事に革命を引き起こした。

しかし、ＥＳＰは新しい技術とはほど遠い。魔術、神秘主義、スーパーナチュラル、オカルト的な思想につながる、古くからある能力だ。どうしたらＥＳＰとＰＫを原始的な疑似科学と切り離すことができるだろうか？　陸軍にはある考えがあった。アメリカ軍は原則とプロトコルの上に成り立ち、マニュアル、命令、規則を何よりも好む組織である。そこでリモート・ビューアーの養成マニュアルを作り、兵士を訓練することを決定したのだ。才能は必ずしも重要ではないというわけだ。このときから、リモート・ビューイングは陸軍の諜報活動に必要な秘密のノウハウと見なされ

る。マニュアルの作成は、ＳＲＩのハル・パソフとインゴ・スワンにゆだねられた。ふたりは、アメリカ陸軍の兵士と民間人職員を六つのステージで訓練する座標《コーディネイト》リモート・ビューイング（ＣＲＶ）というシステムの開発に取りかかった。

そのあいだ、この部隊の責任者となったフレッド・アトウォーターはアリゾナ州のフォート・フアチュカ〔トゥーソンの南東にある軍用地および陸軍訓練センター〕を訪れ、ＣＲＶテクニックを訓練する情報将校をふたり見つけ出した。選ばれたのは、ロブ・コワート大尉とトム・マクニアー大尉だった。一九八二年、ふたりは機密扱いの〈グリル・フレーム計画〉のブリーフィングを受けた。スワンがじきじきに訓練を施し、修了後はＣＲＶトレーナーにする予定だった。

幸運なことに、この年、型破りな考えを歓迎する有力者アルバート・スタブルバインがＩＮＳＣＯＭの指揮官に就任した。スタブルバインはきわめて広い視野の持ち主だった。防諜活動に加えて、信号、写真、人間による情報収集を含む、アメリカ陸軍の世界中の戦略情報部隊を統括していた。「どれもすべて私の管轄だった」と、彼は二〇〇九年のインタビューで述べた。「私の仕事は、敵にわれわれの活動を知られる前に、敵の活動を知ることだった。それが諜報というものだ。常に先手を打たなければならない」。さらに、ずいぶん前より超常現象《パラノーマル》に関心を持っていた。変性意識状態、体脱体験、ＥＳＰ、予知についても調べていて、次のように主張していた。「（これらは）まやかしでも、迷信でも、オカルトでもない」。「人間の潜在力」を意識的に引き出すメカニズムである。人間技術であり、すべての技術と同じように研究および開発し、進歩させる必要がある。

こうして心霊エネルギー現象プログラムという旗印のもと、ひと握りの人間しかアクセスできない新しいプログラムが次々と誕生した。なかには、精神力によって自分自身と他人の生体システムに影響をあたえようとするものもいくつかあった。これらの新しい研究は、中国でH・S・チェンが指揮する、気功を触視力《スキン・リーディング》、透視《クレアボヤンス》、PKなどの特異功能への経路と見なすプログラムとよく似ていた。

スタブルバインはINSCOMに「先進人間技術室」を立ち上げた。運営責任者に任命されたのは、ジョン・B・アレグザンダー中佐だ。陸軍特殊部隊《グリーン・ベレー》の元隊員で、ベトナム戦争中は隊長も務めた彼は、死生学《タナトロジー》という死の研究の博士号を持っていた。

第一七章
意識

超感覚的知覚（ESP）とサイコキネシス（PK）が初めて公式なアメリカ陸軍出版物に登場したのは、一九八〇年一二月一二日であった。「新しい精神の戦場——転送してくれ、スポック」というタイトルのその論文は、カンザス州のフォート・フェヴンワース陸軍駐屯地のアメリカ陸軍合同武装センターが発行する隔月誌ミリタリー・レヴューに掲載された。執筆者は、ジョン・B・アレグザンダー中佐だ。

アレグザンダーは以下のように書いている。「この概念は多くの読者の想像力を広げると同時に、兵器利用への道が模索されてきた。具体的に言うと、精神力によって作用する、致死能力が実証された兵器システムが存在するのだ」。このときのアレグザンダーはまだ〈グリル・フレーム計画〉に参加しておらず、CIA、国防情報局（DIA）、陸軍のESPとPK——遠隔作用（RA）と遠隔的攪乱（RP）の別名もできた——プロジェクトの情報も知らなかった。したがって、論文は彼個人の経験、公開された情報、公共の本や論文（一九八〇年当時は図書館のもの）の資料に基づいていた。

ジョン・B・アレグザンダーはINSCOMで先進人間技術室を統括した。グリーン・ベレー元隊員でありベトナムでは隊長を務めた。死生学の博士号を保有
Collection of John Alexander

当初、軍上層部からの反応はほとんどなかった。その後、ワシントン・ポスト紙のコラムニスト、ジャック・アンダーソンの目にとまり、「ペンタゴンのヴードゥー戦士」という見出しでコラムに取り上げられた。アンダーソンは、ペンタゴンの将軍たちが黒魔術に手を出し、ウイジャ盤〔霊界との交信ボード〕や邪眼《じゃがん》〔相手に災難をもたらすまなざし〕を使い、「ハイチの呪術医がやりそうな」プログラムを推進しているのではないかと推測した。この記事が通信社に配信され、全米に広がった。

「大変な騒ぎになってしまった」と、アレグザンダーは二〇一六年に振り返った。

一九八一年一月、ペンタゴンで監察官のもとで働いていたアレグザンダーのオフィスに、ある陸軍将校がひどく興奮した様子で入ってきて、「新しい精神の戦場」の論文について

質問しはじめた。これは一連の「共時性のある出来事」のひとつだった、と彼は言う。

　アレグザンダーは、呪術的思考とはまったく無縁の元グリーン・ベレーだ。一九六六年から一九六九年までベトナムとタイで特殊部隊Aチームを指揮し、「六人の暗殺者《アサシン・シックス》」の異名を取った。終戦後は、さまざまな形で脳と身体の限界に挑戦した。ネパールの山に登り、トンガでクジラと泳いだ。また、人間の信念体系を理解しようと世界中の迷信、邪術、魔法を研究し、ジンバブエの呪術医、シベリアのシャーマン、食人の風習が残るニューギニアの部族民に会って話を聞いた。何よりも関心を引かれたのは、人間がどのように恐怖と向かい合うのか、どのように死を恐れるかということだった。臨死研究の博士号取得のために著名な医師エリザベス・キューブラー＝ロス〔死の受容プロセスを初めて提唱したスイスの精神科医〕の指導を受けながら、アメリカ初の小児ホスピス学会の創設メンバーとなり、末期患者の子供が怖がらずに死を受け入れるプロトコルの作成を促進した。

「当時はホスピスを推進するような病院はなかった」と、アレグザンダーは言う。まるでがんで余命わずかの子供について考えるのがいけないかのように。長らく無視されてきたテーマを受け入れ、末期症状の子供にパイオニア的な貢献をしたことを称え、彼はロナルド・レーガンから大統領奉仕賞を授与された。

　今、アレグザンダーのデスクの向こうで怒っているのは、アメリカ陸軍情報担当参謀主任室の将校だった。ジャック・アンダーソンがワシントン・ポスト紙で取り上げた論文の著者がアレグザンダーなのか、もしそうならば、論文発表の際に既定の機密情報取扱手続きを踏んだのかを本人に確認しようとしていた。アレグザンダーが適切な書類を提示すると、将校はそれに目を通し、憤然と部屋を出ていった。

一九八一年一月ごろ、フランク・バーンズ中佐はじめ高官数人が後援する「タスク・フォース・デルタ」（デルタ・フォースとは別の組織）という陸軍組織が、アレグザンダーの奥深い論文に目をとめた。デルタは「陸軍版シンクタンク」で、陸軍のイメージをはじめ、ベトナム戦争後に抱える多種多様な問題に対処した。また、感覚があらゆる問題の重要な要素であり、適切なやり方さえわかれば、兵士の考え方を変えられると信じていた。

その一例が、陸軍の新しい新兵募集キャンペーンだ。この試みが大成功を収めるまでの一〇年間は、惨憺たるものだった。一九七一年の募兵スローガンは「陸軍はきみに合流したい」。言い回しが不自然なだけでなく、ほとんど意味がない。陸軍史上もっとも成功しなかった宣伝活動のひとつとなった。それから二年後のベトナム戦争末期、新しいスローガンが採用された。今度は「きみも陸軍入隊者の仲間になろう」だったが、前のスローガンと同じくらい効果がなかった。

タスク・フォース・デルタに加わったマックスウェル・R・サーマン将軍は、メッセージが持つ力を心得ていた。一九七九年、彼は新しいスローガン、「陸軍、持てる力を出し切れ」を作るのを手伝った。巧妙で自信を持たせるメッセージは、陸軍史上もっとも記憶に残る募兵モットーとなり、対テロ戦争まで使用された。この成功からも、感覚に訴えることばの力がよくわかる。

言語、感覚、メッセージの伝達はタスク・フォース・デルタの重要な要素だったが、もっと極端で型破りなアイデアも重視された。「自由すぎる発想などなかった」とアレグザンダーは振り返る。「既存の枠にまったくとらわれない組織だったから、メンバーは枠があることさえ知らなかった」。一九八一年には五人の常勤職員がいた。アレグザンダーは非常勤職員だった。物議を醸した論文を書く前から、グループに勧誘されていたのだ。

論文の発表許可をめぐる気まずいやりとりの翌日、国防副次官のリチャード・Ｇ・スティルウェル退役陸軍大将が会いたがっていると告げられた。中佐のアレグザンダーが四つ星将軍から面会を求められるなど、命令系統ではあり得ない。いったい何の話なのか見当もつかなかった。スティルウェルは陸軍の伝説的人物だ。第二次世界大戦ではノルマンディー上陸作戦に参加し、ベトナム戦争中はタイのアメリカ軍事援助司令部の指揮をとった。その後ＣＩＡを経て、韓国で国連軍の最高司令官を務めていた。それほどの人物が、いったいなぜ自分に会いたがっているのだろう？　アレグザンダーは不思議に思った。

その日の午後一二時半、ペンタゴンのＥリング〔五重構造の国防総省のいちばん外側で高官が使用〕にあるスティルウェルのオフィスへ向かった。「妙なことに、ちっとも堅苦しい雰囲気じゃなかった」と、アレグザンダーは回想する。「彼は、私が論文に書いた現象学のいろいろな形態について論じたがった」。結局、具体的な用件を告げられぬまま退室した。そのことも腑に落ちなかった。Ｃリングにある自分のデスクに戻ると、会合の本当の目的は何だったのだろう、と考えた。

午後四時を少し回ったころに、副司令官が近づいてきて、アレグザンダーの監察官室勤務は今日で

水爆の父エドワード・テラーと先進的な物理のアイデアを議論するジョン・アレグザンダー（左）とハル・パソフ（右）。ニューメキシコ州ロスアラモス国立研究所にて
Collection of John Alexander

終わりだと告げた。スティルウェルの命令で、ヴァージニア州アーリントン・ホールにある情報保全コマンド（INSCOM）に異動になったという。新しい上司は、アルバート・スタブルバイン少将だった。「こうして私は、正式にサイキック分野に移ることになったんだ」

陸軍科学委員会の科学者は、このころまでに軍事機関が直面する「重要な課題」を特定していた。それは、機械が賢くなっているのに人間が進歩していないことだった。「高機能のハイテク・システムのほうが、それを運用・維持する人間より早く進化している」という。「拡大する一方の人間技術のギャップ」を埋めるために、人間の生産性を向上させる新しい方法が必要だった。科学委員会が記した人間技術の主な定義は、「人間の能力とパフォーマンスを向上させる戦略と行動」だ。陸軍は兵士が持てる力を出し切ることを望んではいなかった。持てる以上の力を出してほしかったのだ。

ＩＮＳＣＯＭでこの人間技術の開発を担当していたのが、スタブルバインだった。アレグザンダーは、このビジョンを実現するために転属になったというわけだ。「ＩＮＳＣＯＭビヨンド・エクセレンス」というプログラムの一環として、先進人間技術室を束ね、スタブルバイン率いる「遂行能力向上タスクフォース」と協力することになった。

スタブルバインは、いかにも指揮官らしい威厳のある人物だった。一九〇センチの長身で、ふさふさとした銀髪を生やし、額が広く、顔の両側から大きな耳が突き出ていた。同僚たちには、俳優のリー・マーヴィンにそっくりだと言われていた。一九五二年に陸軍士官学校を卒業したあと工学修士号を取得し、入隊後の一〇年間は機甲部隊の隊員と陸軍士官学校の化学教官としてキャリアを積んだ。ベトナム戦争中は画像分析官を務め、戦闘師団で主要参謀将校に任ぜられた三人目の情報将校となった。終戦後は電子戦場という新しいアイデアの先駆者として頭角を現し、幹部に登りつめた。一九八二年にはＩＮＳＣＯＭの長として、一万六〇〇〇人の兵士を従えていた。広範かつ強大な権力に守られたスタブルバインは、ＥＳＰとＰＫをはじめとするあらゆる形態の超常現象《パラノーマル》に関心があると、はばかることなく口にした。大勢の将校を前にして、自分が瞑想するのは空中浮揚を学ぶためだ、と言ってのけたことさえあった。

先進人間技術室のメンバーは、人間のパフォーマンスを向上させる要因とその理由を探し求めて国中を回り、アメフト・チームのダラス・カウボーイ、メニンガー財団〔ダラスにあるクリニック、サナトリウム、精神医学校からなる財団〕、フォード自動車会社、ペプシコ社の菓子ブランド、フリトレーなどを訪れた。それと並行して、ニューエイジ・シンキング、ストラクチャード・ライティング、ラゾフ・ラーニング・メソッド、コーテックス・プログラム、コヒージョン・テクノロジー、加速学習法ＳＡＬＴＴを中心に、さまざまなコースを研究した。さらに、睡眠規律、神経言語プログラミング、シルヴァ・マインド・コントロールという生徒が誘導イメージ療法を使って自分の潜在意識の〝配線を入れ替える〟自己啓発など、全米の多くのニューエイジ〔一九八〇年代に既成の西洋的価値観に対して起きた神秘的・超自然的価値を追求する思潮〕および自己啓発プログラムも分析した。目標は、大量のデータをふるいにかけ、結果を絞りこみ、陸軍ＩＮＳＣＯＭが後援できる五大人間技術プログラムを特定することだった。それによって人間技術のギャップを縮小し、持てる以上の力を発揮できる兵士を作るのだ。

フォート・ミード陸軍基地のリモート・ビューイング部隊では、ジョー・マクモニーグルが疲労困《ひろうこん》憊《ぱい》していた。一九八一年から一九八二年にかけて、テロ行為にかかわる任務を一〇〇以上もこなしており、範囲もアフリカ、ヨーロッパ、南アメリカ、中東、アメリカとほぼ世界中を網羅していた。ケン・ベルはすでに部隊を去り、ほかのビューアーはほぼ全員、スタンフォード研究所（ＳＲＩ）でまだ訓練を受けていた。つまり、マクモニーグルとハートレイ・トレントにほぼすべての任務が集中していたということだ。陸軍は超過勤務手当てを支給しない。給与は階級と勤続年数によって制限されていた。仕事の依頼は、国家安全保障局（NSA）やCIAだけでなく、FBIや統合参謀本部からも寄せられた。部隊の存続には朗報だが、マクモニーグルとトレントはかなりの負担を強いられていた。リモート・ビューイングは心身ともに消耗《しょうもう》する過酷な作業だ。そのうえ、機密に属する特別アクセス・プログラムに指定されていることが、ストレスを倍増させた。特別アクセス・プログラムに従事する者は、任務をいっさい他言できない。たとえ誰かに言えたとしても、超能力の正当性を疑われたり笑われるのがおちだ。マクモニーグルは、経験からそれをよく知っていた。プレッシャーは耐えがたいほど大きくなっていた。

ストレスを軽減するために、昼休みになるとフォート・ミードのジムで部隊担当者のフレッド・アトウォーターとラケットボールをした。はじめのうちはなごやかなプレーだったが、やがて〝戦闘ラケットボール〟に発展した。体当たりのブロックも、相手の体を壁に叩きつけることも許された。激しい試合ぶりに、二階のギャラリーに人だかりができることもあった。試合がとりわけ白熱したある日、ふたりは絶好調だった。延々とラリーが続き、ボールが目にも止まらぬ速さで行き交っていた。アトウォーターが強く球を叩き返したとき、マクモニーグルは球に下向きのスピンをかけるために思いきり身体をひねった。その瞬間、「バン！」という衝撃音とともにアトウォーターの目のすぐ上にマクモニーグルのラケットが当たった。血がそこらじゅうに飛び散った。「フレッドは二、三秒、呆然と立っていた。目つきがすごく妙だった」。それから、床にばたりと倒れた。「死んでしまったかと思ったよ」と、マクモニーグルは回想する。

アトウォーターの命に別状はなかった。しかし、目の怪我がひどかったので、ラケットボールはやめることにした。アトウォーターはそれでよかったが、日課だった運動ができなくなったマクモニーグルは体重が増えはじめた。健康が思わしくなくなり、雪だるま式に悪化した。ベトナム時代にヘリコプターの墜落で負った椎間板《ついかんばん》の傷が再び痛み出した。特に寒い日や雨の日は耐えがたく、オフィスの仕事にも支障が出てきた。誘拐、兵器の評価、イラン・イラク戦争――特別アクセス・プログラムは孤独な作業の連続だ。それでも、少なくともトレントとはつらさを分かち合うことができた。

ところがトレントも体調が悪化しており、左腰に激しい痛みを訴えていた。「ふたりでときどき腰を下ろしては、体調について語り合ったよ」。陸軍はとうとう、体重超過のせいでこのままでは除隊させざるを得ない、とマクモニーグルを脅しはじめた。肉体的に兵士にそぐわない者は、軍では容認されないのだ。しかたなく、道を挟んだ向かいにあるキンブロー陸軍病院でステロイドの注射を受けるようになった。痛みが耐えがたいほどひどくなると、瞑想もはじめた。その次は、中国人の医者から鍼《はり》治療も受けた。「おかげで調子はよくなってきた」。しかし、トレントのほうは悪化する一方だった。検査を受けたところ、悪性リンパ腫のホジキン病に冒されていると聞いて、マクモニーグルは目の前が真っ暗になった。トレントは放射線治療と化学療法を耐え抜いたが、現代医学をもってしても、がんを止めることはできなかった。

マクモニーグルは不吉な予感に苦しんでいた。二度目の結婚は順調とはほど遠く、別居を経て離婚にいたるのは時間の問題だった。また、ある朝、通勤途中に州間高速道路九五号線で多重衝突事故に巻きこまれ、もう少しで命を落とすところだった。陸軍とCIAは、危ういところで死を免れたのは彼の特異な能力のおかげと信じていた――少なくとも、彼にそう信じさせようとした。彼の第六感、ほかの人間には見えないものを見ることができる能力のおかげであり、その能力を発展させるのが務めなのだ、と。けれど、普通の人間としての彼は、隣のキュービクルで働く男と同じくらい脆《もろ》かった。結婚生活に失敗し、父親失格と信じこみ、身体の痛みに苛《さいな》まれていた。そして友人が目の前で死にかけているというのに、どうすることもできないのだ。

トレントが亡くなるときは、トレントの妻と一緒にベッドの脇に立っていた。「最期のときが近づいていた。そのとき、彼が突然パッと目を開き、微笑みかけたんだ」と、マクモニーグルは振り返る。それから少しして、トレントはつぶやいた。「これから行くところはすごく美しい」。そして目を閉じると、息を引き取った。

「彼の苦しみは終わった。心のなかに大きな穴がぽっかりと開いたような気分だった」。悲しみというものと、兵士がその感情をどう扱うかを考えずにはいられなかった。悲しみはどこへ行くのだろう？「人はそれを心の奥底に、固くなり幾層にも重なった長年の傷の下に埋没させようとする」。兵士は、強くあれと教えられる。どんなにつらい経験をしても、それに押しつぶされてはならないと。「悲しみをモチベーションに変えることを学ぶんだ」。けれど、兵士がめったにしないことがひとつあると、マクモニーグルは思う。「それは、時間をかけて喪失を受け入れることだ。彼らはただそれを飲みこんで、足を前に踏み出す。葬り去った悲しみは、時がたつにつれてどんどん増えて大きくなり、ひとりでは抱えきれなくなる。しまいこんだ感情を外に出すことは、ダムを決壊させるようなものだ。一度水が流れ出したら、もう止めようがない」

マクモニーグルも、トレントを失った深い悲しみと喪失をしまいこんだ。ベトナムで失くした友人たちへの気持ちをしまいこんだ同じ場所に。それから足を前に踏み出した。リモート・ビューイング・セッションを、ひとつ、またひとつと重ね続けた。部隊で作戦セッションにあたるのは彼だけになり、ストレスが一気に増えた。見かねたアトウォーターが、疲れを癒すよい方法を思いついた。

「フレッドから、モンロー研究所というところへ行ってみないかと誘われたんだ」と、マクモニーグルは語る。モンロー研究所は、ロバート・モンローという六七歳のグルがヴァージニア州のブルーリッジ山脈で運営していたニューエイジの静養所だ。

モンローは一風変わった経歴の持ち主だった。成人後の前半はラジオ制作会社の社長として保守的な生活をしていたが、四十代半ばに唐突に引退して意識の研究とスーパーナチュラルに没頭するようになった。師として彼を導いたのが、アンドリア・プハーリッチだ。モンローは、プハーリッチから好きなときに意識を変性させる方法を学んだ。その結果、体脱体験（ＯＢＥ）ができるようになったという。

体脱体験という神秘的な概念の源は宗教にあり、多くの名称で呼ばれている。ヒンドゥー教の経典には、アストラル体投射《プロジェクション》〔体脱体験の一種〕をおこなうヨガナンダが登場する。古代エジプトの文書にも、〝カ〟という第二の非物質的な体（神秘体）への言及がある。ブラジル国境地域に住むインディオ

「ワイワイ」は、体脱体験を〃魂《たましい》の飛行〃と呼ぶ。八世紀に中国で書かれた錬金術と瞑想のハンドブック『黄金の華の秘密』（スワミ・アナン・モンジュ、和尚訳、めるくまーる）では、「天球への旅」と書かれている。それらに比べると、モンローの現代版体脱体験は、はるかに通俗的と言ってよい。自分の肉体から抜け出して地球上の具体的な場所、たとえば友人知人の台所や寝室に行けると主張したのだ。自伝では、初期のテスト・ターゲットのひとつとしてプハーリッチの自宅もあげられている。

モンローは、「報道記者的かつ客観的」であろうとして、自分の体験の記録をつけた。以下は、一九六一年五月五日の日記だ。「精神を離昇させ、（カリフォルニアにいる）プハーリッチを訪ねることに意識を集中させた。短い旅のあと、部屋に着いた。細長いテーブルと、椅子と本棚がいくつかあった。テーブルには男がひとり坐って書類を読んでいた。プハーリッチによく似ていた。私が挨拶すると、彼は私を見上げてにっこりと笑った」。のちにプハーリッチに自分の訪問を知らせたが、モンローの記述によれば、「正しいロカール〔モンローは体脱体験中の行先を、現実世界、非物質世界、地球上のどの時代にも該当しない世界という三つのロカールに分けていた〕に正しい方法で行ったのだが、彼は私が訪ねたことを覚えていなかった」。しかし、肉体を抜け出す練習を積めば積むほど、上達していったという。誰もが「第二の体」を持っており、思いのままにあちこち移動することができると書いている。また体脱体験の記録をつけ続け、ベストセラーを執筆しようと考えていた。

彼の体験がみだらな方向に向かうまで、それほど時間はかからなかった。あるとき、体脱体験中に性衝動を感じたが、妻のメアリーはベッドの隣でぐっすり眠りこんでいた。そこで、肉体から「第二の身体」を分離させ、アストラル界〔体脱後の世界〕で大勢の女性とセックスを楽しみはじめた。そのひとつひとつの体験を「耐えがたいほどのエクスタシー」と表現したが、自分にとっては「握手するのと同じくらい普通のこと」とも述べている。メアリーは、夫のひそかな楽しみに気がつくと日記のコピーを取り、医師の意見を聞くという名目でプハーリッチに渡した。モンローの伝記作家のロナルド・ラッセルによれば、プハーリッチはそのとき何も言わなかったが、一九六二年に出版した自著でモンローの性的逸脱を暴露した。その際、モンローの体脱体験をぺてんと断じている。さらに、モンローは薬物依存症で、模型飛行機の接着剤のシンナーを吸っていると書き、自分のことは棚に上げ、体脱体験はドラッグでハイになっただけだとこき下ろした。モンローは怒り狂い、プハーリッチを名誉棄損罪で訴えたいと弁護士に相談したが、「陪審員はプハーリッチの名誉棄損罪を認めるよりモンローの正気を疑うだろう」と忠告され、あきらめた。「意識の拡大という現実離れした世界でも、誠実さ、思いやり、正直さが必ずしも守られるわけではない」と彼は嘆いた。

一九七一年になると、『ロバート・モンロー「体外への旅」』（川上友子訳、ハート出版）を出版し、アストラル界での体験を発表した。本は大いに評判を呼び、一〇万部以上を売り上げた。これによって大勢の信奉者を得たモンローは、特許権を取得して商標登録した「ヘミシンク」の録音テープを宣伝し販売した。ヘミシンクは一〇〇年以上前の概念で、一八三九年にバイノーラル・ビート（両耳性うなり）という概念を提唱したプロシアの物理学者ハインリッヒ・W・ドーヴェの研究を基盤としている。左右の耳に、それぞれ少しだけ周波数のちがう純音を聞かせると、脳がふたつのシグナルのずれを三つ目のシグナル（ファントム音）として知覚するというものだ。モンローは高らかにこう宣言した。このテープを聴くと、アストラル体投射を促す精神状態になれる。ヘミシンクは意識を別のレベル――覚醒していないが、眠ってもいない状態――へ導くゲートウェイだ。

本の出版後、モンローと同じ体験を望む人が全米で続出したため、彼はモンロー研究所を創設し、超心理学界のセレブリティに祭り上げられた。彼の考えは斬新で、常識の枠を飛び越えていた。また死後の世界は本当にあると述べ、ヘミシンクの訓練を積めば「あちら側」にいる愛する者を訪ねられる、と吹聴した。まさにニューエイジの典型であり、特定の人々には受け入れられたが、アメリカ陸軍はそのような世界とは無縁だった。普通の納税者なら、兵士がこの種の訓練を受けることを認めないだろう。しかし、一九八二年秋、アトウォーターはフォート・ミードのリモート・ビューイング部隊の責任者として、モンロー研究所ならマクモニーグルのストレスを緩和できると考えた。マクモニーグルも同意し、同研究所が初めて迎える正式なアメリカ陸軍の顧客となった。ほどなくして、数百人のＩＮＳＣＯＭ職員があとに続く。

モンロー研究所は、ヴァージニア州シャーロッツヴィルから車で三〇分ほど行ったブルーリッジ山脈のふもとにある。約三平方キロの敷地は、こんもりとした森となだらかな丘に囲まれている。一九八三年の冬、アトウォーターはマクモニーグルをともなってこの場所を訪れた。一週間のセミナーを終えて自宅に戻るときは体調が変化していた、とマクモニーグルは語る。以前より少し眠れるようになり、ストレスも軽減した。それに集中もしやすくなったように思われた。二度目の訪問を終えたあと、自分が変わったことに気がついた。「リモート・ビューイングに目に見える変化が現れたんだ」

それを見たアトウォーターは、次のように提案した。報告書を書いてもっと長いコースを受講したいと頼んでみたらどうだろうか。希望が叶い、マクモニーグルは一四日間の集中コースを受けはじめた。今回は体脱体験を実践して繰り返すシステムをモンローと共同開発するためだ。「セッションを受けることで、いろんな可能性が見えてきたんだ」と、彼は語る。喜んだアトウォーターは、もう一度レビューを書くように勧めた。マクモニーグルは、一〇ページのきわめて前向きな機密報告書を作成し、ほかの兵士にもモンロー研究所で意識を広げて体脱体験する方法を学ばせるようＩＮＳＣＯＭの指揮官に提案した。

「知の領域が拡大し、知覚の新しい概念が生まれることはまちがいない。(ヘミシンクの) テープを集中的に聞くことで、感情豊かな反応が生まれ、参加者の対人関係が変わる」。そう書いたあと、こう警告した。「(モンローのプログラムの) 参加者は、仲間の圧力、階級意識、自尊心に基づいた自己防衛本能を自ら捨て去らなければならない。それができないかぎり、平均的な軍人的思考の人間には理想的とは言いがたい。この体験の目的は、人間の意識を拡張し、現実の知覚を増幅することだ」。それを受け入れられなければ、「体験の全体的な効果が著しく薄れてしまう」。

陸軍は昔も今も骨の髄から「軍人的思考」なのだから、この時点で警戒すべきだっただろう。陸軍のドクトリンに、意識の拡張と現実の知覚の変化を融合すれば、破滅的な結果を招きかねない。だが、モンローを支持するINSCOMの将校はアトウォーターだけではなかった。スタブルバインが管轄する先進人間技術室のジョン・アレグザンダー室長もまたモンローに傾倒していた。

一九八三年冬、陸軍科学委員会は、兵士のパフォーマンスを拡大して技術ギャップを縮める「人間技術」を求めて、モンロー研究所でリトリートを開催した。「人間の能力、潜在力、パフォーマンスを向上させる戦略と活動」が議論され、このときの四人のスピーカーのひとりがモンローだった。CIAが機密解除した文書によれば、モンローは研究所を開設以来五年間で、一二〇〇人に対し四八二三回の実験をおこなったと語っている。その結果、「(ヘミシンクの)電気的効果が脳を刺激して、生物的な範囲に特定の変化を引き起こすことが明らかになった。その変化は、眠りや覚醒状態の誘発、集中力・記憶力の増加、ストレスの軽減、痛みの緩和、手術や怪我のあとの治癒力の向上などだ」という。また、認知面でのメリットには、「読解力の強化、語彙《ごい》学習の速度・意思決定力・問題解決力の向上、筋制御の改善などがあげられる」。どれもスタブルバインが求めるものと一致していた。

その後、ヘミシンク・テープ・セミナーの結果を評価するために、スタブルバインの遂行能力向上タスクフォースとは別の科学委員会顧問チームがモンロー研究所へ送られた。このチームはモンローの主張を否定した。一九八三年四月一八日、ペンタゴン当局者たちに対し、「スリープ・テープを聴くことが眠りを助けているようには見えず、覚醒効果は納得できる形で証明されなかった」と記している。認知力の増大と医学的な効果については、以下の通りだ。「集中力のメリットは納得のいく形で実証されず、医学的な主張と効果は科学的に容認できる研究によって裏づけられていない。提示されたのは証言的なコメントのみである」

相反するふたつの結果を前に、ＤＩＡはＣＩＡに意見を求めた。ＣＩＡは、この仕事をキット・グリーンにゆだねた。グリーンは報告書に目を通し、データを分析したあと、次のような全般的評価をくだした。変性意識状態は脳を不安定にし、幻覚状態と似た効果を生み出すことができる。「情報収集を求めて変性意識状態を拡張すると、ノイズが増えてシグナルが減るだろう」。ＣＩＡは、陸軍とモンロー研究所の提携関係を打ち切るようにＤＩＡに勧めた。スタブルバインはその勧告を読んだ。そして同意できずに却下した。

二〇一六年におこなったインタビューで、グリーンはスタブルバインがしていることは危険だったと述べた。「あのときから、私はグラフやパソフに同調できなくなったんだ。兵士を訓練してサイキック・スパイにできるとは思えない。それまで何人か（ユリ・ゲラー、インゴ・スワン、パット・プライス）に十分なテストをした結果、リモート・ビューイングに関連する現象学《フェノメノロジー》は、ときに一〇〇パーセント正確だとはっきりわかったんだ」――つまり、一部の人間は文字どおり並外れた《フェノメナルな》存在なのだ。「（ほぼ）必ず正しい者たち、そしてシュガー・グローヴ、ユリ・ゲラー、パット・プライスの実験のように、誰もが目を瞠ることをやりとげる者たちは、生まれつき普通ではないとわかった。普通の人間よりずっと賢いんだ。私は彼らの血液や遺伝子を検査した。知能テスト、神経学的検査、それに内分泌学と大きく関係する心臓血管検査もした。その結果、彼らは通常の規準から外れていると考えるようになった」。グリーンの評価では、リモート・ビューイングができる理由はそこにあった。

この問題でスタブルバインと対立した。グリーンは、「〝サイキック・スパイになりたい若い兵士を連れてきて、リモート・ビューイングの訓練を施すなんて無理な話だ〟と反対した」。その代わり、より賢明だと思う方法を提案した。「（CIAで）特定した生理学的、心理学的、精神医学的、遺伝的な特性をもとに、プライスやスワンのような者をもっと大勢採用するんだ」。スタブルバインはそうは思わなかった。超自然的な能力はすべての人間に内在し、訓練によって引き出せると確信していた。さらに、INSCOMの指揮官としてグリーンの意見を却下できる立場にあった。しかし、グリーンが異議を唱えたことで「一二のニュルンベルク継続裁判〔ニュルンベルク裁判のあとにアメリカ軍が設置したナチス戦犯を裁くための一二の軍事法廷〕」で制定された人体実験に対する研究倫理と原則（ニュルンベルク綱領）を考慮して、INSCOMは人間利用審査委員会の発足を義務づけられた。

スタブルバインには、もうひとつ障害が残っていた。モンローが特許を取得したヘミシンク・テープは「ゲートウェイ」というセミナーの一環であり、ほかの参加者との日常的なグループ討論が組みこまれていた。陸軍情報部員は、一般市民とこのような公開討論に加わることができない。よって、陸軍独自のプログラム、INSCOM版ゲートウェイを作る必要が生じたのだ。スタブルバインは、モンローの義理の娘ナンシー・ハニーカットに陸軍情報部のニーズに合うゲートウェイ・セミナーを新たに企画するよう要請した。完成した新しいプログラムは、「職員短期養成（RAPT）」と呼ばれた。

噂は瞬く間にフォート・ミード陸軍基地に広まった。新しい訓練プログラムが実施され、兵士や陸軍軍属に意識の拡張と体脱体験の方法を教えてくれるらしい。職員から申しこみが殺到した。カオスが起きるまでにそう時間はかからなかった。

そのころ、もうひとつ厄介な問題が起きようとしていた。一九八三年一月、マジシャンのジェームズ・ランディとユリ・ゲラーの争いが驚くべき事件に発展し、民間の超心理学コミュニティに大打撃をあたえたのだ。自分のESPとPK能力が本物だと主張するゲラーと、単なるマジックだと批判するランディは、一九七三年より全米のトーク番組に出演しては舌戦《ぜっせん》を繰り広げてきた。それでもゲラーを廃業に追いやれず、世間の認識も変えられなかったランディは、ミズーリ州セントルイスの著名な超心理学研究所に罠を仕掛けることを考えついた。

彼は、ふたりの弟子にサイキックのふりをさせて、ワシントン大学にある民間機関、マクドネル超心理学研究所に送りこんだ。スティーヴン・ショーとマイケル・エドワーズという若者が、PKを使ってスプーンを曲げたり、手で触れずに物を動かせると自分たちを売りこんだのだ。実際には、ランディが教えたトリックを使っていた。

ふたりのティーンエイジャーは　それから三年間で計五週間をマクドネル研究所で過ごした。そのあいだ、ランディは所長のピーター・R・フィリップスに二二通の手紙を送り、熟練したマジシャンならスプーン曲げをでっち上げるのは簡単だと警告し、いかさま師を見破る手法を教えようと申し出た。フィリップスはランディの申し出を無視し続けた。一九八二年、ふたりのマジシャンは特定の条件を設定した実験では能力を示せないと研究所を解雇されたが、数カ月後に同じ研究所の別の研究者に再雇用された。

一九八三年一月、ランディは記者会見を開き、マクドネル研究所をだましたと発表した。記者がふたりの若者に「どうやってスプーンを曲げるのか?」と尋ねると、ショーがマイクの前に進み出て「いかさまをするんです」と明らかにした。会見室は大騒ぎになり、超心理学者の研究を否定する報道が氾濫《はんらん》した。ワシントン・ポスト紙はランディの計画を「まれにみる狡猾な科学的策略」と呼んだ。フィリップス所長は被験者を信用していたと述べ、科学者を騙すのは「倫理的な問題がある」と非難した。ランディはすかさず、それこそ自分が言いたかったことだと言い返した。

この騒動に、一九七三年にARPAの依頼でSRIでユリ・ゲラーを評価した心理学者レイ・ハイマンが参入した。「ランディは、ゲラーがトリックを使って科学者を騙していることに憤慨していた。モラルに反するうえ、愛するマジックが悪用されていると感じていた」。科学的懐疑主義運動の父、マーティン・ガードナーも声をあげた。「超常的な金属曲げは荒唐無稽《こうとうむけい》で自然の法則に反する。有能な実験者なら、スプーンを曲げるサイキックがいかさまをしているかどうかをまず調べるべきだ」。ペンタゴンはアナリストにこの事件を検討させ、〈グリル・フレーム〉への影響を調べさせた。

以下はその報告書だ。「マジシャンのジェームズ・ランディは、〝研究所はトリックに見事に引っかかった。ほとんどの超心理学研究は信用できない〟と主張した」。しかし、ランディの主張は事実を「著しく歪曲《わいきょく》している」。彼がこの件を暴露する前年、ふたりのマジシャンは「より厳格な条件を設定した正式な科学的実験では超能力を発揮できないと判明し、研究所を解雇されていた。今回の件は、ランディ氏が自分を頭が切れるマジシャンだと世間に印象づけ、ショーマンとしてのキャリアを高めるために仕組んだことだ。偽物を送りこむという策略にも倫理的問題がある」。〈グリル・フレーム〉への潜在的影響については、こう分析した。超心理学に対する世間の悪評は「実験テクニックや被験者の選定がずさんな研究室に、むしろ有益な影響をもたらすだろう」。最後の部分はいささか希望的観測に聞こえるが、二〇一六年にアレグザンダーはＩＮＳＣＯＭのプログラムが実際にこの事件の影響を受けたと明かした。

「それ以降、われわれはマジシャンをコンサルタントとして雇いはじめたんだ。私が雇った者にダグ・ヘニングがいた」。一九八三年当時、ヘニングは世界でもっとも有名なマジシャンのひとりだった。一九七五年に放映された〈ダグ・ヘニングのマジックの世界〉は、最初のエピソードに五〇〇〇万人が釘《くぎ》づけにされ、今もマジック・ショーの史上最高視聴率を維持している。この時期、アレグザンダーが提携していたもうひとりの人物がジャック・フック――ボーイングの航空宇宙エンジニアで、スプーン曲げパーティーの創始者だ。「ジャックはよく私の家でスプーン曲げパーティーを開いた」。ヘニングもパーティーに招かれた。二〇人ほどの招待客のうち、誰かまたは全員が集団でいかさまをできるかどうか、マジックの専門家に意見を聞きたかったからだ。

「ヴァージニア州北部にある私の自宅でパーティーを開いたとき、ヘニングを仰天させたことがふたつあった。ひとつは一一歳の少女がスプーンを曲げたこと、もうひとつはヘニングのマネジャーのスプーンが自然に曲がったことだ」。つまり、自分のマネジャーが持っていたスプーンが目の前で曲がったのだ。「それは物理的な力がまったく働いていない証拠だった。なにしろ彼はヘニングの相棒なんだからね。われわれに不正ができるわけがない」

サイキック、マジシャン、懐疑論者が激しい応酬を繰り広げるなか、一九八七年に事態は再び驚くべき展開を迎える。ヘニングが人気絶頂のさなかに突然ステージ上のマジックをやめたのだ。彼は「イリュージョンのマジック」を捨てて、科学ではまだ説明できない「本物のマジック」を追求することに決めた。それからは超越瞑想（TM）〔ヒンドゥー教に由来するマントラ瞑想法〕に専念し、ほとんどの時間を創始者のマハリシ・マヘーシュ・ヨーギーと過ごしはじめた。「マジックは、不可能に見えることを実現する。私が〝イリュージョン・マジック〟と呼ぶものは既知の科学と自然の法則を使うが、〝本物のマジック〟はまだ発見されていない法則を使うんだ」。一九八八年、彼はロサンゼルス・タイムズ紙にそう語った。

一九九九年、ヘニングは肝臓がんと診断され、五カ月後に亡くなった。ランディは、彼の死をマハリシのせいだと非難した。「やつと、やつの数百万ドルの王国を作るおべっか使いたちが、私の友人の死を招いたんだ。ダグは超越瞑想にすっかりはまって、肝臓がんの定期治療をやめてしまった。その代わりにナッツやベリー類をとる食事療法を続け、命を落としたんだ」

第一八章
サイキック・トレーニング

デール・グラフは、モスクワで建設中のアメリカ大使館の上階に立っていた。足元には、ロスアラモス国立研究所が設計した実験的な高性能X線スキャン装置が置かれている。モスクワ川とその向こうに広がる都市《まち》、アメリカの宿敵の象徴を、グラフはじっとにらみつけた。一九八三年のことだ。強風が建物の鉄骨の骨組み、床用の根太、窓枠に激しく吹きつけていた。モスクワの冬の寒さは容赦なく、雪と風で顔が刺すように痛かった。グラフは登山用のジャケットとブーツを身につけ、やはり登山で使うロープを手にしていた。そのまま一瞬動きを止めて、おれはいったい何でここにいるんだ？というよくある問いを心のなかでつぶやいた。

短い簡単な答えがいくつかあった。ひとつは、国防情報局（DIA）の仕事に関連していた。彼は機密の対諜報活動〈プロジェクト・スピットファイア〉のチーム・リーダーとしてモスクワにきていた。しかし、彼の興味を引くのは、それよりもっと大きな疑問の答えを探すことだった。因果関係の背後にはどんな謎が隠れているのだろうか、と思った。原因と結果をもたらす力というものがあるのだろうか？　それとも人間の人生は偶然の出来事の連続で、そこから意味が生じるのか？　それから、自分がここにいるもうひとつの理由を考えた。それは数カ月前、ワシントンのボーリング空軍基地で、新しいDIA本部のカフェテリアである集まりに参加したときに起きた。

「DIAには昼休みに集まるレクリエーション・クラブがあった」と、グラフは思い起こす。「一九八三年までのほぼ一〇年間、私は毎年北極圏をカヌーで旅していた。それでランチのあいだ、北極圏のツンドラで凍った川の上でカヌーを引っぱるスーパー8ミリ・フィルムをよく上映していたんだ」。役人やアナリストが大勢ランチ・ルームに詰めかけては、グラフの極北滞在話に耳を傾けた。「その噂が局内に広まった」。ちょうどそのころ、DIAではある機密任務のためにちょっと変わった適格性のチーム・リーダーを探していた。物理科学の経歴があり、過酷な冬の気候に耐えられる人物だ。「どうやらDIAには、その条件に適う者が私しかいなかったらしい」

というわけで、彼はモスクワにやってきた。きわめて機密度の高い外国技術調査〈プロジェクト・スピットファイア〉の責任者として。CIAは、総工費二億ドル（二〇一七年の換算で四億八五〇〇万ドル）で建設中の新しい大使館の中核に盗聴器が仕掛けられたという情報を入手していた。どういう方法かわからないが、構造用骨組みの材料の奥深くに埋めこまれているという。それを確かめるのがグラフの任務だった。

「当時は、みんな病的に疑り深くなっていたからね。しっかり確認しなくちゃいけなかった」。危険はきわめて大きかった。一九八三年、ふたつの核保有超大国は、一触即発の状態にあった。そんなときに、ソ連がスパイ行為を働いていると不当な言いがかりをつけるのは避けたかった。かといって、ソ連の大規模な盗聴・監視計画に引っかかるのも願い下げだ。

新たに建設するモスクワのアメリカ大使館は、ただの大使館ではなかった。それまでアメリカが建てた大建造物のなかで、もっとも念入りに設計され、巨額の費用が投入されることになっていた。モスクワ川を見渡す四万平方メートルの区画に立つ八階建ての大使館は、冷戦における繁栄と力と自由の象徴となる。角をひとつ曲がったところには、ソ連の重要な政治局の建物が立ち並び、大使の私邸も歩いてすぐのところにあった。今回の建築の交渉には一〇年以上の歳月が費やされ、ようやく種々の条件が合意にこぎつけ、建設がはじまったところだった。構造システムの組み立てと製造はソ連が受け持ち、ロシアの供給会社が建物の外側のプレキャストコンクリート〔現場で打ちこまずに工場で前もって成型されたコンクリート〕・ブロックを提供する。アメリカ側は壁、床、窓、ドアなど、盗聴装置が仕込まれやすい場所の仕上げ作業を担当する。

グラフがモスクワに着いたとき、建物はまだ骨組みだけの状態だった。「エレベーターも階段のステップもまだなかった。だから登山用のロープを使って建物内を移動した。X線装置もそうやって動かしたんだ」。この装置は今回の対防諜作戦の要であり、ロスアラモスの科学者によって機密仕様で設計された。「重さが約一八〇キロもあり」、モスクワに持ちこむのはひと筋縄ではいかなかった。まず、ニューメキシコ州からヘルシンキまで空軍の飛行機で輸送し、そこからはアメリカ大使館の事務用設備に見せかけて、鉄道でモスクワまでこっそり運びこんだのだ。そのあとは、ウォッカ数箱と引き換えに現地の建設作業員の手を借りて、通りから大使館の建物の上の階まで登山用ロープで引き上げた。それから数週間、〈スピットファイア〉チームは盗聴器が仕込まれているかどうか、装置を使ってコンクリート・ブロックをひとつずつスキャンしてきた。ソ連当局者があやしみはじめたが、コンクリート構造のひび割れをチェックしていると説明した。

「ブロックひとつが約三〇〇〇キロもあった」と、グラフは説明する。「われわれは、これらの巨大なプレキャスト・ブロックに、盗聴器が直に埋めこまれたんじゃないかと疑っていた」。ブロックは全部で数千もあり、そのひとつひとつを検査しなければならなかった。それと並行して、アメリカのフォート・ミード陸軍基地では、独立班Gのリモート・ビューアーが、グラフと彼のチームが探すべき場所を特定しようとしていた。「（ビューアーたちに）特定のエリア、柱、床を透視させた」と、フレッド・アトウォーターも回想する。結局、彼らの情報は役に立たなかったが、やがてグラフたちはCIAと国務省がもっとも恐れていたことを確認した。ソ連はプレキャスト・ブロックのなかにセンサーを埋めこんでいただけでなく、コンクリートにゴミを混ぜこんで、ゴミのあいだのハイテク・センサーが特定できないようにしていたのだ。したがって、個々のセンサーを探し出して除去する方法はない。大使館は巨大なアンテナも同然というわけだ。最初は前大使館のモスクワ・シグナル、そして次がこれだ。グラフと彼のチームには、荷物をまとめて帰国する以外できることは何もなかった。三年後の一九八七年、この一件がようやく報じられると、上院諜報委員会はソ連の計略を「史上もっとも大々的に実施された、複雑で巧妙な盗聴作戦」と表現した。

帰国したグラフは、DIAの先進コンセプト室の室長として、たまっていた大量の仕事に追われた。モスクワに発つとき、〈グリル・フレーム〉は順調に進んでいた。ふたりのリモート・ビューアーが情報収集任務にあたり、四人がインゴ・スワンの訓練を受けていた。しかし帰国したとたん、グラフはモンロー研究所で起きた騒動の真っただ中に放りこまれた。この物語に第三者として立ち会ったひとりが、ポール・H・スミスという若い陸軍大尉だった。二〇一五年に、彼はこの話を振り返った。

一九八三年九月にフォート・ミード陸軍基地に赴任したとき、スミスは入隊して七年目だった。それまでは、アラビア語の言語学者、電子戦の通信員、戦略情報将校として働いてきた。リモート・ビューイング部隊に配属されたものの、心霊的または超常的なバックグラウンドはまるでなかった。スミスは、ぶあつい眼鏡をかけた、ヘヴィメタルをこよなく愛するモルモン教徒だ。芸術的才能に恵まれていて、リクルーターがリモート・ビューイングに適格だと判断した理由もそこにあった。彼はブリガム・ヤング大学で植物のイラストレーターとして働き、数千という小さな点から複雑なイメージを作り出す点描画法を習得していた。

陸軍のサイキック・スパイ・プログラムに入って最初に指示されたのは、インゴ・スワンから座標リモート・ビューイング(CRV)を学ぶことだった。最初のうちは順調だったが、数カ月たつと壁にぶつかった。「シグナルをとらえて解読することがなかなかできなかった」と、スミスが振り返る。カリフォルニア州のSRIと、ニューヨークのバワリーにあるスワンの自宅でいくつかのステージを

元電子戦通信員のポール・H・スミスは、1983年から陸軍でリモート・ビューイングの訓練を受けるまで超能力とは無縁だった
Collection of Paul Smith

修了したが、スワンからもっと力を抜く必要がある、と言われた。ＣＲＶのステージ１では、表意記号《イデオグラム》の描き方を学ぶ。頭に浮かんだあるアイデアを表すターゲットやシンボルを手早く描きつける方法だ。スミスの表意記号は「硬直していて、考えすぎている」とスワンは言って、コーラの瓶を手首の下に置くように勧めた。そうすれば、手の力が抜けて何も考えずに流れるように描けるという。変なやり方だと思ったが、やってみるとうまくいった。

情報保全コマンド（ＩＮＳＣＯＭ）指揮官のスタブルバインが数百人の陸軍情報部員にモンロー研究所でヘミシンクの訓練をさせていると聞くと、スミスも申しこんだ。数週間前から専門職員のシャーリーン・カヴァノーとＲＡＰＴセミナー出席希望者の書類を処理していたので、この秘密のプログラムのことはよく知っていた。申請者が多く、キャンセル待ちが出ていたため、自分が選ばれたと知ったときは感激した。

一九八三年一二月二日、旅行用のキャリー・バッグを引いてネイサン・ヘイル・ホールの外の駐車場に向かい、モンロー研究所行きのバスに乗りこんだ。隣の席は、その週末のルームメイトでもあるエドワード・デームズという元モールス信号傍受通信員だった。デームズもリモート・ビューイング部隊に配属されたばかりだった。「彼は頭がよくて、リモート・ビューイングにとても熱心に取り組んでいた」と、スミスは振り返る。「考え方が革新的で想像力に富んでいて、既成概念にとらわれずに諜報問題を解決すると評判だった」

スミスから見たデームズは、情報将校というよりもカリフォルニアのサーファーのようだった。砂色がかった茶色の髪をして、たっぷりある前髪をまっすぐ額《ひたい》におろしていた。「一途なところと皮肉っぽいユーモアのセンスが同居する、ちょっと変わったやつだった。ソ連が卑しむべき生物兵器を発射する、と深刻な顔で言ったかと思うと、次の瞬間はもう下品でくだらないジョークを飛ばしていた」。スミスは、すぐにデームズを好きになった。

デームズの話し方はドラマティックで、独断に満ちていた。「研究所に着くまでの四時間半、エドはほとんどエイリアンとUFOのことばかり話していた」。ユタ州の厳格なモルモン教徒の家庭に育ったスミスは、ほかの惑星にも知的生命体がいると教えられてきた。「モルモン教では、地球外生物は神が作ったと考えている。だから、空飛ぶ円盤や、火星からの侵略者といった話は信じてない」。それでもデームズの熱弁に耳を傾け、彼のUFO話とそれに対する執着とは一線を画そう、と決めた。「彼は自分の信じていることを微塵も疑っていなかった。こういうテーマにくわしいようだったし、いくつかについては内部関係者を知っているような口ぶりだった」

モンロー研究所の本館は「センター」と呼ばれ、周囲は青々とした芝生が広がり、木が立ち並んでいた。三階建ての建物内は絨毯が敷きこまれ、落ち着いた趣の家具がゆったりと配置されている。壁には木製パネルが貼ってあり、建物全体が温かく親しみやすい。丘の斜面に建っているため、入口は二階にある。そのため、初めて訪れる者は大広間《グレート・ホール》を見渡す広々とした眺めに息をのむことになる。どの階も周囲にバルコニーが張りめぐらされ、二人部屋が配されている。各部屋にはCHECユニット（全体環境寝室）と呼ばれる一対の睡眠室が設置され、ふたつの寝台と対のエアマットレス、プライバシーを保つために寝台の周りに引く暗幕カーテンがあった。音響が聞こえるように配線が施され、内臓スピーカーからモンローの提案、ヘミシンクの音響信号、ホワイト・ノイズ、ニューエイジ・ミュージックが聴けるようになっていた。

RAPTセミナー参加者は、モンローの声でさまざまなフォーカス・レベルへ導かれるあいだ、服を脱いで寝台に横たわることを推奨された（ほとんどの者は服を着たままだった）。身体が覚醒した状態のフォーカス・レベル1からはじまり、徐々に高いレベルへと進んでいく。フォーカス・レベル12に到達すると、意識が拡張できる。レベル13では、時間の概念がなくなる。レベル18になると、無条件の愛が感じられる。レベル23以上は、臨死体験のようなものだ。「一時間か一時間半のあいだ、テープの音楽かホワイト・ノイズに混じってシグナルが休みなく続いた」。各オーディオ・セッションのあと、全員がミーティング・エリアに集まって自分の体験を語り合う。「心に浮かんだイメージや、新たな洞察、それから、これはみんながいちばん聞きたがったことだが、たまに体脱体験だったかもしれないことを話す者がいた」。セッションの進行役は、訓練を受けた心理学者が務めた。ほかの時間は、敷地内を散策したり、モンローのレクチャーを聞いて過ごした。五日目には、たいていフォーカス・レベル15から21まで進む準備ができる。モンローによれば、21まで行くと、十中八九、この世を離れた次元に入れるという。

ＲＡＰＴセミナーが終わりに近づいたころ、スタブルバインが十数人の職員を従えてやってきて、激励のスピーチをした。それが終わると、いよいよ最終訓練がはじまる。全員がグレート・ホールに集まって、集団リモート・ビューイング・セッションをおこなうのだ。スタブルバインは集団で未来を予知するという、彼が実現できると信じる偉業に挑ませたがっていた。「彼の心のなかはじつに途方もないアイデアでいっぱいで」、集団予知もそのひとつだったと、アレグザンダーは思い起こす。参加者はあおむけに横たわり、目を閉じて、手をつなぐよう指示された。次に、モンローがサラウンド・システムで一連のリラクゼーション訓練を指導する。その後、質問がはじまる。最初はこうだ。

「今後数カ月のうちに、ワシントンで政府施設にテロ攻撃が起きるだろうか？」

「ひどく違和感があった」と、スミスは言う。モンローの口調は台本を棒読みしているようだった。「それまで七日間も、時計も見ずに精神を漂わせ、静穏と至福に近づこうとしていた。そこへ突然テロの話をされたから、落差が激しすぎたんだ」。スミスの記憶によれば、このような状況でも彼と同僚は最善を尽くした。紙とペンを渡されると、多くの者が手早くメモを書きつけて、頭に浮かんだことを記録しはじめたという。

アルバート・スタブルバイン少将は、ESP、PK、変性意識状態、体脱体験などの既存の枠にとらわれない考えを歓迎した。陸軍INSCOMの指揮官として陸軍の世界中の戦略情報部隊を監督した
U.S. Army

「次のテロはどこで起きるだろうか?」。モンローの現実離れした声が響きわたる。そして最後に、こう問いかけた。「次のテロはいつ起きるだろうか?」

スミスは部隊の新参者で、プロトコルについてはまったく無知だった。それでも、これは成功しそうにないと感じたという。「やればやるほど、高校時代に遊んだゲームを思い出した」。全員が誰かの腹に頭を乗せて、床に横たわるというゲームだ。「誰かがくすくす笑うと、お腹の振動で隣のやつが笑い出して、そのまた隣のやつにも伝染する。連鎖反応で、しまいには部屋中が大笑いするんだ」。そのときとちがうのは、全員が真剣そのものだったことだ。「誰ひとり笑わなかった」

RAPTセミナー実施中、約一六〇キロ北のヴァージニア州アーリントン・ホール・ステーションでは、アンジェラ・デラフィオラという三〇歳の情報アナリストが、大勢の職員とセミナーに空きが出るのを待っていた。デラフィオラは、民間人の情報アナリストとしてＩＮＳＣＯＭのウォッチ・センターで働いていた。担当は中央アメリカで、エルサルヴァドル、グアテマラ、ホンジュラス、ニカラグアなどの紛争地域の軍事的危機を報告書にまとめることだ。左派ゲリラ勢力の活動について書く週もあれば、別の国の政治指導者のプロファイリングをする週もあった。陸軍情報部で働く前は、有罪が確定した犯罪者の指紋をＦＢＩで新しいデータベースに入力していた。ＦＢＩ捜査官になるのが夢だったが、視力が悪くて局の視力検査に合格することができなかった。そんなときに、ＤＩＡが政治学の学位を持つ若い民間人を探していると聞き、そのチャンスに飛びついた。

アーリントン・ホール・ステーションの仕事はやりがいがあり、上司の評価も高かった。そんなある日、スタブルバインの超常現象プログラムのことを知った。特別アクセス・プログラムとして厳重に守られている秘密だったが、彼女の双子の姉妹の占星術師がその存在を知って教えてくれたのだ。その瞬間から、「参加したくてたまらなくなった」と、デラフィオラは語る。「だって、参加者は全員、サイキックになる訓練を受けていた。私はサイキックなの。そういう人間なのよ」

アンジェラ・デラフィオラは、ペンシルヴェニア州ピッツバーグの八〇キロ東にあるコーラルという貧しい炭鉱町に生まれた。道路沿いに散らばる数百人ほどのコミュニティで、大部分はイタリア、チェコスロヴァキア、ポーランドからの移民家族だった。住人のほとんどが、道路を行った先のルセ

DIAは1984年までアーリントン・ホール・ステーションのこの施設からさまざまな作戦を運営していた。アーリントン・ホール・ステーションはワシントンの8キロ南西のヴァージニア州アーリントンにあり、1942年から1989年までアメリカ陸軍情報部の活動の司令部だった
U.S. Department of Defense

ルンにある鉱山や貯炭所で働いていた。コーラルのわずかな通りには木の名前がつけられており、両脇に下見板張りの小さな家々とトレーラーハウスが立ち並んでいた。道路は舗装されていなかった。歩道などあるわけがなく、店は一軒も見当たらない。町で唯一営まれている商売は、デラフィオラの叔父夫婦の酒場だった。父親は炭鉱労働者のなかでは羽振りがよく、隣町の一一九号幹線道路を越えたところにビールの販売店を持っていた。

母親のバーサは専業主婦で、双子の娘のアンジェラとルイーズを、生まれ変わり、チャネリング、ESPなどの神秘主義やスーパーナチュラルの本とラジオ番組に囲まれた環境で育てた。霊感によるヒーリングの父と言われるエドガー・ケイシー、外交問題の記者から前世の唱道者になったルース・モントゴメリーの本を愛読し、双子の娘たちに明らかと思われる超能力を伸ばす後押しをした。アンジェラは幼少期に超能力があったことは覚えていたが、高校時代になると力は徐々に失われた。しかし、大学に入学すると化学教授のカール・W・ボルダスのおかげで復活した。ボルダスは、陸軍の外科技術者として第二次世界大戦に従軍し、部隊の一員としてオーストリアのエーベンゼー強制収容所を解放した。この経験を境に物の見方が変わり、第六感について考えるようになったという。終戦後はESPの成人教育学級を開催し、アンジェラとルイーズ、双子の母親も参加していた。これらのコースを通して、アンジェラは自分の「第三の目」を使うことを学んだ。「第三の目は、人間の見る力を助けるの。ずっと昔からある考え方なのよ」と、彼女は言う。「額の真ん中にあって、サイキックでいるときはその目を開かなくちゃいけない。サイキックでないときは閉じておくことが大切なの」

第三の目は、通常の視覚では見えないものを知覚できるという深遠な概念だ。東洋の宗教では、額の中央にある〝目に見えない目〟と言われている。古代の彫像では、しばしば像の額の真ん中に丸や目の表象として彫られている。気功にも登場し、一連の体操、姿勢、ポーズをしながら眉間《みけん》に意識を集中させて訓練できると言われている。文学作品でも、預言者や占い師がこの目を通してお告げなどの超自然的な洞察を得るのが一般的だ。第三の目もそれが自分にあるという主張も、一般人の感覚と同じくらいアメリカ陸軍のドクトリンとかけ離れている。しかし、一九八〇年代初期の短い期間はそうではなかった。この時期の陸軍INSCOMでは、責任者のスタブルバインが超常現象を情報収集手段として受け入れ、「偏見のない心で新しい技術に取り組む」よう奨励していた。

デラフィオラは陸軍のプロトコルを無視して、スタブルバインと引き合わせてくれる者がいないか尋ね回った。返ってきた返事は、そんなことは不可能だ、というものばかりだった。彼女は民間人のアナリストで、相手はＩＮＳＣＯＭの指揮官なのだ。「それでもあきらめなかったわ。彼にどうしても会いたかったから、自分ひとりで手を尽くしてみた。そしてとうとう私のことがスタブルバインに伝わり、返事がきたの。彼は私の能力を見たがっていた。だから会いにいって、霊媒者として導いたの」

デラフィオラがしたのは、チャネリングだった。第三の目を開いたら自然にことばが浮かんできた、と彼女は言う。「スタブルバインは自分の未来を知りたがってた。私、自分がなんて言ったかよく思い出せないの。思い出せたらいいんだけど。なにしろ緊張してたから。相手はＩＮＳＣＯＭの指揮官だもの。とにかくサイキックの才能を示して、プログラムに入ることだけを考えた」

スタブルバインはデラフィオラがきたことに礼を言うと、検討すると約束した。その一方で、彼女はモンロー研究所のＲＡＰＴセミナーに申しこみ、キャンセル待ちリストに記載された。数カ月後、とうとう出席者に選ばれたと知ったときは興奮した。しかし、予定は突然変更になった。「上官とその同僚の職員に、私の代わりに行くことになったと言われたの。だから、私はキャンセル待ちリストに逆戻りした」。ひどくがっかりしたが、そのセミナーで起きたことを聞くと、無念さが吹き飛んだ。伝えられるところによれば、ヘミシンクのセッションのひとつで、その同僚職員が一種の錯乱状態に陥ったという。スミスは、「（彼が）興奮状態で、その日オフィスを仕切っていた研究所の重役でモンローの娘、ナンシー・ハニーカットに脅すように近づいた」ことを覚えている。「(彼は)汗びっしょりで、自分のシャツを脱ぐと、ボールペンをもてあそび、自分は武術の訓練をしているのでそのペンで彼女を殺せる、というようなことを言ったんだ。それから、彼女のことを敵の諜報機関のスパイだとわめきはじめた」。ハニーカットは職員を呼び、なんとか異様な事態を鎮《しず》めることができた。「彼がアーリントン・ホールに連れ戻されてきたのを私も見た」と、アレグザンダーがスミスの話を裏づける。「あれは正気じゃなかった。言ってることが支離滅裂だった」。裁判所の文書には、その職員は精神鑑定を受けるためにワシントンのウォルター・リード陸軍病院に送られたと記されている。

事件後、秘密の捜査が実施された。陸軍司令部は激怒していた。「どうしてこんなことが起きたのか、説明を求めてきた」と、グラフは振り返る。スタブルバインは責任を取り、ひっそりと退役した。グラフがモスクワから帰国したのは、この思いがけない出来事のすぐあとだった。「私が報告書をまとめる役回りを務めたんだ。本当に大変だったよ。とにかく、リモート・ビューイング部隊の人間は無関係だと、はっきりさせなくてはいけなかった。部隊はスタブルバインの指揮下にあったし、彼は奇妙なことばかり考えていたからね」。この一件で、超能力研究プログラムに厳しい視線が注がれた。「そのせいでINSCOMの全員が疑心暗鬼《ぎしんあんき》になってしまったわ」と、デラフィオラは言う。

彼女はアーリントン・ホール・ステーションの上司のオフィスに呼ばれ、なぜどのように規則を無視してスタブルバインに会いにいったのか問いただされた。「そのとき初めて、自分がとんでもない過ちを犯してしまったと気づいたの。私は女性で若く、民間人でもあった。それが指揮系統を飛び越えて、ずっと上の階級の少将に会いにいった。彼のところへ行ったこととその理由を上司が知ると、私は窮地に追いこまれた」。スタブルバインに会うとき、それがどうなるかなど彼女はまるで考えていなかった。「サイキック・プログラムに入ることしか頭になかったから、それが周りの目にどう映るかまで思いいたらなかったの。私はおとなしい人間よ。上官にしてみれば、そんな部下がある日いきなり指揮官に会いにいき、自分には第三の目があると言ったわけ。こいつはいかれてるにちがいない、と思われた。（INSCOMの同僚と）同じことが私にも起きたんだと言われたわ」

とうとうウォルター・リード陸軍病院で精神鑑定を受けることになってしまった。「クビにされるんじゃないかと心配になった。病院から出してもらえなかったらどうしようってね。職員の心理学者に会わせてほしいと頼んだら、その心理学者が〝アンジェラ、軍の人間はプロトコルに従うものだ。きみは指揮系統をすっ飛ばしたうえ、スタブルバインと交霊術の会までしたんだぞ〟って説明してくれた」。彼がデラフィオラに代わって上官に手紙を書いてくれたという。「〝アンジェラはそういう人間なんです。この種の能力と信念の持ち主なんです〟と言ってくれたの」。公文書によれば、その心理学者はデニス・コワル大佐だった。彼はデラフィオラについて、こう記した。「精神医学上、異常は見当たらない。彼女が（スタブルバイン）指揮官に紹介されたのは、指揮官が奨励する行為を以前から実践していたからだ。それを上官が、正気ではないと思いこんだ。彼女は自動書記者である」。けれど、軍の命令は絶対だ。精神鑑定を受けるよう上官が強硬に主張したので、デラフィオラはウォルター・リード陸軍病院へ赴いた。「医者に会って、私の言い分を説明したわ。その結果、いかれてなんかないと証明されて退院できた」

アーリントン・ホールに戻ると、事実上の降格が待っていた。正式な発表はなかったが、誰の目にも明らかだった。「以前は週に一度だったブリーフィングが、六週間に一度しかなくなったわ」。さらに、オフィスを屋根裏へ移された。それでも、自分のやるべき仕事をし続けた。中央アフリカの紛争地帯の軍事的危機を分析し、報告書を書いた。そうしながらも、この先いったいどうなるのだろう、と不安な気持ちでいっぱいだった。

そうやって一年以上が過ぎたある日、彼女の電話が鳴った。かけてきたのは、フォート・ミード陸軍基地第九〇二軍事情報群のポール・スミスという大尉だった。スミスは言った。「ある特別アクセス・プログラムの件で面接したい。詳細は会ってからでなければ話せない。いつごろこちらへこられるだろうか?」。デラフィオラは叫び出したい気持ちをやっとの思いで抑えこんだ。サイキック・プログラムと参加者のことはもう十分に知っていたので、用件はすぐわかった。屋根裏のオフィスに一年間耐えたあと、この素晴らしい知らせを受け取るなんて――彼女は自分の幸運が信じられなかった。

第一九章

第三の目を持つ女

モンロー研究所の事件の余波が収まるまで、二年の月日がかかった。そのあいだサイキック・プログラムをめぐる論争は、敵対心、官僚的な駆け引き、衝突に満ちた激しい戦いに発展していた。一九八四年七月、スタブルバインが早い退役に追いこまれたわずか数週間後、情報保全コマンド（INSCOM）の新しい指揮官に就任したハリー・ソイスター准将が、リモート・ビューイング・プログラムを廃止した。ところが、プログラムを許可したのは陸軍長官であったため、ソイスターには権限がないことが明らかになった。つまり、陸軍長官以外は誰にも廃止できないということだ。今ならどの機関も心霊エネルギー現象プログラムの引き継ぎに名乗りをあげることができた。さっそくCIAが検討したが見送った。公開された機密文書によれば、国家安全保障局（NSA）も同じだった。次に、陸軍の軍医総監補佐のギャリソン・ラプマンド少将が、自分の指揮下に移すことを数カ月かけて話し合った。ラプマンドは、メリーランド州フォート・デトリックの陸軍医療研究開発司令部で、リモート・ビューアーの生理機能を検査するつもりだった。しかし、何度か交渉を重ねたあと、やはり辞退した。

そのあいだずっと、デール・グラフとジャック・ヴォロナは国防情報局（ＤＩＡ）を説得し続けた。ふたりは次のように記している。「リモート・ビューイング（ＲＶ）はアメリカの情報収集活動に活用できる可能性を秘めている。画期的な成果が得られるはずだ」。一九八四年八月二四日、ジョン・マーシュ陸軍長官はとうとうＤＩＡにプログラムを移譲する許可をあたえた。しかしそこはペンタゴンのこと、すぐには実行に移されず、官僚主義的な煩雑なやりとりが一七カ月も続いた。

一九八六年一月三一日、〈グリル・フレーム計画〉にようやく「太陽光線《サン・ストリーク》」という新しい暗号名があたえられた。科学技術情報部の主任科学者ヴォロナが、引き続き正式な監督者に任命された。監督委員会の委員長はドナルド・Ｃ・ラザム国防次官補が務め、部隊のオフィスは以前と同じフォート・ミード陸軍基地に置かれた。〈サン・ストリーク〉の新しい科学委員会には、全米トップ・クラスの物理学者三人が名を連ねた。ニューメキシコ州のロスアラモス国立研究所のドナルド・Ｍ・カー所長、カルテックのフレッド・ザカリアセン物理学教授（ペンタゴンのエリート科学者集団ジェイソン・グループの有力メンバーでもある）、カリフォルニア州ロマリンダの退役軍人病院研究部門の責任者Ｗ・ロス・エイディだ。そろいもそろって大物だ。心霊エネルギー現象の正式な定義も、さらに洗練された。「リモート・ビューイング（ＲＶ）――未知の精神機能によって、遠隔地または秘匿データを描写する能力」と「遠隔作用（ＲＡ）――未定義の物理的方法によって、物理システムまたは生体システムに影響をあたえる能力」だ。

ＲＡＰＴセミナーが失敗に終わったあとの一年半、超能力研究プログラムをめぐる議論が吹き荒れるなか、フォート・ミードでリモート・ビューイング任務をこなしていたのはビューアー００１号のジョー・マクモニーグルただひとりだった。部隊は、スタブルバイン時代の余剰金によってまだ機能していた。記録によれば、この期間、彼はＣＩＡ、ＮＳＡ、陸軍のシステム活用局（ＳＥＤ）などから依頼された七つの作戦で三三回のセッションをおこなっている。一九八四年秋に退役するときは、並外れた功績を称えてＩＮＳＣＯＭの人的情報収集（ＨＵＭＩＮＴ）担当主任参謀代理から勲功章を授与された。退役後しばらく休養したあと、スタンフォード研究所（ＳＲＩ）で調査研究に参加した。並行してＣＩＡの仕事もしていたのはほぼまちがいない、と複数の情報源が示唆している。もしＣＩＡにマクモニーグルのファイルが存在するなら、陸軍ＩＮＳＣＯＭとＤＩＡのファイルのように公開されておらず、機密扱いのままということだ。パット・プライスのファイルも二〇一七年の時点でまだ機密指定から外れておらず、同じく謎に包まれている。

ＤＩＡが〈サン・ストリーク〉を引き継いだとき、リモート・ビューイング部隊にはＩＮＳＣＯＭの五人のビューアーが残っていた。ビル・レイ、ポール・スミス、エド・デームズ、トム・マクニアー、シャーリーン・カヴァノー・シュフェルトだ。全員がニューヨークへ送られ、インゴ・スワンとともに座標リモート・ビューイング（ＣＲＶ）の六段階のトレーニングを受けていた〔このころには訓練場所はＳＲＩからニューヨークにあるインゴの自宅そばのオフィスに移っていた〕。スタブルバインが退役したとき、先進人間技術室はすでに閉鎖され、遂行能力向上タスクフォースも解体された。しかし、スタブルバインとともに消えなかったものがひとつある。それは訓練によって兵士と軍の民間職員をサイキックに養成できる、という考え方だ。

DIAには、その主張を捨てられない事情があった。もしリモート・ビューイングが習得できる技術なら、昔からつきまとう魔術、神秘主義、スーパーナチュラル、オカルトのイメージを表面上は払拭《ふっしょく》できる。DIAは国防当局者、議員、ひいては世間からの「疑似科学という非難を断ち切る」ことを望んでいたんだ、とグラフは言う。しかし、この論理は正しくないだけでなく、数千年に及ぶ歴史を無視していた。超常現象《パラノーマル》は未知のものによって引き起こされるという考えは、どのような理屈を取ってつけても、この現象が科学によって説明される日まで変わらないだろう。

「座標リモート・ビューイングの理論と力学」という機密解除された六ページの概要からも、DIAが直面することになった苦しい戦いがはっきりと見てとれる。「CRVは、〝ビューアー〟が時空を超越して、人間、場所、物を、物理的にそこに存在しない状態で〝見る〟または〝知覚する〟ことである」と書かれているが、時空を超越することが既知の物理学的法則に反するくらい素人でもわかることだ。占い的な力が働いていると認めないかぎり、訓練中のリモート・ビューアーが遠く離れた場所の情報を見たり知覚できるなど信じられるわけがない。それに、占い自体、超自然的な方法で未知の情報を探し求めることである。よって、超能力が科学であって超常現象（少なくとも科学的に説明できないもの）ではない、と宣言することは、リモート・ビューアーを、法則自体が法則に反しているというジレンマに陥れる。

当然のことながら、DIAの文書には曖昧な表現がいくつも見られる。たとえば、機密解除されたある覚書には、「DIAは、〝天性のサイキック能力〟を持たない個人が、比較的短期間できわめて正確な透視を習得するレベルまでCRVの教育プロセスを向上させた」と、書かれている。また、個人差があると予測されるが、訓練期間は約六カ月と定められていた。CRVは六つのステージに分かれていて、各ステージで「ビューアーの能力の範囲と強さが増大される」と約束している。さらに、訓練プロトコルによれば、「前のステージがうまくできなければ次のステージへ進めないため、ステージは順序通りに終えなければならない」という。これらが正しいという証明はどこにもない。

もっとも厄介な問題のいくつかは、訓練中のリモート・ビューアーから発生した。学習には疑問がつきもので、それに答えるのは教える側の務めである。ビューアーが透視した情報がいったいどこからやってきたのか、DIAはいずれ本人に説明しなければならない。その答えとして、インゴ・スワンが仮説を立てた、不明瞭で半理論的なESPの説明を提示した。機密解除された文書によれば、それは次のようなものだ。「どこかに、おそらく無意識のなかに〝マトリックス〟というものが存在する。マトリックスには境界や限界がなく、ありとあらゆるものの情報がそこにある。わたしたちはマトリックスを全能の神と見なすことも、データベースのようにとらえることもできる」。魔術、神秘主義、超常現象に傾倒するスワンは、懐疑的な軍職員が納得できる喩《たと》えを提供しようとしたのである。マトリックスの概念は、カール・ユングの無意識の元型《アーキタイプ》〔祖先から受け継ぎ、個人の精神に遍在する無意識の観念や、思考、象徴の型〕に似た比喩と解釈するものだった。しかし、それを文字どおりに受け入れた者もいた。

スミスは、訓練中のエド・デームズが初めてマトリックスの話を聞いたときの異様な興奮ぶりをよく覚えている。ビューアーたちがニューヨークのスワンの家のキッチン・テーブルに坐っているとき、デームズは大声でこう叫んだ。「なんだって？　それってまるでアカシック・レコードじゃないか」。アカシック・レコードとは、ヘレナ・P・ブラヴァツキーという有名な霊媒師が紹介したオカルト的な概念だ。スミスがぽかんとしていると、デームズがその場でレクチャーをはじめた。アカシック・レコードはアストラル界にあり、人間の歴史と記憶のすべてが保存されている。エドガー・ケイシー財団によれば、「世界の歴史のあらゆる時点に生じたあらゆる行為、感情、思考、意図が記録されている」という。

災いの種が蒔《ま》かれたのはこのときだ。プログラムの本来の選別プロトコルでは、超能力に関心のないごく普通の人間を訓練するはずだった。ところがデームズはその対極を行くような人物で、部隊に入る前からＵＦＯや地球外生物やアカシック・レコードに熱中していた。あとから考えれば、このような人間に、軍の極秘プログラムに参加してサイキック・スパイになれると持ちかけるなど、失敗のお膳立てをするようなものだっただろう。

ビューアーたちは、スワンとの訓練を終えるとフォート・ミード陸軍基地へ戻った。基地では、マクモニーグルが退役の準備に入っていた。〈サン・ストリーク〉が向かおうとしている方向を、彼はよく思っていなかった。その年、サイキックに訓練できる非サイキックの候補者探しを手伝ってほしいと頼まれたが、断っていた。「訓練でリモート・ビューイングを強化できると示すものは何もなかった」と、マクモニーグルは語る。「（すでに天賦の才能を発揮したことのある）聡明な将校なら、上達するかもしれない」が、ほとんどの場合、ESPは生まれつきの能力で、作られるものではない。例外は、トム・マクニアーだ。情報将校で、スワンが一九八一年から教えた最初のふたりの訓練生のひとりだった。訓練をはじめるやいなや際立った才能を発揮したが、成長は遅かった。

ステージ6まで到達するのに、彼は約二年半もかかった。ステージ6では、訓練生はターゲットをリモート・ビューイングする方法を学び、その後ターゲットの三次元モデルを粘土《ねんど》で作る。マクニアーが作った粘土のモデルは、テーマも寸法もきわめて正確だったため、ターゲットの写真と一緒に国家安全保障会議のブリーフィングで使用されたほどだった。

全七ステージの訓練が終了するころには、訓練用ターゲットの特定がかなりうまくなっていた。スワンが同僚に「彼は私より才能がある」と漏らしたほどだ。けれど、マクニアーはもう部隊に残る気が失せていた。それについて、二〇一五年にこう説明した。「あのプログラムは波があって安定していなかった。資金がたっぷりあるかと思えば、突然底をついたりね。それに部隊のメンバーがふたりもがんで亡くなっていたし、仲間の訓練生で友だちだったロブ・コワートもがんで除隊になった。私が世間とまったく交わらず内にこもるようになったと、妻にも心配されてね。そろそろ前に進むべきだと思ったんだ。それで、転属を願い出た」。希望は受理され、彼は陸軍情報部で出世の階段を上りはじめた。二〇一七年現在も、まだ情報部で働いている。一九八五年、ペンタゴンは四一ページのマニュアル本「座標リモート・ビューイング、ステージ1〜4以上」を刊行した。二〇〇〇年に機密解除されたこのマニュアルを作成したプロジェクト将校の名は記載されていないが、作成者はトム・マクニアーだ。

スワンはなぜサイキックの素質のない軍職員が、訓練でESPを身につけられると主張したのだろうか？　答えは今もわからない。が、マクモニーグルには思い当たるふしがある。一九七〇年代末から一九八〇年代初期にかけて、「インゴはのっぴきならない状況に追いこまれていた。上層部は訓練の実施を早急に望んでいた。期限がかなり差し迫っていて、見切り発車になったんだろう」。このまちがった考えのせいで「部隊が崩壊することになってしまった」。皮肉なのは、DIAが心霊エネルギー現象プログラムを引き継ぐやいなや、スワンと袂《たもと》を分かったことだ。

一九八六年一月三一日、かつてスタブルバインの指揮下にあったリモート・ビューイング・プログラム（そのころまでに、暗号名「センター・レーン」に改称）は、ようやく正式に陸軍INSCOMからDIAに移管された。ジャック・ヴォロナはのびのびになっていた運営上の変更を実行した。部隊責任者と作戦将校は、軍職員でなく民間人になった。また、以前プログラムにかかわっていた軍将校が復帰するローテーションを認めた。さらに、訓練期間を二年から一年に短縮した。スワンから訓練を受けていたビューアーは、新たに採用されたビューアーのトレーナーになった。デームズはアトウォーターの補佐役になり、作戦将校としてビューアーを監督し、事務処理をおこなう。一九八六年当時、部隊には六人のビューアーと三人のタスカー（ビューイング・セッションをモニターする者）がいた。

一九八六年七月、アンジェラ・デラフィオラがここに加わった。彼女はサイキックを自称していたが、ほかのメンバーは全員、自分をサイキックではなく、リモート・ビューアーと見なしていた。両者はたちまち衝突したと、二〇一五年にアトウォーターは明かした。「そもそも彼女は不当な手段でプログラムに入ってきた。スタブルバイン少将本人に直談判《じかだんぱん》してね。そんなことは許されない」。アトウォーターにしてみれば、それは「陸軍の行動規範に反している。軍には規則があって、みなが従うことになっているんだ」。それがどういう意味なのかくわしい説明を求められると、彼はこう答えた。「兵士にとって神聖な指揮系統を、彼女はないがしろにしたんだ」。軍隊では、疑問や質問があれば直属の上官にしか尋ねてはいけない。上官が、質問を指揮系統のさらに上に伝えるべきか決めるのだ。デラフィオラがしたことは、アメリカのほぼすべての場所では普通のことだ。しかし、軍隊は別だ。それなのに、自分の目的を達成するために、いちばん有力だと思う人物に直行した。

スミスは、デラフィオラがサイキックを自称するのが何より腹立たしかったという。これにはほかの兵士も顔をしかめた。「わたしたちはリモート・ビューアーとして認めてもらおうと、フォート・ミードでこつこつ訓練を積んでいた。そうやってこの方法からオカルトという不快な烙印を取り除こうとしていたんだ」。デラフィオラのふるまいは、その努力を踏みにじるはた迷惑な行為にほかならない。「彼女はタロット・カード占いと、自動書記までしていた」。軍人で編成される部隊にとって「とてもじゃないが受け入れられなかった」。「部隊に残りたければ、そういう好ましくない習慣をやめなくちゃいけない、と彼女に伝えた」とアトウォーターも振り返る。では、メンバーがもっとも不快なことは何だったか？　それでもデラフィオラが自分に第三の目があると言い張ったことだった。

サイキックでありリモート・ビューアーであるアンジェラ・デラフィオラと上院外交特別委員会のクレイボーン・ペル委員長。ふたりのうしろにあるファイル・キャビネットには、フォート・ミード陸軍基地で実施されたリモート・ビューイングの研究および作戦の機密文書が入っている
Collection of Angela Dellafiora

〈サン・ストリーク計画〉のプロトコルに従って、デラフィオラは座標リモート・ビューイングの六つのステージの訓練を受ける必要があった。機密解除した文書は、訓練が彼女には意味がなかったことを示している。どうやらデラフィオラは表記記号を描いたり、ゲシュタルト〔形態。全体を部分の寄せ集めではなく、ひとまとまりとしてとらえた対象の姿〕を特定したり、ターゲットのモデルを粘土で作る方法を学ぶ必要などないようだった。透視する遠く離れたターゲットをあたえられると、両目を閉じて自称「第三の目」を開き、ものの数分でターゲットの場所に着いてしまった。これには作戦管理者とタスカーも穏やかならぬ気分になった。

　作戦将校のユージーン・レスマンとアトウォーターは、一九八六年一一月から交代でデラフィオラをモニターした。最初に担当したのはレスマンだ。特殊部隊の兵士としてベトナムに二度従軍しており、オカルトを蔑視していることが勇猛果敢な性格と同じくらい明らかだった。大柄でたくましい体つきにカイゼル髭をたくわえ、ベトナム時代の話によく花を咲かせた。戦域での最後の任務でベトコンのスパイをダナンに輸送中、その男が突然二重スパイだと正体を明かし、ヘリコプターのなかで発砲した。パイロットは死亡、レスマンも重傷を負い、機体は墜落しかけていた。レスマンは、緊急対応訓練の成果を発揮して、ベトコン戦士を殺害し、ヘリコプターを空軍基地に不時着させた。「ベトナムのことを訊かれると、嬉々として銃創だらけの上半身を見せていたよ」と、スミスは回想する。そんなレスマンが、リモート・ビューイング・セッションでデラフィオラを監督することになった。彼とほかの兵士は、彼女をまっとうなリモート・ビューアーに教育し直そうと考えていた。また、陰でひそかに彼女を〝魔女〟と呼んでいた。

リモート・ビューイング室は、ビューアーの気が散らないようにモノトーンで統一されていた。壁は灰色に塗られ、絨毯も灰色なら、デスクも椅子も灰色だった。また、監督者と音声のやりとりができるように配線が施されていた。ビューアーは、長椅子と歯科用椅子を合体させたようなリラクゼーション・チェアーに坐る。身体につけられたワイヤーは、呼吸、体温、脈拍などの生物学的データを記録する装置につながっている。タスカーは、廊下を隔てたモニタリング室でテレビ・モニターとマイク、録音・録画装置が収まった棚の前に腰を下ろす。今回の場合、ビューイング室にデラフィオラが坐り、頭につけたヘッドフォンを通じてモニタリング室にいるレスマンとやりとりをする。このグローバル・ビーコン・ターゲット・セッションを実施したときにレスマンが取ったメモが、機密解除されている。

「開始時間、午前一〇時」。記録はそのようにはじまっている。レスマンはマイクに向かって話しかけた。「これは、37°24'31N/122°10'41"にある人工の対象物だ。身体の力を抜いて。サンクチュアリに着いたら、言ってくれ」と指示を出す。「サンクチュアリ」とは、フォート・ミードの用語で安全な場所の比喩的な表現だ。ビューアーがセッションの最初に向かうマトリックスのどこかを指し、フォート・ミードでも実際のターゲットの場所でもない。レスマンはさらに指示を続けた。「サンクチュアリに着いたら、そこでもう一度座標を伝える。それを合図に、ターゲットに行って、心に浮かんだイメージを教えてくれ。全身の力を抜いて、きみの〝第三の目〟とやらの準備をするんだ」。レスマンとほかの者たちは、デラフィオラのそれを忌《い》み嫌い、「きみの〝第三の目〟とやら」と呼んでいた。

モニタリング室で、レスマンは密封された封筒を開けて、初めてターゲットを見た。それは一枚の写真で、彼だけが見ることができた。それから、デラフィオラに再び座標を告げた。今回のターゲットはスタンフォード・ディッシュといって、スタンフォード大学に近い丘陵地帯にあった。空軍が人工衛星との通信のために建設した、直径約四五メートルの巨大な電波望遠鏡だ。記録によると、レスマンはそのディッシュが「広い範囲に草が生い茂った大きな丸い丘に建っており、無数の金属の骨組みを組み合わせた同心円で構成されたアンテナ」だと知った。こうした説明は、ビューアーの描写のなかでタスカーが何を重視すべきかわかるように用意されていた。

　二〇一七年なら、グーグル・マップに前述の座標を打ちこめば、ほぼ瞬時にスタンフォード・ディッシュの画像が出てくるだろう。デラフィオラは一二分かけてサンクチュアリにたどり着き、そこからさらに三分でターゲットの場所へ到着した。一九八六年一一月までに、レスマンはリモート・ビューイングの作戦を七カ月間監督していた。ほとんどのビューアーは、リラクゼーション・チェアーで音楽を聴いたり瞑想をしたりして、ビューイング・セッションに入るまで少なくとも二〇分を要した。それからサンクチュアリに着くまで二〇分ほどかかることが多く、ターゲットにたどり着くのはさらに一五分から二〇分後だ。それに比べて、デラフィオラはただ早いだけでなく、飛び抜けて早かった。ターゲットに到着すると、二五分にわたってスタンフォード・ディッシュの座標で見たものを説明した。

　レスマンはメモにこう書いている。「ソース〔諜報員が情報源とするスパイを呼ぶときの名称。リモート・ビューアーもこのように呼ばれることがあった〕はターゲットについて以下のように説明した。広い開けた場所で、地面に緑と茶色のものが風に吹かれている（その通り!!）。この場所は孤立しているようだが、少なくとも大勢の人が見ることができる（その通り!!）。さまざまな三角形で構成されているが、円のイメージが強い（その通り!!）。全体的な雰囲気は丸みがあり、曲線や鋭い曲線もある（その通り!!）。この建築物の開口部か中心部分が重要のようだ（その通り!!）。主な目的は〝物〟を行ったり来たり移動させることらしい（その通り!!）。内部は熱いという印象を受けるが、燃えたり暖かくなったりしない非特異的な熱だ――電波だろうか？　身体がくすぐられる感じ（おそらくその通り!!）」

機密解除された公式作戦記録で、レスマンは畏怖《いふ》の念を隠せずにいる。ほとんどの場合、ビューアーは良好なシグナルを受け取るようになるまで、ノイズの多いセッションを何度か経験する。レスマンも、そのことがわかるくらいには長く作戦を監督してきた。たとえば、先ごろおこなったギザの大ピラミッドをターゲットにしたセッションでは、リモート・ビューアー007号が見たのは「液体、流動物……人口建造物、細い灰色の橋」だった。またマディソン・スクエア・ガーデンがターゲットの別のセッションでは、リモート・ビューアー023号が「病院の廊下」「石柱」「エジプトの神殿のなかの祭壇」を見ていた。訓練中のビューアーのセッション結果は、ほとんどが的外れだった。機密解除された数百枚の文書のなかには、溺れる者が藁《わら》にすがっているような描写がかなりある。

それにもかかわらず、デラフィオラはいちばん最初のセッションから大半のシグナルをとらえ、しかもノイズはほとんどなかった。レスマンは、「その物体に近づいて」、もっとくわしい情報を伝えるよう求めた。するとデラフィオラが笑いはじめた――「けたたましいクスクス笑い」と、記録に書かれている。

「幸せそうだな」と、彼は言った。

「草だわ、干し草よ！」と、デラフィオラがはしゃぎ声をあげた。

「何が楽しいのか、教えてくれ」

「あの建造物から離れちゃった。ごめんなさい」

「わかった」

「円《まる》いもののせいで、いらいらするの」と、デラフィオラが説明した。

「その円いものの用途を教えてくれ」

「用途は開口部よ。開口部なの」。そう答えると、彼女はまたクスクスと笑い出した。

「また笑ってるぞ」と、彼がたしなめた。

「何かがくすぐってる」

「それが何か説明しろ」

「わからないわ。円いものの下の部分が熱いの。その熱がくすぐったく感じるの」

そのとき、デラフィオラの声が「震え」はじめ、身体が揺れ出した。オカルトのような魔術を連想させる言動がはじまったため、タスカーたちはセッションの打ち切りを決めた。

「では、きみのサンクチュアリに戻るんだ」。レスマンはそう命じてセッションを終了した。それでも、彼女の透視は素晴らしかった。彼は6段階評価で5と採点した。

この結果は上官のアトウォーターに報告された。作戦記録によれば、デラフィオラの震える声と身体の揺れというオカルト的な癖を抑えるため、次のセッションでは新しいプロトコルが導入された。

今度のターゲットは、エッフェル塔だった。

「本日は、別のグローバル・ビーコン・ターゲットに取り組む」と、レスマンがマイクを通して告げた。「前回と異なる点をひとつ話しておこう。きみはセッション中に頻繁に身体を揺らし、声が震えはじめる」。座標リモート・ビューイングのプロトコルの完全性を保つため、「そういう行為はひかえなければならない。またそんなことが起きたら、〝集中し直せ〟と指示を出す。それを聞いたら、透視をやめて、もう一度ターゲットの場所を把握して、心のなかのイメージを修正するんだ。私が〝続けて〟と言ったら、報告を続けるように」。そう言ってから、レスマンは「集中し直せ」ともう一度繰り返した。デラフィオラは、今度は三分でサンクチュアリに飛び、四分でターゲットに到達した。「オーケー、建築物、建築物、三角形、もうひとつ三角形が見えるわ」と、彼女が言った。「その建築物について説明してくれ」と、彼が命じる。

記録によると、ここでデラフィオラの声が震え、身体が揺れ出した。

「集中し直せ！」と、レスマンが命令した。

デラフィオラは静かになった。

「続けて！」と、レスマンが指示した。

しかし、通信は途切れてしまった。デラフィオラのシグナルが切れてしまったのだ。

「何も見えないわ……」

二〇一六年に公開された文書を見せられたデラフィオラは、当時のセッションとともに、部隊の管理者とタスカーが軍の規則通りに情報を収集させようと躍起になっていたことを思い出した。「私にとっては、自分のやり方がいちばんうまくいくの。変えようとしたって無駄よ。それでも、エッフェル塔は当てるべきだったわ。あんなに大きいのに、どうしてエッフェル塔だとわからなかったのかしら?」

デラフィオラの三度目のグローバル・ビーコン・セッションは、一九八六年一一月二四日に実施された。彼女がリラクゼーション・チェアーに坐ると、レスマンがモニタリング室から座標を読み上げた。「今、座標を読んだ。きみがサンクチュアリに着いたら、もう一度読み上げる。では、リラックスして課題にそなえて。今度のターゲットは人工の物体だ」

セッションの日誌によれば、ターゲットはギザの大ピラミッドだった。多数の部屋と通路がある巨大な四角錐の大建造物だ。記録には次のような説明が記されている。「この古代の墓は、エジプト第四王朝のファラオ、クフ王(紀元前二八〇〇年)の墓として建てられた。かつては素晴らしい財宝が保管されていたが、何世紀にもわたって大部分が盗掘された。最近になって、考古学者がそれまで知られていなかったいくつかの部屋を発掘した。内部には色鮮やかな象形文字が描かれ、黄金や宝石で覆われた宝飾品など古代の遺物が大量に納められていた」

デラフィオラは五分でサンクチュアリに着き、そこから三分でターゲットの場所に行った。彼女が驚異的な記憶力で座標を暗記したとか、未知の方法で情報がわかったと言う者もいるかもしれない。ともあれ、メモを見ると、彼女が見たもの、そして細部の様子をすらすらと語ったことに、レスマンはまたしても驚きをあらわにしている。「ソースは、なだらかに起伏した、そよ風が吹く、やわらかくて温暖な地域だと説明した。これは、その場所の地理的概要と密接に関連している。また、この場所に少なくともふたつの建造物があり(その通り!!)、ひとつは〝巨大〟だ(その通り!!)と述べている。内部には〝長い通路の壁に動物、模様、顔の絵が描かれている〟とも説明した」。ピラミッドの部屋の壁に描かれた象形文字を指しているのは明らかだ。「ソースによれば、この場所の圧倒的なイメージのひとつは〝歴史と文化の保存〟だ。また、壁に描かれた人々は変わった服を着ており、〝文化と洗練、そして贅沢で遊んで暮らす人生〟で知られている（その通り!!）。さらに、その場所の周辺は多くの戦争と侵略が繰り返されてきた」。レスマンは、このセッションの評価に満点の6をつけた。

デラフィオラが「八杯のマティーニ効果」をもたらしはじめるまで、そう時間はかからなかった。彼女は平均して三分でサンクチュアリに、それから三分でターゲットの場所にたどり着くことができた。タスカーは、彼女の「催眠時の声」を矯正するのをやめて、見たものを自由に報告させるようになった。

翌月、部隊責任者のアトウォーターは、デラフィオラにひとつのセッションで「二重ターゲット」――互いに近い場所にあるふたつのターゲット――を透視させた。この技術は、CRV訓練を一年以上積まなければ習得できないとされていた。ひとつ目のターゲットは座標だった。アトウォーターは、モニタリング室でアメリカ第一八代大統領ユリシーズ・S・グラントの素朴な家の写真を見た。現在は修復されて、ミズーリ州セントルイス付近の観光地の公園にある国立史跡となっている。ふたつ目のターゲットは、そこから約二四キロ北東のゲートウェイ・アーチという約二〇〇メートルのステンレス製のモニュメントだった。

以下は、その作戦記録である。グラントの家で「ソースはまず、全体的に開放感のある、そよ風の吹く丘陵地に建つ建築物を描写した。〝四角くて、傾斜した、歴史的価値のある建物で、短くて低いフェンスに囲まれている。部屋が分かれているか、丸太を積み重ねているせいで分かれているように見える〟と、正しく伝えることができた。さらに、この場所はひとりの〝男に関係があり〟、目的は〝賞、勲章、展示を見て、歩き回り、眺めること〟だと正確に伝えた。また、建物が〝青い制服を着て、恐ろしい戦争にかかわった重要人物〟と関係があることも的中させた」

さらに、「ソースは、タスカーにとって興味深いふたつ目のターゲットに移動するように言われた。ソースは〝高くて圧倒される近代的なもので、鏡に映った像のように二等分されている〟と説明しており、実際の左右対称のアーチをきわめて正確に表現している」。アトウォーターはすっかり感服した。デラフィオラに最高点の6をつけて、次のように記した。「非常に簡潔な説明から、彼女がまちがいなく適切な場所に到達し、ターゲットの主な要素をアナリストが実際のターゲットと容易に関連づけられるように説明できたことがわかる」

情報収集作戦において、特定の場所の近くにある別の場所にアクセスできる能力は重要だ。たとえば、ビューアーがソ連のセミパラチンスクのような既知の軍事施設に送られたあと、その付近に興味を引くものがあるか尋ねられることがある。この考えは、キット・グリーンが座標を使ってCIAの秘密将校の夏の山小屋をリモート・ビューイングさせた最初の実験結果から生まれた。あのときパット・プライスがターゲットのすぐ近くにある国家安全保障局（ＮＳＡ）の極秘施設シュガー・グローヴを透視したのは、山小屋よりそちらのほうにはるかに興味を引きつけられたからだった。よく似たことが、デラフィオラの次のグローバル・ビーコン・セッションで起きた。このときあたえられた座標は、ワイオミング州のデヴィルズ・タワーだった。

デヴィルズ・タワーは、巨大な円柱形の一枚岩が自然に露出したものだ。頂上は平らで側面に柱状節理という垂直方向の割れ目が走っている。デラフィオラはこの場所に着いてタワーの特徴を正確に説明したあと、「(すぐ近くの)もっと禍々《まがまが》しいものに移動し、地下施設のような場所を透視しはじめた」と、アトウォーターは機密解除された記録メモに記している。当時、彼は付近に地下施設があることを知らなかったが、デラフィオラの説明が気になって、もっとくわしい情報を教えるように促した。彼女は、自分が見たものをこう説明した。「特別な場所みたい。手すりがあって円形で、いろいろなものがあって、たくさんのことが起きている。ドーム型の部屋がいくつかあるわ。冷え冷えとした場所で、検査や制御をおこなっている。すべすべした光沢のある物が見える。真新しくて革新的な物よ。その周りでたくさんの人が働いてるの」。この施設のいちばん重要な物は、「人工的で、硬くて、近代的ね。それに、飛んだり、揺れたり、回転したりするの。標識のある柵で囲まれてるけど、標識に書かれたことばまでは読めないわ。特別エリア……エネルギーかしら」。セッション終了後、アトウォーターは特別アクセス・プログラムを検索し、ワイオミング州内の極秘核施設の場所を調べた。その後の調査で、極秘扱いのペンタゴンの(地下)ミサイル格納庫がデヴィルズ・タワーからほど近い場所にいくつかあるのを発見した。セッションの評価は6。

連続しておこなわれたグローバル・ビーコン・ターゲット・セッションの最後で、デラフィオラはリモート・ビューイングの聖杯を手にした。英数字データにアクセスする能力だ。一九八七年二月四日、彼女は座標をあたえられ、こう告げられた。「これは新しいターゲットだ。これまで透視したことがない場所だ」。その後、二分でサンクチュアリへ、さらに五分でターゲットへ移動した。そこはケンタッキー・ダービーが開催されるチャーチル・ダウンズ競馬場だった。記録に書かれたように、「このダービーでは南北戦争前の服装でシャンパンで乾杯し、イチゴとクリームを食べる」。

デラフィオラは、ターゲットに着くと「たくさんの人がゲームをする素敵な場所」と描写した。その人々は「変装をしてるわ。コスチュームを着て……シャンパンで乾杯してる」という。さらに、食べ物の屋台があって、いろいろな匂いがするとも言った。「みんなが歩いたり、おしゃべりしてる。動物がいるわ。背が高くて、興奮している。外国の動物よ。人間が着飾って楽しんでるそばを、動物が歩き回ってるわ。動物たちは、人間にコントロールされてる。楽しみのために使われてるの。どんなに賢いか見せるためよ」

アトウォーターは、動物について説明するよう指示した。

「上に乗ってる感じがする。上下に動くの。速いわ。乗ってるように感じてるときは、風を感じられる。速く動けるって感じがするわ」と、デラフィオラは答えた。

もっと具体的な情報を求められると、その場所の名前を言った。「チャーチ。チャーチ」。それから「タウン。タウン。タウンよ。タウン」。チャーチル・ダウンズとよく似ている。

報告書を読んだグラフとヴォロナは、デラフィオラがきわめてまれな、傑出したビューアーだと知った。同時に、部隊の問題が浮き彫りになった。彼女が確かな情報を得られるのはサイキックだからで、軍のマニュアルでサイキックになる方法を学んだからではなかった。座標リモート・ビューイング・マニュアルは、サイキックになる方法を教えるために作成された。そうすることによって、軍内部の敵対勢力や超能力研究プログラムを黒魔術兵器、呪文、オカルトと断じた議会との問題を一部解決できると、ペンタゴンが考えたからだ。

政府が運営するプログラムは、すべての兵士に適用することを前提とし、訓練を基盤にしている。戦場で使う技術は、指導、学習、強化ができなければならないのだ。ひとりの人間に大きく依存する技術は、このプロトコルにそぐわない。そのために新しいプロトコルが導入された。同じターゲットを数人で透視する大規模リモート・ビューイングだ。これによって得た情報を作戦マネジャーが収集し、グラフに渡す。グラフは信頼できる情報を選び出して、上官のヴォロナに回す。最後に、ヴォロナがDIAのアナリストに意見を聞きながら、どの情報をクライアント——NSA、空軍、CIA、その他多数の軍および諜報機関——に伝えるかを決定するのだ。

一九八六年は、米ソ両方で先進技術兵器施設の大幅な増強がおこなわれた。当時のCIA副長官ロバート・ゲーツは、次のように思い起こす。「ソ連は、戦略兵器に応用できるレーザー、粒子ビーム、運動エネルギー、マイクロ波技術など、戦略防衛に適用できる先進技術を探求していた。じつに大がかりな取り組みで、大規模な研究開発施設と試験場が六カ所以上で建設された」。ゲーツは、ペンタゴンのもっとも強硬な心霊エネルギー現象プログラムの敵対者として知られていたが、CIAの全員が同意見だったわけではない。その証拠に、一九八六年から一九八八年にかけて、「われわれは諜報コミュニティの依頼で多くの施設のターゲットを透視した。その成功は、確固たる事実として認められている」と、グラフは語る。

これらのターゲットには、大規模リモート・ビューイングが適用された。クライアントから提供された座標を使って、フォート・ミードで数人が同じターゲットを透視し、部隊責任者と作戦監督者がそのデータから共通の脈絡を探して選り分けた。その後、もっとも期待できる成果を出したビューアーがターゲットに戻り、さらにくわしい情報を透視した。

〈プロジェクト8701〉では、当時ソ連中南部だったタジキスタンのドゥシャンベ郊外の座標を透視した。ビューアー全員が「不毛地帯の大きな建物の近くにある巨大な金属の建造物」を見たと述べ、正確だったと確認された。また、〈プロジェクト8704〉の座標では、防護服を着た作業員、密閉エリア、ニワトリとブタでいっぱいの家畜用檻が見えた。衛星写真により、この場所がソ連の化学・生物実験場であることが確認された。〈プロジェクト8609〉では、カザフスタンにあるソ連の極秘研究開発施設の情報を求められた。機密解除された覚書によれば、ビューアーたちは「弾道弾迎撃ミサイル試験場と一致する基礎構造を透視した」。この場所は、のちにシャリー・シャガンという弾道弾迎撃ミサイル、衛星攻撃システム試験場であることが明らかになった。〈プロジェクト8715〉

〈8716〉〈8717〉は、すべてCIAが依頼した施設がターゲットだった。この三つのプロジェクトのくわしい結果は、二〇一六年の時点でまだ機密扱いとなっている。

グラフとヴォロナは、ワシントンで、〈サン・ストリーク〉のリモート・ビューイングのタスキング・グループを統率した。機密指定から外れた覚書によれば、CIA、NSA、国家地球空間情報局（NGA）の代表者のほか、陸軍、海軍、空軍、沿岸警備隊、麻薬取締局の情報将校たちが毎回必ず出席していた。上院および下院諜報委員会の議会職員も一名参加した。ターゲットには、韓国の非武装地帯（DMZ）付近の地下トンネル、イランのシルクワーム・ミサイル発射施設、軌道投入に失敗したソ連の原子力衛星コスモス1900号などが含まれていた。CIAが局内深くに潜入した二重スパイ容疑者の情報を依頼したこともあった。機密解除された文書によれば、ターゲットはオルドリッチ・エイムズという、KGBの二重スパイになったCIAのアメリカ人アナリストだった。

グラフが取り組む課題は常に同じだった。重要な情報を見つけ出すために、どうやって情報量を絞りこむか？　一〇年にわたってデータを分析してきた経験から、シグナルとノイズを選別する感覚は身についたと自負していた。二〇一五年に彼はこう振り返った。「えこひいきをしているように見られたくなかったが、デラフィオラの結果は常に群を抜いていた」。彼は優先度の高いターゲットをデラフィオラに多くあたえるようになっていた。もっとも扱いに慎重を要するプロジェクトでは、わざわざフォート・ミードまで出向き、自らセッションを監督することもあった。彼女がこなす任務が増えていくにしたがって、部隊のなかの緊張も増していった。

デラフィオラ以外のビューアーは、作戦マネジャーのエド・デームズのもとで訓練にはげんだ。一〇〇以上の世界各地の歴史的建造物、橋、モニュメントなど、DIAが認めたターゲットを使ってスパイ活動のノウハウを身につけ、それを伸ばすことになっていたが、デームズはDIAのプロトコルにはない、変則的または荒唐無稽なターゲットへビューアーを送りはじめた。たとえば、アリゾナ州フェニックスの砂漠の地下や、火星にある「異星人の基地」のような、現実には存在しないか検証不可能な場所だ。アカシック・レコード、地球外生物の訪問、迫りくる世界の終末といった超自然的なテーマへの個人的な関心が、彼の仕事と部隊に日常的に入りこむようになっていった。

マクモニーグルが当時を思い起こす。「超能力《サイ》研究の難しいところをひとつあげると、本当ではないことを信じこむ可能性があるだけでなく、ときにその可能性がきわめて高いことだ。誰でもそうなる恐れがある」。ほどなくして、デームズのこうした行動がプログラムに重大な結果を招く。これほど皮肉な話はないだろう。DIAはリモート・ビューイングを神秘主義やスーパーナチュラルから切り離すために兵士が習得できる技術だと主張したのに、そうすることで逆に不合理さを示すことになったのだから。はっきりした理由はわからないが、デームズはビューアーに変則的なターゲットをあたえ、職権を乱用することができた。アトウォーターは二〇一六年に実施したインタビューで、当時の自分は退役をひかえて退役者向けの標準的な管理業務を任されており、デームズの変則的なターゲットのことはフォート・ミードを去ったあとまで知らなかったと述べた。グラフも、のちに記録が公開されるまでわからなかったという。しかし、グラフの代理のジム・サルヤーという男が、もっと大きな問題を提起していた。彼は、その問題のせいでデームズの変則的なターゲットをはじめとする厄介な状況が生じていると信じていた。

　サルヤーが作成した「極秘調査結果報告書」には、フォート・ミードの「既存の問題」の概要が以下のように記されていた。「ＳＲＩグループは超能力《サイ》現象の理解と研究に精通した科学者が運営しているが、陸軍のグループにはサイ現象を十分に理解している者や、リモート・ビューイングの研究または活用経験のある者がひとりもいない」。経験豊富な科学者は、フォート・ミードから南へ一時間も離れたワシントンの新しいＤＩＡ本部にいた。「フォート・ミードの部隊にいるのは、リモート・ビューイングをおこなうために選抜され訓練された陸軍職員だ。問題は、彼らが未評価の訓練プログラムに参加したとき、選定基準がまったくなかったことだ。これまでに訓練プログラムを修了した者はひとりしかおらず、その人物はすでに部隊を脱退している」。これはトム・マクニアーのことだ。「基本的に、フォート・ミードにいるのは素人の集団で、それを別の素人が指揮し、さらにまた別の素人が訓練している状況だ。どんな科学も、素人によって成功を収めることはできない。したがって、この集団が目を瞠るような成果を生み出さないのも当然である」

　サルヤーの破滅的な評価のせいで、部隊はのっぴきならない状況に追いこまれた。超能力研究プログラムに批判的な目が注がれたと、グラフは言う。「この文書がきっかけとなり、ＤＩＡはサイ／ＲＶ諜報コミュニティ作業グループを発足させ、ＣＩＡ、ＮＳＡ、国務省、いくつかの軍事作戦司令部が代表者を送りこんだ」。最終的に、「フォート・ミードの隊員はＤＩＡの管理下に置かれることになった」。しかし、それまでに部隊はますます暴走していった。

第二〇章
ひとつの時代の終わり

一九八〇年代半ば、昔ＣＩＡのためにスタンフォード研究所（ＳＲＩ）で超常現象《パラノーマル》に取り組んだパイオニアたちの人生が、ひとつの区切りを迎えた。生命科学局長の科学者キット・グリーンはＣＩＡを退職し、中国にあるゼネラル・モーターズ（ＧＭ）社のアジア太平洋事業部に入って、中国科学院のメンバーになった。数々のサイコキネシス（ＰＫ）実験をおこなったハル・パソフはＳＲＩを去り、テキサスの私設研究財団オースティン高等研究所の所長に就任した。政府のプロジェクトは、同僚のエドウィン・メイが引き継いだ。パソフとともに超能力研究プログラムに携わったジャック・ヴァレは契約していたＳＲＩチームを辞職し、シリコン・バレーでハイテク専門のベンチャー・キャピタリストとして新たなキャリアをスタートした。ユーロ＝アメリカ・ベンチャーズ社の無限責任社員として計六〇の新興企業の初期投資を主導し、そのうち十数社がＩＰＯまたは買収によって株式公開を果たす。

成功を収めた者がいる一方で、辛酸をなめる者もいた。アポロ14号の宇宙飛行士エドガー・ミッチェルの人生は、順調とは言いがたかった。相変わらずESPと意識の研究に没頭し、そのせいで絶えず記者の餌食《えじき》にされていた。レーガン政権が戦略防衛構想〈スターウォーズ計画〉を発表すると、ミッチェルは宇宙の兵器化につながると批判の声をあげはじめた。大統領自ら指揮をとる野心的な宇宙兵器計画に、元宇宙飛行士が真っ向から異を唱えたのだ。おかげで彼は、軍と防衛科学界から疎外されることになった。ミッチェルを報じるニュース記事は、必ずと言ってよいほどかつて宇宙でおこなったESPテストに触れて、彼の名誉を貶めた。

一九八五年には、ミッチェルが父親確定訴訟を起こされたというニュースが報じられた。子供の母親は、彼と不倫関係にあったプレイボーイ誌の元プレイメイトだった。ミッチェルは子供の父親であることを否定し、訴訟を「父親確定を装ったゆすり」だとはねつけた。大勢のメディアが押し寄せ、血液検査の結果、彼が本当に父親だと判明すると激しいバッシングがはじまった。それに対してミッチェルは自分の苦境をメディアのせいにしようとした。「あの報道で私の信用と評判は地に落ちた。おかげで収入のほとんどを失った」。その発言が、さらなる非難を呼んだ。南フロリダの主要日刊紙サン・センチネルはこう揶揄した。「エドガー・ミッチェルは、アメリカの英雄として月面に足跡を残し、その後、評判を地に落とした。より深遠なものを理解しようと努めながら、波乱続きの人生を送っている」。実際のところ、五つの訴訟に巻きこまれ、自宅は立ち退きの危機に瀕していた。結婚生活も破綻し、二度目の離婚が目前に迫っていた。ほかにも多くのニュースが取りざたされた。彼は記者に「自殺を考えたこともある」と語り、人生が「めちゃくちゃになった」ことを嘆いた。

反ＥＳＰ・ＰＫの十字軍、ジェームズ・ランディも苦渋を味わっていた。一九八六年、彼はマッカーサー財団から二七万二〇〇〇ドル相当の助成金を獲得したが、ニューヨーク・タイムズ・マガジン〔ニューヨーク・タイムズ紙の日曜版〕によれば、ほとんどがユリ・ゲラーに起こされた名誉棄損訴訟の裁判費用に消えてしまった。創設にひと役買った「超常現象を科学的に究明する会」（ＣＳＩＣＯＰ《サイコップ》）から、事実に反するコメントをやめるよう諫《いさ》められたが、耳を貸そうとしなかった。しまいには、執拗な反ユリ・ゲラー運動のせいでサイコップを辞める羽目になった。記者のアダム・ヒギンボタムによれば、「人前でゲラーの話をしないように役員たちが告げると、ランディは烈火《れっか》のごとく怒り出し、辞表を叩きつけた」という。

一方、ユリ・ゲラーの人生は順風満帆《じゅんぷうまんぱん》だった、一九七〇年代のほとんどと一九八〇年代の初めまで脚光を浴び続け、一九八五年からはプライベートと家族との時間を優先するようになった。しばらくのあいだコネティカット州スタンフォードで妻のハンナとふたりの幼い子供と暮らしていたが、少し前にイギリスに引っ越した。このころには、石油会社と鉱山会社のために鉱脈を探り当ててひと財産を築いていた。そのとき使ったのはマップ・ダウジングで、一九七〇年にイスラエルの国防大臣モシェ・ダヤンのために用いたテクニックと同じだった。クライアントには、メキシコの国営石油企業ペメックス、イギリスの鉱物資源企業グループのリオ・ティント・ジンク〔現リオ・ティント〕、オーストラリアのザネックス有限責任会社などが名を連ねていた。フィナンシャル・タイムズ紙によれば、ゲラーのマップ・ダウジング料は一〇〇万ポンドで、これまでに少なくとも一一のダウジング・プロジェクトにかかわったことが知られている。二〇一七年の収入の合計は、約三五七五万ドルに及ぶという。相変わらず多数の政府の情報源と連絡を取り合い、ときおりＦＢＩの行方不明者の捜索を手伝っていた。これは、ゲラー本人が述べたことだ。

一九八七年一月のある日、ワシントンにある国務省のマックス・カンペルマン大使のオフィスから電話がかかってきたと、ゲラーは言う。カンペルマンは、二年前からジュネーヴではじまったソ連との核・宇宙兵器交渉のアメリカ交渉団の団長を務めていた。電話の内容は、特別な依頼をしたいのでカンペルマンとロンドンで非公式に会ってほしいとのことだった。この電話の真偽を独自に確認することはできないが、シピ・シュトラングが撮った写真に、ロンドンとおぼしきオフィス・ビルの外でゲラーとカンペルマンが握手をする姿が写っている。「彼は、私が少し離れたほかの人間に、精神力でよい影響をあたえられるかどうか知りたがった」と、ゲラーは言う。

翌月、ジュネーヴのアメリカ大使館のレセプションに招待された。招待客には、ソ連とアメリカの兵器交渉者とその妻たちもいた。ふたつの核保有超大国は東ヨーロッパに配備されたソ連の地上発射弾道ミサイルと巡航ミサイル、中距離核戦力（ＩＮＦミサイル）の撤去をめぐって何年も交渉を続けており、ようやく終わりが見えてきたところだった。三カ月前にアイスランドのレイキャヴィクでロナルド・レーガンとミハイル・ゴルバチョフの首脳会談が実現したが、最近になって協議は行き詰まっていた。ジュネーヴの交渉には国家の命運がかかっており、カンペルマンはその中心的な役割を担っていた。

ゲラーは飛行機でジュネーヴに赴き、車でアメリカ大使館まで送られた。レセプションにはすでに五人の上院議員が到着していた。アル・ゴア、アーレン・スペクター、クレイボーン・ペル、そしてカンペルマンとアンソニー・レイク国家安全保障担当大統領補佐官の顔もあった。「記者に見つかったら、余興として呼ばれたと話すように言われていた。軍縮会談に余興だなんて聞いたこともないけどね」と、ゲラーは当時を振り返る。彼の秘密の任務は、ロシアの第一外務次官でソ連側の主要兵器交渉者ユーリ・M・ウォロンツォフに関係していたという。ウォロンツォフの近くに立って彼に念を送り、INF条約に署名させるように指示されていた。ばかげたことに聞こえるかもしれないが、二〇〇九年にイギリス人ジャーナリストのジョナサン・マーゴリスが、ロードアイランド州のペルの自宅を訪れ、事実だと確認している。

レセプション会場で、ゲラーはウォロンツォフの姿を見つけた。ウォロンツォフはペル上院議員の妻ヌーラと話しこんでいた。ゲラーも会話に加わった。「すぐにウォロンツォフが好きになったよ。彼からはまったく敵意が感じられず、楽しいくだけた会話がはじまった。世界情勢全般とか、ひとりひとりの意識や心から平和を望む気持ちだけで状況を変えられるとか、いろいろな話をした。ウォロンツォフは私のことを知っていたし、私はエンターテイナーとしてきたのだから、みんなを楽しませたほうがいいと考えた」。そこで、念じるだけで針を止めてみせたいから時計を貸してほしいとウォロンツォフに頼んだが、断られた。「それで、手のひらに植物の種をのせてぎゅっと握り、強く念じて発芽させる、というのを披露することにした」

ヌーラ・ペルはのちにこう語っている。「ユリが手のひらに植物の種をいくつか置いたら、芽が出てきたの。彼はそれをわたしたちみんなの前でやってみせた。とても信じられなかったわ。その場にいた全員が唖然としてた。ロシア人たちはショックを受けたみたい。信じていいのかわからない、という顔をしてたわ」。最終的に、ゲラーはカンペルマンに頼まれていたことを実行した。「ウォロンツォフに近づき、彼の背後に立った。そして彼の後頭部をじっと見つめながら、〝署名しろ、署名しろ、署名しろ〟と心のなかで繰り返した」

七日後の一九八七年三月六日、ロナルド・レーガンは世界に声明を発表した。「たった今、カンペルマン大使、グリットマン、リーマンと会い、ジュネーヴでおこなわれた核・宇宙兵器交渉の報告を聞いた。ソ連が先ごろ、INFミサイル削減合意を進めることを申し出た。アメリカと同盟諸国がずっと待ち望んでいたことだ」。それが今、とうとう実現したというわけだ。「彼らは署名したんだよ」と、ゲラーは思い起こす。「もちろん、こんなに重大なことがすべて私のおかげだなんて言うつもりはないさ。でも、〝あれ〟は効いたんだ。〝あれ〟が何かはわからないけど」

二カ月後、ペルから連邦議会議事堂で秘密会議をするのでワシントンにくるように言われた。会議は、議事堂のドームがついた円形の建物の最上階にある機密情報隔離施設（SCIF）でおこなわれた。「その席で、誰かの心にひとつの考えを植えつける能力について尋ねられた。きっとウォロンツォフに何が起きたのか知りたかったんだね。だからその場で私の能力を披露した。ある上院議員とテレパシーのテストをして、スプーンも曲げてみせた」。ジョン・アレグザンダーは、最前列に坐って見ていた。「そのころにはマジシャンにスプーンの曲げ方を教わっていたし、ジェームズ・ランディのスプーン曲げのビデオをコマ送りで見てもいた」と、アレグザンダーは語る。「ユリは、物理的な力を使わずにスプーンを曲げたよ。そのあと、スプーンを私のすぐ前にある椅子に置いて、話の続きをはじめた。彼が話すあいだもスプーンは曲がり続け、床に落ちた」。アレグザンダーはスプーンを拾って、自宅に持ち帰った。この会議は秘密のままにされるはずだったが、一九八七年五月四日にアメリカの雑誌USニューズ＆ワールド・レポートで暴露された。同誌のコラム「ワシントン・ウィスパーズ」は、「連邦議会議事堂の屋根裏の円天井の部屋にイスラエルのサイキック、ユリ・ゲラーからソ連の戦略的意図を聞くために政府当局者が集合した」と、皮肉った。

何人かの当局者から自宅でこっそり会ってほしいと頼まれたと、ゲラーは語る。こうした内密の会合が、どれもまったく同じであることに驚かされたという。「みんな自分のことを知りたがった。自分のキャリアについて、将来自分に何が起こるのかをね」。迷信を信じる者は大勢いる。公に認める者もいるが、大半はそうではない。運命、神の摂理、天命といった人知を超えたものに引かれるのは、人間として自然なことだ。ゲラーは、アル・ゴアの自宅を訪れ、いつか大統領に選出されると告げたことを覚えているという。確認のため本人に連絡すると、元副大統領はコメントを拒否した。

翌年、占いと国家安全保障のつながりが再びニュースで取り上げられた。今度はアメリカ大統領がかかわっていた。一九八八年五月、ドナルド・T・リーガン元大統領首席補佐官が回想録で、レーガン大統領が在職中におかかえ占星術師の助言をあおいでいたと明かしたのだ。「私の首席補佐官時代、レーガン夫妻の重要な日程や行動は、すべてサンフランシスコに住んでいる女性占星術師と相談して決められた。彼女は占星図《ホロスコープ》で、惑星の位置がよいかどうかを調べた」。この意外な新事実に人々は仰天した。ホワイトハウスのマーリン・フィッツウォーター報道官が、カメラの前で事実だと認めると、衝撃はさらに広がった。

「レーガン大統領とナンシー夫人は、ふたりとも占星術に深い関心を持っている」とフィッツウォーターは述べた。一方で、ワシントン・ポスト紙の記者サリー・クインのように、内輪の人間は知っていたと言う者もいた。「レーガンが（大統領に）選出される前から、夫婦で占星術師のところへ通っているのは知っていた。世間がこれほど驚いてショックを受けているることにびっくりしたわ」

占星術師は、ジョーン・キグリーというサンフランシスコの社交界の有名人だった。大統領のために星図を作成していたことが明らかになると、世間の関心はキグリーに集中した。彼女の回想録『ゴルバチョフ＝レーガンを操った大占星術師』（山内雅夫訳、徳間書店）には、「ローマ皇帝の時代から、アメリカの歴代大統領のなかで占星術師が国政においてこれほど重要な役割を果たしたことはない」と書かれている。大統領は、UPI通信社の記者にサイキックに未来を予知できると思うかと尋ねられると、「完全に否定しきれない。そういう人たちがいるだろうと聖書にも書かれている」と答えている。

国防情報局（DIA）も、〈サン・ストリーク〉の旗印のもとで、予言的能力を軍事情報収集に使う可能性を調べていた。この秘密プロジェクトは、予言《プロフェシー》の頭文字のPをとった〈プロジェクトP〉

という暗号名の特別アクセス・プログラムで、リモート・ビューイングを将来の予見手段として活用する可能性をグラフとヴォロナが研究していた。機密解除された文書にも「リモート・ビューアーが完全な予言モードで透視できるかを判断し、実用性を評価する」とある。

一九八七年当時、ペルシャ湾はきわめて危険な場所であり、ベトナム戦争以降最大のアメリカ海軍力が集結していた。機密指定から外れた同年冬の〈サン・ストリーク〉報告書には、こう書かれている。「将来起きる出来事が近づいたときに透視をすると、重大事件（ケネディ大統領暗殺など）を予言する可能性が高まるかもしれない、と考えて、四人のビューアーがペルシャ湾における諜報上の重要な出来事に対し〝自由飛行《フリーフライト》〟を実施した」（「自由飛行」とは、ビューアーがタスカーの手を借りずに透視をおこなうことを指す）。しかし、結果が実際の出来事との「関連性が薄かった」ことが報告されると、「プロジェクトPへのビューアーの熱意は目に見えて弱まった」。DIAによれば、レビューをした結果、「このプロジェクトは、徹底的な見直しが終わるまで一時中断を提案された」という。

フォート・ミードのリモート・ビューアーは、やるべきことを山のように抱えて多忙な日々を送っていた。外国施設をターゲットとするセッションに加えて、〈プロジェクトN‐1〉という新しい方法が編み出されつつあった。この新しい実用性評価では、ビューアーが遠く離れた場所の文書を読み、「内容のほとんどを突きとめる」能力をテストした。目的は、外国の文書を透視して「ほどほどの成功率で」報告することだった。公開された文書によれば、訓練セッションで「（テスト用）文書のかなりの内容をうまく説明し、それを補助する絵を描いた」ビューアーはふたりしかいなかった。そのひとりがアンジェラ・デラフィオラだったことをグラフは認めた（もうひとりのビューアー番号は明記されておらず、確認が取れなかった）。当然のことながら、〈プロジェクトN-1〉の作戦任務の多くを彼女が担当し、そのあいだほかのビューアーはエド・デームズと訓練セッションを続けるよう指示された。その結果、デームズがビューアーに変則的なターゲットを透視させることがますます増えた。

機密から外れた文書によれば、一九八七年にデームズはUFOとの遭遇や宇宙人による誘拐で有名な場所を数十カ所も透視させていた。隊員の多くが「エド・デームズの不正行為にうんざりし、地球外のターゲットを次から次へと示されるのに苛立っていた」とスミスは話すが、公文書からは彼の愚行がハーメルンの笛吹き効果を発揮して、多くのビューアーが言いなりになっていたことが見てとれる。これは機密解除された数百ページに及ぶ記録にも明らかだ。

たとえば、オクラホマ州クレアモアの銃の博物館J・M・デイヴィス・アームズ・アンド・ヒストリカル・ミュージアムをターゲットに指定し、そこで起きたと言われる宇宙人の「訪問」について情報を集めるよう指示した。セッション記録によれば、宇宙人は人間の兵器技術を学ぶためにこの博物館を訪れたと思われる。銃の展示室には、「一三〇〇年代の鉄砲」や、「パンチョ・ヴィリャやプロティ・ボーイ・フロイドが使った」鉄砲もある。また別の例では、一九八七年六月二三日にビューアー「LB」を過去に送りこみ、テキサス州ミッドウェイのメソジスト派牧師館で「午前零時から夜明けまでの数時間に起きたとされるＵＦＯとの遭遇と誘拐」について尋ねさせた。このビューアーは、セッションに二時間六分も費やし、「赤と黒のギーギーと耳ざわりな音をたてる鋭い先端」がびっしりついた「楕円形の物体」と接触した。また、そのあいだしばらく体が麻痺したように感じており、「半固形の液体にはまりこんで身動きが取れなくなった」と述べている。デームズの記述によれば、彼は宇宙人最高銀河評議会という地球外生物の集団が地球を支配しようとしている、という自説を裏づけようとしていた。そのためにビューアーの力を借りて、アラスカのヘイズ山や、南アメリカ、アフリカなどに作られた宇宙人基地を特定しようとしていたのだ。

変則的なターゲットはＵＦＯにかぎらなかった。ビューアーは、ミステリー・サークルを調べたり、アトランティスの幻の都市を探したり、「契約の箱〔十戒を刻んだ二枚の石板を納めた箱〕」を見つけるように指示された。ビューアー０３２号は、過去に戻ってケネディ大統領暗殺の真犯人を捜査したり、紀元前七九年ごろのローマの円形競技場《コロセウム》で剣闘士の試合を観戦した。これらの突拍子《とっぴょうし》もないターゲットのデータを見たある氏名不詳の指揮官は、「検証不能。評価不能。グラウンド・トゥルース（軍隊用語で確固たる真実のこと）ではない」と記し、ファイルをしまいこんだ。

独立班Ｇの新指揮官ウィリアム・クセナキス中佐が本物ではないターゲットをあたえないようにデームズに命じたとスミスは言う。アトウォーターは、納税者の税金を使ったデームズのうわついた行動は許されないが、一〇年間リモート・ビューイング部隊で変わったふるまいを十二分に見てきたので、これらのターゲットはそこまで常軌を逸していないと話す。数カ月後に退役を控えていた彼も、独自の超自然的なアイデアを膨《ふく》らませていたが、仕事の妨げにはならなかったという。そのころ、彼はモンロー研究所の敷地の一区画を購入したばかりだった。のちに同研究所の所長に就任し、「ヒューマン・プラス」セミナーを指導し、非物質的な存在――モンローの作品によれば「遠い未来の住人」――とコミュニケーションする方法をクライアントに教えることになる。そんな彼の個人的な信念からすれば、デームズの発想はそれほどタガが外れていなかった。だが、アメリカ軍のプロジェクトにふさわしいかどうかは別問題だ。

一九八六年一一月二六日、デームズはスミスに土星の衛星のひとつ、タイタンを透視するように命じた。地球外生物に関連するセッションだとは知らせなかった。〈サン・ストリーク〉の作戦記録にある本人の記述によれば、目的は宇宙人がそこに住み、働いていた証拠を見つけることだった。スミスはターゲット・エリアで「土地、水、いくつかの建造物」を透視し、デームズはそれを土星の「監視所の一部」だと確信した。変則的なターゲットへ送られたと知ったスミスは、猛烈に腹が立った。二〇一六年に彼はこう訴えた。「忘れないでほしいんだが、ビューアーであるおれたちは本当のことを知らされなかった。ターゲットは秘密にされていたからね。デームズが送りこんでいるのが実在する場所なのか、特異な場所なのかさえ知らなかった。彼は作戦マネジャーだったから、従わざるをえなかったんだ」

デームズの暴走は、とうとうDIAの科学技術部の主任科学者、ジャック・ヴォロナの耳に入った。ヴォロナはしかるべき措置を取った。本来なら退役するアトウォーターにデームズが取って代わる予定だったが、それを認めずに、部隊責任者を民間人に任せることにしたのだ。新しい責任者にはテヘラン人質事件のときの元ビューアー、フェルナンド・ガーヴィンが任命された。ガーヴィンは、アメリカ陸軍情報保全コマンド（ＩＮＳＣＯＭ）で文民として人的情報収集（ＨＵＭＩＮＴ）に従事していた。

　部隊の士気が下がるなか、デラフィオラへの非難がやむ気配はなかった。一部では、「彼女は映像記憶の持ち主だ。地球の座標を暗記しているから、気味が悪いほど正確に透視できるのだ」と言われていた。そこで新しいプロトコルが導入された。新しいといっても、もとは一九八五年にＳＲＩの科学者が考案した方法だ。ビューアーは〝暗号化された座標〟をあたえられることになった。「たとえば、〝二〇度、三四分西、四八度、一三分〟をプログラマブル計算機〔利用者がプログラミングができ、かつそのプログラムを変更できる計算機〕に入れると、７３０８　２１５９と出てくるんだ」と、スミスが説明する。実座標は実際の場所と同義なので、いくつかの座標は作戦マネジャーたちもよく知っていた。暗号化された座標なら、無意識または意図的にヒントをあたえてしまう可能性を排除できるというわけだ。

　一九八七年末か一九八八年初めごろ、部隊の全員があるミーティングに招集された。〈サン・ストリーク〉史上初めて、座標リモート・ビューイング（ＣＲＶ）以外の新しい訓練テクニックが加えられることになったのだ。それは「書記リモート・ビューイング（ＷＲＶ）」と呼ばれた。スミスは背筋がぞっとしたという。「書記リモート・ビューイングは、オカルトにある自動書記のことだった」。二〇一五年のインタビューで、なぜ我慢できなかったか理由を説明した。「新しい方法は、ひとことで言えばチャネリングだったんだよ」。彼はもう何年も座標リモート・ビューイングの訓練を受けてきた。訓練には六つのステージがあり、それぞれのステージで特定のテクニックを習得するが、そこに自動書記は入っていない。それなのに、まるで魔法の杖を振ったみたいに新プロトコルとして現れた。デラフィオラが裏で手を回したにちがいない。スミスはそう確信した。

数あるオカルトのなかでも、チャネリングはもっとも批判が多い方法のひとつだ。一般的には、チャネラーと呼ばれる人間が、日常ではない別の次元の存在や力を通して語ることを指す。チャネラーは霊媒であり、予言者と同類だ。古代史でもっとも有名な予言者、デルフォイの巫女《みこ》は、トランス状態で王や将軍のために情報を伝えた。国家安全保障にきわめて重要と見なされ、紀元前五八五年の第一次神聖戦争ではその支配権をめぐってギリシャのさまざまな部族が戦った。歴史家ヘロドトスは、リディアの王クロイソスが紀元前五六〇年にデルフォイを訪れ、次の征服地をどこにすべきか神託をあおいだと記している。

霊媒、巫女、予言者の活動は数千年にわたって続いてきたが、一九七〇年代半ばにジェーン・ロバーツという若い詩人が、自分のチャネリング体験をもとに書いた『セスは語る』（紫上はとる訳、ナチュラルスピリット社）がベストセラーになってから古くさいイメージがなくなった。それから一〇年後、チャネリングは再び表舞台に戻っていた。フォート・ミードで書記リモート・ビューイングが導入されたころ、ABCテレビでは女優のシャーリー・マクレーンの自伝をもとにした五時間の連続ドラマ〈アウト・オン・ア・リム〉が放送されていた。自伝には、マクレーンと霊媒やチャネラーの交流も記されていた。マジシャンのランディはチャネリング・ブームに憤慨し、またもや一計を案じた。今度はカルロスという若者を偽物のチャネラーを仕立て上げ、大衆がいかに騙されやすいかを証明するためにオーストラリアを巡回公演させたのだ。宣伝資料にはこう書かれた。カルロスはホセ・アルヴァレスという若いアメリカ人アーティストである。彼は二〇〇〇年前の人間の霊と交信できる。その霊が最後に現れたのは一九〇〇年で、ベネズエラの一二歳の少年の身体のなかだった。オーストラリア中が、カルロスのでっち上げにまんまと引っかかった。アメリカのCBSテレビ番組〈60ミニッツ〉でこのぺてんがばらされると、オーストラリアの報道機関は一様にかつがれたと感じた。ランディいわく、「観客は騙されやすく、ジャーナリストは仕事をさぼっている。ホセ・アルヴァレスの話が事実かどうか、誰ひとり確認しようともしなかった」。ランディは正しかった。人は簡単に騙される。

フォート・ミードのミーティングで、書記リモート・ビューイング（自動書記）の導入を知ったスミスは怒りだした。自動書記はチャネリングと同義であり、チャネリングはオカルトだと彼は抗議した。さらに、保全許可を持つペンタゴンの職員として、自分には情報源を知る義務がある、と訴えた。「（自動書記をさせる力の存在が）嘘つき、いたずら好き、悪人じゃないとどうしてわかる？」。誰が彼らを情報資産として念入りに調べたんだ？　「テーブルを囲んだメンバーも、ほぼ全員が私と同じ不安を抱いていた」。彼に言わせれば、デラフィオラは過分な称賛と注目を浴びていた。そのうえ、規則を実質的に書き換えることまで許されているようだった。自分も陸軍の役に立ちたいと思った。

デームズとイカれたターゲットを透視することにもうんざりしていた。

一九八七年五月一五日、スミスはデームズに肩を叩かれ、セッションをするのでビューアー室にくるように言われた。「プロトコルでは、どんなセッションをするか尋ねることは禁じられていた」と、スミスは思い起こす。きっとまた変則的なターゲットをあたえられるのだろう。実在しない場所と物を透視するのだ。そう思った。

二五六〇棟へ行き、ビューイング室に入った。ソニーのウォークマンをつけると、ハードロックのミックス・テープの再生ボタンを押した。大好きなバンドのAC／DCの曲が流れはじめ、二番目に好きなガンズ・アンド・ローゼズが続いた。部屋の照明が落とされ、耳のなかで激しく打ち鳴らされる音楽を聴くうちに、だんだん体がリラックスしてきた。二〇分ほどのクールダウンが終わるとデームズが部屋に入ってきて、長いテーブルの一方の端に腰を下ろした。スミスも寝椅子から降りると、デームズの向かいに坐った。スミスをはじめ一部のビューアーは、セッション開始前に気がかりなことを書き出すことになっていた。そうやって課題への集中を妨げる心配の種を追い払うのだ。この日のスミスのリストは長かった。車が故障ばかりするうえに、請求書の支払いがたまっていた。妻は二週間前に出ていき、三人の子供は動揺し、混乱していた。〃にっちもさっちもいかない状態〃とはこのことだ。心のうちを吐き出すのは気分がよかった。リストを書き終えると、デームズは日時を作戦記録に書きこんで、セッションをはじめた。一九八七年五月一五日午前一〇時二三分。最初に座標が示された。

「陸地、水、建造物」が見えてきた。スミスはそれを口にしてから書きとめた。金属がぶつかり合うカーン、カーンという音が聞こえ、かすかな匂いがした。「セロリを炒めた」ような匂いだ。しばらくして、「脅威」と「面食らう」と書いた。手が自然に動きはじめ、急な階段のついた塔のような高い建造物を大まかにスケッチした。それから、「高い」と「兵器」と書きこんだ。水がある。これは大型船だ。アメリカ海軍が関係している。機密解除された記録で、スミスは同じような絵を三枚描いている。どれもフリゲート艦か軍艦に装備されるレーダー塔とそっくりだった。

「兵器、水、支柱、突き出したもの、転桁索《てんこうさく》、装置、レーダー」。スミスは立て続けに書いた。デームズに目をやると、プロトコルにも実験室の管理条件にも注意を払っていないようだった。「彼は見るからに退屈してた。頬杖をついて、目の前の課題シートをぼーっと見つめてた。私が何を伝えても興味がないようだったよ」。デームズの様子から、ＵＦＯに関係ある場所ではないとわかった。それまでも、ＵＦＯ、宇宙人、未解決のミステリーと無関係のセッションでは、つまらなそうにしていることが多かったからだ。

　スミスは、ターゲットの場所で見たものを報告し続けた。その大型船は「移動構造」だった。「待機と観察」と、それが何を意味するにせよ「磁気エンベロープ」と関係があるようだった。「大勢の人」が見え、「タスキング」ということばが浮かんだ。「船のＰＳＰ〔穴あき鋼板〕滑走路か飛行甲板を思わせる」と書きとめた。その後、劇的な変化が起きた。「ものすごい大音響だ」と言うと、「ズズズズッという音」と書き入れた。「思いもよらないことが起きたみたいだ。予想をはるかに超えた事態。ものすごい影響。ドーム状の光。誤認。偶然に見せかけている出来レースみたいだ」。そう声に出してから「混乱」と書いた。何かが起きたのだ。ターゲットは場所ではなく、ある出来事、なんらかの事故だった。メモにはこうも書かれていた。「航空機が関係している。アメリカの船……強烈な光で目が見えない乗組員と壊れた電子機器」

課題を終えると、本部の建物に戻り、署名してから退出し、自宅へ帰った。月曜日の朝、子供たちに学校の支度をさせていると、電話が鳴った。アトウォーターからだった。興奮した声で、金曜日の朝のセッションのメモがどこにあるか尋ねてきた。スミスは、規則通りオフィスの金庫のなかにしまってある、と答えた。アトウォーターは、すぐにオフィスにくるように言った。

スミスがオフィスに到着すると、デスクの上に新聞が置いてあった。見出しには「米海軍フリゲート艦スタークで二八人死亡――防御せず――海軍〝理由は不明〟」とあった。スタークは、スミスがデームズにあたえられた座標付近、イラン・イラク戦争除外水域の境界に近いサウジアラビア沖を哨戒中、イラク機が発射した二発のミサイルに被弾した。アメリカ水兵三七人が死亡し、二一人が負傷した。理由はわからないが、船の電子戦支援システムがミサイルの飛来を探知していなかった。イランのミール・ホセイン・ムサヴィ首相は、事件を「神の恩恵」と呼び、ペルシャ湾は「超大国にとって安全ではない」と警告した。

スミスは自分が書いたメモを見直した。信じられない気分だったという。戦艦スタークの事件を、それが起きる五〇時間も前に感知していたなんて。最近はリモート・ビューイングにかなり入れこんでいたし、結婚生活も行き詰まっていた。現実に対する感覚が変わっていたのは確かだ。でも、予知だって？　起こる前の出来事を見る？　なんと言っていいのか、ことばが見つからなかった。「私が見たイメージは現実のように思えた。その出来事を身代わりで体験してるみたいにね。でも、実際にはまだ起きていなかったけれど」

スミスの予知的なリモート・ビューイング・セッションの詳細はアトウォーターによって指揮系統の上へ送られ、DIAで分析された。しかし、何の反応もなかったという。DIAが予知能力を軍事情報収集ツールとして使う可能性を研究し、リモート・ビューアーに「ペルシャ湾での海外情報収集活動で重要な出来事のうち、将来起きることを予見する」よう明確に求めていたにもかかわらず、好意的な感想も、称賛のことばも、何ひとつなかった。二〇一六年にこの件を訊かれたグラフは、「あれは評価しにくかったんだ」と打ち明けた。くわしいことを尋ねると、「議会のメンバー数人とその仲間」を中心とする「宗教的問題」が絡んでいたと明かした。このグループの一部が、超感覚を使って情報を得るのはかまわないが、リモート・ビューアーが未来を予言するのは異端だと主張したという。

一九八七年の〈サン・ストリーク〉の〈プロジェクトP〉の報告書に要約されるように、「単発的ないくつかの際立った成功を除き、予言モードで実施されたリモート・ビューイング活動の結果は、一貫性または信頼性が証明されなかった。未来を遠隔視することは、現時点では実現可能または有用な要素とは思われない」。

こうして、スミスによる並外れて正確な予言的透視は、さまざまな施設のターゲット、グローバル・ビーコン任務、土星や火星の想像上の研究施設と一緒に、保管庫の奥にしまいこまれた。

第二一章
人質と麻薬

一九八〇年代半ば、中東でイスラム過激派のテロ・グループによるアメリカ人と西ヨーロッパ人の拉致事件が激増した。リモート・ビューアーは、人質の生死を見きわめ、まだ生きている場合は救出を手伝うことになった。作戦は〈プロジェクト８８０８〉と呼ばれた。

一九八二年から一九九二年までの一〇年間で、拉致の被害者は計一〇四人にのぼる。一九八四年にはCIA支局長のウィリアム・F・バックリー、一九八五年はAP通信のテリー・A・アンダーソン記者、一九八七年は英国国教会の使節テリー・ウェイトも人質にされている。誘拐犯は「イスラム聖戦機構」「地球の虐《しいた》げられた人々の組織」「パレスチナ解放のためのイスラム聖戦」を名乗っていた。被害者の証言から、ほぼすべての犯人が同じシーア派のテロ組織「ヒズボラ」に属することが判明した。

一九八八年二月一七日、海兵隊のウィリアム・リチャード・ヒギンズ中佐が、レバノンの沿海都市チレで現地の民兵組織アマル運動の指導者と面会後に拉致された。ヒギンズはレバノンの国連監視団長を務めており、現地民兵組織と国連間の手続きを話し合った帰り道、車から引きずり出され拉致された。国際的な事件であり、ペンタゴンにも重大な危機をもたらした。というのも、ヒギンズは一九八五年六月から、国連監視団長としてレバノンに赴任する一九八七年六月まで、キャスパー・W・ワインバーガー国防長官の軍事顧問を務めていたからだ。機密軍事情報を熟知しており、人質として価値が高い。目的遂行のために生かしておく記者や使節とはちがって、機密情報を聞き出すためにテロリストに拷問されたあと、殺害されるのは必至だった。事態は一刻の猶予も許されなかった。

誘拐から四日後の日曜日、アンジェラ・デラフィオラ、ポール・スミス、エド・デームズが、人質救出作戦に協力するためにワシントン南東のボーリング空軍基地の国防情報分析センター（DIAC）へ派遣された。三人のビューアーは、機密情報隔離施設（SCIF）のなかで、小さな村を含むレバノン国内の複数の場所の衛星画像とビデオ映像を見せられた。そのいくつかは、イスラエルのドローンにより撮影されたものだった（一九八八年当時ではまれなことだ）。ヒギンズ大佐〔拉致後に大佐に昇進した〕はこのなかのどこかにいるだろうか？　DIAC当局者がビューアーに尋ねた。

この件を担当したのは、ルイス・アンドレというDIAのアナリストだ。彼は二〇一六年に本書のために初めて記者の取材に応じ、「この作戦はきわめて慎重に扱う必要があった。まだ機密扱いから外れていない情報がたくさんある」と、述べた。確かなのは、作戦がはじまるまで彼がリモート・ビューイングに「非常に懐疑的だった」ことだ。しかし、今回のようなきわめて重要な任務では、ためらい、疑念、不信を持ち出している余裕はない。ヒギンズの拉致は、ヒズボラのテロ作戦の指導者

ワシントンのボーリング空軍基地にある現DIA本部の国防情報分析センターは、1984年5月23日に正式に稼働をはじめた
U.S. Department of Defense

イマード・ムグニヤによって慎重に計画されたと信じるだけの根拠があった。ムグニヤは一九八三年にベイルートのアメリカ大使館で起きた自爆テロを監督していた。テロでは六三人が死亡し、ほとんどがCIAと大使館の職員だった。さらに、半年後にベイルートの海兵隊バラックを襲った自爆テロも彼が指揮した。このときは二二〇人の海兵隊員を含め、二四一人のアメリカ軍関係者が殺害された。一九八〇年代、ムグニヤは世界有数のテロリストの黒幕と見られていた。DIAは、ヒギンズを拉致したのは彼ではないかと懸念していた。

レバノンのある村の地図を見せられたデラフィオラは、ヒギンズが捕らえられていると思う場所を特定し、彼がまだ生きていると述べた。「小さな建物」のなかに監禁されているという。画像分析官はヴォロナに、その場所は荒れ地が広がっていて、建物はひとつもないと指摘した。しかしデラフィオラはまちがいないと自信たっぷりに断言し、主要道路からそう遠くない丘の上だと言い張った。グラフが衛星画像の日付を調べさせたところ、最近のものではないことがわかった。しかし新しい写真は手に入らない。スミスとデームズもターゲットを透視したが、結果はまちまちだった。長い張りつめた一日が終わり、ビューアーは帰宅した。

リモート・ビューアーと仕事をするのは時間の無駄ではないかと、アンドレは不安になった。ところが別のセッションで、デラフィオラはヒギンズの拉致に関与したアマル運動の指揮官のひとりの名前をあげて、現地での正確な役割をくわしく説明した。なかには、民兵組織で果たしている役目と家族の名前まで含まれていた。「驚いたよ。どれも国家機密にかかわる情報だったからね」と、アンドレは当時を振り返る。どうやってこの情報を手に入れたのか、不思議でならなかった。わかっているのは、彼女がそれを知っているということだけだった。透視作業は続いた。七カ月後の一九八八年九月、西ドイツの人質ルドルフ・コルデスがテロ・グループから解放された。コルデスは捕まった直後に生きているヒギンズを目撃しており、特別に設《しつら》えられた小屋に監禁されていたとアメリカ当局者に述べた。その小さな建物が、デラフィオラがヒギンズ拉致後の最初の日曜日に特定した荒れ地の「近くだった可能性がきわめて高い」ことも裏づけた。

アンドレは、「デラフィオラがもたらす情報が任務全般に有益だと認めるようになった。「彼女の才能は引き続き活用された」。捜索作戦は、一一三回のセッションをかけて本格化した。機密解除された覚書には、ヒギンズが転々と移動させられて「水の上」にいる、とデラフィオラが感知したことが記されている。三月になっても、彼女はヒギンズが生きており、最後には解放されるだろう、と言い続けた。「（彼の）足に関する何かが捜査官の手がかりになる」とも述べている。しかし、彼女はまちがっていた。ヒギンズはすでに死んでいた。情報機関はのちに、拉致後四週間から六週間のあいだに殺害されたようだと認めた。その後、テロリストが遺体を保存するために氷の上に置いていたことが判明した。「ヒギンズは、実際に水の上にいたんだよ」と、グラフは言う。

リッチ・ヒギンズ大佐の運命を世界中が知ったのは、事件発生から一八カ月後のことだった。一九八九年夏、イスラエル国防軍がヒズボラの指導者シェイク・オベイドを捕らえた。四八時間後、ヒズボラはシェイクを釈放しなければヒギンズを絞首刑にすると声明を出した。それでもシェイクが釈放されないと知ると、首に輪なわをつけたヒギンズの遺体のビデオを公表したのだ。FBIの科学捜査チームが映像を調べ、ヒギンズが吊るされる前に死亡していたと断定した。「人間の身体は首にロープをつけて吊るされると、足のつま先が自然にまっすぐ下を向いた状態になる」。DIA元アナリストのスコット・カーマイケルは、本書のためのインタビューでそう説明した。カーマイケルは、デラフィオラとも連携していた。「それに対して、FBIがビデオテープを検証した結果、ヒギンズの両足が足首から直角に前に突き出していることがはっきりしたんだ。真下を向くんじゃなくてね」。テロリストは、力を誇示するためにヒギンズの首にロープを巻いてビデオを撮影したのだろう。遺体が回収されるまでは、さらに二年半がかかった。ミイラ化した亡骸《なきがら》が、ベイルート南部の学校の駐車場

元民間人情報アナリストのアンジェラ・デラフィオラは国防情報局のもっとも有用なサイキック資産になった。初公開となるこの写真では同科学技術部の主任科学者ジャック・ヴォロナから機密任務の功績を称えられて賞を授与されている
Collection of Angela Dellafiora

で袋に入った状態で見つかったのだ。

デラフィオラの足に関するシグナルは捜査に関係があったのだ。「ヒギンズの足は、彼がすでに殺害されていたことを証明する手がかりになったんだ」と、カーマイケルは言う。人質の死が確認されたとき、グラフはまたもややりきれない現実に直面した。リモート・ビューイングが何の役に立つのだろう？　透視した情報ではヒギンズの命を救えなかった。確かにいくつかの細かい点は、あとで正しかったと証明されたが、作戦で使うことはできなかった。リモート・ビューイングが情報収集に役立つ見込みがあるのはまちがいない。それでも、こんなときは無力感を覚えずにいられなかった。ヒギンズは死んだ。つまるところ、リモート・ビューアーは失敗したのだ。

一九八八年末、エド・デームズのフォート・ミード陸軍基地での任期は終わりに近づいていた。機密解除された記録によれば、彼が指示する変則的なターゲットの透視は任期終了までエンジン全開で続いた。報告書は「銀河連合本部」のアンソロジーと言えるほどだった。「太陽系のさまざまな場所にあるET〔地球外生物〕の基地に関連する三種類の存在」について、変化に富んだ描写がぎっしりと詰まっている。それでも〈サン・ストリーク〉から転任するとき、デームズには推薦状も賞状もあたえられなかった。

彼の退任が決まる少し前、部隊に新しいメンバーがやってきた。デイヴィッド・モアハウス大尉という陸軍レンジャーの元隊長だ。スミスはすぐに彼と親しくなった。「モアハウスは、社交的で気さくだった。戦闘部隊の将校として成功していて、じつに魅力的な男だった」と振り返る。彼もスミスと同じモルモン教徒だったため、ふたりで同じ教会に通った。「モアハウスはみんなから信頼され、友人や仲間との絆を深めていった」。すぐに上官から信頼されるようになったのも自然なことだった。部隊責任者のファーン・ガーヴィンは、一九八九年五月二四日の最初の勤務評定に次のように書いた。「（彼は）学習への意欲が非常に高い。それに匹敵するのは、作戦成功を追求するうえで、可能なかぎり〝高度に熟練する〟能力と熱意だけだ」。二度目の評定では、さらに評価が高まった。「思いやりあるリーダーとして誠実な気遣いを見せる一方で、強い統率力を発揮し、常に高い基準を目指している。道義を重んじ、人望がある。体力も申し分ない」

モアハウスが訓練に参加して一年ほどたったころ、何人かの隊員が彼の行動がおかしいことに気がついた。「部隊に顔を出す時間がだんだん少なくなってきたんだ」。ビューアーのメル・ライリー、リン・ブキャナン、アンジェラ・デラフォリオは、モアハウスのライトバンに貼られた「ハウステック」という建設会社の広告にオフィスの電話番号が印刷されているのに気がついた。「モアハウスの見込み客からかかってきた電話に、少なくとも一度応対したことがある」と、スミスは言う。この番号は「ハウステック」のオフィスではなく、政府の番号だと告げたのを覚えている。

いずれにしても副業が取りざたされるのは、数年前にジム・サルヤーが作成した「極秘調査結果報告書」で予想されていた。フォート・ミードの部隊の仕組みについて、彼はこう記している。「部隊の軍職員の大半は単発的な任務を請け負い、作戦任務がない期間はすることがほとんどない」。暇な時間が多すぎるのは、リモート・ビューイング部隊ならではの問題だった。

機密解除されたこの時期の数百枚の文書には、モアハウスが懲戒処分を受けた記録はない。隊員同士の争いが多すぎて、そのなかのどれくらいが職場での処世術なのか見分けるのは難しい。副業は好ましくないが、陸軍の行動規範には反していなかったようだ。それよりも不適切な関係、政府の装備の悪用、ギャンブルの禁止に重点が置かれていた。モアハウスは上官から高い称賛を浴び続け、少佐に昇進した。部隊から転出時は、本部である情報保全コマンド（ＩＮＳＣＯＭ）のダグラス・Ｂ・ヒューストン中佐が、「あらゆる面で、じつに傑出している。並外れて有能な、まれに見るすぐれた将校。誰もが仲間にしたい真に有用な人材」と書いたほどだ。そんなモアハウスが、政府の超能力研究プログラム全体の崩壊を招くことになろうとは、誰ひとり予想していなかった。

一九八九年、議会のある決定をきっかけにリモート・ビューイング部隊への新規依頼が急増した。レーガン大統領就任以降、アメリカは麻薬戦争を戦っていた。一九八九年に国防授権法が成立すると、全米覚醒剤撲滅プログラムに軍が正式に投入され、ペンタゴンが指揮をとることになったのだ。これにより、ほぼ一夜にして、多数の軍事資産が長期的な麻薬戦争に組みこまれた。海軍のレーダー巡洋艦、空挺部隊のレーダー・ピケット、空軍の早期警戒管制機、アメリカ関税局航空部隊、沿岸警備隊の全部隊が動員され、作戦規模は州から連邦へ、国内から世界へと徐々に拡大していった。リモート・ビューイング部隊の新しいクライアントには、麻薬取締局のほか沿岸警備隊、フロリダとカリフォルニアの統合政府機関任務部隊〔違法薬物の流入および麻薬テロの発見、監視、阻止をする部隊〕の名前もあった。麻薬は現物の場所がわからなければ取り締まれない。そこでビューアーが巨大な船の積み荷を透視して麻薬のありかを突きとめ、南米からアメリカへのコカインの流入阻止に協力するというわけだ。

この際に新たなプロトコルが導入されたことが、機密解除された覚書から明らかになった。ダウジングという昔ながらの疑似科学だ。DIAはこれを「リモート・マップ・センシング（RMS）」と名づけた。「RMSとは、遠く離れた物体／人物と地図に同時に意識を集中させることによって、その物体／人物の場所を特定できる思考過程である」。麻薬を取り締まる場合、探すべき物体は貨物船だった。ビューアーは、古くからダウジングに用いられてきたさまざまなツールを使うよう奨励された。なかには、「適切な場所が見つかったら揺れ動く携帯ツール」と公式覚書に記されている、紐《ひも》でぶら下げた振り子の錘《おもり》もあった。

部隊の各メンバーは、ダウジングに関する記事がぎっしり詰まったぶあついフォルダーを渡された。ベトナム戦争中に海兵隊員がダウジング棒を使ってベトコンのトンネルを見つけた新聞記事も含まれていた。ほかに、「意識を集中させる道具として振り子を使うための参考書」という説明書も配布された。ポール・スミスは意欲的に学び、米国ダウザー協会チェサピーク支部の集会に出席するために、フォート・ミード陸軍基地から約三〇キロ北のクエーカー教徒の集会所までわざわざ出向くこともした。アンジェラ・デラフィオラは、独自のテクニックを編み出したと語る。「私は自分の指で、地図上の場所を特定したわ」

ビューアーが何よりも優先すべき任務は、コロンビアの麻薬密売組織「メデジン・カルテル」からアメリカに流入する「大量の」コカインを見つけることだった。麻薬作戦における超常的な要素はきわめて機密度が高かったため、〈サン・ストリーク〉のなかに暗号名〈スイッチ・プレート〉という独自の区分が設けられた。そもそも〈サン・ストリーク〉自体が秘密プログラムだが、そのなかの〈サン・ストリーク／スイッチ・プレート〉もさらに区分化され、それぞれに秘密の暗号ワードがあたえられた。そのひとつが、機密解除された記録にある「スティップルド」だ。この〈サン・ストリーク／スイッチ・プレート／スティップルド〉秘密プログラムのなかも、さらに管理・通常・最高と三段階のアクセス・レベルに分けられていた。機密指定から外れたある表紙には、こう書かれている。「プログラムの資料は、指定された保全許可を持つ個人間でのみ送信または通信されるものとする」。〈サン・ストリーク／スイッチ・プレート／スティップルド〉麻薬対策プログラムの大部分は、「目読のみ」とされ、情報は見るだけでコピーも記録もしてはならなかった。情報を管理する主要クライアントは、陸軍情報担当参謀長代理であった。また、作戦の機密度の高さから、クライアントが自分の正体を秘密のままにしたがったため、リモート・ビューイングのセッションではフォート・ミードの作戦マネジャーではなく、独自のタスカーを使うことが多かった。ＤＩＡは彼らのためにブリーフィング・マニュアルを作成し、そのいくつかが機密解除されている。

内容はこうだ。「スイッチ・プレートの情報源《ソース》が提供する情報には、きわめて慎重に扱うべき独特の情報収集テクニックが使われている。この情報を評価する際に注意を払ってくれれば、当局はこの技術をよりうまく査定または修正して、よりよい情報を提供できるようになる」。マニュアルの匿名の作成者があげた例えは、第二次世界大戦後から続いてきた超常現象《パラノーマル》研究の難題を、期せずして的確に表している。

「人間がみなそうであるように、ソースも個人的に興味があるターゲットの要素に引きつけられる傾向が強い。また、興味のない要素は無視するか軽く扱うことも多い」。たとえば、目の見えない四人の男にゾウの形を尋ねたとしよう。「ひとりはゾウの前に立ち、鼻に触れて、ゾウはとても変わったヘビだと言った。もうひとりは耳にさわって、生きている木の葉のようだと表現した。また別のひとりはしっぽをさわり、毛で覆われた長いロープのようだと報告した。四人目は、足の一本に触れて、ゾウは背の高い、垂直に伸びた生き物で、木の幹のようだと説明した」。要は、当時も今も個人の見方がすべてだということだ。それぞれのビューアーが透視するのは、全体のほんの一部にすぎない。しっぽとロープ、耳と生きている木の葉をどう識別するのか？　ゾウの足と木の幹はどうだろうか？これはたやすい問題ではなかった。人間が知覚するものをどのように解釈し、活用するのか？

ＤＩＡは秘密のクライアントに「この技術を使うソースは、質問にそのまま答える傾向があり」、質問を正確なことばにするほど、答えも正確になるとアドバイスした。「〝ミスターＸは来週木曜日の午後三時にどこにいる？〟というように、時間は可能なかぎり正確に伝えるべきだ」。さらに、ターゲットを提示するときは、「場所も可能なかぎり正確に伝えるとよい。たとえば、〝Ｘの自宅の書斎を説明せよ〟」。注意すべきことはこれだけではない。軍事作戦は展開が速い。しかし、シグナルとノイズを選別してロープが本当はゾウのしっぽだったと読み解くまでは時間がかかり、常に作戦の妨げとなる。よって、リモート・ビューイングの聖杯は昔も今も、英数字情報を透視する能力だ。数字、文字、単語なら、すぐに活用できる。しかし、この種の情報を得られるのはごくまれだ。政府のＥＳＰプログラム史上、それを透視できたビューアーはわずか数人しかいない。長年、プログラムの資金獲得に苦心した末に、グラフとヴォロナはようやく次の事実が見えてきた。リモート・ビューイング・プログラムが存続できる唯一の道は、クライアントがすぐに利用できる英数字情報を提供することだ。

一九八八年一二月、リビアの指導者ムアンマル・カダフィ大佐がトリポリの南約九五キロの施設ラブタで化学兵器を製造している、と報じられた。兵器には、糜爛《びらん》剤、サリン神経ガス、大量破壊兵器

（ＷＭＤ）もあった。その後、レーガン大統領が施設を軍事力で破壊することを検討中だ、という続報が入った。公開された文書によれば、ＤＩＡはカダフィがアメリカの空爆を予想して大量のＷＭＤをラブタから移動しようとしていることをつかんだ。作戦のリモート・ビューアーには、デラフィオラが選ばれた。きわめて慎重に扱うべき案件のため、フォート・ミードのビューイング室でヴォロナが彼女の隣に坐った。特別待遇を目の当たりにしたほかのビューアーはひどく憤慨した。彼らがヴォロナと同席したのは、ヒギンズの誘拐が起きた翌日、デームズ、スミス、デラフィオラがＤＩＡまで赴いたときだけだった。この件には、グラフも積極的にかかわっていた。状況が切迫していること、ＷＭＤが絡んでいることを考慮して、彼女が特定の地理的な場所に意識を集中させやすいように、あるヒントをあたえた。それは、「トリポリ郊外の兵器はどこに移されるのか？」だった。

「あの作戦のセッションで、非常にはっきり見えたシグナルがひとつあった」と、デラフィオラは思い起こす。「ちょっとのあいだ意識を集中させたらある単語が浮かんできて、それを書きとめたわ」。その紙をヴォロナに渡した。「〝ポタト〟か〝パトゥタ〟と書いてあった」とグラフが言う。ヴォロナが説明を求めると、デラフィオラはこう言った。「リビア東部の港に化学薬品を移送するため、ポタトという船がトリポリに到着する」

次に起きたことをグラフが説明する。「ヴォロナは、〝ポタト〟か〝パトゥタ〟と書かれた紙を持ってＤＩＡＣに入っていき、アナリストに〝どういう意味かわかる者はいるか？〟と尋ねた」。ひとりが声をあげた。「そのアナリストは、リビアの財産資産目録に〝バタト〟という船があると言った」

二日後、ニューヨーク・タイムズ紙のスティーヴン・エンゲルバーグ記者が「リビアが毒ガス用の化学薬品を工場から移動——アメリカ当局が語る」という見出しの記事を公表した。「当局者は、情報源について明言を避けた」と書かれていた。その情報源がデラフィオラだったと、グラフは認める。

「カダフィの船を探すためにアメリカ海軍が潜水艦を派遣したと聞いたわ」と、デラフィオラは言う。この点については、グラフには裏づける権限がない。

仕事ぶりを褒められ、何度も同じ仕事を任されると、人はさらに向上する。その反対もまた、真実だ。デラフィオラがほかのビューアーより優遇されているのは誰の目にも明らかだった。彼女の透視結果は、議会や諜報委員会の会議、軍と諜報コミュニティのブリーフィングで共有された。この状況は、鶏と卵の状況を作り出した。彼女の情報のほうがアナリストに検討されやすく、それゆえ任される任務が増え、すぐに使える情報がますます増えたというわけだ。一九八九年夏、彼女が請け負ったある任務が、政府の超能力プログラムが二五年間の歴史で打ち立てた金字塔のひとつになる。それは、関税局捜査官から麻薬の密輸業者に転身したチャールズ・フランク・ジョーダンという人物に関係していた。

チャールズ・ジョーダンは、南フロリダのアメリカ関税局で特別捜査官として働いていた。ところが一九八六年に、アメリカに大量のコカインを密輸する麻薬密売人から賄賂《わいろ》を受け取った容疑で告発される。警察の手が及んだことを知ったジョーダンは逃亡した。それから二年以上がたってもまだ捕まらず、ＦＢＩの最重要指名手配犯リストのトップを独占し続けていた。連邦政府の法執行界では、逃亡中の不正捜査官はとりわけ厳しく追跡される。三年が過ぎた一九八九年、関税局はＤＩＡのビューアーに彼の透視を依頼した。当局者は、彼がカリブ海か南米に潜伏していると考えていた。

透視は、フォート・ミード・チームの六人のビューアー全員に依頼された。複数のセッションを重ねたあと、作戦マネジャーは四人のビューアーがバラバラの場所を示したと報告した。ビューアー003号はジョーダンがメキシコにいると述べ、メキシコ・シティの真西の沿岸地域で、赤い屋根の数階建ての大きな建物に所有者の客として住んでいると話した。ビューアー011号によれば、ミネソタ州中南部のマデリアとレイク・クリスタルというふたつの小さな町のあいだで、燻製《くんせい》小屋に隣接する農家に住んでいるという。一方、ビューアー025号があげたのはフロリダ州南端に近い西岸地域で、平屋か二階建ての下見板張りの家の一室にいると説明した。ビューアー095号は、メキシコ中央のシューダー・デ・リオ・グランデという町の近くで茶色い屋根の白い三階建ての建物に住んでいると言った。メキシコか、ミネソタか、フロリダか？　いったいどこから手をつければよいのだろうか？　「私の直感は、デラフィオラの情報を選ぶよう告げていた」と、グラフは言う。

機密解除された覚書によれば、作戦マネジャーのファーン・ガーヴィンがデラフィオラのセッションを監督し、秘書のジーニー・ベターズが記録を取った。

「逃亡中のチャールズ・ジョーダンはどこにいる？」と、ガーヴィンが尋ねた。

「ワイオミング州のロウェル」と、デラフィオラは答えた。二〇一六年に彼女はこう説明した。「単語がふたつ、浮かんできたの。ファーンはもっとくわしいことを知りたがったけど、私は〝いいえ、これで十分よ。だって彼はそこにいるから〟というようなことを言った」

「マサチューセッツ州にロウェルという町がある。そこのことか?」と、ガーヴィンが訊いた。

ジーニーが口をはさんだ。「彼女はワイオミング州と言ったわ、ファーン」

ガーヴィンはもっと情報をほしがったが、デラフィオラは今すぐセッションを打ち切ったほうがいいと告げた。「あのころは麻薬阻止のセッションをずいぶん長いこと続けてた。だから、頭のなかが情報でいっぱいだったの。もしあの瞬間に抜け出さなければ、ジョーダンの居場所をフロリダかカリブ海にしてしまいそうだった」。フロリダとカリブ海は麻薬がある場所であって、ジョーダンがいる場所ではなかったという。

ガーヴィンはオフィスの本棚まで歩いていくと、世界地図を取り出して索引をパラパラとめくった。「ワイオミングにはラヴェルがある。ロウェルはないな」

「じゃあ、きっとそれだわ」と、デラフィオラが断言した。

自動書記は科学ではない。文字通りでも比喩的でもそうだと、彼女は二〇一六年に語った。「自動書記をするときは、情報が文字ではなく発音で浮かんでくるの。ロウェルとラヴェルは同じ音に聞こえるわ」。少なくとも、彼女にはそのように聞こえた。

ガーヴィンは情報をDIAのグラフに送った。カダフィ大佐の化学兵器の透視に成功して以来、デラフィオラが明確に感知したシグナル情報はすべて上官に伝えられたと、グラフは言う。数日後、ガーヴィンはデラフィオラにジョーダンについてもう一度セッションをできるか尋ねた。「絶対だめよ」。きっぱりと断ったのを、彼女は覚えている。「その前のときと同じ問題があったの。いろいろな対麻薬作戦が重なりすぎてた」。それらの作戦には南米、カリブ海、南フロリダといった数えきれないほどたくさんの地域にいる大勢の関税局捜査官がかかわっていた。

デラフィオラの手がかりは信頼できて追う価値があると、グラフとヴォロナは考えた。「(ワイオミング州ラヴェルは)人口が少ない地域だったから、FBIに命じて、逃亡犯の写真を周辺地域の郵便局と国立公園の連邦職員に回覧させた」。何の進展もなく数週間が過ぎた。ガーヴィンは再度デラフィオラに働きかけた。ジョーダンの件をもう一度透視できるだろうか? 彼女は承諾した。すぐにシグナルがやってきたという。

グラフが語る。「デラフィオラは、〝すぐに動かないと、捕まえられない。彼、ロウェルから移動しようとしてるわ〟と言った。(ジョーダンが)入口に巨大な岩があるキャンプ場か、その近くに住んでいると」。さらに、「近くに古いインディアンの墓地がある」とも言った。

関税局のウィリアム・グリーン捜査官が現地の警察の警戒態勢を強化した。すると、イエローストーン国立公園の森林監視員がジョーダンを発見し、FBIに通報した。捜査官がただちに現場に急行した。グラフは関税局と電話で話し中に知らせを受けたのを覚えている。「インディアンの古い墓地の端にあるキャンプ場で、チャールズ・ジョーダンが発見された。ワイオミング州ラヴェルから八〇キロほど離れた場所だった」。ＦＢＩが足跡を調べたところ、捕まる数週間前に彼がワイオミング州ラヴェルにいたことが判明した。

一九八九年三月から一九九〇年三月の一年間に、リモート・ビューアーは九八二回の麻薬対策セッションを実施した。そのうち五六五回が訓練で、四一七回が作戦任務だった。機密解除された文書によれば、「情報として価値があった透視プロジェクト」が五二パーセント、「価値がなかった」のは四七パーセントであった。作戦に関連したほかの要素が説明されていないため、これらの数字の意味を正確に判断することはできない。アメリカには麻薬戦争に代わる新たな戦いが迫っていた。一九九〇年春、ペンタゴンは麻薬戦争からリソースを引き上げ、きたるべき湾岸戦争に振り向けはじめた。ポール・スミスはフォート・ミードの部隊から異動になり、リモート・ビューイングとは無縁の任務でイラクの戦域へ派遣された。第一〇一空挺師団付属のヘリコプター攻撃部隊に配属され、アメリカ陸軍部隊の第一陣としてイラクに侵入した。現地では、イラク歩兵の捕獲任務にかかわった。リモート・ビューイング部隊が恋しくて仕方がなかったと、スミスは言う。フォート・ミードでの任務は、二〇年に及ぶ陸軍のキャリアで、群を抜いて面白かったそうだ。

一九九〇年一〇月、グラフはＤＩＡの保全担当職員から「サン・ストリーク」という暗号名を変更するよう通知された。機密扱いのプログラムの名称を変更して、軍事情報を探る外国のスパイを混乱させるためだ。コンピュータが生成したリストから新しい暗号名を選んでよいと言われ、「星への門《スター・ゲート》」

1990年に湾岸戦争がはじまると、ポール・スミスはフォート・ミード陸軍基地のリモート・ビューイング部隊を離れ、戦域へ派遣された。写真はイラクにまっさきに侵攻した機甲部隊のひとつ第101空挺師団のヘリコプター攻撃部隊に配属されたときのもの
Collection of Paul Smith

を選択した。新しいプロジェクト審査委員会、プロジェクト監視委員会、科学監視委員会が創設され、お役所仕事がはじまった。ジャック・ヴォロナは科学技術部長から主任科学者に変わり、それによって心霊エネルギー現象プログラムとの縁も切れた。その後まもなく、二五年間務めたＤＩＡを退職した（二〇一一年に、彼は際立った功績を残した職員に授与されるＤＩＡのトーチ・ベアラーズ賞を受賞した）。新しい科学技術部長に就任したジョン・バーバリッチは、ファーン・ガーヴィンの代わりにグラフをフォート・ミードの部隊の責任者に任命した。これを境に、グラフはリモート・ビューアーの担当者として、現場で直接指揮をとることになる。

グラフにとって、〈スター・ゲート〉の立ち上げは、リモート・ビューイングを可能なかぎり作戦に有効なプログラムに改造するまたとない機会だった。「これまで学んだ教訓を大いに生かす」と初期のブリーフィングにも記している。まっさきにやるべき仕事は、プログラムを科学的な基盤に引き戻すことだった。諜報コミュニティの作業グループに配布された計画概要では、「スター・ゲートは、これまでほとんど開拓されてこなかった人間の意識／潜在意識の相互作用を探求する、新しいダイナミックなアプローチである」と宣言している。彼は、「この現象《フエノメナ》の仕組みの解明」を促進する研究プログラムを実施しようとしていた。一六年間、超常現象にどっぷり漬かってきた経験から、この現象を生み出す源と原因の一般理論が確立されないかぎり、リモート・ビューイング部隊は末端プログラムから抜け出せないとよくわかっていた。

活動内容をリモート・ビューイングに限定せずに、プログラムを拡大したかった。〈スター・ゲート〉では、広範な超常現象を研究し、「心理学、生理学／神経生理学、先進的物理（新しい概念）などの最先端の科学分野」も対象に含めるつもりだった。すべてのプログラムで「応用研究に重点を置き、アメリカの国家安全保障に焦点を合わせる」。また、非現実的な考え方を奨励する。科学者と研究者は、ＤＩＡによりよい活動記録と計画書を提供できるように、それまで以上にすぐれた科学的手法と評価手順を開発しなければならない。また、「外国の超能力研究、とりわけソ連と中国のプロジェクトを追跡するため、データベースも作成する」。データベースは、軍と情報将校も閲覧可能とする。訓練そのものも変更する必要があった。〈グリル・フレーム〉と〈サン・ストリーク〉ではサイキックではない職員を訓練しようとしたが、うまくいったとは言いがたい。〈スター・ゲート〉では、「能力」に恵まれた個人を特定して活用する。たとえば、ローズマリー・スミス、ゲーリー・ラングフォード、ジョー・マクモニーグル、アンジェラ・デラフィオラのような者たちだ。一九八〇年代初期に、アルバート・スタブルバインとジョン・アレグザンダーが生み出した「超人的な人体機能」というコンセプトも復活させる。超人的な人体機能、ESP、サイコキネシス（PK）のような超常現象の源を突きとめれば、「人間の潜在能力を飛躍的に伸ばせるかもしれない」。これは中国がしていたことと同じである。

グラフはさらに、〈スター・ゲート〉を特別アクセス指定から外そうと考えた。このままでは、ただでさえひと握りの者しかアクセスできないプログラムを、余計に隠すことになるからだ。あまつさえ、極秘プログラムにつきものの厳しい規則は、機密性だけでなく胡散臭さも助長する。心霊エネルギー現象プログラムをひた隠しにすることは「利益よりも害をもたらした」と、グラフは言う。新しい部隊責任者として、プログラムに限定配布ステータスをあたえれば偏ったイメージを払拭できるかもしれないと期待していた。それに、同じような研究をする連邦政府のほかの部門を鼓舞したかった。新しいステータスにすれば、プログラムがより広範な人々の目に触れて、同志を引きつけやすくなるだろう――少なくとも、グラフはそう願っていた。

湾岸戦争が終わるころ、フォート・ミード陸軍基地には三人のリモート・ビューアーしか残っていなかった。戦争終結からひと月あまりたった一九九一年五月、DIAの科学技術部長のバーバリッチ、グラフ、そしてデラフィオラを含む三人のビューアーは、毎年恒例のインテリジェンス・エクスチェ

DIAの公式職務の一環としてデール・グラフはアメリカの超能力研究の進捗状況をイスラエルとイギリスの諜報組織にブリーフィングした。写真はドイツ、ミュンヘンで撮影したインテリジェス・エクスチェンジの一枚。左からドイツ代表者(氏名不詳)、DIAのリモート・ビューアーのロビン・ダルグレン、グレッグ・ステュワート、アンジェラ・デラフィオラ・フォード、DIA秘書(氏名不詳)、DIAのジョン・バーバリッチ部長、デール・グラフ
Collection of Dale. E. Graff

ンジという情報交換・共有活動の一環として、イギリス、ドイツ、イスラエルに赴いた。なかでも、イスラエルを訪問して同じような研究にかかわる人々と情報交換できたことは素晴らしかったという。テルアヴィヴ、ロンドン、ミュンヘンで各国の諜報機関の代表者に〈スター・ゲート〉のブリーフィングを終えたグラフは、プログラムの明るい未来に胸を膨らませていた。

しかし、彼の強い意欲と楽観、自信をもってしても、一九九一年一一月にAP通信が報じた新聞記事によって〈スター・ゲート〉が解体に向かうのを防ぐことはできなかった。

第二二章
崩壊

アメリカ政府の二三年に及ぶ超感覚的知覚（ＥＳＰ）とサイコキネシス（ＰＫ）研究の歴史の終わりは、一九九一年一一月一九日、ＡＰ通信が「国連のイラク兵器施設発見にサイキック企業が協力」という見出しの三段記事を掲載したときにはじまった。記事によれば、「サイキック企業」とはサイテックという民間企業で、経営者はエドワード・デームズという軍情報部の退役少佐だった。「国際連合チームは、サダム・フセインの兵器施設を発見するために超感覚的な力に注目している」と、ワシントン特派員のルース・シナイは書いた。内容はこうだ。国連査察官のカレン・ジャンセン陸軍少佐が、「イラク指導者が生物兵器を隠したとされるふたつの場所のスケッチ」を持ってバグダッドに入った。スケッチはサイテックのエド・デームズ社長が提供したものだ。デームズはＡＰ通信にこう語った。彼とサイテックの五人の仲間は「ほとんどが退役した軍将校で、〝リモート・ビューイング〟という、遠く離れた未知の物体や出来事を見て正確に描写する能力を使ってスケッチを描いた」。リモート・ビューイングは政府の兵器だが、「サイキック能力は必要ない。どちらかとい

う と 、厳格な規律に従って、想像力を抑制してターゲットに意識を集中させることが重要だ」。

デームズは、彼がリモート・ビューイングについて話したシアトルのテレビ番組をジャンセンが見て、問い合わせをしてきたとも話していた。大量破壊兵器(WMD)の発見に関する請求書を見せてほしいと言われると、国連チームには無料で協力したが、通常のビューイングは週六〇〇〇ドルから八〇〇〇ドルが相場だと答えた。さらにサイテックの社是は「解決不可能を解決する」だと説明し、リモート・ビューイングは習得できるテクニックゆえ、リモート・ビューアーになる訓練も提供しているとつけ加えた。

カリフォルニア州に保管された法律関係書類によれば、サイテックは一九八九年に設立された。会社の公文書の署名欄には、エド・デームズ、デイヴィッド・モアハウス、メル・ライリーの三人の名前があった。三人とポール・スミスは、極秘または機密情報取扱許可を持つ政府職員でありながら、個人の依頼人に透視サービスをおこなう副業をしていたのだった。

「そうなんだ」と、スミスは認める。「確かに、機密情報を漏らさず、軍の任務と利害も衝突しないかぎり、ビューアーとしてアルバイトをする気はあった……そして、実際にそうしていた」。さらに、軍法には違反していないと主張した。国連の依頼に彼は直接かかわっておらず、請けたのは裕福な個人のクライアントの仕事だけだという。それもミステリー・サークルやツングースカ大爆発(一九〇八年にシベリア上空で隕石によって起きた爆発)が宇宙人の仕業なのか、といった謎を解決する依頼ばかりだった。一九九〇年には、すでに退役していたジョン・アレグザンダーとバート・スタブルバインも取締役会に加わった。「あんなことはすべきじゃなかった」と、アレグザンダーは二〇一六年に語った。

AP通信による裏話的な記事は世間からそれほど注目されず、カレン・ジャンセンもコメントを出さなかった。しかし、ペンタゴンに及ぼした影響は甚大だった。「クラッパー中将は、どこへ行ってもサイキック・スパイ・プログラムについて質問攻めにされた」と、アレグザンダーは振り返る。ジェームズ・クラッパーは、当時のDIA局長だ。

一九九三年六月、一六年にわたって政府のESPおよびPKプログラムで多くの研究と作戦を主導したデール・グラフが退職した。その貢献により、彼はプログラム史上もっとも長期間勤務した民間科学者となった。こうしてグラフは沈みかけた船を脱出した。グラフが去ると、〈スター・ゲート〉は一気に崩壊へと突き進んだ。デームズとモアハウスが、ジム・マースというテキサスの元新聞記者と協力して、まだ機密事項であるリモート・ビューイング・プログラムの暴露本を書こうとしていることが明らかになった。しかし草稿が完成しないうちに、ふたりはもう互いを訴える準備をしていた。「グラフがいなくなって、状況は坂を転がるように悪化したわ」と、デラフィオラは振り返る。グラフの後任者のアル・ジラードは「部隊が荒れていると考えていた。彼は職場に三つ揃いのスーツを着てくるような官僚タイプ」だったし、「自分とはまったく縁がないものを引き継いでしまった」と思っているようだった。

そんなところへ一九九四年の冬のある日、ペンタゴンから一本の電話がかかってきた。モアハウスが陸軍の軍法会議にかけられることになったのだ。起訴状に書かれた罪状は重大で、姦通、男色《なんしょく》、暴行、陸軍財産の窃盗、それに将校にあるまじき行動だった。陸軍犯罪捜査局と国防調査庁だけでなく、情報保全コマンド（ＩＮＳＣＯＭ）まで調査に乗り出しており、懲役刑になる恐れがあった。デラフィオラはジラードとともにペンタゴンに出向き、モアハウスの弁護士に会うよう頼まれた。「思いがけないことで驚いたわ」と、デラフィオラは言う。「モアハウスは短期間しかサイキック・プログラムにいなかった。きたと思ったら、あっという間にいなくなったの。それなのにどうしてわたしたちが呼ばれるのか、わけがわからなかった。ジラードにいたってはモアハウスと面識もなかったのよ。私は彼の同僚だったから、性格証人として同行したの」

リモート・ビューイング部隊に二年間在籍後、モアハウスはカンザス州のフォート・レヴンワースの指揮幕僚大学〔陸軍の高級将校養成大学〕に進んだ。修士課程の一環として非致死性兵器をテーマにした論文を書き、そのなかで情報収集ツールとしてのリモート・ビューイングの活用にも言及している。卒業時には、学長代理から絶賛を受けた。ウィリアム・Ｍ・スティール准将は、一九九二年六月にこう書いている。「モアハウス少佐は、私が過去二四カ月に指導した三人の副隊長のなかで、もっとも聡明で活力にあふれている。彼ほど勤勉に働き、熱意をもって学んだ者はいない。まさに唯一無二の人材だ。彼にかかわる者は、そのきわめて強い職業意識のおかげで兵士として成長できるだろう」。卒業後、モアハウスはノースカロライナ州フォート・ブラッグ陸軍基地の第八二空挺師団に配属された。問題を起こしたのは、そこに在籍中のことだった。自分の運転手である下士官兵の妻と性的関係を持ったうえに、政府のコンピュータ機器を盗んで既婚の情婦にあたえたのだ。ペンタゴンに呼ばれたとき、デラフィオラにはモアハウスの起訴がリモート・ビューイングとどう関係があるのかわからなかった。告発されている犯罪は、彼が部隊を去ってから三年もたったあとに起きたのだから。

ペンタゴンでのミーティングを、彼女はこう振り返る。「デイヴィッド・モアハウスはリモート・ビューイングのせいで精神障碍を発病したと申し立てる、と弁護士が言ったの」。数カ月後、デラフィオラはジラードとともにフォート・ブラッグ陸軍基地で開かれた軍法会議の予審に出廷した。DIAのリモート・ビューイング・プログラムの専門家証人として呼ばれたのだ。

「ばかげた状況だったわ。私はDIAを代表して証言するためにそこにいた。私はサイキックだし、(思い返せば)自分がサイキックで第三の目があると主張したせいで頭がおかしいと非難されたことがある。一方のモアハウスは、陸軍にサイキックにされたせいで頭がおかしくなったと主張してる。ほかの男の妻と寝て、政府のコンピュータ機器を盗んだこととの弁明がこれってわけ。まるで何かの喜劇みたいだったわ」

陸軍はモアハウスの主張を認めず、裁判官は軍法会議の手続きをはじめるよう命じた。一九九四年四月初旬、モアハウスはワシントンのウォルター・リード陸軍病院を訪れ、自分は邪悪な悪魔に憑りつかれた、INSCOMでリモート・ビューイングをしたせいだ、と医師に訴えた。その結果、精神科の入院施設である五四病棟に収容された。六月、ポール・スミスはモアハウスの妻デビーから電話を受けた。デビーのことは、ふたりが通っていたモルモン教の教会で知っていた。

元陸軍特殊部隊隊長のデイヴィッド・モアハウスは、アメリカ政府の超能力研究プログラムの崩壊の大きなきっかけとなった。回想録ではリモート・ビューイングのせいで正気を失ったと主張し、邪悪な悪魔に憑りつかれていると信じていた
U.S. Army

「ウォルター・リード病院にいるデイヴと会ってほしい、と頼まれたんだ」と、スミスが思い起こす。「私は現地のモルモン教の集会でビショップ〔モルモン教で教区を管理・指導する聖職者〕の相談相手になっていたから、教会が彼女と家族の力になれるかアドバイスできると思ったらしい」。スミスは、六月六日にウォルター・リード病院を訪れた。待合室でデビーと会い、モアハウスの病室まで一緒に廊下を歩いた。デビーは、夫がドキュメンタリー番組〈60ミニッツ〉でインタビューを受けると打ち明けた。フォート・ミード陸軍基地でおこなわれたDIAのリモート・ビューイング・プログラムのせいで正気を失ったと話すつもりだという。「番組のスタッフのひとり、ハワード・ローゼンバーグが、すでに病院を訪ねてデイヴにインタビューしていた。デイヴはもっとくわしい話ができるように、日帰りの外出許可を病院に申請しているところだった」

「とんでもなくまずい考えだ」と思った、とスミスは振り返る。リモート・ビューイング部隊は、きわめて機密度の高い特別アクセス・プログラムだ。少しでも内容を漏らせば、一九一七年に制定されたスパイ活動法に違反する恐れがあった。スミスは、モアハウスと陸軍が危機にあると悟ると同時に、旧友の変わり果てた姿にぎょっとした。「彼は病院の患者用ガウンを着ていた……髭は伸び放題で、檻《おり》に入れられた動物のような目をしていた。不倫を認め、ばかな過ちだったと告白した。告訴は不当だとも言っていたな。〝じじゅう〟自分につきまとう〝悪霊たち〟についても説明した」。けれど、いちばん重要な用件は、「自分の精神的問題の原因はリモート・ビューイングだと証言してほしい」とスミスに頼むことだった。軍に起因する精神障碍だと診断されれば、医療除隊を認められて、フォート・レヴンワースの軍刑務所へ送られずにすむ――モアハウスはそう期待していたのだった。それはできない、とスミスは答えた。「それまで部隊で精神を患ったメンバーはひとりもいなかったからね。もしモアハウスが本当に精神的問題を抱えているなら、リモート・ビューイングが原因だとは思えなかった」

六月末、モアハウスはウォルター・リード陸軍病院の精神病施設から、フォート・レヴンワース陸軍基地のウォマック陸軍病院の精神科病棟に移された。軍法会議がこの基地内で開かれることになっていたのだ。移送前、ウォルター・リード陸軍病院の責任能力委員会は次のような結論を下した。「当委員会の見解では、モアハウス少佐は重度の精神障碍は患っていない。臨床精神科診断は大うつ病〔気分障碍のひとつであるうつ病のこと〕」と「一時的な、寛解《かんかい》期にあるアルコール依存症である」」。

結局のところ、〈60ミニッツ〉は放送を断念した。ＤＩＡのリモート・ビューイング・プログラムは依然として機密事項だったため、ほかに情報源を見つけることができなかったのだ。アメリカでもっとも古い歴史と高視聴率を誇る調査報道番組をもってしても、このプログラムが存在することさえ証明できなかったというわけだ。番組プロデューサーのハワード・ローゼンバーグは、のちにこう語った。「公表を前提として話してくれる者がひとりもいなかった。それに、この話を持ちかけた主要人物のモアハウスは信頼性に問題があったし、隠れた意図が少なからずあるように見えたんだ」

モアハウスの壮大な物語は、一九九五年一月、軍法会議で裁かれる代わりに将校を辞すと彼が申し出て幕を下ろした。提案は「陸軍の利益を最優先して」受け入れられ、モアハウスは年金などの福利厚生がつかない「名誉除隊以外」の除隊となった。

議会は、外部の研究機関による〈スター・ゲート計画〉の評価を命じ、CIAが監督を任された。CIAは米国研究学会を雇い、〈スター・ゲート〉を評価して、政府の数十年間のESP研究とその情報収集への活用の可能性を調べるよう命じた。PKの研究の大半は、報告書から除外された。結果は、合計二三二ページのふたつの文書で提示された。報告書を作成した研究者は、「超常現象《パラノーマル》の研究には議論がつきものだ」と警告し、アメリカ政府の取り組みも同様だと述べた。「概念上、リモート・ビューイングは諜報コミュニティにとって途方もない有用性を秘めているように見える」が、包括的に検討した結果、「この研究プログラムの継続に反対する諜報コミュニティ内の説得力のある主張」しか見つからなかった。理由は、これまでさんざん言われ続けてきた通りである。研究室の実験では「超常現象、リモート・ビューイングが実在する」と実証されているが、「この現象の源または原因」の証拠がないかぎり、研究を継続する理論的根拠はない。「リモート・ビューイングは、諜報活動にとって実質的な価値はない。これ以上の活用が正当化されるかどうか、疑問を感じざるを得ない」

じつに奇妙な状況だった。四半世紀近く続いた研究に対し、あたえられた評価期間はたった二カ月足らずだった。しかも、報告書の作成チームのリーダーのひとりは、レイ・ハイマン――「超常現象を科学的に究明する会」（ＣＳＩＣＯＰ《サイコップ》）の創設メンバーのひとりである。一九七二年に高等研究計画局（ＡＲＰＡ）を代表してユリ・ゲラーを調べて以来、彼は一貫して政府の超能力研究を批判してきた。また、調査時間がきわめて限られていたため、一九七〇年代のＳＲＩの研究や報告書はいっさい検討されなかった。しかも、米国研究学会の評価は、任意に選び出した三人のリモート・ビューアーが一九九四年と一九九五年に実施した約四〇回のセッションのみに基づいてくだされたことがのちに判明した。

一九九五年六月三一日、ＣＩＡは国防情報局（ＤＩＡ）に〈スター・ゲート〉の全活動の中止を命じた。デラフィオラの最後の仕事は、ヴァージニア州ラングレーのＣＩＡ本部に出向き、国立公文書館に保管する書類を箱詰めすることだった。一〇月、ＣＩＡは超能力研究プログラムに関連する一九七二年に遡る日付のものも含む二六二の文書を機密扱いから外した。二〇〇〇年を皮切りに、さらに数万の文書が機密解除された。それでもまだ数えきれないほど多くの書類が閲覧できないまま眠っている。

中止命令から五カ月後の一九九五年一一月二八日、アメリカのＡＢＣテレビの報道番組〈ナイトライン〉の暴露により、〈スター・ゲート計画〉が世間の知るところとなった。放送ジャーナリストのテッド・コッペルが、ＤＩＡのデール・グラフと、ＣＩＡのロバート・ゲーツに全米向けのインタビューをおこなった。グラフはプログラムを信頼できると擁護した。ゲーツはくだらないたわごとだと一蹴した。関税局捜査官のウィリアム・グリーンもインタビューを受け、DIAの氏名不詳のある女性サイキックがFBIの最重要指名手配逃亡犯チャールズ・フランク・ジョーダンの居場所を特定し、おかげで二年間行き詰まっていた捜査が終結した、という驚くべき話を裏づけた。

国内外で後追い記事が報じられたが、大半の論調は懐疑的で皮肉めいていた。元DIA局長のジェームズ・クラッパーは、彼と三人の前任者はプログラムを中止しようとしていた、と記者に語った。「あんなことを研究するなんて、DIAにふさわしくないと思ったんだ。継続的な諜報活動として維持するには、斬新すぎる最先端技術だったからね。けれど、（議会から）毎年予算をあたえられ、運営維持の指示もあった」。数カ月ほど騒がれたものの、政府のサイキック・スパイ・プログラムへの世間の関心は薄れたように見えた。それにしても、クラッパーが国防総省のESPおよびPK研究を、最先端の超心理学ではなく、「最先端技術」に分類したことは興味深い。

一九九五年、アンドリア・プハーリッチの悲惨な死によって、もうひとつの時代が終わりを告げた。プハーリッチは、最後の後援者だったR・J・レイノルズ・タバコ・カンパニーの後継者レイノルズのノースカロライナ州の屋敷から立ち退きを迫られるなか、たった独りで困窮《こんきゅう》のうちに亡くなった。レイノルズは数カ月前に世を去っており、プハーリッチは科学者として住みこんでいた約四〇〇ヘクタールの屋敷「デヴォーション」から出ていくことをこばんでいた。かつては才能あふれる医師であ

アンドリア・プハーリッチは死ぬまで宇宙人がサイキックを通してメッセージを送ろうとしていると信じていた。最後の後援者であるタバコ会社の後継者R・J・レイノルズの私有地にて撮影。プハーリッチは1995年にここで死亡した。困窮し、立ち退きを迫られるなかでの孤独死だった
Collection of Andrew Puharich

り、自ら考案したプハーリッチ理論で一九五〇年代初期にCIAと国防総省の超能力研究プログラムのきっかけを作ったパイオニアは、どういうわけか道を見失った。宇宙人がサイキックを通して人間にメッセージを送ろうとしていると信じ、時代の病はすべて極低周波（ELF）のせいだと考え、死の間際までその論文を書き続けていた。

一九九五年の冬のある夕方、彼は汚物と野良猫たちに囲まれて、階段から転げ落ちて亡くなった。享年七六歳だった。ノースカロライナ州の日刊紙ウィンストン・セーレムによれば、認知症と腎不全を患い、片足は壊死《えし》がはじまっていたという。

こうして二〇世紀のアメリカ政府の秘密のESPおよびPK研究は幕を下ろした。研究にかかわった科学者と超能力者《サイキック》は散り散りになり、それぞれの道を進みはじめた。この現象を解き明かす旅は、ある者にはそれまでと同じように壮大な探求として続けられた。ま

たある者には、まるで呪いのような苦しみに満ちた道程となった。

プログラムが白日《はくじつ》のもとに晒され、中止に追いやられたあげく、世間の嘲《あざけ》りの的になったのを見て、科学的懐疑論者のコミュニティは快哉《かいさい》を叫んだ。しかしアメリカでは、政府が超常現象に強い関心を持っていたことを知って興味を新たにする人々が増えていた。アート・ベルの〈エリア二〇〇〇〉のような深夜のトーク番組の人気が高まり、インターネットが普及するにつれて超常現象というテーマが再び活発に取り上げられ、進化していった。

一方、軍と諜報コミュニティはどうだっただろうか？　お告げ、予知、ＥＳＰの軍事利用は、文明と同じくらい古くからおこなわれてきた。未来を予見し、知り得ないものを知ることは、人間の永遠の欲求だ。その欲求はギリシャの部族がデルフォイの巫女をめぐって戦った紀元前五八五年と同じように、現代も論争を引き起こしてる。秘密の知識を手に入れたいという願いは、一般大衆も世界のリーダーも変わらない。アメリカ政府も同じ気持ちで二一世紀に踏み出すのだろうか？

現代科学技術は、超常現象の謎を解き明かすことができるだろうか？　それとも、この探求はニーチェが唱えた永劫回帰《えいごうかいき》の思想のように、永遠に終わらないのだろうか？

第四部
現代

過去は序章である。

ウィリアム・シェイクスピア

第二三章
直感、予感、合成テレパシー

超感覚的知覚（ＥＳＰ）とサイコキネシス（ＰＫ）は実在するのか？　アメリカ政府が研究をはじめた一九五〇年代初め、ノーベル賞受賞者のヴォルフガング・パウリと精神科医のカール・ユングがこの現象について熱心に語り合った。議論の中心は、物理学者のロバート・Ａ・マコンネルが発表したばかりの「ＥＳＰ——事実なのか、想像なのか？」という論文だった。ユングはパウリに、古くからある謎には決して変わらないものがあると言った。「当然のことながら、奇跡にも不可能にも見える現象を説明し、排除するために、ありとあらゆることが試みられた。しかしすべて失敗に終わり、今までのところ、事実はその存在を徹底的に議論され排除されることをこばんでいる」と。彼らは、二〇一七年でも同じ会話をしたかもしれない。

ＣＩＡと国防総省《ペンタゴン》は、七〇年にわたって超常現象《パラノーマル》の研究を活発におこなってきた。一九七五年、ＣＩＡは次のように結論づけた。「ＥＳＰはまれにしか現れず、確実性に欠けるものの、信頼できる数々の確かな実験証拠により、本物の現象として存在すると認めざるを得ない」。しかし、最終的に研究プログラムを中止した。「これらの現象には、十分な理論的解釈が存在しない。さまざまな理論があるものの、どれも推測の域を出ておらず、根拠もない」。理論がなければ、CIAには仮説か推測しか残らなかったというわけだ。

一〇年後の一九八六年、陸軍も同様の結論に到達した。ESPとPKの研究者とプログラム・マネジャーは「科学的関心を引くに値する全般的異常を文書で証明することに成功した」が、「立証された超常現象理論がなく……超常性は推測として拒絶できる」。それでも、実験室での研究は続行された。しかし、一九九五年にCIAとペンタゴンが後援する政府のESPおよびPKプログラムの合同レビューの結果、同じパラドックスに基づいてプログラムは廃止された。レビュアーは、こう記している。「研究室で（この現象の）統計的に優位な効果が観察されたが……研究の結果、この現象の原因または源に関する証拠は得られなかった。リモート・ビューイングは曖昧で不確かなテクニックである。そのため、良質で正確な情報を得ることは、不可能ではないにしても困難である」。原因も源もわからない。一般理論もないというわけだ。

カール・ユングは、この「あり得るかどうか」をめぐる対立について重要なことを述べている。「このような現象が起きる可能性は重要ではない。どの時代でも、〝あり得る〟の基準は、その時代にわたしたちが合理的にあり得ると信じられる仮説によって決まるからだ」。一九五〇年代初期にCIAとペンタゴンがESPとPK研究をはじめたときに起こり得たことと、今日起こり得ることは天と地ほどの差がある。今日のペンタゴンは、超常現象研究プログラムに現代技術を活用している。このプログラムは認知、知覚、人間の脳に関連する研究分野に該当し、きわめて二一世紀的な探求として改革され、イメージも一新された。また特異的人間認知に分類され、超心理学者ではなく、神経生理学者、神経生物学者、情報技術者、コンピュータ技術者など、一九五〇年代は存在しなかった研究分野の科学者によって研究されている。どれも特定の技術の出現と、技術の進歩の驚異的なスピードによって誕生した専門職だ。

一九四〇年代末、アンドリア・プハーリッチがペンタゴンのためにESP研究をはじめたときは、家庭用ラジオ技術が誕生してから二〇年しかたっていなかった。それから三〇年後の一九七六年、NASAが火星に宇宙船を着陸させた。その一〇年後に高温超電導が発見され、情報を記録、生成、分析できる、演算速度と効率が飛躍的に進化したコンピュータ技術が実現した。一九九八年になると、自動DNA配列決定に特許権が付与された。二〇〇九年には、NASAが天の川銀河の調査と地球型の太陽系外惑星発見のために、ケプラー探査機を打ち上げた。これらの技術はすべて人間によって生み出された。わたしたちは脳を使って自分たちが住む世界を一変させたが、人間とその脳自体は昔とさほど変わっていない。また、一九五〇年代では想像もできなかったやり方で宇宙空間を知っているが精神世界はまだ暗黒時代のままだ。意識とは何なのか？　脳のなかでどのように機能しているのか？　こうした問いは化学の質問をうけた原始人のように、今日の科学者をまごつかせる。

現在のところ、研究者が唱える超常現象の仮説と、それを一般理論に近づけるために科学がいるべき場所には大きな隔たりがある。しかし、地球ではなく太陽を中心に惑星が公転しているという仮説が、コペルニクスの天動説という一般理論に移行するまでは一〇〇〇年以上もの月日がかかった。現代技術によって、超常現象の科学的探究への関心は高まるだろうか？　それとも、あやしげなイメージのほうが先行するだろうか？　科学界でESPとPK研究にまつわる悪評が払拭されたら、どんなことが明らかになるだろうか？

二〇一四年、海軍研究局（ONR）は海軍軍人と海兵隊員のために、三八五万ドルをかけてスパイディー・センス〔漫画の主人公スパイダーマンの危険を察知する力に由来する〕という予感と直感を探求する四年間の研究プログラムに着手した。「われわれは、何がこの〝第六感〟なるものを引き起こすのか解明しなければならない」と、ONRの遠征機動戦・テロ対策部のピーター・スクワイヤー計画将校は言う。今日の海軍では、この謎めいたプロセス――迷信ではない――を理論的に解釈しようとするよりも、デジタル技術をもとに調べることに重点を置いている。「もしこのプロセスを理解できれば、それを促進する方法があるかもしれない。ひょっとしたら、軍の部隊全体に直感力を広めることもできるかもしれない」とスクワイヤーは語る。ペンタゴンの目的は、第六感の力を最大化して作戦に役立てることだ。「直感的意思決定プロセスの特徴を明らかにし、モデル化できれば、これらのスキルの習得に急いで取り組みたい」と語るのは、ONRの人間・バイオ工学システム向け戦士《ウオーファイター》パフォーマンス部のブレント・オールド少佐だ。彼はこう問いかける。「訓練で予感を高める方法はあるだろうか？」

このプログラムは戦域からの現地報告から生まれた。なかには、二〇〇六年にイラクでマーティン・リッチバーグが直感を使ってIED（即席爆発装置）による大量殺戮《さつりく》事件を未然に防いだことも記されていた。海軍オフィスのプログラム・マネジャー、ジョセフ・コーン中佐は「戦場からの報告には、近々起きる攻撃やIEDの設置を知らせたり、意識的に分析せずとも新しい状況に対応できるようにする〝第六感〟、つまり〝スパイディー・センス〟の詳細な記録が少なくなかった」と、ニューヨーク・タイムズ紙に語っている。一〇年以上がたった今、ペンタゴンはこのアイデアの実用化を急いでいる。現役海兵隊員は、「ほとんど研究されてこなかった高度な知覚力を使って、狙撃手、IED設置者、その他の変則的な攻撃を回避する」ために予知的なスキルのみがき方を教えられている。また、ESPとPKにまつわる悪評を払拭するために、使用する専門用語も変わり、リモート・ビューイングという過去を切り離すことに成功した。「知覚訓練システムおよびツール」という旗印のもと、ESPには現代の新しい名称、「センスメーキング」があたえられた。定義は、「さまざまなつながり（人間、場所、出来事）の軌跡を予想して効率的に行動するために、それらのつながりを理解する意欲的かつ継続的な試み」と、ペンタゴンの公式文献に記されている。

　この数十年で戦争が戦われる場所は変わり、兵器の設計も進化したが、人間の知覚力は数千年前とそれほど変わっていない。五〇年前、ジョー・マクモニーグルはベトナムで第六感を使って仕掛け地雷、パンジステーク〔落とし穴の底に鋭い竹槍や杭を設置して殺傷する罠〕、ベトコンの待ち伏せを逃れた。仲間の兵士も彼の危険察知能力に気づき、それが部隊全体に広まった。兵士は意識下の能力を信頼し、マクモニーグルのあとに続いた。生きるか死ぬかの状況では、懐疑主義や恥ずかしさなど気にしてはいられない。命を助けてくれるものならば、それは本物だったのだ。一九七二年以降のCIAとペンタゴンの研究では、予感または予知能力は個人差があり、並外れて強く現れる者はごくまれだ。海軍の「センスメーキング」への近代的な取り組み、人間と場所と出来事のつながりを理解する継続的努力は、ESPの謎を解き明かすことができるだろうか？　今日の国防科学者が使える技術は、昔の科学者に引き出せなかった仮説を打ち出すことができるだろうか？

ワシントン州のブレマートン海軍病院では、国防科学者と軍の研究者が兵士のバーチャル・ドリームにおける認知と知覚を探求している。二〇一一年にはじまった〈パワー・ドリーミング〉という研究プログラムの一環として、その昔ジョン・アレグザンダーがアルバート・スタブルバインのために情報保全コマンド（ＩＮＳＣＯＭ）の〈ビヨンド・エクセレンス〉プログラムでした研究と同じように、心的外傷後ストレス障害（ＰＴＳＤ）による悪夢に苦しむ兵士がバイオフィードバック技法〔自発的に制御できない人間の生理活動を工学的に測定して、意識上にフィードバックすることで自己制御できるようにする方法〕を活用しているのだ。バイオフィードバックは、三〇年前はなかった二〇世紀のバーチャル・リアリティ技術によってさらに進化した。海軍医学研究センターが支援する〈パワー・ドリーミング〉プログラムでは、「戦士訓練生のための認知行動療法」を用いる。訓練生は、戦場に再派遣される資格があるがＰＴＳＤによる悪夢に悩んでいる現役兵士だ。「リドリーミング〔再夢見〕」と呼ばれるこの方法では、脳の情報処理方法を変えるテクニックを学ぶ。バイオフィードバック技法とコンピュータ技術を使って、神経を参らせる悪夢を、元気をあたえる夢に変換するのだ。

一九六二年に生まれたバイオフィードバックは、（数百万年をかけて発達中の）人間の脳の機能をリアルタイムで見て、有効に活用する。訓練生は、自分の脳波、心拍数、筋肉の緊張、皮膚伝導《コンダクタンス》、疼痛《とうつう》知覚などを同時進行で見ることができる。プロセスは次の通りだ。訓練生の兵士は、悪夢で目が覚めたら、ベッドから出て、そばに置いてある政府支給のコンピュータに向かう。3Dゴーグルをつけて、前腕に心拍変動バイオフィードバック装置を装着する。これによって、バイオフィードバックがリドリーミング・プロセスに組みこまれる。次に、ふたつの装置につながれた状態で、ブック・オブ・ドリームズというソフトウェア・プログラムを開く。キーボードを数回クリックすると、「セカンド・ライフ」というバーチャル世界に入る。

そこでパワー・ドリーミング・セッションがはじまる。最初は、PTSDの悪夢の原因となる出来事をシミュレートするバーチャル・シナリオが展開する。主役は訓練生の兵士のアバター――自分自身の3Dキャラクターだ。訓練ビデオのひとつを例に取ると、ある兵士のアバターがアフガニスタンらしき場所の細い山道で高機動多用途装輪車《ハンヴィー》を運転している。前方にはもう一台のハンヴィーが走っている。一台目のハンヴィーがIEDに接触し、二台目のハンヴィーに乗るアバターの兵士の目の前で爆発する。大勢が死に、ばらばらになった身体が吹き飛ぶ。兵士のアバターは死にかけた仲間（両足がちぎれているようだ）を助けようとするが救えない。訓練生は、コンピュータ画面にグラフで示された自分のバイオフィードバック情報を見て、新しい物語を作る《リドリーミングする》よう指示される。

ブック・オブ・ドリームズのソフトウェアを使えば、自分のアバターを走らせたり、歩かせたり、空を飛ばせるなどして大虐殺の場面から引き離し、あらゆる快適な環境に移動させることができる。新しいシナリオの舞台はどこでもいい。ビーチやジャングル、山のなかでも、色とりどりの魚が泳ぐ夢のような水中世界にも行ける。人間か動物のコンパニオンがいるユートピア的なバーチャル世界だって可能だ。一緒にいるのは、イヌのような本物のペットでも、ドラゴンのような想像上のペットでもいい。天気、時間帯、バック・ミュージックもカスタマイズできる（ジャーナリスト向けの海軍の訓練ビデオでは、中国の音楽が使われていた）。快適なバーチャル世界でリドリーミングするあいだ、訓練生はコンピュータ上のリアルタイムのデータを見るように指示される。この情報も海軍医学研究センターの医師が監視および追跡している。自分の意識を修正して、見た夢を変えることなどできるのだろうか？　海軍はできると考えている。精神を使って脳の作用を変えることは、「パワー・ドリーミング」という新しい時代の新しい名前をまとったＰＫにほかならない。

今日のペンタゴンには、精神力を活用して物事に影響をあたえるプログラムがいたるところに存在する。兵士と退役軍人向けの気功を基盤にしたプログラムは五〇を超える。対象者の大半はＰＴＳＤ患者だ。しかし、国立衛生研究所（ＮＩＨ）と米国保健社会福祉省は、気功は「医学として実証されていない」と考えており、ＮＩＨはエネルギー療法〔手当て療法、遠隔ヒーリング、電気療法などのエネルギーを用いた補完・代替医療の一分野〕の治癒効果について「病状が改善することもあれば、まったく変わらないことも悪化することもある」と警告している。科学的懐疑論者は、気功とあらゆる形態の伝統的な中国医学は、鍼や指圧も含めて「ぺてん」だと主張する。「超常現象を科学的に究明する会」（ＣＳＩＣＯＰ《サイコップ》）の後身である「懐疑主義的研究のための委員会」に言わせると、「身体の健康に影響を及ぼす心の力」を信じることは疑似科学だ。

陸軍と海兵隊はそう思っていないようだ。アメリカ国内の陸軍および海兵隊基地と退役軍人管理局医療センターが提供する〈兵士の健康増強作戦〉プログラムは、ＰＴＳＤ患者に超越瞑想を教えている。超越瞑想をベースにした〈回復力のある戦士〉プログラムは、専門家による審査を受けた三四〇の研究で取り上げられ、ＮＩＨから二六〇〇万ドル以上の助成金を受けている。ＮＩＨが「医学として実証されていない」と警告するこのプログラムの主な結果は、以下の通りだ。ＰＴＳＤと鬱病の症状が四〇パーセントから五〇パーセント緩和した。不眠症が四二パーセント減少した。三〇パーセントが生活の質への満足度が高まったと報告した。血漿《けつしょう》コルチゾールのレベルが二五パーセント低下した。このプログラムを仕切っているのは、映画監督のデヴィッド・リンチだ。彼は一九七三年から毎日二回、瞑想を実践している。以下は彼のことばだ。「瞑想すると、心の奥深くに蓄積された無限のエネルギー、創造性、幸福にたやすくアクセスできるんだ。この意識の段階は、〝純粋意識〟と呼ばれることもある――まさに宝物だよ。純粋意識は、すべての人間の心の奥深くに存在するんだ」

懐疑論者は逆上した。『懐疑論者の事典』（ロバート・Ｔ・キャロル、小久保温、高橋信夫、長澤裕、福岡洋一翻訳、楽工社）には、ＰＴＳＤの兵士の回復を瞑想で助ける、というリンチの取り組みは「コーンにのったアイスクリームを分け合うくらいの効果しかない」と書かれている。著者のロバート・トッド・キャロルによれば、「少なくともひとつの研究で、瞑想は健康に悪影響をあたえる、という結果が出ている」。たとえば、「瞑想に依存している感覚、不快な運動感覚、他人との軽度の断絶、罪悪感、精神病のような症状、躁病、精神の高揚、破壊行動、自殺願望、無防備さ、恐れ、怒り、不安、絶望など」だ。

国防高等研究計画局（DARPA）とアメリカ陸軍は、技術を基盤とする現代向けのテレパシー・システム「合成テレパシー」を開発中だ。ペンタゴンによれば、目標はブレイン＝コンピュータ・インターフェースという名のもとで「未来の兵士が思考だけで意思疎通をする」ことだという。今日の脳波計（EEG）のような脳の測定および記録技術は、脳のアルファ波（主に後頭葉から発生する電気振動）を検知し、遠く離れた場所の別の人間に伝達できるまで進歩した。デジタル・ジャーナル〔カナダのインターネット・ニュース・ジャーナル〕が二〇一三年五月に報じたように、カリフォルニア大学アーヴァイン校の科学者は、陸軍研究所から四〇〇万ドルの助成金を得て、兵士が「テレパシーで自分が望むことを機械に告げられる」合成テレパシー・ヘルメットを開発中だ。「最初は、システムが認識できることばや言い回しに限定されたコミュニケーションになるだろう」と、同大学認知科学部のマイケル・ズムラ部長は説明する。「テクノロジーがさらに発達するにつれて、もっと複雑な言語と話し方も可能になる」

合成テレパシー技術は、一九六〇年代初期にマサチューセッツ州ベッドフォードにある空軍ケンブリッジ研究所の物理学者エドモンド・M・デュワンが開発した技術を基盤としている。意識の本質を哲学的に解明したいと考えたデュワンは、自分自身と彼の研究スタッフに脳のアルファ波を調節する訓練をした。自分の脳波を思いのままにコントロールできるまで練習を積んだあと、一九六〇年代の最先端の機械装置につながれて実験の結果を撮影した（現在ユーチューブで〝brainwave control device by Edmond Dewan〟というキーワードで閲覧できる）。高度な訓練を終えたデュワンたちは、モールス信号でアルファベットのひとつひとつの文字を想像し、これらのコード化された信号で最初は文字、次にことば、最後に語句を機械に送ることができた。初めて送ったモールス信号のメッセージは、一文字につき二五秒で伝送され、記録された。そのフレーズは「アイ・キャン・トーク」だった。一九六四年におこなわれたこの独創性に富んだ室内実験が認証されたとき、ワシントン・ポスト紙は「人間の脳は〝話す〟ことができる――音声の障害を克服」という見出しの記事を一面トップに掲げた。

シアトルのワシントン大学にある学習脳科学研究所でも、同じような研究が進行中だ。合成テレパシーの最初のステップが思考だけでメッセージを作ることなら、次のステップはそれらのメッセージを指定された受信者（人間か機械）に送信することだ。同研究所の共同所長アンドレア・ストッコは、次のように説明する。「進化は膨大な時間をかけて、脳から情報を取り出し、行動やことばで他者に伝える方法を発達させてきた。しかし、そのためには脳波を翻訳する必要がある。わたしたちが他人に伝えている情報とは、脳が処理する事柄の一部にすぎないんだ。（この新技術で）おこなっているのは、その処理プロセスを逆転させるようなものだ。脳波を取り出し、翻訳を最小限に抑えて他者の脳に入力するんだ」。二〇一三年八月一二日に同研究所でコンピュータ神経科学者のラジェシュ・ラオとおこなった実験の映像では、ふたりの被験者のあいだで人類史上初めて合成テレパシーが交わされる様子を見ることができる。

二〇一四年には、インターネットを経由した脳同士の直接的な通信が国際規模で実現した。実施者は、ハーバード大学メディカル・スクールのアルヴァロ・パスカル゠レオーネ神経学教授が率いるチームだ。資金の一部は、EU版DARPAとしばしば称される欧州委員会の未来新技術プログラムが提供した。パスカル゠レオーネは、二〇一五年におこなった電話インタビューで私にこう語った。「このテレパシー実験は、ESPではなくテクノロジーを使っている」。まず送信者《エミッター》が自分の脳の電磁的活動を検出して記録する脳波計キャップを装着して、インドのティルヴァナンタプナムの研究室の椅子に坐る。次に、一九六〇年代にエドモンド・デュワンが開発したメッセージ・システムを使って、心のなかで「hola」（スペイン語の「ハロー」）というメッセージを、フランスのストラスブールの研究所の三人の被験者に送信する。受信者はそれぞれ経頭蓋磁気刺激（TMS）キャップという、磁気で大脳を刺激して脳の活動性を変化させる装置を装着し、送信者の情報を後頭葉に起きる一連の小さな刺激として受け取る。それらの刺激が読み取られ、受信者の視野の片隅に閃光として現れたのだ。実験の結果、約八〇〇〇キロ離れた人間の脳にコード化されたメッセージを直接伝達することに成功した。「ワイヤレスの脳波計やロボット化したTMSといった先進的で精密なニューロテクノロジーを使って、わたしたちは声や文字に頼らずに、人間同士で直接的かつ非侵襲的に意思を伝達させることに成功した。これは人間のコミュニケーションの驚くべき前進だ」

脳同士の直接的な通信という以前は想像もできなかった偉業が達成された。テクノロジーを活用した合成テレパシーの研究は、従来のテレパシー研究をはるかに上回る。超能力研究はこれからどう変わっていくのだろうか?

第二四章

科学者と懐疑論者

一九七〇年代にはじまったアメリカ政府の超常現象《パラノーマル》プログラムに取り組んだ三人のパイオニアは現在も研究を続行し、この現象の源を探求中だ。ハル・パソフは、一九八五年よりテキサス州のオースティン高等研究所で主任科学者を務めている。郊外にある施設は、リサーチパークのなかのオークとニレの木に囲まれた煉瓦とガラスの二階建ての建物だ。研究室のなかでは、国内最新の推進物理学研究のいくつかがおこなわれている。研究部門であるアーステック・インターナショナルは三二の下請け契約を結んでおり、そのほとんどが軍と諜報関連だ。主任科学者のパソフは、三人の物理学者とふたりの実験者を監督している。二〇一五年に私が訪れたとき、彼はこう説明した。「ここでは、重力、宇宙論、新しいエネルギー源における斬新なアイデアを追求している」。顧客リストには、国防総省《ペンタゴン》、NASA、ロッキード社のスカンク・ワークス〔CIAの依頼によりステルス機の設計・製造などを担当していたプロジェクト〕、国防高等計画研究局（DARPA）の恒星間航行を目指す〈一〇〇年スターシップ〉プロジェクトなどが名を連ねる。今も政府の極秘プログラムのコンサルタントをしていることを、パソフは認めた。「そう、航空宇宙部門の機

主任科学者のハル・パソフ。2015年、テキサス州のオースティン高等研究所の研究室にて。パソフの現在の顧客には国防総省、NASA、ロッキード・スカンク・ワークス、DARPAの恒星間航行を目指す「100年スターシップ・プロジェクト」などがある
Author collection

密プログラムに取り組んでる。過去にああいう活動をしていたから、理解しがたい謎が持ち上がるとご用命を賜るというわけさ」

パソフは一階にある研究室を案内してくれた。計測システム、計器類、分析機器がところ狭しと並んでいた。国防情報局（ＤＩＡ）の情報筋によると、アーステック・インターナショナルは長年ペンタゴンのために「過剰熱」という主張を調べているという。過剰熱は、磁気モーターや常温核融合（別名、低エネルギー核反応）などで放出されると言われるが、大半の科学者は否定している。パソフは、職業人生の数十年を、自分を非正統派呼ばわりする懐疑論者と戦ってきた。そのことを考えると、ペンタゴンがこの異端的な現象の誤りを立証するために彼を頼っているのは皮肉な話だ。「ここでは主に過剰熱が観測さ

れたという事例を調べている。これまでのところ、全部誤りだと立証したよ」と、彼は言う。結果は、アーステックのウェブサイトで公開されている。

もうひとつ、彼が取り組んでいる論争的な現代物理学の分野がある。量子真空エネルギー（ゼロ点エネルギー）だ。この考えは、もともと一九一一年にドイツの物理学者マックス・プランクが生み出した（プランクは量子論の創始者として一九一八年にノーベル賞を受賞した）。論争を生んでいるのは、そのエネルギーが存在するかどうかではなく、有効活用できるかという点にある。もし有効活用できると証明されれば、深宇宙推進技術に革命を起こし、飛躍的に進歩させることができるだろうと、パソフは言う。「真空ゆらぎから有用なエネルギーを取り出す可能性は、エネルギー研究の〝至高の目標〟と言っていい」。たとえば、地球から火星まで有人宇宙飛行をする場合、NASAが現在（より伝統的な先進推進技術を使って）七カ月か八カ月かかるとしているところを、ゼロ点エネルギーを使えば、地球との距離にもよるが、理論上は七日から四〇日で到達できる。

パソフの努力を批判者は一笑に付す。私がインタビューした天体物理学者で「暗黒エネルギー（宇宙の膨張を加速するもとになる未知のエネルギー）」を世に広めたローレンス・M・クラウスは、量子真空エネルギーを活用することなど不可能だと断言した。「ゼロ点エネルギーは、量子力学においてもっとも低いエネルギーだ。そこからエネルギーを抽出できるなら、さらに低いエネルギーが存在しなくてはならない。しかし、この階段にそれより低い段はない。よって、存在しても活用することはできないんだ」。クラウスはパソフを〝変わり者〟と呼び、こうつけ加えた。「なにしろ過去にいかれたプログラムを支援していた人間だしね」。それから、興味深いことを言った。「現実に対する考え方は、現実に即してなくてはならない。自分がこうあってほしい、という願望ではなくね。もしゼロ点エネルギーが本当に実現可能で利用できるのなら、とっくに使われているはずだ」。しかしアインシュタインは、量子力学である波動・粒子の二重性について語ったとき、ふたつの矛盾する実態は存在できるし、また、実際に存在することを教えてくれた。パソフを含め、ESPとPK現象を目の当たりにした科学者は、クラウスのような科学的懐疑論者とは現実に対する考え方がちがうようだ。

ゼロ点エネルギーの活用は、ESPとPK現象の一般理論につながるかもしれないと、パソフは推測している。インタビュー中、次のようにその仮説を要約してくれた。「人間の文化史を通して、人間と宇宙は遍在する無限のエネルギーでつながっていて、その無限のエネルギーはあらゆる現象を補強し、あらゆる現象に示されるという形而上学的な概念が存在してきた。この宇宙エネルギーという未科学《プロトサイエンス》的なコンセプトは、さまざまな伝統のなかでさまざまな名前で呼ばれている」。そう言うと、例として中国の〝気〟とヒンドゥー教のプラーナを引き合いに出した。彼は、宇宙エネルギーという形而上学的な概念がゼロ点エネルギーと似ているのではないかと考え、自分のチームとともに、レーザー、ビームスプリッター、レンズ、回析格子を使って量子光学の実験を実施している。時間のかかる困難な探求だと、彼は言う。八〇歳にしてその意欲は一向に衰える気配がない。

パソフの研究は、中国のH・S・チェン（銭学森）が「人体科学」と呼ぶ「人間を宇宙という超巨大なシステムに組みこまれた巨大なシステムと考える」分野で述べたことに通じる。この分野を研究実験することによって、「人間が生物と物的存在の両方として互いに浸透し依存しあう場にいて、宇宙全体と生態的にバランスを取っていることがより深く理解できる」と、チェンは書いている。彼は、〝気〟という生命力が、次の科学革命を起こすカギだと信じていた――これは、アメリカ初のロケット・プログラムを共同で立ち上げ、ジェット推進研究所を共同創設し、中国のロケット、衛星、有人宇宙プログラムを作り上げた人物の見解だ。

二〇〇七年、航空宇宙産業誌アヴィエーション・ウィーク・アンド・スペース・テクノロジーは、チェンを「今年の人」に選び、彼の写真が表紙を飾った。編集長は以下のように書いた。「中国は二〇〇七年に衛星破壊（ASAT）兵器テストと惑星ミッションというふたつの重要な進歩により、宇宙開発の最前線に躍り出た」。記事では、中国初期の航空宇宙計画と現代の不朽の遺産においてチェンが中心的な役割を果たしたと強調している。同年、イギリスの科学誌ニュー・サイエンティストも、彼を「史上もっとも大きな影響をあたえた宇宙思想家トップ10」のひとりに選出した。特異功能（EHBF）、ESP、PKなどの超常現象につきまとう悪評のせいで、この分野の彼の研究は欧米でまったくと言っていいほど報じられていない。チェンは二〇〇九年一〇月に北京で九八歳で亡くなった。

二〇一五年、私はデール・グラフにインタビューするためにペンシルヴェニア州を訪れた。彼と妻のバーバラは、ふたりが育った場所からそう遠くない田舎で暮らしている。私はバーバラに一九六八

デール・グラフは今も超能力研究を続けている。現在は量子もつれというアインシュタインが「不気味な遠隔作用」と呼んだものに焦点を当てている。2015年、ペンシルヴェニア州の自宅にて
Author collection

年にハワイ沖の荒れた海で溺れかけたことと、ふたりがこの謎めいた経験に約三〇年も触れずにいたことを確認した。あの出来事で考え方が変わったと、デールは言った。彼は八二歳の今も、ESPとPKの一般理論を確立するために研究と実験を続けている。「七〇年代と八〇年代は電磁スペクトルに注目していた」と彼は語る。「今調べているのは、量子物理学、非局所性、それに量子もつれ《エンタングルメント》」という、アインシュタインが「不気味な遠隔作用」と呼んだものだという。

量子もつれは難解なコンセプトだが、理論物理学者のミチオ・カクが以下のように簡潔に説明している。「量子論に準じると、あらゆるものは振動している。ふたつの電子を近くに置くと両方が一致して振動する。遠くに離すと量子もつれという驚くべき離れ業がは

じまる。目に見えない〝その緒〟が出現して、ふたつの電子をつなぐのだ。よって、これらの電子を銀河の端と端に引き離し、一方の電子を振動させると、銀河の向こう側の電子も相棒の電子が揺れているのがわかるのだ」。アインシュタインがもつれのことを口にして以来（当初、ほとんどの科学者は異議を唱えた）、物理学者はこの問題に頭を悩ませてきたが、現在は量子もつれは定説になっている。二〇一六年二月に科学技術誌ＭＩＴテクノロジー・レビューも、「今日では、世界中の研究所でもつれ状態の素粒子が大量に作られている」と報じている。「物理学者は、もつれを日常的に使って、完全に暗号化されたメッセージを送ったり、量子計算を研究したり、この深遠な現象の本質をより深く理解しようとしている」

量子もつれのさらに不気味なところは、この現象が世界全体を管理している時間の片方向性――将来に向かう時間の矢――に影響をあたえる可能性があることだ。物理学者のなかには、量子もつれの現象について、因果関係そのものが変わってしまうのではないかと考える者もいる。ＰＢＳ放送のテレビ番組〈ノヴァ〉のレポーター、アリソン・エックが説明する。「もつれ状態の量子はすぐ近くで一緒に動きはじめ、遠く離されても互いにコミュニケーションをして、光速より速く瞬時に情報を共有できる。一方の量子がすることを、もう一方が常に追随する。しかし、相対性理論によれば、そんなに速く、つまり光速より速いスピードで移動できるものは存在しない」。ここでグラフをはじめ一部の物理学者と科学哲学者が、不可能と思えることを提言している。彼らは、遡及《そきゅう》因果（逆因果性）という「未来が過去に影響をあたえるかもしれないという異論の多い概念」に答えがあるかもしれないと考えているのだ。

〈ノヴァ〉のスピンオフ番組〈ノヴァ・サイエンスナウ〉の「逆因果関係は素粒子の情報を未来に送り返せる」という記事で、エックはケンブリッジ大学でこの実験にあたる物理学者にインタビューし、こう書いている。「わたしたちの非量子的な生活では、こうした現象を見ることはできない。時間と因果関係に対する自分たちの感覚にとらわれているからだ。時間は相変わらず未来に向かって流れ、行動のあとに反応がやってくる。けれど一部の物理学者は、分子レベルではこのロジックが理にかなっているかもしれないと考え、さまざまな結果を説明するためにそれ（逆因果性）を使いはじめている」

グラフもそうした物理学者のひとりである。二〇一六年、私はカリフォルニア大学サンディエゴ校で開催された量子逆因果性Ⅲシンポジウムで偶然彼に会った。グラフは「未来のニュースを感知する――逆因果性の証拠」というレクチャーをしていた。そのなかで、先ごろフロリダ州のビューアーと実施した一連のリモート・ビューイング実験のデータを取り上げた。ビューアーは、予知を使ってグラフの地元紙に掲載されるＡＰ通信社の写真を、その写真が撮影される数日前に〝見た〟という。グラフはデータをひと続きのスライドに表示し、それを見せながら分析をしてみせた。聴衆の大半は思考実験として逆因果性に関心があるか、それを認める学者や博士課程の学生（シュマイドラーのヒツジ）だった。実験がグラフの言う通りに展開したことをそのまま信じるしかないのだから、この実験が科学的に管理されていないのは懐疑論者にはわかりきったことだろう。レクチャーが終わると、質疑応答の時間になった。ひとりの男が手をあげて、憤慨した口調で言い切った。「あなたが話していたことは、すでに信用できないとされている。アメリカ陸軍は一九八〇年代にリモート・ビューイング・プログラムを実施したが、まったくのたわごとだったと判明してる」。瞬く間に活発な議論がはじまった。

「まだ見えない現実が潜在してるんだ」と、グラフが主張した。「リモート・ビューイングは、その現実が存在することを示している。もっとも、氷山の一角のようにほんの少ししか見えていないがね。予知のような現象としてぷくぷくと泡立っているだけなんだ」

次に、キット・グリーンへのインタビューのため、私はデトロイトまで赴いた。グリーンは、民営医療機関とミシガン州のウェイン州立大学メディカル・スクールで働いている。この一三年間、デトロイト・メディカル・センターのハーパー大学病院の精神科と放射線科で教えるほか、メディカル・スクールのエマージェント・テクノロジー〔将来実用化が期待される先端技術〕（脳スキャニングの法医学的応用）担当常任理事を務めている。元情報将校としては異色のキャリアを歩んでいると言ってよい。長期にわたって政府で素晴らしいキャリアを積みながら、医療業務に戻ったのだ。「今の仕事だと、脳の高磁場MRI、神経放射線学、ソフトウェアの最先端技術を利用できるんだ」と、グリーンは話す。さらに、この技術を活用してある研究分野を追求していると説明し、本書のインタビューで初めてその内容を明らかにした。

グリーンがCIA将校だったことは、二〇〇七年にPBS放送の〈シークレット・オブ・ザ・デッド〉シリーズのあるエピソードに登場するまで秘密にされていた。「アンブレラ・アサシン」というそのエピソードは、ブルガリア出身の反体制派ジャーナリスト、ゲオルギー・マルコフが冷戦中の一九七八年にイギリスのバス停で殺害された事件を取り上げた。「わたしたちがマルコフはKGBに殺されたのではないかと疑わなければ、彼の死は〝原因不明〟か〝自然死〟として片づけられていただろう」とグリーンは言う。しかし彼とCIAの同僚は強固な仮説を立てており、立証するために研究室で全力を尽くした。「諜報部がマルコフの足から微小な白金イリジウム製のペレット弾を発見し、取り出したんだ。それを見てわたしたちは特殊な血液検査を指示し、リシンを特定した。それこそが、被害者の兆候と症状から予想していたものだったんだ」。グリーンはその後五年間にわたって多くの法医学的事件を解決し、ナショナル・インテリジェンス・メダルを授与された。

一九八五年にCIAを正式に辞してからは、GMの研究所に入り、のちにアジア・太平洋担当最高技術責任者（CTO）まで昇進した。一方で、CIAとペンタゴンの軍事および情報科学顧問として活躍し、二〇以上の国防科学委員会と諮問委員会の委員を務めた。なかには、全米科学アカデミーの多数の理事会の議長や研究責任者、アメリカ法科学会の会員、DIA技術洞察＝判定・評価・検討委員会の共同創設者、作戦研究担当陸軍次官、のちに化学・生物・核物質担当国防次官補のための独立科学委員会の委員長を歴任した。最近は米国学術研究会議による今後二〇年の軍事情報科学および脳研究の未来の考察にも、一九人のメンバーの議長として加わっている。有能で誠意あふれる人物なのは疑いようがない。二〇一六年にはジェームズ・R・クラッパー国家情報長官（アメリカの一七の諜報機関および組織のすべての長を直轄《ちょっかつ》する）の極秘の科学諮問委員会にも参加を求められた。クラッパーは、一九九〇年代にＤＩＡ局長を務め、超常現象プログラムを「斬新すぎる最先端技術」と批判した人物でもある。

ペンタゴンと諜報コミュニティに助言するのは刺激的でやりがいがあるが、グリーンが何よりも関心を寄せるのは、もう一一年目になる民営医療機関での仕事だという。「異常事象によって身体に傷を負った人々に興味があるんだ」と、グリーンは私に語った。「異常事象は、未確認空中現象（ＵＡＰ）〔正体が確認できないもののうち物体であることが判明しない場合に使う〕、ドローン、高エネルギー高周波など人間が直面するが説明できないことと関係があると見られている」。昔は、一部のＵＡＰはＵＦＯ（未確認飛行物体）として知られていた。ＵＦＯという呼び方は「曖昧なので」、グリーンは使っていない。しかし、専門用語の変更は、この研究に正統的な印象をあたえている（ＵＡＰには、ヒラリー・クリントンも二〇一六年の選挙遊説中に言及した）。なぜこの研究に興味があるのか？　もとをたどれば、一九七四年末にＣＩＡの超能力研究プログラムで起きた異変まで遡る。ユリ・ゲラーとローレンス・リヴァモア国立研究所の核物理学者に協力したときだ。

「リヴァモアの核物理学者たちは、核機密にアクセスできるＱ証明を含め、私と同じくらい高レベルの極秘情報取扱許可を持っていた」と、グリーンは言う。「その彼らが、容易には説明できないものを見たと言ってきたんだ。カラスのような鳥が寝台の柱に止まっていたとか、自宅の廊下に球体がふわふわと漂っていたと報告した。肉体のない腕が空中に浮いていたとかね。彼らはいかれてなんかい

クリストファー・"キット"・グリーンは退職後もCIAと国防総省の軍事および情報科学顧問として働いている。1985年以降、20以上の国防総省科学諮問委員会の委員を務めてきた。この10年は民間医療機関に戻り、異常事象によって負傷した患者を無料で診療している
Collection of Dr. Kit Green, photo by Wayne State School of Medicine / Robert Stewart Photography, Ltd.

なかった」。超常現象に引かれる者のあいだでは、こうした密接な接触や目撃を「接近遭遇」という。「接近遭遇は、多くの身体の異変と関連している」と、グリーンは語る。「でも、すべての遭遇が身体の異変とつながっているわけじゃない」。この謎に何十年も悩まされてきた。それで二〇〇五年に研究プロジェクトを開始した。「不可解な怪我、やけど、皮膚損傷、がん、病気を患っていて、さらにUAPと直接遭遇した人々のデータベース」を作りはじめたのだ。

「それぞれの話を綿密にチェックして、統計を比較する。その後、不要な情報を削《そ》ぎ落とす。そのなかから病変のある人々を取り出す。すると最後に何が残る？　じつに興味深い多くの事例だよ。容易には説明できない例ばかりだ」。二年間かけてデータを分析後、二〇〇七年にプロジェクトを机上から実地に移した。「無料の医療活動をはじめたんだ。UAP、ドローン、目に見える物理的装置がかかわる物理的な異常事象を何度も目撃し、そのせいで負傷した患者の法医学的な調査や診断をした」

グリーンは患者を慎重に扱った。「きわめて高度な職務を果たす

者ばかりだ。学識が非常に豊富な者も多く、ほとんどが高レベルの保全許可を持っている。特殊部隊や諜報コミュニティのメンバー、航空宇宙会社の従業員、軍将校、軍事基地の護衛、警官などだ。怪我は、軍の野営地で起きることが多い。警護、偵察、なんらかの探査のために安全な場所に泊りこんでいる最中だ。よくある負傷は、空中にあるものによって生じる。光かビームを放出するもの。球形とかね」

　グリーンが引き受けるのは、すでに何人もの医師を渡り歩き、怪我の原因が突きとめられなかった患者だ。「彼らは何かによって怪我を負っていた。身体にしるしがあったんだ。傷痕や病気だ」。患者はグリーンが医療歴を見ることに同意し、ほかの主治医たちと話すのを許可した。精神疾患を抱えた者は皆無だった。「患者も医師もあらゆる手を尽くし、万策尽きて私のところにやってくるんだ。陰謀に憑りつかれたりＰＴＳＤを患ってはいなかった。そんなことを考えてたら、昇進に影響していただろうからね。私の専門が法医学だから、たいていは上司も一緒にやってくる。データがほとんどなくて、そのデータさえきわめて不十分なことはしょっちゅうだ。そういうデータから診断を確定しようと努めている」。ＣＩＡ時代に調べた数々の暗殺事件と同じである。

　グリーンは自分が利用できるテクノロジーを使って、脳スキャン、特殊な血液、ＤＮＡ、内分泌検査を指示し、結果をまとめる。目下のところ、一〇〇人以上の現役患者を抱えている。最初は、「（患者の大半は）特別アクセス・プログラムで開発された機密扱いの最先端高エネルギー・テクノロジーと接触した」と仮説を立てた。「非致死性兵器プログラム。ホログラム。クローキング〔外部から見えないようにする〕装置。ドローン。患者の四分の一は、私の診断から五年から七年以内に死亡する。その原因が何年も前に知っていたプログラムのせいなのか、まったくわからない」

仮説を進展させるために、患者の人口動態と高レベルな職務を踏まえて、スタンフォード大学でギャリー・ノーランが運営するノーラン・ラボとチームを組んだ。ノーランは世界有数の遺伝学、免疫学、生物情報学の研究科学者だ。ノーベル賞受賞生物学者デヴィッド・ボルティモアに師事し、二〇〇以上もの研究論文を発表したほか、バイオテクノロジーの特許を二〇保有している。五五歳にしてスタンフォード大学の発明家トップ20のひとりと称賛され、国立衛生研究所（NIH）、食品医薬品局、国立がん研究所などから助成金を獲得した。二〇一二年にはペンタゴンからティール・イノベーター・アワードを受賞し、先進的ながん研究に対して三三〇万ドルの助成金を贈られた。ノーラン・ラボは、かつてなく詳細な細胞特性とヒト細胞の大規模マッピングの先駆者として有名だ。「わたしたちは、誕生したばかりのテクノロジーをもとに研究を進める」と、ノーランは二〇一六年に語った。グリーンと同僚は、彼に協力を求めたのだ。

「私はキットの患者の多くと会い、連携してきた。関連する医療データも熟読したよ。この人たちは怪我を負った。私は彼らの身体の異変が及ぼす生理学的影響を見てきた」。ノーランはグリーンの発言を認めたうえで、損傷の多くはある種の電磁場によって生じたようだ、という彼の意見に同意した。「炎症を引き起こし、MRI、細胞組織、血液に見られる生体指標に異変がある。今は、遺伝的な要素と後生的な要素の両方に取り組んでいるところだ。この分野でこういう研究をしているのは、わたしたちだけじゃないかな」。ノーラン・ラボの代名詞であるマッピング技術で、技術者がグリーンの患者のDNAと免疫系のマッピングをおこなっている。統合理論を作るために、生物学データを使って患者間のパターンを探しているのだ。

「どんな種類の外傷も免疫系から見つけることができるんだ」と、ノーランは説明する。「人間の身体に起きた出来事は、すべて免疫系に記録され」、その記録が自身の生体データベースとなる。「過去に受けたあらゆる手術、ハチ刺され、新型インフルエンザH1N1、鼻風邪、アレルギー、水疱瘡《みずぼうそう》も免疫系によって認識され記録される」。ノーラン・ラボで生まれつつあるテクノロジーにより、もうすぐ医師は患者の血液のスナップ写真を撮れば、患者の生理学的な人生の記録を読み取れるようになるだろう。この種の客観的なハイテク生物学データを入手できるようになろうとは、以前は想像もできなかった。

しかし、超常現象研究とはどう関係があるのだろうか？　ESPとPKとどうつながるのだろうか？　ユリ・ゲラーとローレンス・リヴァモア国立研究所の科学者たちが経験した幻覚との関係は、どうなのか？　ノーランは次のように明かした。「うちではリモート・ビューアーを自称したり特異な知覚を持つと主張する人と、その家族の（DNAと免疫系の）マッピングもしているんだ」。ジョー・マクモニーグルもノーランたちの研究プログラムにかかわっている。すでに自分のDNAサンプルを提供し、やはりリモート・ビューアーだったという亡くなった双子の妹のDNAの入手方法も検討中だ。「本物にしろ、そう見えるだけにしろ、勘違いにしろ、遺伝的決定因子があるように見える」。また、グリーンが患者の外傷の原因は高エネルギー装置かその構成要素のせいかもしれないと考える一方で、彼もノーランもそれ以上の秘密が隠されていると思っている。「この現象や経験を繰り返し引き寄せている（ように見える）人たちがいる」と、ノーランは言う。「彼らはまるでアンテナか、暗闇のなかの灯台のような役割を果たしてるんだ」

それを天の恵みと思う者もいるだろう、とノーランは推測する。そういう人々はこの経験を快く受け入れ、人生に役立てる（ユリ・ゲラー、ジョー・マクモニーグル、アンジェラ・デラフィオラ、ポール・スミスのように）。その一方で、忌まわしいととらえる者もいる（グリーンの負傷した患者や、仕事を辞めてしまったリヴァモアの核物理学者たちのように）。これは仮説にすぎないが、その仮説を引き出した生データには疑いの余地がないという。「DNAは話をでっち上げたりしないことを忘れてはいけない」。遺伝子マッピングと高度な単細胞解析テクニックは、生物学的事実をあぶり出す。ノーランは、UAPに遭遇したりESPまたはPK能力があると主張する者について、こう述べた。「遺伝子と精神作用（精神活動）の結びつきが理解できたらどうなるか、想像してみてほしい。超常的な経験や能力を望まない者には（その遺伝的側面を）遮断する薬を作れる――そうでない者は、能力を強化することができるんだ」

結局のところ、グリーンとノーランは、〝パラノーマリティ（超常性）の遺伝子〟を探しているというわけだ。あるいは、グリーンが好きな言い方をすれば、「スーパーノーマリティのゲノミクス」を。

「超常現象を科学的に究明する会」（CSICOP《サイコップ》）を創設したマーティン・ガードナー、レイ・ハイマン、ポール・カーツ率いる懐疑論者は、四〇年以上も共同戦線を張ってきた。一九七〇年代、彼らは「なぜ、一部の常識的な人々のあいだでさえ、さまざまな超常的な〝出来事〟に対する興味が急増したのか？」と問いかけた。そしてもちろん、今も同じ問いを繰り返している。二〇〇六年には、グループ名から〝超常現象《パラノーマル》〟を取り除いて、「懐疑主義的研究のための委員会」に改称した。依然として科学と理性を促進し、疑似科学、迷信、不合理な信念の拡大を阻止しようとしているが、その不合理な信念には神という概念も含まれると信じている。

そんなグループの結束に、注目すべき亀裂がいくつか生じた。まず、『奇妙な論理』の著者であり、現代科学的懐疑論の父と言われるマーティン・ガードナーが、宗教的啓示を経験した。二〇一〇年に亡くなる前、彼はそのことを公に議論している。超自然的存在、崇高《すうこう》なる力である神を信じると周囲に話し、この信念は科学や理性で立証も反証もできないので疑似科学ではないと断言した。二〇〇八年に実施されたインタビューでは、こう語った。「私は私だけの神を信じている。来世を信じ、祈りも信じるが、既存の宗教はいっさい信じない……これは哲学的有神論というものだ……哲学的有神論はまったく感情的なものなんだ」

彼は次のようなことばを書き残した。「神は偉大なマジシャンだ」

ガードナーのマジシャンの友人、ジェームズ・ランディは、数十年に及ぶ詐欺と刑事上の詐称行為に加担していたことが二〇一一年に露見《ろけん》した。世間を騒がせた「チャネラー・カルロスでっち上げ事件」に連邦犯罪が絡んでいたことが明らかになったのだ。「懐疑主義的研究のための委員会」の目的は、「人を騙す行為に関する事実情報を、科学コミュニティ、メディア、国民に広めること」であったため、グループのイメージを揺るがすスキャンダルとなった。よりによって、もっとも有名なメンバーのひとりが詐欺行為に加担していたのだ。ニューヨーク・タイムズ紙によれば、この犯罪は二五年間も発覚しなかったという。二〇一一年に、連邦捜査官がフロリダ州のランディの家の玄関をノックして、ホセ・アルヴァレスという男はいるかと尋ねた。テレビ番組〈60ミニッツ〉などの報道機関にある広報資料によれば、ホセ・アルヴァレスは数十年前のでっち上げ事件でチャネラー・カルロスを演じた人物だった。

捜査官に応えて、ランディより三三歳年下の男が家のなかから現れた。アルヴァレスは、ランディの長年の恋人だった。二〇〇八年、ふたりは同性愛者であることを公表していた。ニューヨーク・タイムズ紙によれば、捜査官はアルヴァレスに手錠をかけるとミランダ権利を読み上げ、「彼を車に押しこんでブロワード郡刑務所に連行し、〝FNU、LNU（名前不詳、姓不詳）〟と登録した」。男は捜査官に本名はデイヴィ・オランヘル・ペニャ・アルテアガだと告げ、一九八〇年代半ばにアメリカにやってきて、フロリダの公共図書館でランディと出会い、恋に落ちたと話した。さらに、ベネズエラには戻りたくない、故国は同性愛者にとって安全な場所ではない、と訴えた。違法に別人になりすまし、その名前を使ってカルロスでっち上げ事件でオーストラリアに行くパスポートを申請したという。「ペテン師になった気分だったが、そうしなければならなかったんだ」。彼は、悪質な身元詐称と、パスポート申請および使用における虚偽申し立ての罪で告発された。

アルヴァレス／アルテアガは二五万ドルの罰金と最長一〇年の懲役、国外退去を言い渡される恐れがあった。ようやく保釈され、裁判を待つあいだ、人気マジシャンのペン・ジレットや生物学者のリチャード・ドーキンスをはじめ、大勢の有名マジシャンや懐疑論者が判事に情状酌量《じょうじょうしゃくりょう》を求める手紙を書いた、おかげで、寛大な判決がくだった。アルヴァレスは詐称と不正にかかわったランディについて、「彼がしたことは、弱い立場の自分を助けるためだった。危害を加えられそうな者を守るためなら、彼はどんなことだってするだろう。それを私のためにしてくれたんだ」と弁護した。翌年、ランディとアルヴァレスは結婚した。

二〇一六年に私がランディにインタビューしたとき、彼は八六歳になっていた。パートナーの逮捕と投獄後、精神的に参っていた時期、彼はロサンゼルス・タイムズ紙に胸の内を吐露《とろ》している。「どうすればいいかわからなかった。あんなにつらかったことはないよ。（マジックの一環として）ナイアガラの滝に吊り下げられたこともあったけど、これに比べたらなんでもない――まったくたいしたことじゃなかったよ」。彼にインタビューしたとき、私はこの経験でユリ・ゲラーを糾弾《きゅうだん》する気持ちがやわらいだかを訊いてみた。「冗談じゃない！」と、ランディは声を張り上げた。「私が死ぬときは、火葬して灰をゲラーの目に投げつけてくれ」

友人のガードナーが晩年に神を信じるようになったことについても、意見を訊いた。「あれには驚いたね」。彼はそれだけ言うと、すぐにユリ・ゲラーに話を戻した。「超常現象なんてものはない。ユリ・ゲラーはマジシャンだ……やつの人生はまやかしなんだ!」

第二五章
サイキックと宇宙飛行士

ユリ・ゲラーは、自分の力が本物だと主張している。イスラエル首相のベンヤミン・ネタニヤフも同じ意見だ。「彼には特別な力があると思う」と二〇一五年のテレビのインタビューで語り、こんな話を披露した。「私と妻のサラはカエサレアのレストランにいた。ユリとランチを食べていたんだ。近所の人たちが店に入ってきて、ユリに会いたがった。スプーンを曲げてもらうためにね。彼は〝今はできない、これを全部なんて曲げられないよ〟と丁重に断ったけど、みんなはなおもせがみ続けた……それでとうとう〝よし、わかったよ〟と言うと、レストランの隅に立って、そこにいた全員のスプーンを同時に曲げてみせたんだ」。インタビュアーは、ゲラーがこの離れ業に手品を使えたかどうか尋ねた。「どんなトリックを使ったかきみが納得のいく説明をしてくれたら、〝すごいな、たいしたマジシャンだ〟と私も認めるだろうね。でも、彼は本当にやったんだ。そして、私はそれをこの目で見た。これまでも、何度となく見てきたんだ。説明できないからといって、実際に起きなかったとは言えないよ」

アメリカ政府の超感覚的知覚（ESP）とサイコキネシス（PK）研究の秘密の歴史は、ゲラーに負うところが大きい。彼はCIAが超能力研究プログラムをはじめるきっかけを作った。また、一九七〇年代初期より彼が世界中で注目を集めたおかげで、超能力研究が世に知られるようになったからだ。二〇一五年にゲラーを最初にインタビューしたとき、私はイギリスの彼の自宅を訪れた。公平で客観的なジャーナリストであろうとしたのに、目の前でスプーンが曲がり、テレパシー・テストで心を読まれたことにすっかり注意を奪われてしまった。手品の仕組み——器用な手先で実演されるトリック——を理解するために、訪問前にユーチューブでマジシャンのスプーン曲げの動画を山ほど視聴してきたにもかかわらず。

本書を書くために私がゲラーやほかの関係者に話を聞いたのは、彼らのことばや考えを検証したり反証したりするためではなく、政府が長期にわたってESPとPK現象に関心を抱いていたことを客観的に伝えるためだ。取材のなかで彼の能力をもっともよく示しているのは、ロンドン動物学協会の伝説的な元哺《ほ》乳《にゅう》類学芸員、デズモンド・モリスの話だ。モリスが書いた著作『裸のサル』（日高敏隆訳、角川書店）は、二〇一一年にタイム誌で「史上もっとも素晴らしいノンフィクション・ベスト100」に選ばれている。

「ユリ・ゲラーは、芸術について話すために二〇〇五年に私に会いにきたが（モリスはシュールレアリズムの画家でもある）、帰り際にスプーンを曲げてほしいか訊いてきたんだ」と、モリスは回想する。「私がずっしりしたティースプーンを取ってくると、彼はそれを人差し指と親指ではさんでこすった。すると本当に曲がりはじめた。私は間近でじっくり観察していたけれど、どうやったのかわからなかった。そのときこの奇妙な能力がどう進化してきたか、動物学者として説明できるか尋ねられた。鉄は三二〇〇年前に発見されたばかりなので、それ以前はきみの特殊な力は必要なかったはずだ、と答えたよ」。ゲラーをめぐる議論のことは、モリスもよく知っていた。大勢のマジシャンが「彼が手の圧力を巧みに使ってスプーンを曲げている」と主張していることも。そこでテストをするつもりで、いつもとちがうことをしてほしいとゲラーに頼んだ。「足の親指だけでそれ（金属を曲げること）ができるか尋ねたんだ」。モリスは台所へ行って、目に入ったいちばん重そうなティースプーンを取ってくると、書斎のテーブルの上に置いた。ゲラーは「靴と靴下を脱ぐと、足をテーブルにのせた。親指で（ティースプーンを）こするのはやりにくそうだったが、なんとかできた。すると、またもやスプーンが曲がったんだ。二度目のとき、ゲラーの両手はスプーンとはまったく離れたところにあった。それに、ほかの足の指をてこにしてスプーンに力を加えたりもしていなかった。完全に狐につままれたような気分だったよ」。

これをどう思ったかと、私は尋ねた。

「科学者としてははっきり言っておきたいんだが、彼がどうやって金属を曲げたか説明できないからといって、超自然的または心霊的な説明を認めるわけじゃない。じつは私はフィジーの火渡りも研究しているが、その能力も理解できずにいる。説明できない現象には偏見を持たないようにしてるけど、超常的な力のせいにするつもりもない。単にまだ納得のいく科学的説明を見つけていないだけだ」

ゲラーの一一〇〇平方メートル以上もあるソニング・オン・テムズ〔イギリス南部のバークシャー州の村〕の広大な自宅は、

目を瞠るほど素晴らしい。テムズ川のほとりにあり、広々とした芝生にいくつかの家屋が佇み、温室、プールハウス、サルヴァドール・ダリの像、コイが泳ぐ池、それにヘリポートまである。ゲラーが妻のハンナと共有するこの家は、世界各地に所有する不動産のひとつにすぎない。不動産は採掘会社のために石油や希少な鉱物をマップ・ダウジングで探してきた成果の一部だと、ゲラーは言う。四八年来の友人であり、アシスタントでもあるシピ・シュトラング（ハンナの弟）も、この屋敷に住んでいる。イギリスでインタビューを終えたあと、ゲラーは後日もう一度インタビューを受けることを承諾した。

二〇一六年、彼に会うために私が向かったのはイスラエルだった。ゲラーとハンナは、二〇一五年秋に唐突にテルアヴィヴ郊外へ引っ越していた。私にとって、これは注目すべき変化だった。イギリスで二〇一三年に放映された〈ユリ・ゲラーの秘密の生活〉というBBCテレビのドキュメンタリー番組が、ゲラーがイスラエルのCIAに相当するモサドに協力していると示唆していたからだ。モサドは秘密工作、情報収集、テロ対策を担当する秘密情報機関であり、局長はイスラエル首相に報告を上げる。二〇一六年の首相は、ベンヤミン・ネタニヤフだ。ネタニヤフがゲラーについて公に発言していることを考えると、調べてみる価値があった。本書のためにインタビューしたアメリカ政府の科学者の多くが、ゲラーが一九七〇年代にモサドの協力者だったと認めている。現在もそうなのだろうか？　そして彼の有名な能力はどうなのだろうか？　くわしく知るために、私はイスラエルへ飛んだ。

ゲラーのイスラエルの自宅は、ヤッファという古くからの港湾都市の丘の上にあった。ヤッファは、現在の科学技術と同じように迷信や魔術が国家安全保障に影響をあたえた先史時代から、重要な戦略都市とされている。その港は、耐久性のある武器と原文字が出現した青銅器時代（紀元前二〇〇〇年ごろ）からずっと使用されてきた。ゲラーの家に向かった私は、町を抜け、時計塔とアルバフル・モスクを通りすぎ、小高い丘を越えて旧市街に入った。そこからは入り組んだ古い石造りの狭い路地を進み、迷路のように立ち並ぶ三階か四階建の店や家を通り抜け、やっとのことでゲラー邸の正面玄関にたどり着いた。

ヤッファの季節は春だった。天気は素晴らしく、ゲラーは散歩をしたがった。ハンナとシピも賛成した。そういうわけで、私は三日連続で歩きながら彼へのインタビューを録音し、メモを取った。わたしたちは旧市街を抜け、港を通り、海岸沿いにテルアヴィヴまで行って、また戻ってきた。ゲラーは長身のすらりとした体つきで、エネルギーに満ちあふれていた。年齢は七〇歳になる。どこへいっても、みなが彼に気づいた。彼は二〇〇七年に〈ザ・ネクスト・ユリ・ゲラー〉というテレビ番組を制作して出演したが、番組はイスラエルだけでなく、ドイツ、スウェーデン、オランダ、ハンガリー、ギリシャ、トルコ、ロシア、そして〈フェノメノン〉というタイトルでアメリカでも放送された。若いメンタリストや奇術師が観客の前で手品を演じ、ゲラーが判定をくだすスター発掘形式は大いに人気を博した。ゲラーの現在の成功の大部分はそのおかげと言ってよい。

テルアヴィヴを歩き回るあいだも、ドイツ、ウクライナ、ロシア、ハンガリーの旅行者に呼び止められた。彼らの大半がスプーン曲げをしてほしいと頼み、ゲラーが実際にやってみせると飛び上がって喜んだ。午後はアイスクリームの屋台で若いカップルから同じことを乞われた。夕食時は、テルアヴィヴの海辺のレストランでウェイターがやはりスプーン曲げを所望した。ゲラーは裏の厨房に入ると、約二〇人のスタッフの前で大きなスープ用のスプーンを曲げてみせたあと、相手の思考を読むテレパシー・リーディングを披露し、私はそれをビデオに収めた。実演が終わると、スタッフからどっと歓声があがった。

「私はみんなからエネルギーをもらってるんだ」。ビーチ沿いを歩きながら家に戻る途中、ゲラーは言った。

夜更けに、わたしたちはヤッファのコンビニエンス・ストアに立ち寄った。ふたりの若いエチオピア系イスラエル人がゲラーに気づき、スプーンを曲げてくれるよう頼んだ。店内に金属のスプーンが見あたらなかったので、ひとりが代わりに水タバコ用のトングを差し出した。熱い炭をつかむため、トングは真っ黒に焦げていた。一センチほど間隔があいた二本の平行した金属片で、燃える石炭をはさむために高熱に耐えられるよう鍛造されている。形状を考えると、手品では簡単に曲がりそうにない――少なくとも、私が見たマジシャンたちのビデオによれば。店の外の街灯の下に立ったゲラーは、指先でトングのアームの部分に触れて「曲がれ！」と命じた。トングが曲がると、ふたりの若者は興奮のあまり大騒ぎした。

熱狂的ファンのために水タバコ用のトングを曲げるユリ・ゲラー。2016年、イスラエルのヤッファの路上にて
Author collection

翌日のインタビューは、ゲラーが自宅のなかでエアロバイクのエクササイズをしながらおこなわれた。「なぜイスラエルに戻ってきたの？」と、私は尋ねた。「モサドに協力するためだったの？」。そんなことを訊いても意味がないことは、ふたりともわかっていた。もし本当にモサドのために働いているなら、彼が認めるはずがないのだから。

「能力《パワーズ》の話に集中しよう」と、ゲラーが提案した。「きみとテレパシー・テストはしたかな？」。そう言うと、バイクを漕《こ》ぎながら黒いマーカーと紙を一枚手に取った。イギリスでインタビューをしたときにすでに経験済みだと答えると、ゲラーは別のテストをしようと提案した。

「頭をからっぽにして。これから私が思考を植えつけるから」と、ゲラーが言った。

「テレパシー実験はしたくないわ」。私は尻ごみした。

「どうして？」と、彼が尋ねる。

「気まずいもの、私があなたの注目を浴びることになる。それに、みんなそんなもの読みたくないわ。誰かの夢を人づてに聞くようなものだから」と、私は答えた。

私にかまわず、ゲラーはテレパシー実験のやり方を説明した。私から見えないように、彼がある首都の名前を紙に書く。それからその紙を隠して、私にテレパシーでことばを送る。「私の心からきみの心に伝達する。で、きみは私から受け取ったことばを紙に書く」。これは、ゲラーのもっともよく知られた、他人の心に思考を植えつける実験だ。ＣＩＡは機密解除された文書で「マインド・プロジェクション」と呼んでいる。このやり方で騙せるなら、ゲラーではなく受け手である私だけだ。ゲラーは、紙にあることばを書いた。それから紙を半分に折ると、私に頭のなかをからっぽにするように言った。

私はなおも抵抗した。「本当に気が進まないの」

「終わったよ」と彼は言った。「さあ、都市名を言って」

「パリかスコットランド」と、私は答えた。「スコットランドは都市じゃないけど、二番目に思い浮かんだから」

ゲラーは折りたたんだ紙を広げた。そこには「パリ」と書かれていた。パリは、世界でもっとも人気がある一〇都市のひとつと言われている。しかし、それでも当たったことに変わりはない。

「次は、イメージで試してみよう」。そう言うと、彼は手早く何かを描きはじめた。その紙をふたつ折りにすると、私の見えないところに置いた。

「さあ、描いて」と、彼が命じた。

私の心に浮かんだのは、雪だるまだった。そこで、三つの異なるサイズの円を描いた。

「ストップ！」

ゲラーが紙を開いた。「ほら！　私が描いたのはネコだ」。そこには、ふたつの異なるサイズの円が描かれていた。ひとつの円の上にもうひとつの円が乗っかり、いちばん上に耳がふたつついている。

「重要なのはこれだよ」。ゲラーはそう言うと、私の紙を掲げて、彼の紙の上に重ねた。私の雪だるまの真ん中の円は、彼の猫の体の円とぴったり大きさが同じだった。「まるで謄写版《とうしゃばん》かコピーみたいだろう？」。ふたつの円の寸法をミリ単位まで比べながら彼は言った。ゲラーの言う通りだった。「ほらね、わたしたちがふたりとも理解できないことが起きてるんだ。私の脳が、きみの脳にイメージを送ったんだよ」。現代のコンピュータは、インターネットで同じことを瞬時にできる。でもゲラーは、どういうわけかそれを自分の心で、彼の心と私の心を通信させるか、ふたつの心をひとつにするかしてやりとげる。でも、本当にそうなのだろうか？　円を描く人は多いだろう。なんといっても、人間の心にいちばん古くからある形のひとつなのだ。単なるまぐれ当たりかもしれない。

「やっぱりモサドのことを訊きたいんだけど」

わざわざイスラエルまでやってきたのは、ゲラーへのインタビューもさることながら、彼の過去、一九七〇年代の話を確認するためでもあった。私がインタビューしたイスラエル国防軍の元将校は、ゲラーがモシェ・ダヤンのためにマップ・ダウジングをしていたことを裏づけた。アムノン・ルービンシュタインにも話を聞いた。彼はイスラエル憲法の父であり、アメリカで言えば古参議員に相当する。通信相、科学技術宇宙相、エネルギー・インフラ相と数々の要職を歴任し、一九六九年以降ゲラーのESPとPK能力を積極的に擁護している。彼にゲラーとイスラエル諜報機関の関係を尋ねてみると、「ああ、それについてはまったくわからないな」と慇懃《いんぎん》な口調で言うと、話題を変えた。

ある日、ユリ、ハンナ、シピ、私は、エルサレムの一四キロ西にあるアラブ人の村、アブゴッシュを車で訪れた。二〇一六年三月のイスラエルは、一匹狼《おおかみ》のパレスチナ人がナイフなどの凶器でユダヤ人を襲う「ナイフ・インティファーダ」という個人の対イスラエル抵抗運動が多発していた。二〇一五年九月以降、犠牲者は合計二二五人に達した。私が到着する四八時間前も、あるパレスチナ人がヤッファで凶行におよび、妊婦を含む一〇人が負傷し、テイラー・フォースというアメリカ人大学院生が殺害された。フォースはウェストポイントにあるアメリカ陸軍士官学校卒業生だった。陸軍将校としてイラクとアフガニスタンへの二度の従軍期間を終えたばかりだったのは、運命の残酷ないたずらと言ってよい。事件は私が滞在するホテルから三ブロックしか離れていない場所で起きた。犯行現場を通りすぎるたびに、歩道に残るどす黒い血痕《けっこん》がいやでも目に入った。

アブゴッシュのアラブ・レストランでは、アラブ人でないのはわたしたちだけのようだった。イスラエルのユダヤ人三人と、アメリカ人がひとりのグループ。ランチが運ばれてきた。ファラフェル〔ひよこ豆のコロッケ〕、フムス〔ひよこ豆のペースト〕、オリーブ、サラダ、パンだ。食事中、ブリーフケースを持った男がひとり入ってきた。若い金髪の女性を連れている。

「あの男が弁護士だってことは、超能力者《サイキック》でなくてもわかる」と言うと、ゲラーは立ち上がった。ふたりは握手をして、ヘブライ語で二言三言ことばを交わした。男は一緒にいる若い女性を娘だと紹介した。

ランチのあいだ、わたしたちは名前を明かさないことについて話した。イスラエル訪問中、ゲラーのファンが近づいてこなかったのはここだけだった。スプーンを曲げてくれと言われずに、数分以上坐っていられたのは初めてだ。

ゲラーは注目されるのが楽しいと言った。「たぶんエゴが強いんだろうね。私にはナルシシズム的なところがあるんだ。でも、誰だってそうじゃないかな。心のなかに眠っているというだけで」

ランチのあと、わたしたちはカルダモン入りのコーヒーを飲み、デザートを食べた。ゲラーはレストランの奥に姿を消した。きっとスプーンを曲げにいったのだろう。駐車場で合流すると、今度はちがう角度からモサドについて尋ねてみた。「もし仮にモサドにサイキックが必要だとしたら、どんな能力が役に立つと思う？」。ゲラーは、モサドに協力してるかどうかは絶対に明かさない、と釘を刺した。私は、話を聞けなければモサドに関するエピソードが嘘っぽく見えてしまう、と食い下がった。よい兵士になっていつか伝説的なモサドで働くようにとはげました穀物商人ヨアブ・シャハムとの子供時代の体験が、大人になっても影響をあたえたという物語に。私のことばが彼のエゴを刺激したのだろうか。ゲラーはこう口をすべらせた。「きみはわかってないな」。声が苛立っていた。「アラブ・レストラン。弁護士や娘のところ。私はどこへでも行けるんだ。誰にも疑われずにね。完璧な隠れ蓑《みの》だよ。私はただのスプーン曲げの男なんだ」。フランク・シナトラ、モー・バーグ〔アメリカのプロ野球選手〕、ハリー・フーディーニ、ルイ・ド・ウォールもそうだった。彼らは全員、諜報機関のために働き、誰ひとり疑われなかった。それぞれプロとしての仕事で十分に名を馳《は》せていたからだ。

ひょっとするとゲラーもそうなのかもしれない。いや、そうじゃないかもしれない。もし本当なら、それは彼の能力について何を意味するのか？　能力は偽物ということだろうか？　それとも、能力は本物で、それをスパイとして使っているということなのか？　まさに可能性が無限に広がるウサギの穴、ひと筋縄では解けない難問だ。そんなことを考えていると、思いがけないことが起きた。

車でイスラエルに向かうと、わたしたちは旧市街で車を停めた。少し歩くと、バリケードに行き当たった。掲示には、ヘブライ語で「国家元首、首相オフィス」と書かれていた。重装備の警備隊員が、手振りで通るように合図する。厳重なセキュリティを通り抜けながら、わたしたちはベンヤミンとサラ・ネタニヤフの屋敷に入った。私のハンドバッグもエックス線検査にかけられ、これは非公式な会合で取材ではない、と告げられた。

わたしたちは、サラ・ネタニヤフと、一家の飼い犬のカヤという白いシベリア犬と一緒に中庭に腰を下ろした。イヌは年老いて、ひどく足を引きずっており、みんなでそのことを少し話した。カヤは

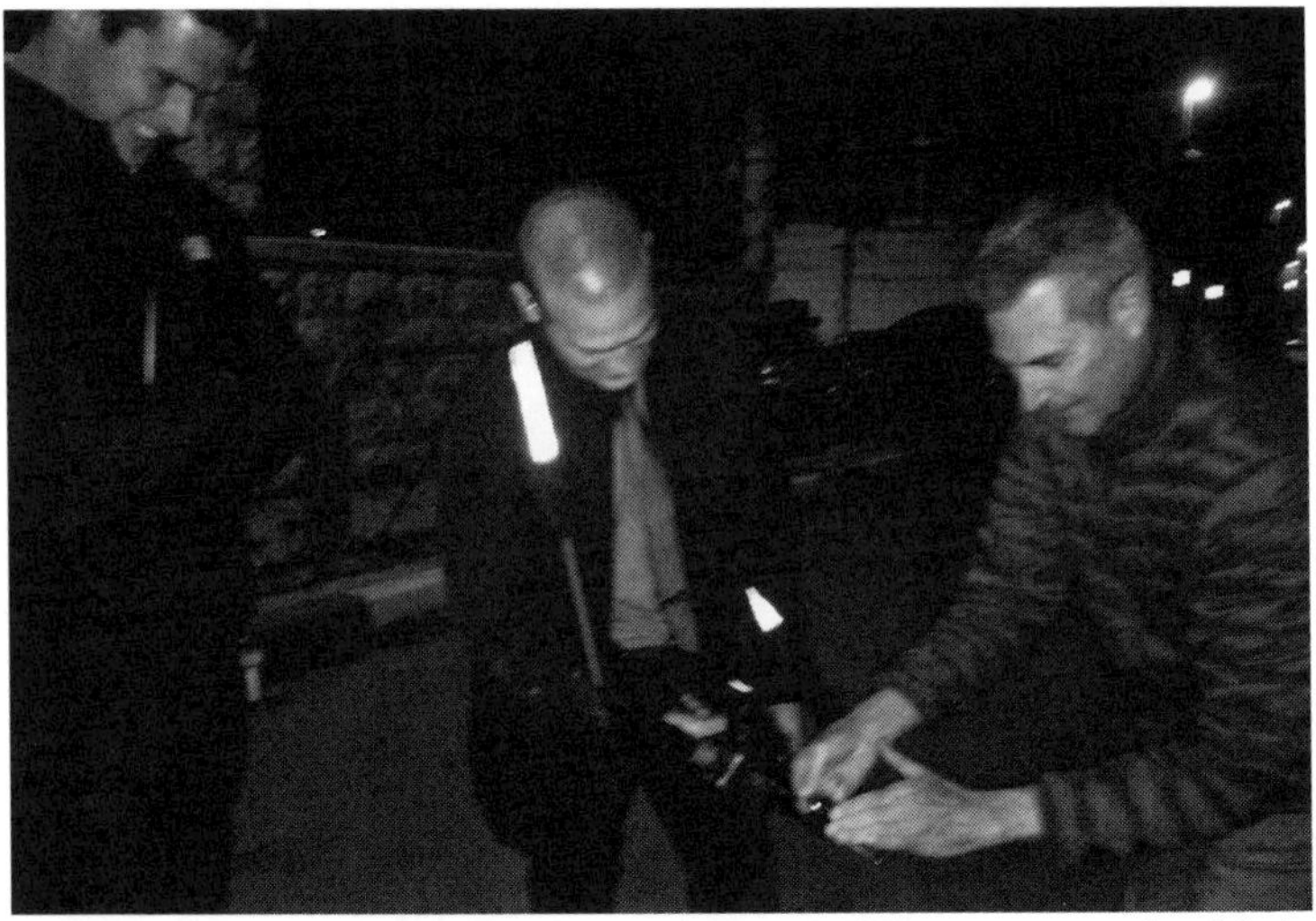

イスラエルのエルサレムにあるベンヤミン・ネタニヤフ首相宅の外で警備チームのためにスプーンを曲げるユリ・ゲラー
Author collection

ユリの足元に坐った。サラはエルサレムの子供たちのために教育心理学者としてフルタイムで働いていて、ちょうど長い一日の仕事を終えたところだった。五人で多くの興味深い話題について語り合ったが、すべてオフレコ扱いとされた。途中で鳥が一羽、中庭に飛んでくると、カヤが起き上がって追いかけた。私は思わず声をあげた。「イヌが走ってるわ」。みんなの目が、鳥を追って庭を走り回るイヌにいっせいに注がれた。足はもう引きずっていない。サラも私と同じくらい驚いていた。「ユリ、あなたがカヤを治したのね」

「私はヒーラーじゃないよ」と、ゲラーは否定した。「でも、本当によくなったみたいだな」

ゲラーは立ち上がり、しばらく席を外すがあとで戻る、とことわるとサラと一緒にキッチンへ消えた。

最初から仕込まれていたのだろうか？　私の目の前で、今、実際に諜報活動がおこなわれているのだろうか？　ゲラーは本当に情報を集めて首相の自宅へ運んでくるのだろうか？　そうかもしれないし、そうでないかもしれない。おそらくゲラーとネタニヤフはただの昔からの友人なのだろう。ふとネタニヤフがテレビのレポーターに、ゲラーがスプーンの束を同時に曲げた話をしたことが思い浮かんだ。ゲラーの能力を信じていなければ、イスラエル首相がわざわざそんなことを話すはずがない。もっとも、偽情報を広めるキャンペーン――もうひとつのウサギの穴――であれば、話は別だ。どちらも真実であり得る。ユリ・ゲラーがモサドに協力していることも、していないことも。彼が世界中で誰ひとり説明できないたぐいまれな力を持っていることも、あるいは四八年間ずっとたったひとつのマジックを演じ続けてきたということも。

この現象《フェノメナ》を引き起こす真のエネルギー源は、確信――信念という確信――なのかもしれない。誰にもわからない別の何かが存在するという信念、科学ではまだ説明できない方法であらゆるものがつながっているという信念だ。現実とは、まさにそれぞれの人間がこうであると考えるものなのかもしれない。

ESPとPKが事実にしろ想像にしろ、カール・ユングがかつて言ったように、これらの現象《フェノメナ》は消えていない。確かなのは、アメリカ軍と諜報コミュニティの依頼によって、一〇人あまりの科学者を先頭に、何百人という人々が、数十年にわたって（膨大な資金を費やしながら）この問題に取り組み、不可能と言われることを人間の頭脳で可能にしようとしてきたことだ。

ハンナ、シピ、私はネタニヤフの庭で椅子に坐り、コーヒーを飲んだ。世界でもっとも有名な歴史を持つ都市エルサレムの夕べを三人でゆったりと楽しんだ。あるいは、楽しんだように見えたと言うべきか。シピによれば、私の話はすべて聴かれていて、行動も見られているという。右手にある黒いガラスの壁の向こうには、警備チームが隠れている。そこでいろいろな機関や職務の人間がわたしたちを監視しているそうだ。ここはイスラエルの首相の自宅だ。わたしたちがいるのは、世界でもっとも不安定で暴力がはびこる地域のひとつなのだ。エルサレムでは単純なものは何もない。見た通りのものはひとつもないのだ。

ほどなくして、ここを去るときがきた。ゲラーが家の奥から現れて、わたしたちは長い廊下を警備員につき添われて歩き、セキュリティ・オフィスを通って表に出た。外はすっかり暗くなっていた。重装備の警備隊はまだ通りをパトロールし続けていた。ひとり、またひとりと隊員たちがゲラーに気がついた。そのなかのひとりが近づいてきて、スプーンを曲げてくれないか、と彼に尋ねた。

アメリカに帰国して一カ月後、ニューヨーク・タイムズ紙に「イスラエルがガザから続く新しいトンネルを発見」という記事が掲載された。ネタニヤフが「イスラエルのトンネル発見能力は世界的な進歩をとげた」、その進歩は「独特」だが詳細は明かせない、と述べたと引用されていた。イスラエル軍広報担当官のピーター・ラーナーによれば、トンネルの出口は地表にはないという。つまり、地中深くにあったのを見つけたということだ。

ゲラーにマップ・ダウジングが関係しているか尋ねると、「コメントできない」という返事がメールで返ってきた。そこでトムソン・ロイターのイスラエル・パレスチナ上級特派員、ダン・ウィリアムズの意見を訊いてみた。彼は「イスラエルのトンネル発見技術にマップ・ダウジングがかかわっているとは聞いていない」と答えた。「私の勘では、その可能性は低いね。そんな方法が、このプロジェクトのイスラエルの計画者、巨額の費用、人的危険に見合うとは思えない。小耳にはさんだところによれば、地震地図の作成や地上レーダーなど六つほどの方法を組み合わせたものらしい」

二〇一五年三月、私は月に降り立った六人目の男、エドガー・ミッチェルと会うためにフロリダに赴いた。同州南部のレイクワースにある彼の自宅は、海から一五キロほど内陸の中流階級地区にあった。ヤシの木が生い茂る舗装《ほそう》された一車線の道路を運転しながら、どの家がミッチェルの自宅なのか懸命に目を凝らした。ほどなくして、星条旗が旗竿に高く掲げられ、朝の爽やかな風にはためいているのを見つけた。円形の車寄せに駐車すると、車を降りて玄関ドアまで歩いていった。ミッチェルが犬と一緒に戸口で出迎えた。

彼はボタン穴にペンを差した淡褐色のシャツを着て、サスペンダーつきの茶色のスラックスを履いていた。室内には一九七〇年代の趣があった。壁にはアポロ14号の記念品や人工品が飾られている。月、コーン・クレーター、フラ・マウロ高地など、NASAの写真もたくさんあった。おびただしい数の画像には、今よりずっと若いミッチェルが大統領や国王の横に立って微笑んでいるものもあった。

宇宙船の着水後にアメリカ海軍の職員たちに迎えられる、アポロ14号の宇宙飛行士たちのものもあった。

ミッチェルと私は、リビング・ルームでリクライニング・チェアに腰を下ろした。私はテープ・レコーダーをセットしてメモを取りはじめた。ふたりでさまざまな話をした。彼の経歴や仕事、月、意識、超常現象《パラノーマル》、それにユリ・ゲラーについて。このふたりの関係は独特だ。まるで一九七〇年代の超能力研究のコインの裏と表のようだ。ゲラーはイスラエルでのインタビューで、ミッチェルのサポートは彼の人生に多大な影響をあたえたと語った。ミッチェルがいなければ、今の自分はなかっただろうと。「彼のことを崇拝してる」と、ゲラーは言った。「彼は月の上を歩いたんだ。そんな男が応援してくれるなんて、自分が特別な存在のように感じたよ。なんだってできると思えた」

月から帰還すると、ミッチェルの物の見方やとらえ方は劇的に変化した。以後ずっと、彼はそれまでとは異なるレンズで世界を見るようになった。ゲラーは彼が世界に受け入れてほしいと願うすべてを体現していた、とミッチェルは語る。ふたりはまったく対照的だ。どちらも同じくらい世間からもてはやされ、それと同じくらい批判を浴びた。ゲラーは彼の能力のために、ミッチェルはゲラーの能力と超能力と言われるものを信じたために。ゲラーは論争によりさらに輝きを増した。ミッチェルは完膚《かんぷ》なきまでにたたきのめされた。

「ゲラーが引き起こせることをお見せしよう」。インタビューの途中で、ミッチェルはそう言うと、私を家の奥の部屋に案内し、金庫のあるウォークイン・クローゼットに入った。組み合わせ数字を入力

フロリダ州の自宅で月への飛行中にひそかに実施したESP実験の記録を見せるアポロ宇宙飛行士エドガー・ミッチェル。2015年撮影
Author collection

すると、ずっしりとした金庫の扉が開いた。なかには一生の思い出がいくつか保管されているという。ひとつ目は、ラミネートされた紙の束だ。数字と記号が黒いインクで縦にきれいに書きこまれていた。

「星、十字、波線、円、四角」。ミッチェルはそれらを指さしながら、声に出して読み上げた。地球上でもっとも典型的な五つの記号、人間が歴史に記録を残すようになって以来、洞窟の壁や陶器の破片、墓に刻まれ続けてきた記号だ。「これは宇宙飛行中につけたゼナー・カードの記録だよ」。月を往復するあいだ、こっそりおこなわれたESPテストの物的証拠だ。重要な遺物であり、月への旅の名残りでもある。

長い歴史を歩んできたにもかかわらず、人間はずっと地球から離れることができなかった。それが一九六九年、アメリカの科学者と技師の頭脳と能力によって地球を飛び立ち、月面を六回も訪れることに成功した。ミッチェルが、ラミネート紙を渡してくれた。右上隅に金色の印が押されていて、閉じ目に沿って折られていた。紙は古びて擦り切れているように見えた。水で濡れた染みがふたつあった。下の部分には青いテープのラベルに「エドガー・ミッチェルがキティホークで使ったESPノート・カード」と書かれていた。そのラベルには見覚えがあった。一九七〇年代に使われた、手で持って操作するダイモ・ラベル・メーカーによるものだ。

次に取り出したのは、曲がったスプーンだ。首の細い部分でねじれている。ユリ・ゲラーが曲げたものではない。「子供が曲げたんだ。ゲラーがテレビ番組に出演したあとにね」と、ミッチェルが説明した。「コメディアンのジャック・パーの番組にユリと出演したとき、彼はテレビの前の子供たちにサイコキネシスを試すように呼びかけたんだ。家庭にあるスプーンに、曲がれと命じるようにね。世界中の子供がその通りにした。で、ある母親がこれを私に送ってきたんだ。息子が曲げたそうだ」

この曲がったスプーンを見るとはげまされる、とミッチェルは言う。なんでもできると信じて育った子供は、素晴らしいことを成し遂げる。ミッチェルもそうだった。大恐慌時代に育ち、生活は豊かではなかったが、周囲が助けてくれたおかげで夢を持てた。困難にめげず、一三歳のときに飛ぶことを学んだ。その後の人生の物語は、よく知られている通りである。みんなもっと自分に問いかけるべきなんだと、ミッチェルは言う。「自分にはどんなことができるだろう？　宇宙旅行やサイコキネシスのほかに、無理だと思っているどんなことができるだろうってね。私は一生それを自分に問い続けてきた」

人にはそれぞれヒーローがいる。私のヒーローのひとりはエド・ミッチェルだ。本書を調査および執筆中、超常現象にどっぷり漬かる日々のなかで、彼のアポロ14号でのプロとしての仕事ぶりは、私を確固たる真実に導く灯台だった。一〇一九ページに及ぶアポロ14号の記録――エド・ミッチェル、アラン・シェパード、スチュアート・ローザが宇宙で過ごした二一六時間の壮大な物語――は、並外れた人間の能力の証だった。アポロ13号ミッションがあわや大惨事に終わったせいで、アポロ14号の宇宙飛行士は希望に満ちあふれたミッションを演出するという強烈なプレッシャーに晒されていた。ほんの少しの悪評がたっても困る、とNASAから厳しく言い渡されていた。何かまずいことが起きれば、アポロ計画全体が中止になる恐れがあった。宇宙船の誘導システムにただならぬ問題が発生したときは、ヒューストンが解決にあたるあいだ、地球との通信が途絶された状態で月の裏側を航行しなければならなかった。そんな重圧に耐えられる人間が、いったいどれだけいるだろう？　それを彼らはやり抜いて見事に成功させた。まさに驚異的としか言いようがない。

ミッチェルは言った。「人間は、自分たちは何者なのか、と問い続けてきた。なぜこの世に生まれたのか？　生きているとは何なのか？　科学、宗教、研究はすべて、その答えに何かを加えてきた。それでも、実のところ、理解はできていないんだ。まだ答えはわかってないんだよ。ひとつの答えとしてだね……」。宇宙から地球への訪問者に関する持論が展開されはじめたとき、誰かがドアをノックした。信奉者（ヒツジ）なら、〝デウス・エクス・マシナの瞬間〔救いの神が現れた瞬間〕〟と呼ぶところだ。そうでない者（ヤギ）なら、〝興味深いタイミング〟と言うだろう。ミッチェルの助手のひとりが訪問者を紹介した。電話会社AT&Tの技術者だった。

「インターネットの接続を直しにきたんだけど」と、男が言った。

ミッチェルが立ち上がり、私もつられて椅子から立った。

「ああ、そうだった。さあ、入ってくれたまえ」。ミッチェルが男を温かく迎え入れた。

技術者は二五歳くらいに見えた。もっさりした赤毛に、顎髭を伸ばし、背が高くてでっぷりと太っていた。AT&Tのロゴがついたシャツを着て、ジーンズの短パンにスニーカー、白くて長い靴下を履いていた。

「ボックス〔ルーター〕はどこ？」と、男がぶしつけに尋ねた。

気づまりな沈黙が流れた。ミッチェルは私の祖母の年代だ。たとえどんな客でも、誰かが家にきたらその場にいる全員を紹介するのが礼儀だと考える。

「私が誰か知っているかわからないが」と、ミッチェルが礼儀正しく口を開いた。

男はヒントを探すように家のなかを見回した。壁中に飾られた月の遺物や、象徴的な写真の数々を見てもピンとこないようだった。

「私をどこかで見たと思うなら」と、ミッチェルが言い直した。

「いいや」。技術者がそっけなく答えた。

部屋の空気が固まった。

「こちらはエドガー・ミッチェルよ」。私は晴れやかにそう言うと、彼を指さした。「月面を歩いた六番目の人」

「アポロ14号の宇宙飛行士だ」。ミッチェルがいくぶん誇らしげに胸を張った。

技術者は肩をすくめた。「あ、そう。おれもこの星からとっととおさらばしたいね。で、インターネットのルーターは？」

そういうことだ。アポロ宇宙飛行士の悲劇は現実になる。多くの人にとって、月旅行の威光は時とともに薄れてしまった。ルーターの場所を示されると、男は家の奥へ消えた。ミッチェルは紳士的に、私に椅子に戻るよう身振りで示した。

私はかばんに手を入れて、インタビューのために持ってきたものを取り出した。NASAのウェブサイトからダウンロードした、月で使われた地図のコピーだ。それを渡すと、月の地図について語り合った。ミッチェルがこの地図を手に月面に立つNASAの写真がある。それを見たとき、私はこの本を書きたいと思ったのだと話した。どんなことも、成し遂げるには努力が必要だ。信念がなければ目標は達成できない。そしてどんなに強く信じていても、心のなかに疑念はある。信じる気持ちは、わたしたちを前に進ませる。けれど、道に迷ったときはどうなるのだろう？　何が救ってくれるのだろう。今日はこの質問をするためにやってきた。そうミッチェルに告げた。

彼は地図をじっくりと眺めると詫びた。「最近は地図を読むのがしんどくてね」

わたしたちは黙って椅子に坐っていた。家の奥の別の部屋では、AT&Tの技術者が騒々しい音を立てながら動き回っている。

ミッチェルがため息をついて言った。「もう旅行も面倒になった。疲れてしまう」

「あなたのような冒険家で、偉大な探検者にとっては、受け入れがたいことかしら?」

「ああ——いや、ちがうな。今はスカイプで旅してるからね」。そしてこう続けた。

「もう人生も終わりに近い。満足してるよ」

イヌがワンと短く吠《ほ》えた。そろそろ帰る時間だった。

一一カ月後、エドガー・ミッチェルは亡くなった。彼の死は、アポロ14号の月面着陸四〇周年——ミッチェルがアンタレスを目標地点からわずか二六メートルに降ろした瞬間から四〇年目——とほんの数時間しか違わなかった。こうして、ミッチェルは再び星のかけらになった。それまでもずっとそうであり続けてきたように。

わたしたちはみな、星のかけらでできている。宇宙の深奥で起きた爆発から生まれた成分で。人間はみな、もっとも元素的に結びついているというわけだ。深遠な問いは、その結びつきの根本的なところにつながっている。冷戦は、当時は誰ひとり想像しなかった、より科学的な問いかけを生み出した。カール・ユングは正しかった。可能なこと、現実になることは、その時代にわたしたちが合理的だと思う仮説から生まれるのだ。新しい文書が機密扱いから外れ、関係者が過去と現在のESPとPKの秘密プログラムでの役割を語り出すにつれて、すべてのことが明瞭になっていく。テクノロジーの進歩により科学者はベールの向こう側について考えはじめ、新しい問いかけを生み出し、仮説を一般理論へと導いていく。

　人間が並外れていることは疑うべくもない。わたしたちはひとりひとりが、たぐいまれな存在《フェノメナ》なのだ。

訳者あとがき

二〇一七年一月一七日、CIAは機密解除した一三〇〇万ページに及ぶ文書で超能力の実在を公表して、世界を驚かせた。本書はこれらの文書と、情報公開法を通して独自に入手したファイル、五〇人以上の関係者への取材をもとにアメリカ政府の数十年にわたる超能力研究プロジェクトの全貌を明らかにしている。CIAや軍のプロジェクトの中心グループ、国防科学者、政府が雇用した超能力者《サイキック》、計画に関わった物理学者たちの証言もおさめた迫真のノンフィクションだ。

著者のアニー・ジェイコブセンは、丹念で精力的な取材で定評がある調査情報ジャーナリストだ。世界的なベストセラー『エリア51』でデビューを飾り、二作目の『ナチ科学者を獲得せよ!』はニューヨーク・タイムズ・ベストセラー、前作『ペンタゴンの頭脳——世界を動かす軍事科学機関DARPA』(すべて太田出版)はピューリッツァー賞の歴史部門最終選考作となった。最新作の本書も好評を博し、原著*Phenomena*はスティーヴン・スピルバーグが放映権を取得してアメリカでテレビ・シリーズ化が進んでいる。

イギリス政府がナチスのオカルト信仰を利用して第二次世界大戦に影響をあたえたという冒頭のエピソードから引きこまれる。軍事利用のために超感覚的知覚（ＥＳＰ）とサイコキネシス（念動力、ＰＫ）を探求する科学者の取り組み、個性的なサイキックのエピソード、これらの現象を認めない否定派と肯定派の争いは、読み物としても格段に面白い。アポロ14号の宇宙飛行士エドガー・ミッチェルをはじめ、ＥＳＰにかかわった人々の人間ドラマも読みごたえがある。ジャーナリストとしての冷静で中立的な視点も好感が持てる。

アメリカ政府のＥＳＰ探求の軌跡は、科学の歴史、冷戦の歴史と読むこともできる。ベトナム戦争、月面着陸、イラン・アメリカ大使館人質事件、モスクワのアメリカ大使館への電磁兵器攻撃など、歴史的事件や国家安全保障にサイキックや超常現象《パラノーマル》研究がかかわっていたのは興味深い。訳しながら、アメリカ政府の超能力部隊が軍事情報の収集だけでなく、テロや誘拐事件の捜査から二重スパイ、墜落機、麻薬の捜索まで、多岐にわたる任務にあたっていたことに驚かされた。

一九七〇年代の超能力ブームを経験した読者には、ユリ・ゲラーの登場に懐かしさを覚える方も多いだろう。ゲラーの能力を本物と認めたＣＩＡの実験は言うまでもなく、彼をテストした科学者たちに起きた奇怪な現象、著者がゲラーの自宅でおこなったインタビューにはページを繰る手が止まらない。ふだんはかかる方面にうとい訳者だが、翻訳中はスプーン曲げがしたくなって困った。ユリ・ゲラーと伝説的なサイキックのインゴ・スワンやパット・プライスが登場する第二部は本書の読みどころと言えるだろう。

これまでほとんど報じられていない中国のロケット開発の父、銭学森《チエン・シュエセン》が注目した超能力と〝気〟のつながり、科学者アンドリア・プハーリッチとディストピア小説『すばらしい新世界』（大森望訳、早川書房）の作者オルダス・ハクスリーの関係、ＣＩＡの洗脳プログラム〈ＭＫウルトラ計画〉の断片に触れているのも貴重である。

ここで本書の登場人物のその後について少々補足したい。

遠隔視《リモート・ビューイング》の名づけ親のインゴ・スワンは、引退後も独自に意識の研究を続け、二〇一三年に亡くなった。

「ＦＢＩ超能力捜査官」として日本でも有名なリモート・ビューアーのジョー・マクモニーグルは、カリフォルニア州パロアルトの基礎研究所（ＬＦＲ）の一部門、認知科学研究所の常任研究員を務めるかたわら、超常能力を使って安全保障やさまざまな捜査に協力する会社を経営し、モンロー研究所でリモート・ビューイングのセミナーも指導している。退役後、本書にも登場するロバート・モンローの義理の娘、ナンシー・ハニーカットと結婚し、仲睦まじく暮らしているようだ。

スタンフォード研究所（ＳＲＩ）でハル・パソフとプロジェクトを主導した物理学者ラッセル・ターグは一九八三年にＳＲＩを辞したあと、デルフォイ・アソシエイツ社の設立を経て、ロッキード・マーティン・ミサイル・アンド・スペース・カンパニーの研究員となった。一九九八年に退職後は超能力の研究と本の執筆に励んでいる。

アメリカ政府の超能力研究プロジェクトの崩壊のきっかけとなったエド・デームズは、自ら創設したサイキック企業サイテック社の協力者から訴えられて社長を辞任。現在はLearnRV.comにて、リモート・ビューイング・テクニックの訓練CDの販売とプライベート・レッスンを提供している。ユリ・ゲラーをアメリカに紹介したアンドリア・プハーリッチは、毀誉褒貶《きよほうへん》が激しいものの、若いころはすぐれた研究者として科学界に貢献した。死亡時には七二の特許を保有していたそうだ。現在、その功績を記録に残そうと、彼の息子がドキュメンタリー映画を制作中だ。http://www.puharich.nl/doc.html

本書のアメリカのアマゾンのレビューには、驚いたことにラッセル・ターグ本人や、本文に登場する元陸軍情報保全コマンド（ＩＮＳＣＯＭ）のジョン・アレグザンダー中佐、心理学者のチャールズ・タート、リモート・ビューアーのポール・スミス、エドウィン・メイの投稿もある（一部はレビューに対するコメント）。内容は賛否両論だが、これまで明かされなかった新事実に光を当てた本書の意義は大きい。二〇一八年二月現在、原著に寄せられたアマゾンのレビューは一三六件に及び、総合評価は五つ星のうち四・五とすこぶる高い。

国防総省が現在推進する超常現象研究は、超心理学者ではなくコンピュータ技術者や神経生物学者によっておこなわれ、基礎研究より実用性が重視されているようだ。第四部で紹介される現代技術を駆使した合成テレパシー、ＰＴＳＤに苦しむ兵士の悪夢をポジティブな夢に変換する先端技術は衝撃的で、冷戦時代の超能力研究や実験とはほど遠い。

こうしているあいだにも現代技術は着々と進歩を遂げている。科学の力によって長年の謎が解明される日はくるのだろうか。

本書の訳出にあたっては、物理学の知識で訳者の理解の及ばないところは武藤悠輔氏にご協力いただきました。また、翻訳を手がける機会をくださった編集者の川上純子氏には、大変お世話になりました。いつもながら膨大な量の原稿をチェックしていただき、的確なご指摘と細やかなアドバイスを頂戴しました。この場を借りて、心よりお礼申し上げます。

二〇一八年二月

ポール・スミス
ジャック・ヴァレ

ドキュメンタリー映画

An Honest Liar. Produced and directed by Justin Weinstein and Tyler Measom. Abramorama Films, 2014.

Psychics, Saints and Scientists. Narrated by Dr. Thelma Moss. Record Group 306, National Archives and Records Administration, U.S. Information Agency, 1972.

The Real X-Files. Produced and directed by Jim Schnabel. Waking Times Films, Independent Channel 4, England, UK, 1995.

The Secret Life Of Uri Geller — Psychic Spy? Directed by Vikram Jayant. BBC Two, 2013.

Uri Geller: A Life Stranger Than Fiction. Produced and directed by Simon Cowell. Indigo Films, 2009.

Scharf, Caleb A. "The Panspermia Paradox," *Scientific American,* October 15, 2012.
Schudel, Matt. "The Dark Side of the Moon: Edgar Mitchell Has Walked on the Moon And Explored Inner Space. It's Everyday Life That Gives Him Trouble," *Sun Sentinel,* January 8, 1988.
Schwartz, Stephan. "The Realm of the Will," *Explore: The Journal of Science and Healing* 1, no. 3 (May 2005): 198–207.
Sciolino, Elaine. "The Bugged Embassy Case: What Went Wrong," *New York Times,* November 15, 1988.
"Shades of Black Magic: Marines on Operation Divine for VC Tunnels," *Observer* 5, no. 45 (March 13, 1967).
Simons, Howard. "Man's Brain Waves Can 'Talk' Overcoming Speech Barriers," *Washington Post,* October 21, 1964.
"Sybil Leek, The South's White Witch," *BBC Home,* October 28, 2002.
Tesla, Nikola. "My Inventions," *Electrical Experimenter,* June 1919.
"Top Ten Influential Space Thinkers," *New Scientist,* September 5, 2007.
"Tsien Hsue-shen, 2007 Person of the Year," *Aviation Week & Space Technology,* January 7, 2008.
"U.N. Enlists Psychic Firm to Find Iraqi's Weapon Sites," Associated Press, November 19, 1991.
Van Hatten, Margaret. "A Cost-effective Account of the Spoons," *Financial Times,* January 18, 1986.
Vicens, A. J. "Hillary Clinton Is Serious About UFOs: The Democratic front-runner's talk of extraterrestrials is the least bizarre part of this election," Mother Jones.com, March 25, 2016.
Wadler, Joyce et al. "The President's Astrologers," *People,* May 23, 1988.
"Washington Whispers." *U.S. News & World Report,* May 4, 1987.
"What the Iran-Iraq War Can Teach US Officials," *Middle East Forum* 20, no. 2 (Spring 2013).
Wilhelm, John L. "Psychic Spying? The CIA, the Pentagon and the Russians Probe the Military Potential of Parapsychology," *Washington Post,* August 7, 1977.

私文書、写真、未発表原稿

ユリ・ゲラー
デール・グラフ
クリストファー・"キット"・グリーン
エドガー・ミッチェル
ハロルド・パソフ
アンドリュー・プハーリッチ

Jaroff, Leon. "The Magician and the Think Tank," *Time,* March 12, 1973.

Kernbach, Serge. "Unconventional Research in USSR and Russia," *International Journal of Unconventional Science* (Fall 2013): 1–23.

Kershner, Isabel. "Israelis Find New Tunnel from Gaza into Israel," *New York Times,* April 18, 2016.

Kmetz, John M. " Plant Primary Perception: The Other Side of the Leaf," *Skeptical Inquirer* 2 (1978): 57–61.

Lewthwaite, Gilbert A., and Tom Bowman. "Pentagon employed psychic spy unit Fort Meade program sought to 'divine' intelligence data," *Baltimore Sun,* November 30, 1995.

Liebermann, Oren. "American Fatally stabbed in Israel terror attack that wounds ten others," CNN, March 9, 2016.

Martin, Malia. "The Holy Devil," *New York Review of Books,* December 31, 1964.

Messadie, Gerald. "The Secret of the Nautilus," *Science et Vie,* no. 509, February 1960.

Mooney, Michael J. "The God of Skeptics," *Miami New Times,* August 27, 2009.

"Nikola Tesla," *Time,* The Weekly Newsmagazine, Volume XVIII, July 20, 1931.

"Obituary: Dr. Robert P. Becker," *Watertown Daily Times,* May 29, 2008.

Osis, Karlis. "New ASPR Search on Out-of-the Body Experiences," ASPR Newsletter, no. 14, Summer 1972.

Osis, Karlis, and Donna McCormick. "Kinetic effects at the ostensible location of an out-of-body projection during perceptual testing," *Journal of the American Society for Psychical Research* 74, no. 3 (1980).

Pace, Eric. "Christopher Bird, 68, a Best-Selling Author," *New York Times,* May 6, 1996.

Petit, Deborah. "Mitchell Doubts Fathering Child, Wants Case to End," *Sun Sentinel,* August 17, 1985.

Puthoff, Harold. "CIA-Initiated Remote Viewing at Stanford Research Institute," Association of Former Intelligence Officers, *The Intelligencer: Journal of U.S. Intelligence Studies* 12, no. 1 (Summer 2001).

Rao, R., et. al. "A Direct Brain-to-Brain Interface in Humans," PLUS One, November 5, 2014.

"Reagan Wishes More Dignified Job for Son Ron," *United Press International,* June 30, 1986.

Reppert, Barton. "Close-up: The Moscow Signal. Zapping an embassy: 35 years later," Associated Press, May 22, 1988.

Roberts, Steven V. "White House Confirms Reagans Follow Astrology, Up to a Point." *New York Times,* May 4, 1988.

Rosenthal, Andrew. "Before His Abduction, Higgins Talked of Risks," *New York Times,* August 1, 1989.

and Marines." Office of Naval Research, Corporate Strategic Communications, March 27, 2014.

Bordas, Coleman C. "ESP and Parapsychology," *Indiana Gazette,* August 15, 1980.

"Buell Mullen, Muralist and Painter on Metals," New York Times, September 10, 1986.

"Captain Edgar D. Mitchell, the Uri Geller of the Astronauts," *Maariv,* February 19, 1971.

"Castle Is Inventor's Vision of the Past," *New York Times,* October 9, 1988.

Channing, Joseph. "U.S. Navy Program to Study How Troops Use Intuition," *New York Times,* March 27, 2012.

Dahlen, Severin. "Remote Annealing of High Carbon Steel Parts," *Archaeus* (February–March 1986): 3.

Doder, Dusko. "Soviets Stop Building U.S. Embassy Over Use of Bugging Detector," *Washington Post,* May 27, 1983.

"Elderly Scientist Ordered Evicted from Reynolds Estate Dies in Fall," *Winston-Salem Journal,* January 4, 1995.

Ellis, Arthur J. "The Divining Rod: A History of Water Witching," U.S. Geological Survey, Water Supply Paper No. 416, 1917.

Emerging Technology from the arXiv, "The Experiment That Will Allow Humans to 'See' Quantum Entanglement," *MIT Technology Review,* February 17, 2016.

Engelberg, Stephen. "U.S. Says Libya Moves Chemicals for Poison Gas Away from Plant," *New York Times,* January 4, 1989.

Feinberg, Gerald. "Possibility of Faster-Than-Light Particles," *Physical Review* 159 (1967): 1089–1105.

"Gellermania," *Sunday People,* November 1973.

C. Grau, et al. "Conscious Brain-to-Brain Communication in Humans Using Non-Invasive Technologies," *PLOS One,* August 19, 2014.

Gruenpeter, Yael. "The Israeli Defense Minister Who Stole Antiquities," *Haaretz,* December 19, 2015.

Hackett, Dennis. "Sinister Signals on the Radio," *New Scientist,* September 1984.

Hadid, Diaa. "American Graduate Student Killed in Stabbing Rampage Near Tel Aviv," *New York Times,* March 8, 2016.

Horowitz, K. A., D. C. Lewis, and E. L. Gasteiger. "Plant 'Primary Perception': Electrophysiological Unresponsiveness to Brine Shrimp Killing," *Science,* August 8, 1975, 478–480.

Hoyle, Russ. "Terrorism: Welcome Home, Soldier," *Time,* February 15, 1982.

Iozzio, Corinne. "Scientists Prove That Telepathic Communication Is Within Reach: An international research team develops a way to say 'hello' with your mind," Smithsonian.com, October 2, 2014.

Belvoir, VA, January 26, 1954.
U.S. Air Force, Air Force Systems Command, Foreign Technology Division. "Paraphysics R&D — Warsaw Pact (U)." Defense Intelligence Agency, March 30, 1978.
United States Army Intelligence and Security Command. "High Performance Task Force Report: An Inscom Beyond Excellence." Arlington Hall Station, Arlington, VA, March 1983.
U.S. Government. "Coordinate Remote Viewing Stages I-VI and Beyond," February 1985.
U.S. Joint Publications Research Service. "Bibliographies on Parapsychology (Psychoenergetics) and Related Subjects — USSR." March 28, 1972.
———. "Translations on USSR Science and Technology Biomedical Sciences, No. 2," U.S., Arlington, VA, March 8, 1977.
Weybrew, Benjamin. "History of the Military Psychology at the U.S. Naval Submarine Medical Research Laboratory." Report Number 917. Naval Submarine Medical Research Laboratory, Submarine Base, Groton, CT, August 31, 1979.
Wortz, E.C. et al. "Novel Biophysical Information Transfer Mechanisms (NBIT)." AiResearch Manufacturing Company of California. Torrance, CA, January 14, 1976.
Zhongguo, Renti, and Kexue. "Chinese Journal of Somatic Science." Defense Intelligence Agency, Washington, D.C., July 1990.

記事およびプレスリリース

Alexander, Lieutenant Colonel John B. "The New Mental Battlefield: Beam Me Up, Spock," *Military Review*, No. 12. December 12, 1980.
Anderson, Jack. "Pentagon Invades Buck Rogers Turf," *Washington Post*, January 9, 1981.
Armunanto, Eko. "Artificial telepathy to create Pentagon's telepathic soldiers," *Digital Journal,* May 10, 2013.
Bach, Deborah. "UW team links two human brains for question-and-answer experiment," *UW Today*, September 23, 2015.
Backster, Cleve. "Evidence of a Primary Perception in Plant Life," *International Journal of Parapsychology* 10, no. 4 (Winter 1968): 329–348.
Baluška, František et al. "The 'root-brain' hypothesis of Charles and Francis Darwin. Revival after more than 125 years," *Plant Signaling & Behavior,* December 2008.
Baughman, Brent. "Scientists Take Quantum Steps Toward Teleportation," NPR, *All Things Considered,* August 1, 2010.
Beidel, Eric. "More than a Feeling: ONR Investigates 'Spidey Sense' for Sailors

Army, for the Defense Intelligence Agency, July 1972.

Maire, Louis F. III, and J. D. LaMothe. "Soviet And Czechoslovakian Parapsychology Research (U)." U.S. Army Medical Intelligence and Information Agency, Office of the Surgeon General for the Defense Intelligence Agency, September 1975.

May, Edwin C., Ph.D. "Enhanced Human Performance Investigation." SRI Project 1291, SRI International, Final Technical Report, December 1986.

McKelvy, Dolan M. "Psychic Warfare: Exploring the Mind Frontier." Air War College Research Report, Air University, U.S. Air Force, Maxwell Air Force Base, Alabama, 1988.

Mumford, Michael D., Ph.D., Andrew M. Rose, Ph.D., and David A. Goslin, Ph.D. "An Evaluation of Remote Viewing: Research and Applications." American Institutes for Research. Washington, D.C., September 29, 1995.

National Research Council of the National Academies. "Avoiding Surprise in an Era of Global Technology Advances." The National Academies Press, Washington, D.C., 2001.

———. "The Polygraph and Lie Detection." The National Academies Press, Washington, D.C., 2003.

Office of Scientific Intelligence. "The Soviet Bioastronautics Research Program." Central Intelligence Agency, February 22, 1962.

Oldroyd, David R., ed. "The Earth Inside and Out: Some Major Contributions to Geology in the Twentieth Century." Geological Society Special Publication No. 192, The Geological Society of London, England, 2002.

Paddock, Alfred H. Jr. "U.S. Army Special Warfare, Its Origins: Psychological and Unconventional Warfare, 1941–1952." National Defense University Press, Washington, D.C., 1982.

Palmer, John. "An Evaluative Report on the Current Status of Parapsychology." Parapsychology Laboratory at the University of Utrecht for the U.S. Army Research Institute for the Behavioral and Social Sciences, Alexandria, VA, May 1986.

Puharich, Henry K. "Introduction to the Round Table Laboratory of Experimental Electrobiology." Round Table Foundation, Camden, Maine, 1949.

Puthoff, Harold E. "Psychoenergetics Research in The People's Republic of China (1982)." SRI International, Menlo Park, CA. Defense Intelligence Agency, October 1982.

Puthoff, H.E., I. Swann, and G. Langford. "NIC Techniques (U)." SRI International Project 7560, Menlo Park, CA. Defense Intelligence Agency, January 2000.

Rhine, J. B. "Final Report, ESP (Extrasensory Perception)." Engineer Research and Development Laboratories, Fort Belvoir, VA, July 10, 1953.

———. "Research on Animal Orientation with Emphasis on the Phenomenon of Homing in Pigeons," Engineer Research and Development Laboratories, Fort

22, 1995.
Army Science Board. "Report of Panel on Human Technologies." Department of the Army, Assistant Secretary of the Army Research Development and Acquisition, Washington, D.C., December 1983.
Byron, E.V. "Operational Procedure for Project Pandora Microwave Test Facility," The Johns Hopkins University Applied Physics Laboratory, Silver Spring, MD, October 1966.
———. "Project Pandora, Final Report." The Johns Hopkins University Applied Physics Laboratory, Silver Spring, MD, November 1966.
Committee on Assessing Foreign Technology Development in Human Performance Modification; Board on Behavioral, Cognitive, and Sensory Sciences; Division on Engineering and Physical Sciences; Division of Behavioral and Social Sciences and Social Sciences and Education; National Research Council. "Human Performance Modification: Review of Worldwide Research with a View to the Future." The National Academies Press, Washington, D.C.
Davis, Eric W. "Teleportation Physics Study." Warp Drive Metrics for the Air Force Research Laboratory (AFMC), Edwards Air Force Base, CA, August 2004.
Davis, Jack. "Defining the Analytic Mission: Facts, Findings, Forecasts, and Fortune-telling.
Central Intelligence Agency." Volume 38, Number 5, 1995.
Druckman, Daniel, and John A. Swets, eds. "Enhancing Human Performance. Issues, Theories, And Techniques." Committee on Techniques for the Enhancement of Human Performance, Commission on Behavioral and Social Sciences and Education, National Research Council. National Academy Press, Washington, D.C., 1988.
Foreign Broadcast Information Service. "USSR Report: Life Sciences, Biomedical and Behavioral Sciences." April 19, 1984.
Frey, Allen H. "Effect of Microwaves and Radio Frequency Energy on the Central Nervous System." Clearinghouse for Federal and Scientific Information, U.S. Department of Commerce, September 17, 1969.
Kress, Kenneth A., Ph.D. "An Analysis of a Remote-Viewing Experiment of URDF-3," Central Intelligence Agency [redacted], December 4, 1975.
——— [redacted]. "Parapsychology in Intelligence: A Personal Review and Conclusions." Studies in Intelligence, Volume 21, Winter 1977.
Jones, Eric M. "Landing at Fra Mauro, Corrected Transcript," Apollo 14 Lunar Surface Journal, National Aeronautics and Space Administration, June 20, 2014.
LaMothe, John D. "Controlled Offensive Behavior — USSR (U)."
Medical Intelligence Office, Office of the Surgeon General, Department of the

Speer, Albert. *Inside the Third Reich: Memoirs.* New York: Galahad Books, 1995.（『第三帝国の神殿にて――ナチス軍需相の証言』アルベルト・シュペーア、品田豊治訳、中央公論新社）

Stephenson, William. *A Man Called Intrepid: The Secret War.* New York: Harcourt Brace Jovanovich, 1976.

Targ, Russell. *Do You See What I See?: Memoirs of a Blind Biker.* Charlottesville, VA: Hampton Roads Publishing, 2008.

———. *The Reality of ESP: A Physicist's Proof of Psychic Abilities.* Wheaton, IL: Quest, 2012.

Targ, Russell, and Harold E. Puthoff. *Mind Reach: Scientists Look at Psychic Ability.* New York: Delacorte Press/Eleanor Friede.（『マインド・リーチ――あなたにも超能力がある』ハロルド・パソフ、ラッセル・ターグ、猪股修二訳、集英社）

Tart, Charles T., ed. *Altered States of Consciousness: A Book of Readings.* New York: John Wiley & Sons, 1969.

Thomas, Keith. *Religion and the Decline of Magic: Studies in Popular Beliefs in Sixteenth-and Seventeenth-Century England.* London, UK: Penguin Books, 1971.（『宗教と魔術の衰退』キース・ヴィヴィアン・トマス、荒木正純訳、法政大学出版局）

Tompkins, Peter, and Christopher Bird. *The Secret Life of Plants: A Fascinating Account of the Physical, Emotional, and Spiritual Relations between Plants and Man.* New York: Harper, 2002.（『植物の神秘生活――緑の賢者たちの新しい博物誌』ピーター・トムプキンズ、クリストファー・バード、新井昭広訳、工作舎）

Vallee, Jacques. *Forbidden Science: Volume Two.* San Francisco, CA: Documatica Research, LLC, 2014.

———. *Forbidden Science: Volume Three.* San Francisco, CA: Documatica Research, LLC, 2014.

Wilhelm, John L. *The Search for Superman.* New York: Pocket Books, 1976.

Wilhelm, Richard and Cary F. Baynes. *The I Ching, or, Book of Changes.* Princeton, NJ: Princeton University Press, 1967.

Wilkins, Sir Hubert, and Harold M. Sherman. *Thoughts Through Space: A Remarkable Adventure in the Realm of Mind.* Charlottesville, VA: Hampton Roads Publishing, 2004.

Wulff, Wilhelm. *Zodiac and Swastika: How Astrology Guided Hitler's Germany (Tierkreis und Hakenkreuz).* Gutersloh, Germany: Bertelsmann Sachbuchverlag Reinhard Mohn, 1968.

研究論文および報告書

Advanced Research Projects Agency. "Paranormal Phenomena—Briefing on a Net Assessment Study." RAND Corporation, Santa Monica, CA, January 1973.

American Institutes for Research. "An Evaluation of the Remote Viewing Program: Research and Operational Application." Draft Report, September

1974.（『超能力者 ユリ・ゲラー』アンドリヤ・H・プハーリック、井上篤夫訳、二見書房）
———, ed. *The Iceland Papers: Select Papers on Experimental and Theoretical Research on the Physics of Consciousness.* Amherst, WI: Essentia Research Associates, 1979.
Quigley, Joan. *"What Does Joan Say?": My Seven Years as White House Astrologer to Nancy and Ronald Reagan.* New York: Birch Lane, 1990.（『ゴルバチョフ=レーガンを操った大占星術——ホワイトハウスの女占星術師ジョーン・キグリーの大予言』ジョーン・キグリー、山内雅夫訳、徳間書店）
Randi, James. *The Magic of Uri Geller.* New York: Ballantine Books, 1975.
Regan, Donald T., *For the Record: From Wall Street to Washington.* United States: Harcourt Brace Jovanovich, 1988.（『フォー・ザ・レコード』ドナルド・T・リーガン、広瀬順弘訳、扶桑社）
Russell, Ronald. *The Journey of Robert Monroe: From Out-of-Body Explorer to Consciousness Pioneer.* Charlottesville, VA: Hampton Roads Publishing, 2007.（『ロバート・モンロー伝——体外離脱の実践研究者』ロナルド・ラッセル、杉本広道訳、中央アート出版社）
Sagan, Carl. *Broca's Brain: Reflections on the Romance of Science.* New York: Random House, 1979.
———. The Demon-Haunted World: Science as a Candle in the Dark. New York: Ballantine, 1996.（『悪霊にさいなまれる世界——「知の闇を照らす灯」としての科学』カール・セーガン、青木薫訳、早川書房）
Schmitt, Harrison H. *Return to the Moon: Exploration, Enterprise, and Energy in the Human Settlement of Space.* New York: Praxis, 2006.
Schnabel, Jim. Remote Viewers: The Secret History of America's Psychic Spies. New York: Dell, 1997.（『サイキック・スパイ——米軍遠隔透視部隊極秘計画』ジム・シュナーベル、高橋則明訳、扶桑社）
Schoch, Robert M., and Logan Yonavjak. *The Parapsychology Revolution.* New York: Jeremy P. Tarcher/Penguin, 2008.
Sexton, James, ed. *Aldous Huxley: Selected Letters.* Chicago, IL: Ivan R. Dee, 2007.
Shepard, Alan B., Donald K. Slayton, Jay Barbree, Howard Benedict, and Neil Armstrong. *Moon Shot: The Inside Story of America's Race to the Moon.* Atlanta, GA: Turner Publishing, Inc., 1994.（『ムーン・ショット——月をめざした男たち』アラン・シェパード、ディーク・スレイトン、菊谷匡祐訳、集英社）
Sklar, Dusty. *The Nazis and the Occult.* New York: Dorset Press, 1977.（『神々と獣たち——ナチ・オカルティズムの謎』ダスティー・スクラー、山中真智子訳、大陸書房）
Smith, Paul H. *The Essential Guide to Remote Viewing: The Secret Military Remote Perception Skill Anyone Can Learn.* Las Vegas: Intentional Press, 2015.
———. *Reading the Enemy's Mind: Inside Star Gate — America's Psychic Espionage Program.* New York: Tom Doherty Associates, 2005.

———. *The Stargate Chronicles: Memoirs of a Psychic Spy*. Hertford, NC: Crossroad Press, 2006.（『FBI超能力捜査官 ジョー・マクモニーグル』ジョー・マクモニーグル、中島理彦訳、ソフトバンククリエイティブ）
McRae, Ronald M. *Mind Wars: The True Story of Government Research into the Military Potential of Psychic Weapons*. New York: St. Martin's, 1984.
Miller, Richard Alan, Ph.D. *Power Tools for the 21st Century*. Grant's Pass, OR: OAK Publishing, 2013.
Mitchell, Edgar D. *Earthrise: My Adventures as an Apollo 14 Astronaut*. Chicago: Chicago Review Press, 2014.
———. *Psychic Exploration: A Challenge for Science*. New York: G. P. Putnam's Sons, 1974.
———. *The Way of the Explorer: An Apollo Astronaut's Journey through the Material and Mystical Worlds*. New York: G. P. Putnam's Sons, 1996.（『月面上の思索』エドガー・ミッチェル、前田樹子訳、めるくまーる）
Monroe, Robert A. *Far Journeys*. Garden City, NY: Doubleday, 1985.（『魂の体外旅行——体外離脱の科学』ロバート・A・モンロー、坂場順子訳、日本教文社）
———. *Journeys out of the Body*. New York: Harmony, 2001.（『ロバート・モンロー「体外への旅」——未知世界の探訪はこうして始まった!』ロバート・モンロー、坂本政道監修、川上友子訳、ハート出版）
Morehouse, David. *Psychic Warrior: Inside the CIA's Stargate Program: The True Story of a Soldier's Espionage and Awakening*. New York: St. Martin's, 1996.（『CIA「超心理」諜報計画スターゲイト』デイヴィッド・モアハウス、大森望訳、翔泳社）
Murphy, Gardner, M.D., and Robert O. Ballou, eds. *William James on Psychical Research*. New York: Viking, 1960.
Ostrander, Sheila, and Lynn Schroeder. *Psychic Discoveries*. New York: Marlowe & Company, 1997.（『ソ連圏の四次元科学』S・オストランダー、L・スクロウダー、照洲みのる訳、たま出版）
Palmer, David A. *Qigong Fever: Body, Science, and Utopia in China*. New York: Columbia University Press, 2007.
Pauli, Wolfgang, and Jung, C. G. "Atom and Archetype: the Pauli/Jung Letters, 1932–1958."
Edited by C. A. Meier. Princeton, NJ: Princeton University Press, 2001.
Pauwells, Louis, and Jacques Bergier. *The Morning of the Magicians: Secret Societies, Conspiracies, and Vanished Civilizations*. Rochester, VT: Destiny Books, 2009.（『神秘学大全——魔術師が未来の扉を開く』ルイ・ポーウェル、ジャック・ベルジェ、伊東守男編訳、学習研究社）
Puharich, Andrija. *Beyond Telepathy*. Garden City, NY: Anchor Books, 1973.
———. *The Sacred Mushroom: Key to the Door of Eternity*. Garden City, NY: Doubleday, 1959.
———. *Uri: A Journal of the Mystery of Uri Geller*. Garden City, NY: Anchor,

ESP, Precognitive Dreaming, and Synchronicity. Boston: Element Books, 1998.

Harrison, John. *Spellbound: The Wonder-filled Life of Doug Henning*. New York: BoxOffice Books, 2009.

Hermans, H. G. M. *Memories of a Maverick, Andrija Puharich M.D., LL.D.* Drukgroep Maassluis, The Netherlands: Pi Publications, 1998.

Higgins, Robin. *Patriot Dreams: The Murder of Colonel Rich Higgins*. Quantico, VA: Marine Corps Association, 1999.

Jacobsen, Annie. *Operation Paperclip: The Secret Intelligence Program that Brought Nazi Scientists to America*. New York: Little, Brown and Company, 2014.（『ナチ科学者を獲得せよ!――アメリカ極秘国家プロジェクト ペーパークリップ作戦』アニー・ジェイコブセン、加藤万里子訳、太田出版）

———. *The Pentagon's Brain: An Uncensored History of DARPA, America's Top Secret Military Research Agency*. New York: Little, Brown and Company, 2015.（『ペンタゴンの頭脳――世界を動かす軍事科学機関DARPA』アニー・ジェイコブセン、加藤万里子訳、太田出版）

Johnston, Sarah Iles. *Ancient Greek Divination*. West Sussex, UK: Wiley-Blackwell, 2008.

Jung, C. G. *Synchronicity: An Acausal Connecting Principle*. Princeton, NJ: Princeton University Press, 1973.

Kelleher, Colm, Ph.D., and George Knapp. *Hunt for the Skinwalker: Science Confronts the Unexplained at a Remote Ranch in Utah*. New York: Paraview Pocket Books, 2005.

Leek, Sybil. *Telepathy: The Respectable Phenomenon*. New York: Macmillan, 1971.

Margolis, Jonathan. *The Secret Life of Uri Geller: CIA Masterspy?* London, UK: Watkins, 2013.

Marrs, Jim. *PSI Spies: The True Story of America's Psychic Warfare Program*. Franklin Lakes, NJ: The Career Press, Inc., 2007.

Marks, John. *The Search for the "Manchurian Candidate": The CIA and Mind Control, The Secret History of the Behavioral Sciences*. New York: W. W. Norton, 1991.

Mars: Science Fiction to Colonization. Berkeley, CA: Lighting Guides, 2015.

May, Edwin C., Ph.D., Victor Rubel, Ph.D., and Lloyd Auerbach, M.S. *ESP Wars: East & West: An Account of the Military Use of Psychic Espionage as Narrated by the Key Russian and American Players*. Palo Alto, CA: Laboratories for Fundamental Research, 2014.

McMoneagle, Joseph. *Mind Trek: Exploring Consciousness, Time, and Space Through Remote Viewing*. Charlottesville, VA: Hampton Roads Publishing Company, Inc., 1993.（『マインド・トレック――遠隔透視の全貌』ジョー・マクモニーグル、杉本広道訳、中央アート出版社）

Dames, Major Ed. and Joel Harry Newman. *Tell Me What You See: Remote Viewing Cases from the World's Premier Psychic Spy*. Hoboken, NJ: John Wiley & Sons, Inc., 2011.

Dayan, Moshe. *Living with the Bible*. New York: William Morrow & Company, Inc., 1978.

Dong, Paul. *China's Major Mysteries: Paranormal Phenomena and the Unexplained in the People's Republic*. San Francisco: China Books and Periodicals, 1996.

Eisenberg, David, M.D., with Thomas Lee Wright. *Encounters with Qi: Exploring Chinese Medicine*. New York: W. W. Norton, 1999.（『気との遭遇――ハーバードの医学者が中国で「気の謎」に挑んだ!』デビッド・アイゼンバーグ、トーマス・リー・ライト、林幹雄訳、JICC出版局）

Epstein, Fritz T. *War-Time Activities of the SS-Ahnenerbe*. London: Vallentine, Mitchell, 1960.

Ferriss, Lloyd, and Rita Harper Stump. *Harry Stump, Maine's Psychic Sculptor*. Rockland, ME: Maine Author's Publishing, 2012.

Flournoy, Theodore. (Translated by Daniel B. Vermilye) *From India to the Planet Mars: A Study of a Case of Somnambulism with Glossolalia*. New York, London: Harper and Brothers Publishers, 1900.

Flowers, Stephen E., Michael Moynihan, and Karl Maria Wiligut. *The Secret King: Karl Maria Wiligut, Himmler's Lord of the Runes*. Waterbury Center, VT: Dominion Press; Smithville, TX: Runa-Raven Press, 2001.

Gardner, Martin. *Fads and Fallacies in the Name of Science: The Curious Theories of Modern Pseudoscientists and the Strange, Amusing and Alarming Cults that Surround Them. A Study in Human Gullibility*. New York: Dover, 1957.（『奇妙な論理』マーティン・ガードナー、市場泰男訳、早川書房）

———. *The New Age: Notes of a Fringe-Watcher*. Buffalo, NY: Prometheus Books, 1988.

Gates, Robert Michael. *From the Shadows: The Ultimate Insider's Story of Five Presidents and How They Won the Cold War*. New York: Simon & Schuster, 1996.

Geller, Uri. *My Story*. New York: Praeger, 1975.（『ユリ・ゲラー わが超能力――それでもスプーンは曲がる!』ユリ・ゲラー、中山善之訳、講談社）

Geller, Uri, and Guy Lyon Playfair. *The Geller Effect*. New York: H. Holt and Co., 1986.（『ユリ・ゲラーの反撃――今だから明かす超能力最後の秘密』ユリ・ゲラー、G・L・プレイフェア、秋山真人訳、騎虎書房）

Goudsmit, Samuel A. *The History of Modern Physics, 1900–1950: Volume I: Alsos*. Los Angeles, CA: Tomash Publishers, 1983.

Graff, Dale E. *River Dreams: The Case of the Missing General and Other Adventures in Psychic Research*. Boston: Element Books, 2000.

———. *Tracks in the Psychic Wilderness: An Exploration of Remote Viewing,*

参考文献

書籍

Alexander, John B. *Future War: Non-Lethal Weapons in Twenty-First-Century Warfare*. New York: St. Martin's, 1999.

———. UFOs: Myths, Conspiracies, and Realities. New York: St. Martin's, 2011.

Alexander, John B., Richard Groller, and Janet Morris. *The Warrior's Edge*. New York: William Morrow, 1990.

Astor, John Jacob. *A Journey in Other Worlds: A Romance of the Future*. New York: D. Appleton, 1894.

Atwater, F. Holmes. *Captain of My Ship, Master of My Soul: Living with Guidance*. Charlottesville, VA: Hampton Roads Publishing, 2001.

Becker, Robert O., and Gary Selden. *The Body Electric: Electromagnetism and the Foundation of the Life*. New York: Morrow, 1985.

Bird, Christopher. *The Divining Hand: The 500-Year-Old Mystery of Dowsing*. New York: Dutton, 1979.

Bishop, Paul. *The Dionysian Self: C. G. Jung's Reception of Friedrich Nietzsche*. Berlin, New York: W. de Gruyter, 1995.

Bohm, David. *Thought as a System*. New York: Routledge, 1994.（『ボームの思考論——知覚を清め、洞察力を培う』デヴィッド・ボーム、大野純一訳、コスモスライブラリー）

———. *Wholeness and the Implicate Order*. New York: Routledge, 1980.（『全体性と内蔵秩序』デヴィッド・ボーム、井上忠、佐野正博、伊藤 笏康訳、青土社）

Bowden, Hugh. *Classical Athens and the Delphic Oracle: Divination and Democracy*. New York: Cambridge University Press, 2007.

Brodeur, Paul. *The Zapping of America: Microwaves, Their Deadly Risk, and the Coverup*. New York: Norton, 1977.

Broughton, Richard S., Ph.D. *Parapsychology: The Controversial Science*. New York: Ballantine, 1991.

Browning, Norma Lee. *Peter Hurkos: I Have Many Lives*. Garden City, NY: Doubleday, 1976.

———. *The Psychic World of Peter Hurkos*. Garden City, NY: Doubleday, 1970.

Carmichael, Scott W. *Unconventional Method*. Seattle, WA: Amazon Digital Services, LLC, 2014.

Chang, Iris. *Thread of the Silkworm*. New York: Basic Books, 1995.

Collin, Richard Oliver, and Gordon L. Freedman. *Winter of Fire: The Abduction of General Dozier and the Downfall of the Red Brigades*. New York: Dutton, 1990.

インタビューおよび話を聞いた主要情報提供者の家族

ハンナ・ゲラー
シピ・シュトラング
ジネット・マタシア・ルーカス
ステファニー・フルコス
マーリーン・ライダー
アンドリュー・プハーリッチ
エイドリアン・パソフ

学研究センター所長。ドイツの自然科学協会メンバー。
ロバート・ナイト：写真家。
ローレンス・M・クラウス：理論物理学者、宇宙学者。
ルイ・J・マタシア：ダウザー。アメリカ陸軍の地形測量官（退役）
ジョー・マクモニーグル上級准尉（退役）：リモート・ビューアー。アメリカ陸軍INSCOM元信号情報収集・電子戦担当上級計画将校。
トーマス・マクニアー中佐（退役）：アメリカ陸軍の元防諜将校、リモート・ビューアー。
リチャード・アレン・ミラー：物理学者。海軍情報部元顧問。
エドガー・ミッチェル大尉（退役）：アポロ14号の宇宙飛行士、航空技師。ノエティック・サイエンス研究所の創設者。
ギャリー・ノーラン：遺伝学者、免疫学者、生物工学者。スタンフォード大学ノーラン・ラボの創設者兼主任科学者。
アルヴァロ・パスカル＝レオーネ：ハーバード大学メディカル・スクール神経学教授。同臨床・トランスレーショナル・リサーチ副学部長。
ハロルド・パソフ：物理学者、元国家安全保障局（NSA）科学者。スタンフォード研究所の生物学的領域測定計画（リモート・ビューイング）の元主任科学者。元CIA顧問。オースティン高等研究所の主任科学者。
ジェームズ・ランディ：引退したカナダ系アメリカ人のステージ・マジシャン。科学的懐疑論者。
アムノン・ルービンシュタイン：法学者、政治家、イスラエル官僚。通信相、科学技術宇宙相。
ジャック・サルファッティ：理論物理学者。国防高等研究計画局（DARPA）の100年スターシップ・プロジェクト顧問。
ケイレブ・シャーフ：宇宙生物学者。コロンビア大学宇宙生物学センター所長。
ハリソン・シュミット：アポロ17号の宇宙飛行士、地質学者。ニューメキシコ州上院議員。
スティーヴン・A・シュワルツ：研究科学者。海軍作戦部長の元研究・分析担当特別補佐官。海軍海洋局の元顧問。
アンジェラ・トンプソン・スミス：プリンストン大学プリンストン変則工学研究所の元研究者。リモート・ビューアー。
ポール・H・スミス少佐（退役）：リモート・ビューアー。アメリカ陸軍INSCOMの電子戦元通信員、戦略情報将校。国防情報局（DIA）の元情報アナリスト。
ウィンストン・スミス：リモート・ビューアー。
アンドレア・ストッコ：ワシントン大学学習脳科学研究所（I-LABS）の認知神経科学者。
ラッセル・ターグ：物理学者。スタンフォード研究所の生物学的領域測定計画（リモート・ビューイング）の元共同責任者。CIAの元顧問。ロッキード・マーティン社の元上級研究員。
チャールズ・T・タート：心理学者。
ジャック・ヴァレ：宇宙物理学者。ベンチャー・キャピタリスト。アメリカ空軍のプロジェクト・ブルー・ブックの元補助研究員。国防総省の（国防）高等研究計画局（ARPA、DARPA）の元研究責任者。SRIのグリル・フレーム計画の元コンサルタント。
ジャック・ヴォロナ：物理学者。国防情報局（DIA）科学技術部の元主任科学者。
ダン・ウィリアムズ：ジャーナリスト。トムソン・ロイター社のイスラエル・パレスチナ上級特派員。

取材協力者

本書に関する原注は、下記リンクより閲覧できる（PDF形式）。
http://www.ohtabooks.com/common/pdf/pheno-note.pdf

インタビューおよび書面による取材協力者

ジョン・B・アレグザンダー大佐、Ph.D.（退役）：兵士、科学者。アメリカ陸軍特殊部隊（グリーン・ベレー）および同部隊元隊長。アメリカ陸軍情報保全コマンド（INSCOM）の先進人間技術室元室長。ロスアラモス国立研究所の非致死性兵器責任者。

ルイ・アンドレ：国防情報局（DIA）情報生成本部の元調査部長。

フレッド・"スキップ"・アトウォーター大尉（退役）：アメリカ陸軍INSCOM第902軍事情報群の独立班G（リモートビューイング）元作戦マネジャー。

マイケル・ビグロー：アメリカ陸軍INSCOMの歴史編纂者。

ヒュー・ボーデン：ロンドン大学キングス・カレッジの古典学部部長。

ディーパック・チョプラ：作家、医師。ニューイングランド記念病院の元主任スタッフ、チョプラ・センター所長。

エリック・W・デイヴィス：宇宙物理学者。NASAの革新的推進物理計画の科学顧問。国防総省顧問。元諜報部員の会会員。英国惑星間協会フェロー。

ジェームズ・L・ドジャー准将（退役）：アメリカ陸軍、北大西洋条約機構（NATO）軍南ヨーロッパ方面司令部参謀副長。

ドン・アイルズ：技師。チャールズ・スターク・ドレイパー研究所のNASAアポロ・コンピュータ誘導システム担当。

アーヴィング・フィンケル：大英博物館の古代記録（シュメール、バビロニア、アッシリアの文字、言語、文化）保管官助手。

アンジェラ・デラフィオラ・フォード：アメリカ陸軍INSCOMおよび国防情報局（DIA）の民間情報アナリスト（退職）。リモート・ビューアー。

フェルナンド・ガーヴィン：アメリカ陸軍民間防諜将校（退職）。国防情報局（DIA）のサン・ストリーク計画の元部隊責任者。

ユリ・ゲラー：テレパス。CIA、国防総省、ローレンス・リヴァモア国立研究所の実験の被験者。

デール・グラフ：物理学者、航空技師。アメリカ空軍ライト・パターソン空軍基地の先進ミサイル・システム予測部門の元責任者。国防情報局（DIA）科学技術部の先進コンセプト室元室長。国防総省のスター・ゲート計画の元責任者。

クリストファー・"キット"・グリーン：医師、CIAの神経生理学者（退職）。全米科学アカデミー元議長。陸軍科学技術委員会元委員長。国防情報局（DIA）技術洞察＝判定・評価・検討委員会（TIGER）創設メンバー。

ブライアン・D・ジョセフソン：物理学者、ノーベル賞受賞者（1973年）。ケンブリッジ大学キャヴェンディッシュ研究所。

セルジュ・カーンバッハ：工学者。ドイツのシュトゥットガルトの先進ロボット工学および環境科

HS 〈ヒストリカル・スタディーズ〉は、
現代の価値観や常識をその成り立ちにまで遡って、
歴史的に考えていくシリーズです。

ヒストリカル・スタディーズ22

アメリカ超能力研究の真実

国家機密プログラムの全貌

2018年3月20日　第1版第1刷発行

著　者　アニー・ジェイコブセン
訳　者　加藤万里子
発行人　岡 聡
発行所　株式会社太田出版
〒160-8571
東京都新宿区愛住町22 第3山田ビル4F
TEL 03(3359)6262
振替 00120-6-162166
ホームページ　http://www.ohtabooks.com/
印刷・製本　中央精版印刷株式会社

装　幀　水戸部 功
編　集　川上純子(株式会社LETRAS)
編集協力　落合美砂

定価はカバーに表示してあります。

乱丁・落丁本はお取り替え致します。
ISBN978-4-7783-1622-8　C0031

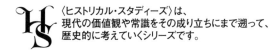